Ute Teichgräber

Die Kooperationspflicht des Veranstalters bei Versammlungen

Quellen, praktische Handhabung und Regelungsbedürfnis

Verlag Dr. Kovač

Hamburg
2020

VERLAG DR. KOVAČ GMBH
FACHVERLAG FÜR WISSENSCHAFTLICHE LITERATUR

Leverkusenstr. 13 · 22761 Hamburg · Tel. 040 - 39 88 80-0 · Fax 040 - 39 88 80-55

E-Mail info@verlagdrkovac.de · Internet www.verlagdrkovac.de

Bibliografische Information der Deutschen Nationalbibliothek
Die Deutsche Nationalbibliothek verzeichnet diese Publikation
in der Deutschen Nationalbibliografie;
detaillierte bibliografische Daten sind im Internet
über http://dnb.d-nb.de abrufbar.

ISSN: 1868-9825
ISBN: 978-3-339-11154-8
eISBN: 978-3-339-11155-5

Zugl.: Dissertation, Europa-Universität Viadrina Frankfurt (Oder), 2019

Promovierende Fakultät: Juristische Fakultät der Europa-Universität Viadrina Frankfurt (Oder)
Erstberichterstatter: Prof. Dr. Heinrich Amadeus Wolff
Zweitberichterstatter: Prof. Dr. Stefan Haack

© VERLAG DR. KOVAČ GmbH, Hamburg 2020

Printed in Germany
Alle Rechte vorbehalten. Nachdruck, fotomechanische Wiedergabe, Aufnahme in Online-
Dienste und Internet sowie Vervielfältigung auf Datenträgern wie CD-ROM etc. nur nach
schriftlicher Zustimmung des Verlages.

Gedruckt auf holz-, chlor- und säurefreiem, alterungsbeständigem Papier. Archivbeständig
nach ANSI 3948 und ISO 9706.

Meinem Opa

Vorwort

Die vorliegende Arbeit ist das Ergebnis eines langen Weges. Sie entstand in verschiedenen Phasen meines Lebens – beginnend kurz nach dem Abschluss meines Studiums, während des Referendariats und bis in das Berufsleben hinein. Die Arbeit wurde im August 2018 von der Juristischen Fakultät der Europa-Universität Viadrina Frankfurt (Oder) als Dissertation angenommen.

Die Erstellung dieser Arbeit war für mich eine Herausforderung und eine persönlich bereichernde Erfahrung zugleich. Den zahlreichen Personen, die mich in vielfältiger Art und Weise unterstützt haben, sowie den Weggefährten, die mich während der Promotionszeit begleitet und mir Rückhalt gegeben haben, möchte ich an dieser Stelle ganz herzlich danken.

Mein besonderer Dank gilt zunächst meinem Doktorvater, Herrn Prof. Dr. Heinrich Amadeus Wolff, für die Unterstützung bei der Themenwahl und die geduldige Betreuung meiner Dissertation, auch über seinen Fakultätswechsel hinaus. Bedanken möchte ich mich ebenfalls bei Herrn Prof. Dr. Stefan Haack für die schnelle und unkomplizierte Zweitbegutachtung meiner Arbeit.

Bedanken möchte ich mich zudem bei meinen Freunden, die immer für mich da waren und stets ein offenes Ohr für mich hatten. Dunja Ahmad, Dr. Katharina Reinhardt und Josephine Ulrich danke ich für die sorgfältige Durchsicht meiner Arbeit und die Unterstützung bei der Vorbereitung meiner Disputation.

Von ganzem Herzen danke ich außerdem meinen Eltern, Birgit und Utz Teichgräber, die mich auf meinem bisherigen Lebensweg stets bedingungslos unterstützt haben, sowie meiner Schwester Grit Teichgräber. Ein ganz besonderer Dank gebührt zudem meinem Opa Paul Fuchs, der mich mit seinem Stolz auf mich und seinem Glauben an mich immer wieder motiviert. Ihm ist diese Arbeit gewidmet.

Berlin, im Oktober 2019 *Ute Teichgräber*

Inhaltsverzeichnis

Seite

Abkürzungsverzeichnis XVII
Literaturverzeichnis XXI
A. Einführung 1
   I. Thematische Einleitung 1
   II. Gang der Untersuchung 4
   III. Stand der Forschung 5
   IV. Begriffsbestimmungen 6
      1. Versammlungsbegriff des Art. 8 GG 6
      2. Versammlungsfreiheit nach den Landesverfassungen 8
      3. Versammlungsbegriff nach den einzelnen Versammlungsgesetzen 9
         a) Versammlungsgesetz des Bundes 9
         b) Landesversammlungsgesetze 10
      4. Demonstration 11
      5. Großdemonstration 12
      6. Veranstalter 13
      7. Leiter 14
      8. Versammlungsteilnehmer 15
      9. Kooperation 15
B. Rechtsgrundlagen und Inhalt des Kooperationsmodells 17
   I. Grundlegende Aspekte 17
      1. Der Brokdorf-Beschluss des Bundesverfassungsgerichts 17
         a) Der Kooperationsgedanke vor Brokdorf 18
         b) Sachverhalt der Brokdorf-Entscheidung 20
         c) Bindungswirkung 21
            aa) Umfang der Bindungswirkung 22
               (1) Eine Ansicht: Bindungswirkung einzig für den Tenor einer Entscheidung 22
               (2) Andere Ansicht: Bindungswirkung auch für die tragenden Gründe 23
               (3) Zwischenergebnis 25
            bb) Anwendung der Kriterien auf den Brokdorf-Beschluss 25
            cc) Schlussfolgerungen 27

(1) Faktische Bindungswirkung von obiter dicta 27
(2) Zulässiger Rückgriff auf die obiter dicta des Brokdorf-
Beschlusses 28
d) Darüber hinausgehende Bewertung der Entscheidung in der
Literatur 29
e) Übertragbarkeit der Aussagen auf andere als Großdemonstrationen ... 32
f) Relevanz der bundesverfassungsgerichtlichen Aussagen für
Bundesländer mit eigenem Versammlungsgesetz 34
2. Pflichtengrade 35
a) Verpflichtung 35
b) Pflicht 35
c) Obliegenheit 36
d) Empfehlung 37
II. Verfassungsrecht 38
1. Versammlungsfreiheit 38
a) Art. 8 GG 38
b) Versammlungsfreiheit nach den Landesverfassungen 39
2. Verfassungsrechtliche Rechte und Pflichten 41
a) Grundrechtsberechtigte 41
b) Grundrechtsverpflichtete 42
aa) Grundrechtsfreundliche Organisations- und
Verfahrensgestaltung 42
bb) Grundsatz der Verhältnismäßigkeit 45
cc) Keine Pflicht zur Fürsorge 46
c) Zwischenergebnis 46
3. Verfassungsrechtlich zulässiger Rahmen der Ausgestaltung von
Kooperation auf einfachgesetzlicher Ebene 47
a) Eingeschränkter Gestaltungsspielraum 47
b) Gestaltungsspielraum des Gesetzgebers 49
aa) Allgemeine Aussagen 50
bb) Konkret zur Anmelde- bzw. Anzeigepflicht 53
cc) Konkret zu Mitteilungspflichten 55
dd) Konkret zur Zusammenarbeit 56
ee) Konkret zu Leiterpflichten 60
c) Zwischenergebnis 61
III. Einfachgesetzliche Ebene 62

1. Bundesländer ohne eigenes Versammlungsgesetz 63
   a) Rückblick auf bisherige Regelungsvorhaben 63
      aa) BT-Drucksache 11/2834 64
         (1) Gesetzentwurf 64
         (2) Verfassungsrechtliche Bewertung des Gesetzentwurfs 65
            (a) § 14a Abs. 1 VersG 65
            (b) § 14a Abs. 2 VersG 66
      bb) BT-Drucksache 14/4754 67
         (1) Gesetzentwurf 67
         (2) Verfassungsrechtliche Bewertung des Gesetzentwurfs 68
            (a) § 14 Abs. 1 VersG 68
            (b) § 14 Abs. 3 VersG 69
            (c) § 14a VersG 70
            (d) Zwischenergebnis 70
   b) § 14 VersG – Anmeldepflicht 71
      aa) Grad und Umfang der Verpflichtung 71
      bb) Verfassungsrechtliche Bewertung von § 14 VersG 73
   c) Weitere kooperationsrelevante Normen im Versammlungsgesetz 73
   d) Kooperationsempfehlung 75
   e) § 8 Satz 2 VersG – Aufgaben des Versammlungsleiters 77
   f) Verfahrensrecht 78
      aa) Verwaltungsverfahren gemäß § 9 VwVfG 79
      bb) Kooperationsrelevante Vorschriften im
          Verwaltungsverfahrensgesetz 81
         (1) § 25 VwVfG 81
         (2) § 26 VwVfG 83
         (3) § 28 VwVfG 84
   g) Verkehrspflichten als Quelle der Kooperation 85
2. Bundesländer mit eigenem Versammlungsgesetz (Vollgesetze) 87
   a) Bayern 87
      aa) Bayerisches Versammlungsgesetz 87
         (1) Art. 14 BayVersG – Zusammenarbeit 88
            (a) Grad und Umfang der Verpflichtung 88
            (b) Verfassungsrechtliche Bewertung von Art. 14 BayVersG 91
         (2) Art. 13 BayVersG – Anzeige- und Mitteilungspflichten 92
            (a) Grad und Umfang der Verpflichtung 93

(b) Verfassungsrechtliche Bewertung von Art. 13 BayVersG 94
(3) Art. 4 Abs. 1 Nr. 2 BayVersG – Leitungsrechte und -pflichten ... 97
bb) Verfahrensrecht 98
cc) Vergleichbare Kooperationsregelungen in anderen
Bundesländern 99
b) Schleswig-Holstein 100
aa) Versammlungsfreiheitsgesetz Schleswig-Holstein 100
(1) § 3 Abs. 3 und 4 VersFG SH – Kooperation 101
(a) Grad und Umfang der Verpflichtung 102
(b) Verfassungsrechtliche Bewertung von § 3 VersFG SH 104
(2) § 11 VersFG SH – Anzeige 105
(a) Grad und Umfang der Verpflichtung 105
(b) Verfassungsrechtliche Bewertung von § 11 VersFG SH 107
(3) § 6 Abs. 1 Satz 1 VersFG SH – Befugnisse der
Versammlungsleitung 107
bb) Verfahrensrecht 107
3. Bundesländer mit eigenem, gegenständlich abgrenzbarem
Versammlungsgesetz 108
4. Hierarchische Versammlungen als Leitbild 109
IV. Zeitlicher Geltungsbereich bestehender Verpflichtungen 110
V. Zwischenergebnis 110

C. Rechtsfolgen der Kooperation 113
I. Behördlicherseits 113
1. Rechtswidrigkeit bzw. Nichtigkeit erlassener Verwaltungsakte 113
a) Formelle Fehler 113
aa) Formelle Rechtswidrigkeit 114
bb) Nichtigkeit 114
cc) Heilung und Unbeachtlichkeit formeller Fehler 116
dd) Zwischenergebnis 117
b) Materielle Rechtswidrigkeit 117
2. Gerichtlich durchsetzbarer Anspruch auf Kooperation 118
a) Anspruch auf Durchführung eines Kooperationsgesprächs 118
b) Anspruch auf Auskunft, Beratung, etc. 120
c) Zwischenergebnis 120
II. Auf Seiten der Versammlung 120
1. Pflichten 120

2. Obliegenheiten 121
    a) Tatbestandsprüfung 122
    b) Ermessensprüfung 125
        aa) Entschließungsermessen (Schwellen-Betrachtung) 125
        bb) Auswahlermessen und Verhältnismäßigkeit 127
    c) Ergebnis 128
3. Empfehlung 129
D. Kooperation in der Verwaltungspraxis 131
I. Anmeldung bzw. Anzeige einer Versammlung 131
    1. Nötige Angaben bei der Anmeldung bzw. Anzeige einer
       Versammlung 131
    2. Form und Frist der Anmeldung bzw. Anzeige 133
    3. Weitere mit der Anmeldung bzw. Anzeige zu stellende Anträge 135
        a) Verwendung von Ordnern 135
        b) Einsatz von Kundgebungsmitteln 136
    4. Konzentrationswirkung 137
    5. Großdemonstrationen als Sonderfall? 138
    6. Spontan- und Eilversammlungen 141
II. Gefahrenprognose 142
    1. Informationsobliegenheiten des Veranstalters 143
    2. Amtsermittlungspflicht der Behörde 144
    3. Die Gefahrenprognose als Ergebnis der Informationssammlung 145
III. Kooperationsgespräch 147
    1. Zeitpunkt und Ort des Kooperationsgesprächs 149
    2. Veranstalterseitige Kooperationsfähigkeit und -bereitschaft als
       Voraussetzung eines gelungenen Gesprächs 150
    3. Teilnehmer des Kooperationsgesprächs 152
        a) Versammlungsbehörde 153
        b) Veranstalter 154
        c) Weitere Teilnehmer 154
            aa) Recht des Veranstalters auf ein Kooperationsgespräch allein
                mit der Behörde 154
            bb) Möglicher Personenkreis 157
                (1) Vertreter der eigenen Versammlung 157
                (2) Gegendemonstrationen 159
                (3) Zusätzliche Behördenvertreter 159

(4) Demonstrationsberater 160
(5) Ergebnis 161
4. Inhalt des Kooperationsgesprächs 162
   a) Rechtsgrundlagen 162
   b) Die vorläufige behördliche Einschätzung als Mittelpunkt der
      Diskussion 164
   c) Grenzen der Erörterung 167
   d) Erörterungsbedürftige Aspekte im Einzelnen 168
      aa) Teilnehmer 169
         (1) Teilnehmerzahl 169
         (2) Umgang mit gewaltbereiten Teilnehmern 170
      bb) Aufrufe der Versammlungsverantwortlichen 172
      cc) Einsatz von Kundgebungsmitteln 173
      dd) Anwesenheit des Leiters während der Versammlung 175
      ee) Einsatz von Ordnern 176
      ff) Themen im Zuständigkeitsbereich anderer Behörden 178
         (1) Polizei – Kooperation während der Versammlung 178
         (2) Weitere Behörden 179
   e) Zwischenergebnis 180
5. Zwischenphase bis zum Beginn der Versammlung 181
IV. Kooperation während der Versammlung 183
1. Schwierigkeiten der emotionalen Durchführungsphase 183
2. Von Polizei und Versammlungsteilnehmern erwartetes Verhalten 185
   a) Polizei 185
   b) Versammlungsleiter 187
V. Nach der Versammlung 189
VI. Atypische Versammlungen 190
1. Spontan- und Eilversammlungen 191
   a) Definition Spontanversammlung 191
   b) Definition Eilversammlung 192
   c) Kooperation bei Spontan- und Eilversammlungen 192
2. Tarnveranstaltungen, Schein- und Mehrfachanmeldungen 194
   a) Tarnveranstaltungen 194
      aa) Definition 194
      bb) Kooperation bei Tarnveranstaltungen 195
   b) Schein- und Mehrfachanmeldungen 197

  aa) Definition 197
  bb) Kooperation bei Schein- und Mehrfachanmeldungen 197
 VII. Rechtliche Qualität der Kooperationsvereinbarung 199
  1. Verwaltungsakt 200
  2. Öffentlich-rechtlicher Vertrag 202
  3. Informales Verwaltungshandeln mit faktischer Bindungswirkung 204
 VIII. Ergebnis 206

E. Schlussfolgerungen 209
 I. Verfassungsrechtlich determinierte Handlungspflicht 210
 II. Sonstige Gründe für gesetzgeberisches Handeln 213
 III. Eigener Vorschlag 216
  1. Inhaltliche Kritik an Art. 14 BayVersG und § 3 Abs. 3 und 4
   VersFG SH 216
  2. Gesetzgebungsvorschlag: § 14a VersG – Zusammenarbeit 219
  3. Begründung 220
   a) Absatz 1 220
   b) Absatz 2 221
   c) Absatz 3 222
   d) Absatz 4 223
  4. Zusätzliche Erläuterungen 223

F. Fazit 225

Abkürzungsverzeichnis

a.A.	anderer Ansicht
a.F.	alte Fassung
Abs.	Absatz
Art.	Artikel
AtG	Atomgesetz
BauGB	Baugesetzbuch
BayVBl.	Bayerische Verwaltungsblätter
BayVersG	Bayerisches Versammlungsgesetz
BayVwVfG	Bayerisches Verwaltungsverfahrensgesetz
BbgVerf	Brandenburgische Verfassung
BGB	Bürgerliches Gesetzbuch
BGBl.	Bundesgesetzblatt
BlnVwVfG	Verwaltungsverfahrensgesetz Berlin
BT-Drucksache	Bundestag-Drucksache
BV	Bayerische Verfassung
BVerfG	Bundesverfassungsgericht
BVerfGE	Entscheidungen des Bundesverfassungsgerichts (amtliche Sammlung)
BVerfGG	Bundesverfassungsgerichtsgesetz
BVerwG	Bundesverwaltungsgericht
BVerwGE	Entscheidungen des Bundesverwaltungsgerichts (amtliche Sammlung)
bzw.	beziehungsweise
DAR	Deutsches Autorecht
DÖV	Die Öffentliche Verwaltung
DuR	Demokratie und Recht
DVBl	Deutsches Verwaltungsblatt
Einl	Einleitung
etc.	et cetera
EU	Europäische Union
EVwVerfG	Musterentwurf eines Verwaltungsverfahrensgesetzes
f.	folgende
ff.	folgende

Fn.	Fußnote
GewArch	Gewerbearchiv
GG	Grundgesetz
GräbVersammlG	Gräberstätten-Versammlungsgesetz
GVBl.	Gesetz- und Verordnungsblatt
GVOBl.	Gesetz- und Verordnungsblatt
HGB	Handelsgesetzbuch
Hrsg.	Herausgeber
i.V.m.	in Verbindung mit
JA	Juristische Arbeitsblätter
Jura	Juristische Ausbildung
JuS	Juristische Schulung
JZ	Juristenzeitung
KJ	Kritische Justiz
KKW	Kernkraftwerk
km^2	Quadratkilometer
KommJur	Kommunaljurist
KommP BY	KommunalPraxis Bayern
KommP spezial	KommunalPraxis spezial
KommunalPraxis MO	KommunalPraxis Mitte/Ost
KritJ	Kritische Justiz
KritV	Kritische Vierteljahresschrift für Gesetzgebung und Rechtswissenschaft
LKV	Landes- und Kommunalverwaltung
LVwG	Landesverwaltungsgesetz
m.w.N.	mit weiteren Nachweisen
ME VersG	Musterentwurf eines Versammlungsgesetzes
NJW	Neue Juristische Wochenschrift
Nr.	Nummer
NVersG	Niedersächsisches Versammlungsgesetz
NVwZ	Neue Zeitschrift für Verwaltungsrecht
NVwZ-RR	Rechtsprechungsreport Verwaltungsrecht
NZV	Neue Zeitschrift für Verkehrsrecht
OLG	Oberlandesgericht
OSZE	Organisation für Sicherheit und Zusammenarbeit in Europa

OVG	Oberverwaltungsgericht
OWiG	Ordnungswidrigkeitengesetz
RiA	Recht im Amt
Rn.	Randnummer
S.	Seite
SächsVerf	Sächsische Verfassung
SächsVerfGH	Sächsischer Verfassungsgerichtshof
SächsVersG	Sächsisches Versammlungsgesetz
SGB	Sozialgesetzbuch
SHVerf	Schleswig-Holsteinische Verfassung
StPO	Strafprozessordnung
ThürVBl.	Thüringer Verwaltungsblätter
u.a.	unter anderem
VBlBW	Verwaltungsblätter für Baden-Württemberg
VerfGHE BY	Entscheidungen des Bayerischen Verfassungsgerichtshofs (amtliche Sammlung)
VersammlG Bln	Berliner Versammlungsgesetz
VersammlG LSA	Landesversammlungsgesetz Sachsen-Anhalt
VersFG SH	Versammlungsfreiheitsgesetz für das Land Schleswig-Holstein
VersG	Versammlungsgesetz
VG	Verwaltungsgericht
VGH	Verwaltungsgerichtshof
vgl.	vergleiche
VR	Verwaltungsrundschau
VwGO	Verwaltungsgerichtsordnung
VwVfG	Verwaltungsverfahrensgesetz
VwVfGBbg	Verwaltungsverfahrensgesetz für das Land Brandenburg
z.B.	zum Beispiel
ZRP	Zeitschrift für Rechtspolitik

Literaturverzeichnis

Alberts, Hans W.	Novellierungsbedürftigkeit des Versammlungsrechts, ZRP 1988, 285
Alberts, Hans-Werner	Staatsfreiheit von Versammlungen, NVwZ 1989, 839
Arndt, Alexander	Politisch missliebige Meinung und grundgesetzliches Friedensgebot – Verfassungsrechtliche Kritik zur Versammlungsjudikatur des OVG Münster –, BayVBl. 2002, 653
Arzt, Clemens	Das Bayerische Versammlungsgesetz von 2008, DÖV 2009, 381
Bader, Johann / *Ronellenfitsch, Michael*	Beck'scher Online-Kommentar VwVfG, 39. Edition, München, Stand: 01.04.2018
Badura, Peter	Staatsrecht – Systematische Erläuterung des Grundgesetzes für die Bundesrepublik Deutschland, 7. Auflage, München, 2018
Battis, Ulrich / *Grigoleit, Klaus Joachim*	Die Entwicklung des versammlungsrechtlichen Eilrechtsschutzes - Eine Analyse der neuen BVerfG-Entscheidungen, NJW 2001, 2051
Battis, Ulrich / *Grigoleit, Klaus Joachim*	Neue Herausforderungen für das Versammlungsrecht?, NVwZ 2001, 121
Baudewin, Christian	Der Schutz der öffentlichen Ordnung im Versammlungsrecht, 2. Auflage, Frankfurt am Main, Bern, Bruxelles, New York, Oxford, Warszawa, Wien, 2014

Benda, Ernst / Klein, Eckart / Klein, Oliver	Verfassungsprozessrecht, Ein Lehr- und Handbuch, 3. Auflage, Heidelberg, München, Landsberg, Frechen, Hamburg, 2012
Bethge, Herbert	Grundrechtsverwirklichung und Grundrechtssicherung durch Organisation und Verfahren – Zu einigen Aspekten der aktuellen Grundrechtsdiskussion, NJW 1982, 1
Blanke, Thomas / Sterzel, Dieter	Demonstrationsfreiheit – Geschichte und demokratische Funktion, KritJ 1981, 347
Borchert, Hans-Dieter	Die Spontanversammlung, Zugleich ein Beitrag zur Bedeutung der Versammlungsfreiheit, Marburg, 1972
Brenneisen, Hartmut / Wilksen, Michael / Staack, Dirk / Martins, Michael / Warnstorff, Jana	Ein Versammlungsgesetz für Schleswig-Holstein – Vorstellung, Analyse und Bewertung der Gesetzesinitiativen –, Berlin, 2013
Brenneisen, Hartmut / Wilksen, Michael / Ruppel, Elise / Warnstorff, Jana	Ein Versammlungsgesetz für Schleswig-Holstein, Die Polizei 2013, 130
Brenneisen, Hartmut / Sievers, Christopher	Hat das BayVersG Modellcharakter? – Die Entwicklung des Versammlungsrechts in den Bundesländern nach der Föderalismusreform I, Die Polizei 2009, 71
Brenneisen, Hartmut / Wilksen, Michael / Staack, Dirk / Martins, Michael	Versammlungsfreiheitsgesetz für das Land Schleswig-Holstein, Kommentar, 1. Auflage, Hilden, 2016
Brenneisen, Hartmut / Wilksen, Michael	Versammlungsrecht – Das hoheitliche Eingriffshandeln im Versammlungsgeschehen, 4. Auflage, Hilden, 2011

Broß, Siegfried	Aus der Rechtsprechung des Bundesverfassungsgerichts: Demonstrationsrecht, RiA 1985, 228
Broß, Siegfried	Grundrechtsschutz der Versammlungsfreiheit – Der Brokdorf-Beschluß des BVerfG vom 14.5.1985 – 1 BvR 233, 341/81 –, Jura 1986, 189
Bücken-Thielmeyer, Detlef	Das neue Versammlungsgesetz Sachsen-Anhalts, LKV 2010, 107
Bundesministerium des Innern	Musterentwurf eines Verwaltungsverfahrensgesetzes (EVwVerfG 1963), Köln, 1964
Buschmann, Wolfgang	Kooperationspflichten im Versammlungsrecht, Unter besonderer Berücksichtigung sogenannter Großdemonstrationen, in: Kirchhof, Paul / Schmidt-Jortzig, Edzard / Wahl, Rainer (Hrsg.), Verfassungs- und Verwaltungsrecht unter dem Grundgesetz, Band 12, Frankfurt am Main, Bern, New York, Paris, 1990
Cobler, Sebastian / Geulen, Reiner / Narr, Wolf-Dieter	Das Demonstrationsrecht, Reinbek, 1983
Czier, Uwe / Petersen, Barbara	Versammlungen als gemeinsame Herausforderung für Versammlungsbehörde und Polizeivollzugsdienst, KommP spezial 2011, 184
Denninger, Erhard / Hoffmann-Riem, Wolfgang / Schneider, Hans-Peter / Stein, Ekkehart	Kommentar zum Grundgesetz für die Bundesrepublik Deutschland, 3. Auflage, Neuwied, Kriftel, 2001

Detterbeck, Steffen	Gelten die Entscheidungen des Bundesverfassungsgerichts auch in Bayern? – Zur prozessualen Bedeutung der Kruzifix- Entscheidung vom 16. 5. 1995 und zur Deutung von § 31 I BVerfGG, NJW 1996, 426
Dietel, Alfred	Der opponierende Versammlungsteilnehmer als Beteiligter im Verwaltungsverfahren der Versammlungsbehörde, Die Polizei 2004, 189
Dietel, Alfred	Die Problematik der politischen Informationsstände auf öffentlichen Straßen, Die Polizei 1976, 18
Dietel, Alfred / Kniesel, Michael	Der Brokdorf-Beschluß des BVerfG und seine Bedeutung für die polizeiliche Praxis, Die Polizei 1985, 335
Dietel, Alfred / Gintzel, Kurt / Kniesel, Michael	Versammlungsgesetz, Kommentar zum Gesetz über Versammlungen und Aufzüge, 16. Auflage, Köln, 2011
Dietel, Alfred / Gintzel, Kurt / Kniesel, Michael	Versammlungsgesetz, Kommentar zum Gesetz über Versammlungen und Aufzüge, 15. Auflage, Köln, 2008
Dietel, Alfred / Gintzel, Kurt / Kniesel, Michael	Versammlungsgesetze, Kommentierung, Musterbescheide, Rechtsschutz, 17. Auflage, Köln, 2016
Doering-Manteuffel, Anselm / Greiner, Bernd / Lepsius, Oliver	Der Brokdorf-Beschluss des Bundesverfassungsgerichts 1985, Tübingen, 2015
Dreier, Horst	Grundgesetz-Kommentar, Band I, 3. Auflage, Tübingen, 2013

Dreier, Horst	Grundgesetz-Kommentar, Band III, 3. Auflage, Tübingen, 2018
Dürig-Friedl, Cornelia / *Enders, Christoph*	Versammlungsrecht: Die Versammlungsgesetze des Bundes und der Länder – Kommentar, München, 2016
Ebert, Frank	Darlegungslasten der Versammlungsbehörde mit Blick auf verwaltungsgerichtliche Eilverfahren (Teil I), ThürVBl. 2007, 25
Ebert, Frank	Versammlungsrecht, Schein- und Mehrfachanmeldungen, KommunalPraxis MO 2001, 74
Ebert, Frank	Versammlungsrechtliche Schein- und Mehrfachanmeldungen, Ein Dilemma an der Grundrechtsperipherie, LKV 2001, 60
Enders, Christoph	Der Schutz der Versammlungsfreiheit (Teil I), Jura 2003, 34
Enders, Christoph / *Hoffmann-Riem,* *Wolfgang /* *Kniesel, Michael /* *Poscher, Ralf /* *Schulze-Fielitz, Helmuth*	Arbeitskreis Versammlungsrecht, Musterentwurf eines Versammlungsgesetzes (ME VersG), Gesetzestext mit Begründungen, München, 2011
Epping, Volker / *Hillgruber, Christian*	Beck'scher Online-Kommentar GG, 36. Edition, München, Stand: 15.02.2018
Erbs, Georg / *Kohlhaas, Max*	Beck'scher Kurz-Kommentar, Band 17, Strafrechtliche Nebengesetze, Band IV, 218. Ergänzungslieferung, München, Stand: Januar 2018
Frowein, Jochen *Abraham*	Die Versammlungsfreiheit vor dem Bundesverfassungsgericht, NJW 1985, 2376

Gadesmann, Christoph	Rechtssicherheit im Versammlungsrecht durch die Anmeldebestätigung?, Tönning, Lübeck, Marburg, 2005
Gantner, Volker	Verursachung und Zurechnung im Recht der Gefahrenabwehr, Neustetten, 1983
Geis, Max-Emanuel	Die „Eilversammlung" als Bewährungsprobe verfassungskonformer Auslegung – Verfassungsrechtsprechung im Dilemma zwischen Auslegung und Rechtsschöpfung, NVwZ 1992, 1025
Geis, Max-Emanuel	Polizeiliche Handlungsspielräume im Vorbereich und Verlauf von außergewöhnlichen Demonstrationslagen, Die Polizei 1993, 293
Geulen, Reiner	Versammlungsfreiheit und Großdemonstrationen, KJ 1983, 189
Gintzel, Kurt	Beabsichtigte Länderversammlungsgesetze – ein vermeidbares Ärgernis, Die Polizei 2010, 1
Götz, Volkmar	Versammlungsfreiheit und Versammlungsrecht im Brokdorf-Beschluß des Bundesverfassungsgerichts, DVBl 1985, 1347
Gusy, Christoph	Aktuelle Fragen des Versammlungsrechts, JuS 1993, 555
Gusy, Christoph	Lehrbuch der Versammlungsfreiheit – BVerfGE 69, 315, JuS 1986, 608
Gusy, Christoph	Parlamentarischer Gesetzgeber und Bundesverfassungsgericht, in: Schriften zum Öffentlichen Recht, Band 482, Berlin, 1985

Haltern, Ulrich R. / Mayer, Franz C. / Möllers, Christoph R.	Wesentlichkeitstheorie und Gerichtsbarkeit – Zur institutionellen Kritik des Gesetzesvorbehalts –, Die Verwaltung 1997, 51
Hanschmann, Felix	Demontage eines Grundrechts - Zur Verfassungsmäßigkeit des Bayerischen Versammlungsgesetzes -, DÖV 2009, 389
Heidebach, Martin / Unger, Sebastian	Das Bayerische Versammlungsgesetz – Vorbild für andere Länder oder Gefährdung der Versammlungsfreiheit unter Föderalismusdruck?, DVBl 2009, 283
Heintzen, Markus	Das alte Versammlungsgesetz in der neuen Hauptstadt, in: Depenheuer, Otto / Heintzen, Markus / Jestaedt, Matthias / Axer, Peter (Hrsg.), Nomos und Ethos – Hommage an Josef Isensee zum 65. Geburtstag von seinen Schülern, Berlin, 2002
Hellhammer-Hawig, Giso	Neonazistische Versammlungen, Grundrechtsschutz und Grenzen, Aachen, 2005
Hesse, Konrad	Grundzüge des Verfassungsrechts der Bundesrepublik Deutschland, 20. Auflage, Heidelberg, 1999
Hettich, Matthias	Versammlungsrecht in der Praxis, 2. Auflage, Berlin, 2018
Hillgruber, Christian / Goos, Christoph	Verfassungsprozessrecht, 4. Auflage, Heidelberg, München, Landsberg, Frechen, Hamburg, 2015

Hoffmann-Riem, Wolfgang	Demonstrationsfreiheit durch Kooperation?, in: Brandt, Willy / Gollwitzer, Helmut / Henschel, Johann Friedrich (Hrsg.), Ein Richter, ein Bürger, ein Christ – Festschrift für Helmut Simon, Baden-Baden, 1987, S. 379
Hoffmann-Riem, Wolfgang	Neuere Rechtsprechung des BVerfG zur Versammlungsfreiheit, NVwZ 2002, 257
Hoffmann-Riem, Wolfgang	Versammlungsrecht, in: Merten, Detlef / Papier, Hans-Jürgen (Hrsg.), Handbuch der Grundrechte in Deutschland und Europa, Band IV, Heidelberg, 2011
Höfling, Wolfram	Versammlungsrecht als „Grundrechtsgewährleistungsrecht", Die Verwaltung 2012, 539
Hofmann, Jochen	Demonstrationsfreiheit und Grundgesetz – Der Brokdorf-Beschluß des Bundesverfassungsgerichts –, BayVBl. 1987, 97
Hofmann, Jochen	Demonstrationsfreiheit und Grundgesetz – Der Brokdorf-Beschluß des Bundesverfassungsgerichts – (Fortsetzung und Schluß von BayVBl. 1987, 97 ff.), BayVBl. 1987, 129
Hölscheidt, Sven	Das Grundrecht der Versammlungsfreiheit nach dem Brokdorf-Beschluß des Bundesverfassungsgerichts, DVBl 1987, 666
Holzner, Thomas	Verfassung des Freistaates Bayern, unter besonderer Berücksichtigung der Staats- und Kommunalverwaltung, Wiesbaden, 2014

Hong, Mathias	Die Versammlungsfreiheit in der Rechtsprechung des Bundesverfassungsgerichts, in: Rensen, Hartmut / Brink, Stefan (Hrsg.), Linien der Rechtsprechung des Bundesverfassungsgerichts – erörtert von den wissenschaftlichen Mitarbeitern, Berlin, 2009, S. 155
Honigl, Rainer	Aktuelle Probleme des Versammlungsrechts, BayVBl. 1987, 137
Huber, Peter Michael / Uhle, Arnd	Die Sachbereiche der Landesgesetzgebung nach der Föderalismusreform, Anmerkungen zur Verfassungsreform von 2006 und zu neueren Entwicklungen im Recht der Gesetzgebungsbefugnisse der Länder, in: Heintzen, Markus / Uhle, Arnd (Hrsg.), Neuere Entwicklungen im Kompetenzrecht, Zur Verteilung der Gesetzgebungszuständigkeiten zwischen Bund und Ländern nach der Föderalismusreform, in: Schriften zum Öffentlichen Recht, Band 1273, Berlin, 2014, S. 83
Huber, Thomas	Der Veranstalter einer Versammlung im Rechtskreis der Exekutive, in: Lehmann, Michael (Hrsg.), Rechtswissenschaftliche Forschung und Entwicklung, Band 307, München, 1991
Hueck, Ingo	Versammlungsfreiheit und Demonstrationsrecht: Sind unsere Versammlungsgesetze noch zeitgemäß?, in: Grabenwarter, Christoph / Hammer, Stefan / Pelzl, Alexander / Schulev-Steindl, Eva / Wiederin, Ewald (Hrsg.), Allgemeinheit der Grundrechte und Vielfalt der Gesellschaft, 34. Tagung der Wissenschaftlichen Mitarbeiterinnen und Mitarbeiter der Fachrichtung „Öffentliches Recht", Wien 1994, S. 179

Isensee, Josef / *Kirchhof, Paul*	Handbuch des Staatsrechts der Bundesrepublik Deutschland, Band V, 3. Auflage, Heidelberg, 2007
Isensee, Josef / *Kirchhof, Paul*	Handbuch des Staatsrechts der Bundesrepublik Deutschland, Band VII, 3. Auflage, Heidelberg, 2009
Jarass, Hans Dieter / *Pieroth, Bodo*	Grundgesetz für die Bundesrepublik Deutschland, 15. Auflage, München, 2018
Kanther, Wilhelm	Zur „Infrastruktur" von Versammlungen: vom Imbissstand bis zum Toilettenwagen, NVwZ 2001, 1239
Kempny, Simon	Rechtfertigungslast für unterschiedliche (Versammlungs-)Gesetze der Länder? Zu den Grenzen der unitarisierenden Wirkung des Bundesverfassungsrechts, NVwZ 2014, 191
Kirchhoff, Guido	Art. 125a GG und landesverfassungsrechtliche Regelungspflichten, NVwZ 2009, 754
Kloepfer, Michael	Versammlungsfreiheit, in: Isensee, Josef / Kirchhof, Paul (Hrsg.), Handbuch des Staatsrechts der Bundesrepublik Deutschland, Band VII, 3. Auflage, Heidelberg, 2009, S. 977 (§ 164)
Knack, Hans Joachim / *Henneke, Hans-Günter*	Verwaltungsverfahrensgesetz (VwVfG), 10. Auflage, Köln, 2014
Knape, Michael	„Offensiv und konzeptionell": Einsatzkonzeption der Berliner Polizei in der Walpurgisnacht und am 1. Mai 1997, Die Polizei 1998, 1
Knape, Michael	Die Polizei als Garant der Versammlungsfreiheit, Die Polizei 2008, 100

Knape, Michael / *Schönrock, Sabrina*	Die Einheit von Taktik und Recht - dargestellt am Einsatzgeschehen des 1. Mai 2013 -, Die Polizei 2013, 213
Knape, Michael / *Schönrock, Sabrina*	Die Verbindung von Recht und Taktik an Beispielen des Einsatzgeschehens in der Bundeshauptstadt – dargestellt an rechtlichen Problemen bei Versammlungslagen –, Die Polizei 2012, 297
Kniesel, Michael	Die Versammlungs- und Demonstrationsfreiheit – Verfassungsrechtliche Grundlagen und versammlungsgesetzliche Konkretisierung, NJW 1992, 857
Kniesel, Michael	Versammlungs- und Demonstrationsfreiheit – Entwicklung des Versammlungsrechts seit 1996, NJW 2000, 2857
Kniesel, Michael / *Poscher, Ralf*	Versammlungsrecht, in: Lisken, Hans/Denninger, Erhard/Rachor, Frederik (Hrsg.), Handbuch des Polizeirechts – Gefahrenabwehr, Strafverfolgung und Rechtsschutz –, 5. Auflage, München, 2012, S. 1133 (K.)
Kniesel, Michael / *Poscher, Ralf*	Die Entwicklung des Versammlungsrechts 2000 bis 2003, NJW 2004, 422
Knops, Kai-Oliver	Erste Stimme im Konzert: Bundesverfassungsgericht und die Bindungskraft seiner Entscheidungen, KritV 1997, 38
Köhler, Gerd Michael / *Dürig-Friedl, Cornelia*	Demonstrations- und Versammlungsrecht, 4. Auflage, München, 2001
Koll, Berend	Liberales Versammlungsrecht – Zum Stellenwert der Freiheit in den Versammlungsgesetzen –, Baden-Baden, 2015

Kopp, Ferdinand O. /	Verwaltungsverfahrensgesetz,
Ramsauer, Ulrich	18. Auflage, München, 2017
Kriele, Martin	Recht und Politik in der Verfassungsrechtsprechung – Zum Problem des judicial self-restraint –, NJW 1976, 777
Krüger, Ralf	Versammlungsrecht Lehrbuch, Stuttgart, München, Hannover, Berlin, Weimar, Dresden, 1994
Kutscha, Martin	Neues Versammlungsrecht – Bayern als Modell?, NVwZ 2008, 1210
Langer, Stefan	Entscheidungserläuterung zu BVerfG, Beschluss vom 14.05.1985 – 1 BvR 233, 341/81, JA 1986, 46
Lechner, Hans / Zuck, Rüdiger	Bundesverfassungsgerichtsgesetz, Kommentar, 7. Auflage, München, 2015
Leist, Wolfgang	Kooperation bei (rechtsextremistischen) Versammlungen, BayVBl. 2004, 489
Leist, Wolfgang	Versammlungsrecht und Rechtsextremismus, Die rechtlichen Möglichkeiten, rechtsextremistische Demonstrationen zu verbieten oder zu beschränken, in: Schriftenreihe Verfassungsrecht in Forschung und Praxis, Band 13, Hamburg, 2003
Lieber, Hasso / Iwers, Steffen Johann / Ernst, Martina	Verfassung des Landes Brandenburg, Wiesbaden, 2012
Lohse, Volker	Kooperation im Sinne des Brokdorf-Beschlusses und Verwaltungsverfahrensgesetz, Die Polizei 1987, 93
Lohse, Volker	Versammlungsfreiheit als Ausdruck gemeinschaftlicher, auf Kommunikation angelegter Entfaltung, Der Städtetag 1986, 268

Lohse, Volker / Vahle, Jürgen	Polizeiliche Gefahrenabwehr bei Veranstaltungen radikaler Gruppen, VR 1992, 321
Ludwig, Hanns-Peter	Polizeiliche Strategie und Taktik, Die Polizei 1987, 290
Lux, Johannes	Die Bekämpfung rechtsextremistischer Versammlungen nach der Föderalismusreform, LKV 2009, 491
Mansdörfer, Marco / Miebach, Klaus	Münchener Kommentar zum StGB, Band VI, 3. Auflage, München, 2018
Martens, Helgo	Der verdeckte Einsatz von Polizeibeamten bei Versammlungslagen unter freiem Himmel, Die Polizei 2013, 1
Martin, Heinrich	Polizeiliche Vorbereitung von Großveranstaltungen – dargestellt an Hand der bei den Sommerspielen der XX. Olympiade München 1972 getroffenen Maßnahmen unter Berücksichtigung der dabei gewonnenen Erfahrungen –, Stuttgart, 1974
Maunz, Theodor / Schmidt-Bleibtreu, Bruno / Klein, Franz / Bethge, Herbert	Bundesverfassungsgerichtsgesetz, Kommentar, Band I, 53. Ergänzungslieferung, München, Stand: Februar 2018
Maunz, Theodor / Dürig, Günter	Grundgesetz Kommentar, Band II, 82. Ergänzungslieferung, München, 2018
Maunz, Theodor / Dürig, Günter	Grundgesetz Kommentar, Band III, 82. Ergänzungslieferung, München, 2018
Maunz, Theodor / Dürig, Günter	Grundgesetz Kommentar, Band V, 82. Ergänzungslieferung, München, 2018
Meder, Theodor / Brechmann, Winfried	Die Verfassung des Freistaates Bayern, 5. Auflage, Stuttgart, 2014

Meßmann, Andreas	Das Zusammenspiel von Versammlungsgesetz und allgemeinem Polizeirecht, JuS 2007, 524
Mikešić, Ivana	Versammlungs- und Demonstrationsrecht auf Flughafengelände, NVwZ 2004, 788
Narr, Wolf-Dieter	Schöne neue Demonstrationswelt?, Notizen zum Brokdorf-Beschluß des Bundesverfassungsgerichts, DuR 1985, 380
Oeter, Stefan	Die Änderungen im Bereich der Gesetzgebungskompetenzen, in: Starck, Christian (Hrsg.), Föderalismusreform, München, 2007, S. 9
Ott, Sieghart / Wächtler, Hartmut / Heinhold, Hubert	Gesetz über Versammlungen und Aufzüge (Versammlungsgesetz); mit Ergänzungen zum Bayerischen Versammlungsgesetz, 7. Auflage, Stuttgart, München, Hannover, Berlin, Weimar, Dresden, 2010
Pahl, Christian	Ausgestaltung der Versammlungsfreiheit im Landesrecht, in: Peters, Wilfried / Janz, Norbert (Hrsg.), Handbuch Versammlungsrecht – Versammlungsfreiheit, Eingriffsbefugnisse, Rechtsschutz, München, 2015, S. 177 (E.)
Palandt, Otto	Bürgerliches Gesetzbuch, 77. Auflage, München, 2018
Pestalozza, Christian	Verfassungsprozeßrecht, Die Verfassungsgerichtsbarkeit des Bundes und der Länder mit einem Anhang zum Internationalen Rechtsschutz, 3. Auflage, München, 1991

Peters, Wilfried	Versammlungsrechtliche Pflichten und Verbote, in: Peters, Wilfried / Janz, Norbert (Hrsg.), Handbuch Versammlungsrecht – Versammlungsfreiheit, Eingriffsbefugnisse, Rechtsschutz, München, 2015, S. 197 (F.)
Petri, Thomas	Die Polizei seit 1960, in: Lisken, Hans/Denninger, Erhard/Rachor, Frederik (Hrsg.), Handbuch des Polizeirechts – Gefahrenabwehr, Strafverfolgung und Rechtsschutz –, 5. Auflage, München, 2012, S. 34 (A.)
Pieroth, Bodo / Schlink, Bernhard / Kniesel, Michael	Polizei- und Ordnungsrecht: mit Versammlungsrecht, 9. Auflage, München, 2016
Quilisch, Martin	Die demokratische Versammlung, Zur Rechtsnatur der Ordnungsgewalt des Leiters öffentlicher Versammlungen – Zugleich ein Beitrag zu einer Theorie der Versammlungsfreiheit, in: Schriften zum Öffentlichen Recht, Band 132, Berlin, 1970
Rachor, Frederik	Das Polizeihandeln, in: Lisken, Hans/Denninger, Erhard/Rachor, Frederik (Hrsg.), Handbuch des Polizeirechts – Gefahrenabwehr, Strafverfolgung und Rechtsschutz –, 5. Auflage, München, 2012, S. 295 (E.)
Ridder, Helmut / Breitbach, Michael / Rühl, Ulli / Steinmeier, Frank	Versammlungsrecht, Kommentar, 1. Auflage, Baden-Baden, 1992
Roos, Jürgen	Der demonstrierende „Bürgerblock", die „Gegendemonstration" in Störereigenschaft, KommP spezial 2011, 203

Roos, Jürgen / Bula, Wolfgang	Das Versammlungsrecht in der praktischen Anwendung, Ein Leitfaden mit taktischen und rechtlichen Hinweisen für Polizei- und Ordnungsbehörden, 2. Auflage, Stuttgart, München, Hannover, Berlin, Weimar, Dresden, 2009
Roos, Jürgen / Fuchs, Kurt	Polizeieinsätze bei Versammlungen – Taktik und Recht, Stuttgart, München, Hannover, Berlin, Weimar, Dresden, 2000
Röper, Wolf-Rüdiger	Die Theorie richterlicher Entscheidungsfindung und die polizeiliche Praxis bei Großdemonstrationen, Die Polizei 1985, 348
Roth, Andreas	Rechtsextremistische Demonstrationen in der verwaltungsgerichtlichen Praxis, VBlBW 2003, 41
Ruckriegel, Werner	Politische Aspekte bei Polizeieinsätzen zur Verhinderung von Gewalt anläßlich von Demonstrationen, Die Polizei 1987, 285
Sachs, Michael	Grundgesetz, Kommentar, 8. Auflage, München, 2018
Schaden, Hans-Peter / Beckmann, Klaus / Stollenwerk, Detlef	Praxis der Kommunalverwaltung, Band K 19 Bu, Gesetz über Versammlungen und Aufzüge (Versammlungsgesetz), Wiesbaden, Stand: September 2005
Scheffczyk, Fabian / Wolff, Heinrich Amadeus	Die verfassungsrechtliche Bewertung des Gesetzes über Versammlungen und Aufzüge an und auf Gräberstätten, LKV 2007, 481
Scheidler, Alfred	Änderung der Gesetzgebungskompetenz im Versammlungsrecht – Erste Aktivitäten der Länder, ZRP 2008, 151

Scheidler, Alfred	Bayerisches Versammlungsgesetz, 2. Auflage, Stuttgart, 2011
Scheidler, Alfred	Beschränkungen der Gewerbefreiheit durch Versammlungen und Demonstrationen, GewArch 2011, 137
Scheidler, Alfred	Das Kooperationsgebot im Versammlungsrecht, Die Polizei 2009, 162
Scheidler, Alfred	Das neue Bayerische Versammlungsgesetz, BayVBl. 2009, 33
Scheidler, Alfred	Das versammlungsrechtliche Gebot der Zusammenarbeit zwischen Veranstalter und Behörden, KommP spezial 2009, 151
Scheidler, Alfred	Verkehrsbehinderungen durch Versammlungen und Demonstrationen, DAR 2009, 380
Scheidler, Alfred	Verkehrsbehinderungen durch Versammlungen, NZV 2015, 166
Schenke, Wolf-Rüdiger	Anmerkung zu BVerfG, Beschluss vom 14.05.1985 – 1 BvR 233/81 und 341/81 –, JZ 1986, 35
Schenke, Wolf-Rüdiger	Die Verfassungsorgantreue, in: Schriften zum Öffentlichen Recht, Band 325, Berlin, 1977
Schenke, Wolf-Rüdiger	Die Verfassungsorgantreue, in: Schriften zum Öffentlichen Recht, Band 325, Berlin, 1977
Schenke, Wolf-Rüdiger	Polizei- und Ordnungsrecht, 10. Auflage, Heidelberg, 2018
Scheu, Sonja	Freiheitsperspektiven Drittbetroffener im Versammlungsrecht, Hamburg, 2014

Schieder, Alfons	Defizite des föderalen Versammlungsrechts Am Beispiel der Sanktionierung des Vermummungsverbots, NVwZ 2013, 1325
Schlaich, Klaus / *Korioth, Stefan*	Das Bundesverfassungsgericht – Stellung, Verfahren, Entscheidungen –, 10. Auflage, München, 2015
Schlüter, Wilfried	Das Obiter dictum, Die Grenzen höchstrichterlicher Entscheidungsbegründung, dargestellt an Beispielen aus der Rechtsprechung des Bundesarbeitsgerichts, in: Wiedemann, Herbert (Hrsg.), Schriften des Instituts für Arbeits- und Wirtschaftsrecht der Universität zu Köln, Band 29, München, 1973
Schmidt-Bleibtreu, *Bruno /* *Hofmann, Hans /* *Henneke, Hans-Günter*	GG – Kommentar zum Grundgesetz, 14. Auflage, Köln, 2018
Schmidt, Karsten	Münchener Kommentar zum HGB, Band 5, 4. Auflage, München, 2018
Schneider, Hans	Anmerkung zu BVerfG, Beschluss vom 14.05.1985 – 1 BvR 233/81 u.a. –, DÖV 1985, 783
Schulenberg, Sebastian	Der „Bierdosen-Flashmob für die Freiheit": Zu Versammlungen auf Grundstücken im Eigentum Privater – Zu den Beschlüssen des Bundesverfassungsgerichts vom 18.7.2015 und vom 20.7.2015 (1 BvQ 25/15) –, DÖV 2016, 55

Schwäble, Ulrich	Das Grundrecht der Versammlungsfreiheit (Art. 8 GG), in: Schriften zum Öffentlichen Recht, Band 275, Berlin, 1975
Schwind, Hans-Dieter / Baumann, Jürgen	Ursachen, Prävention und Kontrolle von Gewalt – Analysen und Vorschläge der Unabhängigen Regierungskommission zur Verhinderung und Bekämpfung von Gewalt (Gewaltkommission) –, Band II (Erstgutachten der Unterkommissionen), Berlin, 1990
Schwind, Hans-Dieter / Baumann, Jürgen	Ursachen, Prävention und Kontrolle von Gewalt – Analysen und Vorschläge der Unabhängigen Regierungskommission zur Verhinderung und Bekämpfung von Gewalt (Gewaltkommission) –, Band I (Endgutachten und Zwischengutachten der Arbeitsgruppen), Berlin, 1990
Seidel, Gerd	Das Versammlungsrecht auf dem Prüfstand, DÖV 2002, 283
Smend, Rudolf	Festvortrag zur Feier des zehnjährigen Bestehens des Bundesverfassungsgerichts am 26. Januar 1962, in: Das Bundesverfassungsgericht, Karlsruhe, 1963, S. 23
Sodan, Helge	Grundgesetz, Beck'scher Kompakt-Kommentar, 4. Auflage, München, 2018
Söllner, Sebastian / Wecker, Sven-Erik	Bewegung der Massen durch Facebook Praktische Probleme und rechtliche Aspekte neuer Massenkommunikation, ZRP 2011, 179
Spannowsky, Willy / Uechtritz, Michael	Beck'scher Online-Kommentar BauGB, 41. Edition, München, Stand: 01.05.2018

Stein, Volker	Versammlungsrecht – Erläuterungen zu Art. 8 Grundgesetz und zum Versammlungsgesetz –, Frankfurt, 2014
Stuchlik, Holger	Das Verbot rechtsextremistischer Versammlungen – Probleme bei der Rechtsanwendung –, Die Polizei 2001, 197
Stümper, Alfred	„Stuttgarter Gespräche" – Überlegungen zur Handhabung von Konflikten anläßlich von Umwelt- oder Friedensdemonstrationen, Die Polizei 1985, 345
Ullrich, Norbert	Das Demonstrationsrecht – Im Spannungsfeld von Meinungsfreiheit, Versammlungsfreiheit und öffentlicher Sicherheit –, in: Kunig, Philip/Robbers, Gerhard/Voßkuhle, Andreas (Hrsg.), Neue Schriften zum Staatsrecht, Band 7, Baden-Baden, 2015
Ullrich, Norbert	Niedersächsisches Versammlungsgesetz, 2. Auflage, Stuttgart, München, Hannover, Berlin, Weimar, Dresden, 2018
Ullrich, Norbert	Typische Rechtsfragen bei Demonstration und Gegendemonstration/Gegenaktion, DVBl 2012, 666
Ullrich, Norbert	Versammlungsrechtliche Beschränkungen/Auflagen, KommP spezial 2011, 176
Umbach, Dieter C. / Clemens, Thomas	Grundgesetz, Mitarbeiterkommentar und Handbuch, Band I, Heidelberg, 2002

Voigt, Rüdiger	Das Bundesverfassungsgericht in rechtspolitologischer Sicht, in: van Ooyen, Robert Chr./Möllers, Martin H. W. (Hrsg.), Handbuch Bundesverfassungsgericht im politischen System, 2. Auflage, Wiesbaden, 2015, S. 69
von Mangoldt, Hermann / Klein, Friedrich / Starck, Christian	Kommentar zum Grundgesetz, Band I, 7. Auflage, München, 2018
von Münch, Ingo / Kunig, Philip	Grundgesetz, Kommentar, Band I, 6. Auflage, München, 2012
Wächtler, Hartmut / Heinhold, Hubert / Merk, Rolf	Bayerisches Versammlungsgesetz (BayVersG), 1. Auflage, München, 2011
Weber, Hermann	Anmerkung zu BVerfG, Beschluss vom 14.05.1985 – 1 BvR 233, 341/81 –, JuS 1986, 644
Weber, Klaus	Versammlungsverbote nach § 15 I Versammlungsgesetz, KommJur 2010, 172
Weber, Klaus	Zur „Kooperation" zwischen Versammlungsbehörde und Veranstalter einer Versammlung, KommJur 2011, 50
Weber, Klaus	Zur Anmeldepflicht bei Versammlungen, KommJur 2010, 410
Wefelmeier, Christian / Miller, Dennis	Niedersächsisches Versammlungsgesetz, Wiesbaden, 2012
Welsch, Harald / Martić, Andrej	Neues Bayerisches Versammlungsgesetz – Teil 1, KommP BY 2008, 322
Welsch, Harald / Martić, Andrej	Neues Bayerisches Versammlungsgesetz – Teil 2, KommP BY 2008, 375

Werbke, Axel	Das Dilemma der Anmeldepflicht im Versammlungsrecht, NJW 1970, 1
Werner, Sascha	Formelle und materielle Versammlungsrechtswidrigkeit – Verfassungsrechtliche Grundlagen, verwaltungsrechtliche Eingriffsbefugnisse und strafrechtliche Konsequenzen, in: Schriften zum Öffentlichen Recht, Band 849, Berlin, 2001
Werthebach, Eckart	Der Staat muss die Gesellschaft vor dem Missbrauch der Freiheit schützen, Die Polizei 2000, 309
Wolff, Heinrich Amadeus / Christopeit, Vera	Die Föderalismusreform und das Versammlungsrecht - eine Zwischenbilanz, VR 2010, 257
Zeitler, Stefan	Versammlungsrecht, Stuttgart, Berlin, Köln, 1994
Ziekow, Jan	Abweichung von bindenden Verfassungsgerichtsentscheidungen?, NVwZ 1995, 247

A. Einführung

I. Thematische Einleitung

Die Versammlungsfreiheit zählt zu einem der vornehmsten Menschenrechte überhaupt.[1] Sie eröffnet dem Einzelnen die Möglichkeit, gemeinsam mit anderen in beliebiger Häufigkeit und Erscheinungsform auf ein Thema hinzuweisen oder die Ablehnung einem Thema gegenüber kundzutun. Daher steht Art. 8 GG in besonders engem Zusammenhang zur Meinungsfreiheit und ist als Kommunikationsgrundrecht elementar für die Persönlichkeitsentfaltung.[2] Versammlungen eröffnen der breiten Masse die Möglichkeit, auf den öffentlichen Diskurs Einfluss zu nehmen. Als eine Art Frühwarnsystem zeigen sie dabei Regierenden und Mehrheiten auf, welche Ansichten und Strömungen in der Bevölkerung vorhanden sind.[3] Versammlungen enthalten zudem „*ein Stück ursprünglich-ungebändigter unmittelbarer Demokratie*".[4] Ihnen wohnt ein störendes Element inne – durch sie werden Straßen blockiert, Passanten den Rufen von Parolen ausgesetzt oder ihnen werden Plakate vorgehalten. Versammlungen leben gerade von diesem störenden Element, denn darüber funktioniert ihre Wahrnehmung in der Außenwelt.

Von dieser Möglichkeit der Meinungskundgabe und Teilhabe machen die Menschen seit jeher Gebrauch. In den 1970er und 80er Jahren fanden die großen Friedens- und Anti-Atomkraft-Demonstrationen statt. War es danach etwas ruhiger geworden, so gehen die Menschen nun wieder häufiger gegen politische Entscheidungen auf die Straße.[5] Großbauprojekte, wie neue Start- und Landebahnen an Flughäfen oder „*Stuttgart 21*", geplante Olympiabewerbungen, Freihandelsabkommen oder die Flüchtlingskrise dienen als Anlass für Massenproteste. So brachte beispielsweise TTIP am 10. Oktober 2015 mindestens 150.000 Demonstrierende auf Berliner Straßen.[6] Gegen die angebliche Islamisierung des Abendlandes demonstrierten seit Oktober 2014 über Monate hinweg wöchentlich tausende Pegida-Anhänger in verschiedenen deutschen Städten.

---

[1] BVerfGE 69, 315 (344 f.).
[2] *Schulze-Fielitz*, in: Dreier, GG, Band I, Art. 8, Rn. 15 f.
[3] *Ruckriegel*, Die Polizei 1987, 285 (285).
[4] *Hesse*, Grundzüge des Verfassungsrechts der Bundesrepublik Deutschland, Rn. 404.
[5] *Scheidler*, GewArch 2011, 137 (137).
[6] https://www.tagesschau.de/wirtschaft/ttip-proteste-103.html (letzter Abruf: 24.06.2018).

Am 25. Mai 2018 kamen 25.000 friedliche Demonstranten zusammen, um gegen eine Demonstration der AfD auf Berliner Straßen zu gehen.[7] Noch mehr waren es am 10. Mai 2018 in München – dort demonstrierten rund 30.000 Menschen gegen das geplante Bayerische Polizeigesetz. Die Versammlungsfreiheit fungiert dabei als *„Pressefreiheit des kleinen Mannes".*[8]

Die Versammlungsrealität wandelt sich stetig. Neue „Versammlungs"formen, wie Massenpartys, Smartmobs oder Flashmobs entstehen permanent. Zudem lassen sich Versammlungen heutzutage anders initiieren als noch vor 15 Jahren. Handzettel und Plakate werden nicht mehr gedruckt, um auf sie aufmerksam zu machen. Vielmehr ermöglicht die fortschreitende Digitalisierung es, Demonstrationsaufrufe rasant zu verbreiten. Soziale Netzwerke, wie Facebook und Instagram, bieten eine Plattform, die Versammlungsaufrufe mit geringem Aufwand und ohne Kosten, und trotzdem breiter Informationsstreuung ermöglichen.[9]

Die Versammlungsrealität hat sich dementsprechend hin zu größeren, häufiger stattfindenden und immer neuartigen Versammlungen gewandelt. Deren Durchführung geht regelmäßig mit der Beanspruchung von öffentlichem Straßenraum einher und erfordert nicht selten einen Großeinsatz der Polizei. Ein möglichst reibungsloser und unbeschränkter Ablauf setzt intensive Vorbereitung voraus. Kooperation im Versammlungswesen dient dieser Vorbereitung und der möglichst ungestörten Durchführung einer Versammlung. Die Kontaktaufnahme und enge Zusammenarbeit mit dem Versammlungsleiter ist heute ebenso selbstverständlich wie die einsatzbegleitende Medien- und Öffentlichkeitsarbeit.[10]

Doch ist versammlungsrechtliche Kooperation kein neues Thema. Im Jahre 1985 äußerte sich das Bundesverfassungsgericht in seinem Brokdorf-Beschluss[11] erstmals umfassend zu Kooperation im Versammlungsrecht. Auf das darin entwickelte Kooperationsmodell wird seitdem zurückgegriffen als handelte es sich dabei um eine Norm.[12] Der Beschluss wird als Pionierleistung bezeichnet, ihm wird ein vergleichbarer Stellenwert für die Versammlungsfrei-

---

[7] https://www.rbb24.de/politik/beitrag/2018/05/afd-demo-berlin-und-gegendemonstrationen-rave.html (letzter Abruf: 24.06.2018).
[8] *Ruckriegel*, Die Polizei 1987, 285 (285).
[9] *Söllner/Wecker*, ZRP 2011, 179 (179 f.).
[10] Brenneisen/Wilksen/Staack/Martins, VersFG SH, § 3, Rn. 38.
[11] BVerfGE 69, 315.
[12] *Seidel*, DÖV 2002, 283 (285).

heit wie dem Lüth-Urteil für die Meinungsfreiheit nachgesagt.[13] Doch müssten die dortigen Aussagen zumindest einmal auf ihre Aktualität hin überprüft und ihre grundsätzliche Bindungswirkung kritisch hinterfragt werden. Trotz dieser richtungsweisenden Entscheidung hat es der Bundesgesetzgeber bis zum Ende seiner Zuständigkeit nicht geschafft, Regelungen zur Zusammenarbeit in das Versammlungsgesetz aufzunehmen. Seit 2006 besitzen die Länder die Gesetzgebungszuständigkeit für das Versammlungswesen. Einige haben von dieser Kompetenz bereits Gebrauch gemacht und auch Regelungen zur Zusammenarbeit erlassen. Zwei dieser Landesgesetze werden im Rahmen dieser Arbeit genauer unter die Lupe genommen.

Auf Seiten der Behörden lässt sich der rechtliche Rahmen der Kooperationsverpflichtung vergleichsweise einfach fassen. Als Grundrechtsverpflichtete sind sie in der Position, Zusammenarbeit anzubieten und voranzutreiben.[14] Dabei müssen sie die Versammlung schützen, ihr zur selbstbestimmten Durchführung verhelfen und Rechte Dritter abwägen.[15] Versammlungsrechtliche Kooperation stellt sich jedoch als wechselseitiges und gemeinsames Werk dar.[16] Den Behörden stehen Versammlungsverantwortliche gegenüber, die sich als Grundrechtsträger in der Position der Berechtigten befinden und deren Versammlungsfreiheit verfassungsrechtlich nahezu uneingeschränkt gewährleistet ist. Beschränkungen, auch abverlangte Pflichten, sind im Rahmen des streng auszulegenden Art. 8 Abs. 2 GG nur zum Schutz gleich gewichtiger Verfassungsgüter möglich.[17] Die daraus resultierende weitgehende Pflichtenfreiheit der Grundrechtsträger steht im Konflikt zum praktischen Bedürfnis nach Zusammenarbeit. Dieses Spannungsverhältnis nimmt die vorliegende Arbeit zum Anlass, sich einmal näher mit den verfassungsrechtlichen Vorgaben für Kooperation auseinanderzusetzen, die vorhandenen einfachgesetzlichen Bestimmungen zu bewerten und das Bedürfnis für weitere einfachgesetzliche Regelungen zu eruieren. Obwohl sich die Arbeit thematisch auf den Veranstalter fokussiert, wird die behördliche Seite ebenso in die Betrachtung aufzunehmen sein. Denn Kooperation bedeutet ein Miteinander von Behörden und Grundrechtsträgern, ihr Handeln steht in ei-

---

[13] *Hong*, in: Rensen/Brink, Linien der Rechtsprechung des Bundesverfassungsgerichts, S. 156.
[14] *Peters*, in: Peters/Janz, Handbuch Versammlungsrecht, F, Rn. 32 f.
[15] *Kniesel/Poscher*, in: Lisken/Denninger/Rachor, Handbuch des Polizeirechts, K, Rn. 259.
[16] *Kniesel/Poscher*, in: Lisken/Denninger/Rachor, Handbuch des Polizeirechts, K, Rn. 278.
[17] BVerfGE 69, 315 (353).

ner Wechselbeziehung zueinander. Dementsprechend lassen sich die Verpflichtungen der einen Seite nicht isoliert von der anderen Seite betrachten.

II. Gang der Untersuchung

Die vorliegende Arbeit stellt sich der Herausforderung, die Thematik der Kooperationsverpflichtung des Veranstalters bei Versammlungen zu analysieren und umfassend darzustellen. Dabei werden Verfassungsregelungen und einfachgesetzliche Ausgestaltungen, jeweils auf Bundes- und Landesebene, ebenso wie Äußerungen des Bundesverfassungsgerichts auf Rechtsgrundlagen für Kooperationsverpflichtungen hin analysiert. Abgerundet wird die Betrachtung durch eine Darstellung zu Kooperation in der Verwaltungspraxis. Schließlich wird der einfachgesetzliche Handlungsauftrag analysiert und eine mögliche Regelung für Kooperation im Versammlungsrecht vorgeschlagen.

Konkret werden zunächst (unter B.) Rechtsgrundlagen und Inhalt des Kooperationsmodells bestimmt. Dafür werden der Brokdorf-Beschluss und dessen Bindungswirkung näher unter die Lupe genommen. Außerdem werden die verschiedenen Pflichtengrade definiert. Darauf aufbauend werden die einschlägigen Verfassungspassagen auf Bundes- und Landesebene auf etwaige Verpflichtungen zur versammlungsrechtlichen Kooperation hin untersucht. Selbiges geschieht für das Versammlungsrecht und das Verwaltungsverfahrensrecht auf Bundes- und Landesebene. Die einfachgesetzlich statuierten Verpflichtungen werden anhand des zuvor ermittelten Gestaltungsspielraums des Gesetzgebers auf ihre Verfassungsmäßigkeit hin überprüft.

In einem nächsten Kapitel (unter C.) werden die Rechtsfolgen von Kooperation untersucht. Dabei gilt es insbesondere zu betrachten, welche Folgen sich auf Seiten der Behörden und der Versammlungsverantwortlichen an die Nichtbeachtung der entsprechenden Kooperationsverpflichtungen knüpfen und wie die Einhaltung der jeweiligen Pflichten durchgesetzt werden kann.

Anschließend wird (unter D.) Kooperation in der Verwaltungspraxis dargestellt. Dafür werden die Besonderheiten jeder einzelnen Kooperationsphase analysiert und auf atypische Versammlungen eingegangen.

Auf der Grundlage dieser drei inhaltlichen Kapitel wird abschließend (unter E.) bewertet, ob gesetzgeberischer Handlungsbedarf hinsichtlich Kooperation im Versammlungswesen besteht und ein eigener Vorschlag für eine Regelung von Zusammenarbeit in den Versammlungsgesetzen der Länder gemacht.

Zwar soll sich die Grundidee von Kooperation auch auf Versammlungen in geschlossenen Räumen übertragen lassen,[18] doch konzentriert sich die vorliegende Arbeit allein auf Versammlungen unter freiem Himmel. Dabei werden die Begriffe Versammlung und Demonstration synonym verwendet. Die Untersuchung geht von einer Art Idealvorstellung der kooperativen Beziehung aus. Deren Grenzen werden aufgezeigt und es wird sich auch mit Sonderkonstellationen sowie deren Handhabbarkeit beschäftigt. Die Arbeit wertet die einschlägige Literatur und Rechtsprechung bis einschließlich Juni 2018 aus.

III. Stand der Forschung

Die Thematik „Kooperation im Versammlungsrecht" wurde 1985 im Brokdorf-Beschluss des Bundesverfassungsgerichts[19] erstmals umfänglich behandelt. In der Literatur finden sich dazu zahlreiche Anmerkungen.[20] Kürzlich wurde die Entscheidung erneut zum Gegenstand einer wissenschaftlichen Veröffentlichung gemacht.[21] Im Nachgang zum Brokdorf-Beschluss beschäftigte sich *Buschmann* umfassend mit Kooperationspflichten im Versammlungsrecht, wobei er Großdemonstrationen besonders berücksichtigte.[22] *Leist* hingegen thematisierte vertieft Kooperation bei rechtsextremistischen Versammlungen.[23] Auf die Rolle des Veranstalters im Rahmen der Kooperation wurde sich bisher nicht fokussiert. Zwar untersuchte *Huber* die sicherheitsrechtliche Verantwortlichkeit des Veranstalters von Versammlungen,[24] ohne jedoch ein Augenmerk konkret nur auf Kooperation zu legen.

---

[18] *Hoffmann-Riem*, in: Merten/Papier, Handbuch der Grundrechte, Band IV, § 106, Rn. 107.
[19] BVerfGE 69, 315.
[20] *Broß*, Jura 1986, 189; *Broß*, RiA 1985, 228; *Dietel/Kniesel*, Die Polizei 1985, 335; *Frowein*, NJW 1985, 2376; *Götz*, DVBl 1985, 1347; *Gusy*, JuS 1986, 608; *Hölscheidt*, DVBl 1987, 666; *Hoffmann-Riem*, in: Brandt/Gollwitzer/Henschel, Festschrift für H. Simon, S. 379 ff.; *Hofmann*, BayVBl. 1987, 97; *Hofmann*, BayVBl. 1987, 129; *Honigl*, BayVBl. 1987, 137; *Langer*, JA 1986, 46; *Lohse*, Der Städtetag 1986, 268; *Lohse*, Die Polizei 1987, 93; *Narr*, DuR 1986, 380; *Röper*, Die Polizei 1985, 348; *Schenke*, JZ 1986, 35; *Schneider*, DÖV 1985, 783; *Weber*, JuS 1986, 644.
[21] Doering-Manteuffel/Greiner/Lepsius, Der Brokdorf-Beschluss.
[22] *Buschmann*, Kooperationspflichten im Versammlungsrecht.
[23] *Leist*, Versammlungsrecht und Rechtsextremismus, S. 162 ff.; *Leist*, BayVBl. 2004, 489.
[24] *Huber*, Der Veranstalter einer Versammlung im Rechtskreis der Exekutive.

Die Föderalismusreform bot ab 2006 Anlass, sich mit den neu entstandenen Handlungsalternativen,[25] ersten Landesversammlungsgesetzen[26] als auch allgemein mit kooperativen Beziehungen zwischen Veranstalter und Behörde[27] auseinanderzusetzen. Zudem finden sich Ausführungen zur Kooperation in den einschlägigen Handbüchern[28] und Kommentaren.[29] Die Rolle vor allem des Veranstalters im Rahmen der Kooperation wurde bisher nicht umfassend zusammenhängend dargestellt. Diese Lücke schließt die vorliegende Arbeit.

IV. Begriffsbestimmungen

Für ein einheitliches Begriffsverständnis werden zunächst einige Termini definiert.

1. Versammlungsbegriff des Art. 8 GG

Art. 8 Abs. 1 GG bestimmt: *„Alle Deutschen haben das Recht, sich ohne Anmeldung oder Erlaubnis friedlich und ohne Waffen zu versammeln."* Was der verfassungsrechtliche Versammlungsbegriff genau beinhaltet, ist umstritten.[30]

---

[25] *Gintzel*, Die Polizei 2010, 1; *Kempny*, NVwZ 2014, 191; *Kirchhoff*, NVwZ 2009, 754; *Wolff/Christopeit*, VR 2010, 257.

[26] *Arzt*, DÖV 2009, 381; *Brenneisen/Sievers*, Die Polizei 2009, 71; *Brenneisen/Wilksen/Ruppel/Warnstorff*, Die Polizei 2013, 130; Brenneisen/Wilksen/Staack/Martins/Warnstorff, Ein Versammlungsgesetz für Schleswig Holstein; *Hanschmann*, DÖV 2009, 389; *Heidebach/ Unger*, DVBl 2009, 283; *Kutscha*, NVwZ 2008, 1210; *Scheffczyk/Wolff*, LKV 2007, 481; *Scheidler*, BayVBl. 2009, 33; *Scheidler*, ZRP 2008, 151; *Schieder*, NVwZ 2013, 1325; *Welsch/ Martić*, KommP BY 2008, 322; *Welsch/Martić*, KommP BY 2008, 375.

[27] *Scheidler*, Die Polizei 2009, 162; *Scheidler*, KommP spezial 2009, 151; *Weber*, KommJur 2011, 50.

[28] Beispielsweise *Baudewin*, Der Schutz der öffentlichen Ordnung im Versammlungsrecht, Rn. 286 ff.; *Brenneisen/Wilksen*, Versammlungsrecht, S. 249 ff.; *Hellhammer-Hawig*, Neonazistische Versammlungen, S. 173 ff.; *Hettich*, Versammlungsrecht in der Praxis, Rn. 77 ff.; *Hoffmann-Riem*, in: Merten/Papier, Handbuch der Grundrechte, Band IV, § 106, Rn. 107 ff.; *Kloepfer*, in: Isensee/Kirchhof, Handbuch des Staatsrechts, Band VII, § 164, Rn. 39 ff.; *Kniesel/Poscher*, in: Lisken/Denninger/Rachor, Handbuch des Polizeirechts, K, Rn. 259 ff.; *Peters*, in: Peters/Janz, Handbuch Versammlungsrecht, F, Rn. 32 ff.; *Roos/Bula*, Das Versammlungsrecht in der praktischen Anwendung, Rn. 309 ff.

[29] *Kniesel*, in: Dietel/Gintzel/Kniesel, VersG, Teil II, § 14, Rn. 90 ff.; Köhler/Dürig-Friedl, Demonstrations- und Versammlungsrecht, § 14 VersG, Rn. 6; *Merk*, in: Wächtler/Heinhold/ Merk, BayVersG, Art. 14; Ott/Wächtler/Heinhold, VersG, § 14, Rn. 16 ff.

[30] *Schneider*, in: Epping/Hillgruber, GG, Art. 8, Rn. 3.

Einig sind sich die Vertreter der verschiedenen Ansichten darüber, dass jedenfalls eine örtliche Zusammenkunft einer Personenmehrheit erforderlich ist.[31] Eine Personenmehrheit wird verschiedentlich ab zwei,[32] drei[33] oder sieben[34] Personen angenommen. Der Streit ist hier jedoch von untergeordneter Bedeutung und muss nicht entschieden werden, da Kooperationsbedarf zumeist nur bei größeren oder Großveranstaltungen besteht. Für das Vorliegen einer örtlichen Zusammenkunft ist kein ortsfestes Zusammentreffen nötig, auch Demonstrationszüge werden von Art. 8 GG erfasst.[35]

Daneben kommt es auf eine gemeinsame Zweckverfolgung der Teilnehmer an.[36] Auch diesbezüglich findet sich ein breites Meinungsspektrum in Rechtsprechung und Literatur. Einige Stimmen fordern lediglich die Verfolgung irgendeines beliebigen gemeinsamen Zwecks, wohingegen es anderen auf eine gemeinsame Meinungsbildung ankommt. Noch andere fordern eine Erörterung öffentlicher Angelegenheiten.[37] Nach der gefestigten Rechtsprechung des Bundesverfassungsgerichts muss die Zusammenkunft jedenfalls in irgendeiner Form auf Teilhabe an der öffentlichen Meinungsbildung gerichtet sein.[38] Vor diesem Hintergrund versteht diese Arbeit unter einer Versammlung nach Art. 8 GG eine örtliche Zusammenkunft mehrerer Personen zur gemeinschaftlichen, auf die Teilhabe an der öffentlichen Meinungsbildung gerichteten Erörterung oder Kundgebung.

Der Schutz von Art. 8 GG erstreckt sich sowohl auf öffentliche, als auch auf nicht-öffentliche Versammlungen. Das Grundrecht unterscheidet lediglich hinsichtlich der Möglichkeiten der Grundrechtsbeschränkung zwischen Versammlungen unter freiem Himmel und solchen in geschlossenen Räumen, vgl. Art. 8 Abs. 2 GG. Zudem sind durch Art. 8 Abs. 1 GG nur diejenigen Versammlungen

---

[31] *Sodan*, in: Sodan, GG, Art. 8, Rn. 2.
[32] *Depenheuer*, in: Maunz/Dürig, GG, Band II, Art. 8, Rn. 44; *Kniesel*, in: Dietel/Gintzel/Kniesel, VersG, Teil II, § 1, Rn. 16; *Höfling*, in: Sachs, GG, Art. 8, Rn. 13; *Schulze-Fielitz*, in: Dreier, GG, Band I, Art. 8, Rn. 23.
[33] *Enders*, Jura 2003, 34 (36); *Hölscheidt*, DVBl 1987, 666 (667).
[34] *Kniesel*, in: Dietel/Gintzel/Kniesel, VersG, Teil I, Rn. 66.
[35] *Jarass*, in: Jarass/Pieroth, GG, Art. 8, Rn. 4.
[36] BVerfGE 69, 315 (343).
[37] *Depenheuer*, in: Maunz/Dürig, GG, Band II, Art. 8, Rn. 46 ff.; *Schneider*, in: Epping/Hillgruber, GG, Art. 8, Rn. 7
[38] BVerfGE 104, 92 (104); BVerfGE 111, 147 (154 f.); BVerfGE 128, 226 (250); a.A. *Schulze-Fielitz*, in: Dreier, GG, Band I, Art. 8, Rn. 27 f., wonach die Art des Zweckes rechtlich nicht relevant sein soll.

geschützt, die friedlich und ohne Waffen verlaufen. Unfriedlich ist eine Versammlung, wenn sie einen gewalttätigen und aufrührerischen Verlauf nimmt,[39] wobei Unfriedlichkeit nicht mit dem strafrechtlichen Gewaltbegriff gleichgesetzt werden kann.[40]

Auf das Grundrecht des Art. 8 Abs. 1 GG können sich grundsätzlich nur Deutsche im Sinne von Art. 116 Abs. 1 GG berufen. Ihnen werden EU-Ausländer wegen des europarechtlichen Diskriminierungsverbots sachlich gleichgestellt.[41]

Das Individualgrundrecht der Versammlungsfreiheit schützt die Freiheit der Teilnahme an einer Versammlung, nicht jedoch die Versammlung selbst.[42] Dementsprechend wird durch Art. 8 GG genau genommen kein Recht der Versammlung gewährt, sondern ein Recht auf Versammlung.[43] Praktische Folge dessen ist, dass die Versammlung als solche nicht Adressat beschränkender Verfügungen sein kann, sondern einzelne Vertreter, wie der Veranstalter, oder die Gesamtheit der Teilnehmer.[44] Nichtsdestotrotz wird die Versammlung als Ganzes nicht schutzlos gestellt – beispielsweise stellt sich das Selbstbestimmungsrecht der Versammlung als Summe der Einzelrechte aller Teilnehmer dar und ist somit mittelbar von Art. 8 GG erfasst.

2. Versammlungsfreiheit nach den Landesverfassungen

Die hier näher zu betrachtenden Landesverfassungen halten bei dem Grundrecht der Versammlungsfreiheit keine für die hiesige Arbeit relevanten Unterschiede zu dem Versammlungsbegriff nach Art. 8 GG bereit.

Art. 113 Bayerische Verfassung (BV) garantiert allen Bewohnern Bayerns das Recht, sich ohne Anmeldung oder besondere Erlaubnis friedlich und unbewaffnet zu versammeln. Anders als nach Art. 8 Abs. 1 GG wird die Grundrechtsberechtigung nicht an die Nationalität geknüpft, sondern an den Wohnort.

Die Verfassung von Schleswig-Holstein enthält keine eigenständige Normierung einer Versammlungsfreiheit. Vielmehr verweist Art. 3 SHVerf auf die im

---

[39] BVerfGE 69, 315 (361); *Kohl*, in: Umbach/Clemens, GG, Art. 8, Rn. 30; *Jarass*, in: Jarass/Pieroth, GG, Art. 8, Rn. 8.
[40] BVerfGE 73, 206 (248); BVerfGE 87, 399 (406).
[41] *Schneider*, in: Epping/Hillgruber, GG, Art. 8, Rn. 23.
[42] *Depenheuer*, in: Maunz/Dürig, GG, Band II, Art. 8, Rn. 57; *Gusy*, JuS 1986, 608 (610).
[43] *Kniesel/Poscher*, in: Lisken/Denninger/Rachor, Handbuch des Polizeirechts, K, Rn. 338.
[44] *Kniesel/Poscher*, in: Lisken/Denninger/Rachor, Handbuch des Polizeirechts, K, Rn. 407.

Grundgesetz festgelegten Grundrechte und staatsbürgerlichen Rechte und erklärt diese zum Bestandteil der Verfassung und zu unmittelbar geltendem Recht. Die Brandenburgische Verfassung garantiert in Art. 23 Abs. 1 BbgVerf allen Menschen das Recht, sich ohne Anmeldung oder Erlaubnis friedlich und unbewaffnet zu versammeln. Die Grundrechtsgewährleistung entspricht weitgehend jener nach Art. 8 Abs. 1 GG. Die Einbeziehung von Nicht-EU-Ausländern soll für die vorliegende Arbeit keine Relevanz haben.

3. Versammlungsbegriff nach den einzelnen Versammlungsgesetzen

Die Versammlungsgesetze regeln besonderes Gefahrenabwehrrecht im Hinblick auf versammlungsspezifische Gefahren.[45] Ihnen liegt ein eigener Versammlungsbegriff zu Grunde, welcher teilweise vom verfassungsrechtlichen Begriff abweicht. Schon aus normhierarchischen Gründen steht es jedoch außer Frage, dass der verfassungsrechtliche Versammlungsbegriff durch das einfachgesetzliche Versammlungsrecht nicht modifiziert, sondern lediglich konkretisiert werden kann.[46]

Die einfachgesetzlichen Versammlungsbegriffe unterscheiden sich teilweise, allerdings nur marginal. Die begrifflichen Unterschiede sind jedoch – auch im Vergleich zum verfassungsrechtlichen Terminus – nicht so gravierend, als dass man im hiesigen Zusammenhang von verschiedenen Versammlungsbegriffen sprechen müsste.

a) Versammlungsgesetz des Bundes

Gemäß § 1 Abs. 1 VersG[47] hat jedermann das Recht, öffentliche Versammlungen und Aufzüge zu veranstalten und an solchen Veranstaltungen teilzunehmen. Eine weitere Konkretisierung des Versammlungsbegriffs findet sich im VersG nicht. Unter einem Aufzug versteht man eine sich fortbewegende Versammlung.[48] Eine Versammlung ist öffentlich, wenn der Zutritt nicht auf einen namentlich oder sonst individuell bezeichneten Personenkreis beschränkt ist.[49]

---

[45] *Meßmann*, JuS 2007, 524 (525).
[46] *Kniesel*, NJW 2000, 2857 (2862); *Meßmann*, JuS 2007, 524 (525).
[47] Gesetz über Versammlungen und Aufzüge (Versammlungsgesetz – VersG) vom 24. Juli 1953, BGBl. I S. 684.
[48] *Wache*, in: Erbs/Kohlhaas, Band IV, VersG, § 1, Rn. 33.
[49] *Wache*, in: Erbs/Kohlhaas, Band IV, VersG, § 1, Rn. 25.

Anders als nach Art. 8 Abs. 1 GG ist der Anwendungsbereich des VersG nicht auf Deutsche oder EU-Ausländer beschränkt. Es werden aber nur öffentliche Versammlungen erfasst.[50] Auch das einfache Recht verlangt eine friedliche Durchführung von Versammlungen ohne Waffen, vgl. § 2 Abs. 2 und 3 VersG.

b) Landesversammlungsgesetze

Die einzelnen Landesversammlungsgesetze unterscheiden sich in Bezug auf den Versammlungsbegriff kaum. Anders als im Bundesgesetz findet sich jedoch zumeist eine Legaldefinition des Versammlungsbegriffs.

In Art. 1 Abs. 1 BayVersG[51] heißt es: *„Jedermann hat das Recht, sich friedlich und ohne Waffen öffentlich mit anderen zu versammeln."* Art. 2 Abs. 1 BayVersG definiert eine Versammlung als *„eine Zusammenkunft von mindestens zwei Personen zur gemeinschaftlichen, überwiegend auf die Teilhabe an der öffentlichen Meinungsbildung gerichteten Erörterung oder Kundgebung."* Nach dessen Absatz 2 ist eine Versammlung öffentlich, *„wenn die Teilnahme nicht auf einen individuell feststehenden Personenkreis beschränkt ist."*

§ 1 Abs. 1 VersFG SH[52] garantiert: *„Jede Person hat das Recht, sich ohne Anmeldung oder Erlaubnis friedlich und ohne Waffen mit anderen zu versammeln und Versammlungen zu veranstalten."* Nach § 2 Abs. 1 VersFG SH ist eine Versammlung *„eine örtliche Zusammenkunft von mindestens drei Personen zur gemeinschaftlichen, überwiegend auf die Teilhabe an der öffentlichen Meinungsbildung gerichteten Erörterung oder Kundgebung. Aufzug ist eine sich fortbewegende Versammlung." „Eine Versammlung ist öffentlich, wenn die Teilnahme nicht auf einen individuell bestimmten Personenkreis beschränkt ist oder die Versammlung auf eine Kundgebung an die Öffentlichkeit in ihrem räumlichen Umfeld gerichtet ist.",* § 2 Abs. 2 VersFG SH.

Die Versammlungsgesetze der sonstigen Länder enthalten vergleichbare Vorschriften.[53]

---

[50] Regelungen für nichtöffentliche Versammlungen finden sich nur vereinzelt, etwa in §§ 3, 21, 28 VersG.
[51] Bayerisches Versammlungsgesetz (BayVersG) vom 22. Juli 2008, GVBl. S. 421.
[52] Versammlungsfreiheitsgesetz für das Land Schleswig-Holstein (VersFG SH) vom 18. Juni 2015, GVOBl. Schl.-H. S. 135.
[53] Mit Ausnahme des VersammlG LSA: dessen § 1 Abs. 1 garantiert – vergleichbar § 1 Abs. 1 VersG – Versammlungsfreiheit für jeden, ohne einzelne Begrifflichkeiten näher zu definieren.

4. Demonstration

Die Begriffe „Versammlung" und „Demonstration" werden häufig synonym verwendet. Auch das Bundesverfassungsgericht differenziert in den Leitsätzen des Brokdorf-Beschlusses nicht trennscharf zwischen den beiden Begriffen.[54] Hinzu kommt, dass Gegenaktionen regelmäßig als Gegendemonstrationen bezeichnet werden, wohingegen (fast) nie von einer Gegenversammlung gesprochen wird.[55] Tatsächlich besteht jedoch ein gewisser Unterschied. Demonstrationen sind ein Unterfall politischer Versammlungen, bei denen die Meinungskundgabe in plakativer oder aufsehenerregender Art und Weise stattfindet.[56] Der verbindende Zweck besteht in der kollektiven Meinungskundgabe.[57] Diese Kollektivität soll die Meinungsäußerung gerade verstärken.[58] Das Demonstrationsanliegen wird typischerweise durch physische Mittel unterstrichen, so beispielsweise bei Sitzdemonstrationen oder Schweigemärschen.[59]

Angesichts dessen, dass dem Anliegen von Gegendemonstrationen typischerweise durch physische Mittel Ausdruck verliehen wird, scheint der Begriff „Gegendemonstration" tatsächlich treffend. Bei einer solchen Veranstaltung geht es gerade um die Kundgabe einer anderen Meinung. Der Versammlungszweck wird unter Zuhilfenahme von die Meinungskundgabe verstärkenden Elementen (wie beispielsweise Megaphonen, Blockaden, bis hin zu Gewaltausübung) regelmäßig über ein bloßes „sich versammeln" – und damit über eine „Gegenversammlung" – hinaus gehen. Der Einsatz von Gewalt ist jedoch keineswegs wesensnotwendig. Gegendemonstrationen können gleichermaßen friedlich verlaufen.

Das Grundgesetz erwähnt Demonstrationsfreiheit nicht ausdrücklich. Sie ist vielmehr Ausprägung der Versammlungsfreiheit und von dieser mit umfasst.[60]

---

[54] *Hofmann*, BayVBl. 1987, 97 (103).
[55] Vereinzelt findet man diesen Begriff (z.B. VG Hannover, Beschluss vom 29.07.2013 – 10 B 5753/13; OVG Koblenz, Beschluss vom 21.11.2003 – 12 B 11882/03), jedoch wird er scheinbar nur aus Gründen der begrifflichen Variation verwendet. Eine abweichende inhaltliche Bedeutung lässt sich der Begriffsverwendung nicht entnehmen.
[56] BVerfGE 69, 315 (343).
[57] *Kniesel*, NJW 2000, 2857 (2858).
[58] *Kniesel*, NJW 1992, 857 (858 f.).
[59] *Kniesel*, NJW 1992, 857 (859).
[60] BVerfGE 69, 315 (343); *Blanke/Sterzel*, KritJ 1981, 347 (351); *Dietel/Kniesel*, Die Polizei 1985, 335 (338); *Gusy*, in: v. Mangoldt/Klein/Starck, GG, Band I, Art. 8, Rn. 18; *Hueck*, in: Grabenwarter/Hammer/Pelzl/Schulev-Steindl/Wiederin, Allgemeinheit der Grundrechte und Vielfalt der Gesellschaft, S. 188; *Kniesel*, NJW 1992, 857 (857).

5. Großdemonstration

Großdemonstrationen sind Versammlungen, die von einer beträchtlichen Zahl von Personen und Gruppen initiiert werden.[61] Eine konkrete Teilnehmerzahl, ab der eine Versammlung als Großdemonstration zu gelten hat, lässt sich nur schwer festlegen. Vielmehr liegt eine Großdemonstration vor, wenn die Versammlung typischerweise von einer gewissen Unübersichtlichkeit und Vielschichtigkeit geprägt ist und/oder eine nicht unerhebliche Teilnehmerzahl aufweist.[62] Dementsprechend sind verschiedene Erscheinungsformen denkbar. Einerseits kann eine abgrenzbare, hierarchisch organisierte Versammlung mit vielen Teilnehmern und einem Veranstalter vorliegen. Andererseits sind Versammlungen mit mehreren Veranstaltern denkbar. Eine Großdemonstration liegt auch bei einer Versammlung vor, welche aus einer Mehrzahl parallel verlaufender Versammlungen besteht, die einen einheitlichen oder mehrere Veranstalter und Leiter hat.[63]

Bei vielschichtigen Versammlungen liegen streng genommen mehrere nebeneinander verlaufende Teil- und Nebenversammlungen vor, bei denen es im Vorfeld regelmäßig keine zentrale Planung, Anmeldung und Koordination gibt.[64] Jede Teilversammlung hat typischerweise einen eigenen Veranstalter. Eine innere Verbindung in Bezug auf die Gesamtveranstaltung ist nicht zwingend erforderlich.[65] Die verschiedenen Veranstalter können häufig nur über den von ihnen initiierten Teil der Versammlung Auskunft geben und möchten auch nur für diesen eine Anmeldung vornehmen. Deshalb entspricht der Typus der Großdemonstration nicht dem Bild der Versammlungsgesetze, die von einer straff organisierten und geordneten Versammlung mit einem einzigen Veranstalter ausgehen.[66] Gerade wegen des Nebeneinanders verschiedener Versammlungen mit diversen Veranstaltern fehlt es an jener hierarchischen Struktur.

---

[61] *Dietel/Kniesel*, Die Polizei 1985, 335 (342).
[62] *Broß*, RiA 1985, 228 (233) geht davon aus, dass die nötige Teilnehmerzahl einer Großdemonstration davon abhängig ist, ob die Versammlung in einer städtischen oder eher ländlichen Region stattfindet.
[63] *Huber*, Der Veranstalter einer Versammlung im Rechtskreis der Exekutive, S. 267.
[64] *Kniesel*, in: Dietel/Gintzel/Kniesel, VersG, Teil I, Rn. 167; *Dietel/Kniesel*, Die Polizei 1985, 335 (342).
[65] *Werner*, Formelle und materielle Versammlungsrechtswidrigkeit, S. 58.
[66] *Buschmann*, Kooperationspflichten im Versammlungsrecht, S. 30; *Geulen*, KJ 1983, 189 (190 f.); *Kniesel/Poscher*, in: Lisken/Denninger, Handbuch des Polizeirechts, K, Rn. 235.

6. Veranstalter

Veranstalter einer Versammlung ist derjenige, der diese organisatorisch vorbereitet und plant oder zu ihr einlädt. Ihm muss ein gewisses Maß an Verantwortung übertragen sein.[67] Die Versammlungsgesetze enthalten hierzu keine Legaldefinition. In § 4 VersFG SH heißt es insoweit lediglich: *„Wer zu einer Versammlung einlädt oder die Versammlung nach § 11 anzeigt, veranstaltet eine Versammlung."* In Bayern gilt, dass derjenige, der eine Versammlung veranstalten will, diese anzumelden bzw. anzuzeigen hat, vgl. Art. 13 Abs. 1 Satz 1 BayVersG. In den Bundesländern, in denen das VersG fortgilt, folgt selbiges aus § 14 Abs. 1 VersG. Demgemäß ist nach den Versammlungsgesetzen derjenige Veranstalter einer Versammlung, der diese anmeldet oder anzeigt oder zu ihr einlädt. Nicht notwendig ist dessen spätere Teilnahme an der Versammlung.[68]

Bei Spontanversammlungen liegt es in der Natur der Sache, dass sie keinen Veranstalter haben.[69] Dies hat Eingang ins Bayerische Versammlungsgesetz gefunden. Art. 13 Abs. 4 BayVersG definiert eine Spontanversammlung als Versammlung, die sich aus einem unmittelbaren Anlass ungeplant und ohne Veranstalter ergibt.

Wie zuvor bereits erwähnt,[70] kann es insbesondere bei vielschichtigen Großdemonstrationen vorkommen, dass es mehr als einen Veranstalter gibt. Allein das Fehlen eines einheitlichen Veranstalters soll die Versammlung nicht formlos werden lassen.[71] Für diesen Fall wird in verfassungskonformer Auslegung entsprechender Vorschriften angenommen, dass die Anmeldung eines Teils der Versammlung, nämlich jenes Teils, den der konkrete Veranstalter veranstalten möchte, genügen kann. Sowieso geht auch das Versammlungsrecht nicht konsequent von nur einem Veranstalter aus. In § 25 Nr. 1 VersG ist beispielsweise die Rede von *„die Veranstalter"*.

---

[67] *Wache*, in: Erbs/Kohlhaas, Band IV, VersG, § 1, Rn. 35.
[68] *Wache*, in: Erbs/Kohlhaas, Band IV, VersG, § 1, Rn. 35.
[69] *Dietel/Kniesel*, Die Polizei 1985, 335 (338); *Wache*, in: Erbs/Kohlhaas, Band IV, VersG, § 1, Rn. 31.
[70] Siehe dazu unter A.IV.5.
[71] *Kniesel*, in: Dietel/Gintzel/Kniesel, VersG, Teil II, § 14, Rn. 20 ff.

7. Leiter

Leiter ist derjenige Versammlungsteilnehmer, der die Ordnung der Versammlung handhabt und als Vorsitzender den äußeren Gang bestimmt, insbesondere die Versammlung eröffnet, unterbricht und schließt sowie die Reihenfolge der Redner festlegt.[72] Er ist dementsprechend die zentrale Gestalt während einer Versammlung.[73]

§ 5 Abs. 1 VersFG SH bestimmt den Veranstalter als Leiter, wenn die Leitung nicht einer anderen Person übertragen ist oder eine Vereinigung die Versammlung veranstaltet. Eine vergleichbare Vorschrift findet sich in Art. 3 BayVersG. Auch danach leitet der Veranstalter die Versammlung, wenn er die Leitung nicht einer anderen natürlichen Person übertragen hat oder eine Vereinigung die Versammlung veranstaltet.

In § 6 Abs. 1 VersFG SH sind die Aufgaben und Befugnisse eines Versammlungsleiters gesetzlich niedergeschrieben. Danach sorgt die Versammlungsleitung für den ordnungsgemäßen Ablauf der Versammlung und wirkt auf deren Friedlichkeit hin. Sie darf die Versammlung jederzeit unterbrechen oder schließen. Weitere konkrete Befugnisse werden in den Absätzen 2 bis 4 des § 6 VersFG SH genannt. Art. 4 Abs. 1 BayVersG zählt Leitungsrechte und -pflichten auf. Dort heißt es: *„Der Leiter bestimmt den Ablauf der Versammlung, insbesondere durch Erteilung und Entziehung des Worts, hat während der Versammlung für Ordnung zu sorgen, kann die Versammlung jederzeit schließen und muss während der Versammlung anwesend sein."* Absatz 2 normiert Befugnisse des Leiters in Bezug auf den Einsatz von Ordnern.

In den Bundesländern, in denen das Versammlungsgesetz fortgilt, richten sich die Befugnisse des Versammlungsleiters nach den §§ 7 ff. VersG.[74] Gemäß § 7 VersG muss jede öffentliche Versammlung einen Leiter haben, welcher regelmäßig der Veranstalter ist, sofern er nicht einer anderen Person die Leitung übertragen hat oder eine Vereinigung die Versammlung veranstaltet. Die §§ 8 ff. VersG enthalten Bestimmungen zu den Aufgaben des Versammlungsleiters, seinen Pflichten, der Hinzuziehung von Ordnern und der Ausschließung von Störern.

---

[72] OLG Düsseldorf, NJW 1978, 118 (118); *Wache*, in: Erbs/Kohlhaas, Band IV, VersG, § 7, Rn. 1.
[73] *Peters*, in: Peters/Janz, Handbuch Versammlungsrecht, F, Rn. 33.
[74] Gemäß § 18 Abs. 1 VersG sind diese Vorschriften in Teilen auf Versammlungen unter freiem Himmel entsprechend anzuwenden.

Die Vorschriften der Versammlungsgesetze finden ihrer Konzeption nach einzig auf hierarchisch strukturierte Versammlungen Anwendung. Für Großdemonstrationen bedarf es im Einzelfall einer verfassungskonformen Auslegung.[75] Lässt eine solche Großveranstaltung keinen Raum für nur einen Leiter, so ist ein Verzicht darauf, verbunden mit Eigenorganisation der einzelnen Versammlungsteile, zulässig. Dementsprechend sind neben einem (Haupt-)Leiter auch verschiedene Abschnittsleiter denkbar.[76]

8. Versammlungsteilnehmer

Versammlungsteilnehmer ist jeder, der durch Anwesenheit und (aktive) Teilnahme oder (passive) Teilhabe an dem Gegenstand der Versammlung in irgendeiner Weise Anteil nimmt.[77] Auch wer einer Versammlung in der Absicht beiwohnt, zu stören, ist Teilnehmer.[78] Es genügt bereits die nur vorübergehende, kurzzeitige Beteiligung an der Versammlung.[79]

9. Kooperation

Kooperation bedeutet dem Wortsinn nach Zusammenarbeit.[80] In der vorliegenden Untersuchung geht es um die Zusammenarbeit zwischen Behörde und den Veranstalter bzw. Leiter einer Versammlung.

Die Begriffe Kooperation, Kooperationsgebot und Kooperationsmodell werden als Gesamtheit der kooperativen Beziehung zwischen Behörde und Veranstalter bzw. Leiter einer Versammlung verstanden, mithin als Kooperation im weiteren Sinne. Davon umfasst ist beispielsweise auch die Anmeldung bzw. Anzeige einer Versammlung nach § 14 VersG, Art. 13 BayVersG und § 11 VersFG SH, sowie Auskunfts- und Mitteilungspflichten. Der Begriff Zusammenarbeit beschreibt Kooperation im engeren Sinne, wie sie beispielsweise in Art. 14 BayVersG und § 3 VersFG SH eine einfachgesetzliche Ausgestaltung gefunden

---

[75] Siehe dazu unter A.IV.5.
[76] *Kniesel*, in: Dietel/Gintzel/Kniesel, VersG, Teil II, § 7, Rn. 6.
[77] BayObLG, NJW 1979, 1895 (1896); *Wache*, in: Erbs/Kohlhaas Band IV, VersG, § 1, Rn. 36.
[78] Ott/Wächtler/Heinhold, VersG, § 1, Rn. 70.
[79] BayObLG, NJW 1979, 1895 (1896); *Wache*, in: Erbs/Kohlhaas, Band IV, VersG, § 1, Rn. 36.
[80] http://www.duden.de/rechtschreibung/Kooperation (letzter Abruf: 24.06.2018).

hat. Dieses Begriffsverständnis wird der hiesigen Untersuchung zugrunde gelegt.

B. Rechtsgrundlagen und Inhalt des Kooperationsmodells

Kooperation lebt von Gegenseitigkeit.[81] Im Versammlungsrecht stehen sich die Behörde aus dem Lager der Grundrechts*verpflichteten* und der Veranstalter aus dem der Grundrechts*berechtigten* gegenüber. Beide Seiten sind Adressaten eines Bündels von Rechten und Verpflichtungen mit unterschiedlichem Inhalt und divergierendem Grad der Verpflichtung.[82]

Nachfolgend stellt die Arbeit die einzelnen Rechtsgrundlagen der unterschiedlichen Kooperationsverpflichtungen dar und untersucht den jeweiligen Grad der Verpflichtung.

I. Grundlegende Aspekte

Bevor die Arbeit anschließend auf mögliche Rechtsgrundlagen für Kooperation im Versammlungsrecht eingeht, ist es nötig, sich einführend mit der Entscheidung auseinander zu setzen, die das Grundrecht der Versammlungsfreiheit in einem Maße geprägt hat, wie kaum eine andere: der Brokdorf-Beschluss.[83] In dieser Entscheidung aus dem Jahre 1985 beschäftigte sich das Bundesverfassungsgericht intensiv mit der Auslegung von Art. 8 GG und den damaligen – in einigen Bundesländern immer noch (nahezu unverändert) fortgeltenden – Regelungen des Versammlungsgesetzes.

Nachfolgend wird zunächst der Sachverhalt der Entscheidung dargestellt und deren Bindungswirkung beleuchtet, bevor die Arbeit später in den jeweils relevanten Abschnitten auf die inhaltlichen Aussagen im Detail eingeht. Zudem werden die verschiedenen Pflichtengrade betrachtet.

1. Der Brokdorf-Beschluss des Bundesverfassungsgerichts

Der Brokdorf-Beschluss des Jahres 1985 gilt als richtungsweisende Entscheidung in Bezug auf die Versammlungsfreiheit.[84] Der dortige Sachverhalt bot dem Bundesverfassungsgericht erstmals die Möglichkeit, sich umfassend zu Art. 8

---

[81] *Kniesel*, in: Dietel/Gintzel/Kniesel, VersG, Teil II, § 14, Rn. 113; *Kniesel/Poscher*, in: Lisken/Denninger/Rachor, Handbuch des Polizeirechts, K, Rn. 278.
[82] *Dietel/Kniesel*, Die Polizei 1985, 335 (342); *Roos/Fuchs*, Polizeieinsätze bei Versammlungen, S. 15.
[83] BVerfGE 69, 315.
[84] *Alberts*, NVwZ 1989, 839 (839).

GG zu äußern.[85] Diese Gelegenheit hat das Gericht „*beim Schopfe gepackt*", indem es grundlegend zu Inhalt, Reichweite und Schranken der Versammlungsfreiheit Stellung bezog.[86] Einerseits als „*Lehrbuch der Versammlungsfreiheit*"[87] – oder noch überschwänglicher als „*Magna Charta der Versammlungsfreiheit*"[88] – glorifiziert, wird andererseits bemängelt, dass der Beschluss eher einer Kommentierung von Art. 8 GG als einer verfassungsgerichtlichen Entscheidung gleiche.[89] Insgesamt nahmen zahlreiche Stimmen in der Literatur die Entscheidung zum Anlass, sich umfänglich mit ihr auseinanderzusetzen.

Im Zusammenhang mit versammlungsrechtlicher Kooperation wird der Brokdorf-Beschluss fortwährend als Quelle des sogenannten „*Kooperationsmodells*" herangezogen.[90] Nachfolgende Entscheidungen[91] nehmen immer wieder darauf Bezug. Auch die Praxis verfährt bis heute nach dem Brokdorf'schen Kooperationsmodell als handele es sich dabei um eine Norm.[92]

a) Der Kooperationsgedanke vor Brokdorf

Obwohl sich im Brokdorf-Beschluss die erste zusammenhängende Beschreibung und Analyse von Kooperation im Versammlungsrecht findet, sind bereits vor dieser richtungsweisenden Entscheidung aus dem Jahre 1985 vereinzelt Ansätze in Literatur und Rechtsprechung zu verzeichnen, die den Kooperationsgedanken zur Sprache brachten, vor allem in den 1970er Jahren.[93]

Bereits das Oberverwaltungsgericht Lüneburg stellte in seiner, dem Brokdorf-Beschluss vorinstanzlichen, Entscheidung heraus, dass es im Vorfeld einer (Groß-)Versammlung dringend vorbereitender Erörterungen, Absprachen und Maßnahmen bedürfe.[94] In der Literatur wurde zudem angenommen, § 14 VersG

---

[85] *Hölscheidt*, DVBl 1987, 666 (666).
[86] *Broß*, Jura 1986, 189 (194); *Frowein*, NJW 1985, 2376 (2376); *Lohse*, Der Städtetag 1986, 268 (268); *Weber*, JuS 1986, 644 (645).
[87] *Gusy*, JuS 1986, 608 (608).
[88] *Brenneisen/Wilksen*, Versammlungsrecht, S. 528; *Hoffmann-Riem*, in: Brandt/Gollwitzer/Henschel, Festschrift für H. Simon, S. 379.
[89] *Schenke*, JZ 1986, 35 (35).
[90] *Hettich*, Versammlungsrecht in der Praxis, Rn. 77; *Kloepfer*, in: Isensee/Kirchhof, Handbuch des Staatsrechts, Band VII, § 164, Rn. 39; *Scheidler*, Die Polizei 2009, 162 (162).
[91] BVerfG, NJW 2000, 3053; BVerfG, NJW 2001, 1407; BVerfG, NJW 2001, 2072; BVerfG, NJW 2001, 2078; BVerfG, NVwZ 2002, 982.
[92] *Seidel*, DÖV 2002, 283 (285).
[93] *Hoffmann-Riem*, in: Brandt/Gollwitzer/Henschel, Festschrift für H. Simon, S. 379.
[94] OVG Lüneburg, DÖV 1981, 461 (463).

enthalte eine „*Aufforderung an Veranstalter und Polizeibehörden zur Kooperation*".[95] Es wurde vorgeschlagen, dem Veranstalter einen Anreiz zur rechtzeitigen Anmeldung zu schaffen, indem man ihm ein Recht zur Anhörung einräumt, verbunden mit der behördlichen Pflicht, über ihre grundsätzliche Einstellung zu der Versammlung schnellstmöglich Auskunft zu erteilen, sowie Fristen festzulegen, innerhalb derer beide Seiten Bedenken zu den in der Voruntersuchung zu prüfenden Tatsachen zu äußern haben, sofern diese abschließend vorliegen.[96] Es wurde auch angedacht, den Veranstalter im Vorfeld einer Versammlung stärker mit einzubeziehen.[97] Im Vorbereitungsstadium sollte ihm Raum zum Einbringen und zur Erörterung eigener Gedanken gegeben werden, um ihn zur frühestmöglichen Anmeldung zu motivieren.[98] Behördlicherseits sollte nach Kenntniserlangung von einer Großveranstaltung unverzüglich Verbindung zum Veranstalter aufgenommen werden, um den so wichtigen persönlichen Kontakt vorzubereiten.[99] Weiterhin wurde vorgeschlagen, dass die Polizei darauf hinzuwirken habe, in Zusammenarbeit mit Veranstalter und Leiter versammlungsfreundlich tätig zu werden. Beschränkungen sollten ein milderes Mittel zum Verbot einer Versammlung darstellen.[100]

Es wurde zudem darauf verwiesen, dass die Selbstverwaltung einer Versammlung zu respektieren sei. Polizeiliches Einschreiten sollte erst nachgelagert stattfinden, und auch nur, wenn und soweit Maßnahmen des Versammlungsleiters, etwa gegen störende Teilnehmer, zuvor ergebnislos geblieben sind. Die Ordnung in der Versammlung sollte somit primär Aufgabe ihres Leiters sein.[101]

Außerdem wurde für den Fall des Einsatzes eines Verbindungsmannes vorgeschlagen, dass dieser bei Großveranstaltungen nicht leitender Polizeibeamter sein sollte, um polizeiliche Gesichtspunkte nicht aus den Augen zu verlieren.[102]

---

[95] *Schwäble*, Das Grundrecht der Versammlungsfreiheit, S. 197.
[96] *Borchert*, Die Spontanversammlung, S. 146.
[97] *Werbke*, NJW 1970, 1 (7).
[98] *Werbke*, NJW 1970, 1 (8).
[99] *Martin*, Polizeiliche Vorbereitung von Großveranstaltungen, S. 12.
[100] *Quilisch*, Die demokratische Versammlung, S. 177.
[101] *Quilisch*, Die demokratische Versammlung, S. 177.
[102] *Martin*, Polizeiliche Vorbereitung von Großveranstaltungen, S. 17.

b) Sachverhalt der Brokdorf-Entscheidung

Dem Brokdorf-Beschluss lag folgender Sachverhalt zu Grunde:[103] Am Samstag, dem 28. Februar 1981 sollte eine Demonstration gegen die Errichtung des Kernkraftwerks Brokdorf stattfinden. Dazu riefen diverse Bürgerinitiativen auf und luden öffentlichkeitswirksam durch Flugblätter etc. Teilnehmer aus dem gesamten Bundesgebiet ein. Nach einer Auftaktkundgebung sollte ein Demonstrationszug in Richtung Brokdorf folgen, wo eine Abschlusskundgebung geplant war. Die Anmeldung wollte man am 23. Februar 1981 vornehmen.

Als noch keine Anmeldung vorlag, erließ der Landrat des Kreises Steinburg eine Allgemeinverfügung, durch welche die beabsichtigte Demonstration und weitere Demonstrationen für einen gewissen Zeitraum am Baugelände des Kraftwerks sowie in einer Umgebung von 210 km^2 verboten wurden. Begründet wurde dies mit einer, entgegen den gesetzlichen Regelungen, fehlenden Anmeldung sowie mit drohenden Gewalttaten und der Begehung schwerer Straftaten und Ordnungswidrigkeiten. Gemäß § 80 Abs. 2 Satz 1 Nr. 4 VwGO wurde die sofortige Vollziehung der Allgemeinverfügung angeordnet. Am 24. Februar 1981 wurde eine Versammlung am Baugelände des Kernkraftwerks angemeldet, woraufhin der Landrat auf seine erlassene Allgemeinverfügung verwies. Über eingelegte Widersprüche wurde zunächst nicht entschieden.

Am 27. Februar 1981 ordnete das Verwaltungsgericht Schleswig[104] die teilweise Wiederherstellung der aufschiebenden Wirkung der Widersprüche an. Der Sofortvollzug wurde für ein kleineres Gebiet um den Bauplatz herum aufrechterhalten. Mit Beschluss vom 28. Februar 1981[105] änderte das Oberverwaltungsgericht Lüneburg die Entscheidung des Verwaltungsgerichts ab und wies die Anträge auf Wiederherstellung der aufschiebenden Wirkung vollumfänglich zurück.

Eine in der Nacht zum 28. Februar 1981 beantragte einstweilige Anordnung wurde vom Bundesverfassungsgericht mangels umfangreicher Sachverhaltskenntnis abgelehnt.[106] Des Weiteren wurden Verfassungsbeschwerden erhoben, über welche im Brokdorf-Beschluss befunden wurde.

---

[103] BVerfGE 69, 315 (320 ff.).
[104] VG Schleswig, Beschluss vom 27.02.1981 – 3 D 15/81.
[105] OVG Lüneburg, DÖV 1981, 461.
[106] BVerfGE 56, 244.

Die Versammlung fand am 28. Februar 1981 mit über 50.000 Teilnehmern statt. Dabei kam es auch zu Ausschreitungen.

c) Bindungswirkung

Im Brokdorf-Beschluss äußerte sich das Bundesverfassungsgericht umfassend u.a. zu den folgenden Themenbereichen: Anmeldepflicht für Versammlungen und deren verfassungskonforme Auslegung, Kooperation zwischen Veranstaltern und Behörden, Schutz der Versammlungsfreiheit friedlicher Teilnehmer und Anforderungen an die Gefahrenprognose bei Versammlungsverboten. Seine Entscheidung stützte das Gericht auf die fehlerhafte Anwendung der einfachgesetzlichen Regelung in § 80 Abs. 6 VwGO a.F.[107] Angesichts der breiten materiellen Ausführungen trotz der recht simplen Begründung der Verfassungswidrigkeit der vorangegangenen Entscheidung war die Entscheidung breiter Kritik ausgesetzt. In der Literatur wurde auf Folgeprobleme verwiesen, die sich daraus ergäben, dass den durch die Entscheidung geklärten Rechtsfragen zwar höchste Praxisrelevanz zukomme, das Bundesverfassungsgericht bei seiner Entscheidung die wesensmäßige Begrenzung seiner Entscheidungsbefugnis jedoch nicht durchgehend beachtet habe, mit der Folge, dass die Bindungswirkung der verfassungsgerichtlichen Äußerungen in Frage gestellt wurde.[108] Einige gehen vom Vorliegen eines *obiter dictums* aus,[109] was dazu führe, dass die Ausführungen zwar rechtlich und politisch bedeutsam seien, die Entscheidung aber nicht trügen und deshalb im Grunde genommen überflüssig blieben.[110]

Vor diesem Hintergrund ist zu klären, ob den Aussagen des Gerichts überhaupt Bindungswirkung gemäß § 31 Abs. 1 BVerfGG zukommt oder ob der Brokdorf-Beschluss tatsächlich als *obiter dictum* einzuordnen ist und welche Folgen eine Einordnung als *obiter dictum* nach sich ziehen würde.

---

[107] § 80 Abs. 6 VwGO in der Fassung vom 01.01.1964 (gültig bis zum 31.12.1982): *„Beschlüsse über Anträge nach Absatz 5 können jederzeit geändert oder aufgehoben werden. Soweit durch sie den Anträgen entsprochen ist, sind sie unanfechtbar."*
[108] *Schenke*, Die Verfassungsorgantreue, S. 120 f.; *Schenke*, JZ 1986, 35 (35).
[109] *Geis*, Die Polizei 1993, 293 (293); *Schenke*, JZ 1986, 35 (35); *Battis/Grigoleit*, NJW 2001, 2051 (2051 f.) sehen ein obiter dictum zumindest in den Ausführungen zur Möglichkeit eines Versammlungsverbots; *Broß*, Jura 1986, 189 (194), der gleichwohl eine umfassende Bindungswirkung nach § 31 BVerfGG als gegeben ansieht; *Dietel/Kniesel*, Die Polizei 1985, 335 (335), die zwar die Möglichkeit eines obiter dictums sehen, die Frage im Ergebnis wegen der gleichwohl grundsätzlichen Bedeutung der Entscheidung jedoch offen lassen.
[110] *Hölscheidt*, DVBl 1987, 666 (666).

aa) Umfang der Bindungswirkung

Die Verfassungsgerichtsbarkeit sichert den Vorrang der Verfassung.[111] Dies ist neben Art. 93 GG auch einfachgesetzlich verankert. § 31 BVerfGG regelt die Verbindlichkeit verfassungsgerichtlicher Entscheidungen. Gemäß § 31 Abs. 1 BVerfGG binden die Entscheidungen des Bundesverfassungsgerichts die Verfassungsorgane des Bundes und der Länder sowie alle Gerichte und Behörden. Umstritten ist, was konkret von der Bindungswirkung umfasst ist.

(1) Eine Ansicht: Bindungswirkung einzig für den Tenor einer Entscheidung

Einer Ansicht nach könne nur dem Tenor einer Entscheidung Bindungswirkung beigemessen werden.[112] Die Entscheidungsgründe könnten lediglich ergänzend zur Auslegung herangezogen werden.[113]

Diese Ansicht kann im Ergebnis jedoch nicht überzeugen. Bereits der Wortlaut des Gesetzes verbietet eine derartige Auslegung. Gemäß § 31 Abs. 2 Satz 3 und 4 BVerfGG erstreckt sich die Gesetzeskraft der Entscheidungen in den dort genannten Fällen nur auf die Entscheidungsformel. Eine solche Einschränkung findet sich in Absatz 1 hingegen nicht. Dementsprechend liegt es nahe, dass die Bindungswirkung in den Fällen des § 31 Abs. 1 BVerfGG über den Tenor hinausgeht.[114] Andernfalls käme § 31 Abs. 1 BVerfGG neben § 31 Abs. 2 BVerfGG kaum noch eigenständige Bedeutung zu.[115]

Die Ansicht stößt zudem an ihre Grenzen, wenn über eine Verfassungsbeschwerde gegen eine Gerichtsentscheidung zu entscheiden ist. In diesen Fällen wäre die Bindungswirkung inhaltsleer. Denn im Tenor einer solchen Entscheidung wird einzig das Bestehen oder Nichtbestehen einer Grundrechtsverletzung ausgeurteilt, ohne dass der Tenor Aufschluss darüber gibt, wie es zu dieser Entscheidung gekommen ist, welche Erwägungen also leitend für das Bundesverfassungsgericht waren. Diese Situation zeigt sich auch mit Blick auf den Brokdorf-Beschluss. Im Tenor wurde festgestellt, dass die Beschwerdeführer in ihrem Grundrecht aus Art. 8 GG verletzt wurden, weil das Oberverwaltungsge-

---

[111] *Bethge*, in: Maunz/Schmidt-Bleibtreu/Klein/Bethge, BVerfGG, § 31, Rn. 3.
[112] *Ziekow*, NVwZ 1995, 247 (248).
[113] *Schlaich/Korioth*, Das Bundesverfassungsgericht, Rn. 485.
[114] *Detterbeck*, NJW 1996, 426 (430).
[115] *Bethge*, in: Maunz/Schmidt-Bleibtreu/Klein/Bethge, BVerfGG, § 31, Rn. 97.

richt den Beschwerden gegen die erstinstanzliche Entscheidung stattgegeben hatte.[116] Der Tenor gibt gerade nur das höchstgerichtlich ausgeurteilte Ergebnis eines Einzelfalles wieder, dem jedoch keine Ausstrahlungswirkung auf andere Entscheidungen innewohnt.

Durch § 31 BVerfGG soll aber der Vorrang der Verfassung gesichert werden, indem dem Bundesverfassungsgericht ein Entscheidungsvorrang zukommt und alle Staatsorgane durch seine, über den Einzelfall hinausgehenden Erkenntnisse gebunden werden sollen.[117] Dies kann nur sichergestellt werden, wenn die Bindungswirkung über den Tenor hinaus reicht.

Zwar ist der Ansicht zuzugeben, dass sich der Tenor einer Entscheidung bedeutend einfacher herausfiltern lässt als ihre tragenden Gründe.[118] Dieses Argument allein wiegt jedoch nicht derart schwer, dass es die vorgenannten Erwägungen aufwiegen könnte. Die Ansicht ist deshalb abzulehnen.

(2) Andere Ansicht: Bindungswirkung auch für die tragenden Gründe

Nach überwiegender – auch hier vertretener – Ansicht partizipieren neben dem Tenor ebenfalls die tragenden Gründe *(rationes decidendi)*[119] an der Bindungswirkung.[120] *„Tragend für eine Entscheidung sind jene Rechtssätze, die nicht hinweggedacht werden können, ohne daß das konkrete Entscheidungsergebnis nach dem in der Entscheidung zum Ausdruck gekommenen Gedankengang entfiele."*[121] Nicht tragend sind demgegenüber *obiter dicta*, diese entfalten auch keine Bindungswirkung.[122] *„Als obiter dicta sind alle richterlichen Erwägungen und Schlussfolgerungen anzusehen, die außerhalb des Ableitungszusammen-*

---

[116] BVerfGE 69, 315 (317).
[117] Siehe dazu Fn. 111.
[118] *Schlaich/Korioth*, Das Bundesverfassungsgericht, Rn. 488.
[119] *Hillgruber/Goos*, Verfassungsprozessrecht, Rn. 13.
[120] BVerfGE 1, 14 (37); BVerfGE 40, 88 (93 f.); *Kriele*, NJW 1976, 777 (779); *Zuck*, in: Lechner/Zuck, BVerfGG, § 31, Rn. 30; kritisch dazu *Schlaich/Korioth*, Das Bundesverfassungsgericht, Rn. 487 m.w.N.
[121] BVerfGE 96, 375 (404).
[122] *Buschmann*, Kooperationspflichten im Versammlungsrecht, S. 32; *Gusy*, Parlamentarischer Gesetzgeber und Bundesverfassungsgericht, S. 253; *Schlaich/Korioth*, Das Bundesverfassungsgericht, Rn. 488.

hangs zwischen abstrakter Norm und konkreter Entscheidung stehen"[123] und damit quasi nur bei Gelegenheit der Entscheidung geäußert werden.[124] Dass das Bundesverfassungsgericht selbst festlegt, was zu den tragenden Gründen gehört, wie zweimal geschehen,[125] kann nicht hingenommen werden. Es darf nicht Interpret der eigenen Entscheidung sein.[126] Diese beiden Entscheidungen sind deswegen als Ausreißer auszuklammern.

Was tragend für eine Entscheidung ist, muss durch Auslegung ermittelt werden. Das Bundesverwaltungsgericht schreibt den durch das Bundesverfassungsgericht formulierten und veröffentlichten Leitsätzen besondere Bedeutung zu. Diese sollen als maßgebliche Erwägungen des Bundesverfassungsgerichts verstanden werden.[127] Allerdings kann sich die Bindungswirkung nicht lediglich auf die Leitsätze beziehen. Denn die Leitsätze können nachträglich abgeändert werden oder fehlerhaft sein.[128] Zudem ist das Bundesverfassungsgericht nicht verpflichtet, überhaupt Leitsätze abzufassen und hätte es umgekehrt in der Hand, durch Festschreibung in Leitsätzen bindendes Recht zu formulieren,[129] und somit, entgegen dem oben Gesagten, selbst festzulegen, was zu den tragenden Gründen gehört. Leitsätze geben zumeist nur wieder, was allgemein für die Entscheidung relevant ist, nicht jedoch auch zwingend das, was tatsächlich konstitutiv ist.[130] Genau genommen sind Leitsätze gar nicht Teil der Entscheidung,[131] sodass ihnen lediglich Indizwirkung zukommen kann.[132]

Zur Ermittlung der tragenden Gründe ist vielmehr auf die aus dem Strafrecht bekannte *conditio sine qua non*-Formel abzustellen. Danach ist zu fragen, wel-

---

[123] *Schlüter*, Obiter dictum, S. 104.
[124] BVerfGE 96, 375 (404).
[125] BVerfGE 36, 1 (36): „*Alle Ausführungen der Urteilsbegründung, auch die, die sich nicht ausschließlich auf den Inhalt des Vertrags selbst beziehen, sind nötig, also im Sinne der Rechtsprechung des Bundesverfassungsgerichts Teil der die Entscheidung tragenden Gründe.*"; BVerfGE 93, 121 (136): „*Diese bilden für den Senat, [...], als tragende Gründe den Maßstab seiner verfassungsrechtlichen Prüfung.*"; Schlaich/Korioth, Das Bundesverfassungsgericht, Rn. 488.
[126] *Bethge*, in: Maunz/Schmidt-Bleibtreu/Klein/Bethge, BVerfGG, § 31, Rn. 92; *Knops*, KritV 1997, 38 (46).
[127] BVerwGE 73, 263 (268).
[128] *Knops*, KritV 1997, 38 (47).
[129] *Schlaich/Korioth*, Das Bundesverfassungsgericht, Rn. 489.
[130] *Lohse*, Die Polizei 1987, 93 (94).
[131] *Pestalozza*, Verfassungsprozeßrecht, § 20, Rn. 37.
[132] *Bethge*, in: Maunz/Schmidt-Bleibtreu/Klein/Bethge, BVerfGG, § 31, Rn. 92; *Wieland*, in: Dreier, GG, Band III, Art. 100, Rn. 37.

che Aussagen eine denknotwendige Verknüpfung zum Tenor herstellen.[133] Werden tragende Aussagen anhand dessen ermittelt, dürfte gewährleistet sein, dass diejenigen Aussagen herausgefiltert werden, die tatsächlich wesentlich und entscheidungserheblich waren – mithin jene Aussagen, auf denen die Entscheidung beruht. Für die so ermittelten Aussagen scheint es gerechtfertigt, ihnen über eine konkrete Entscheidung hinaus Bindungswirkung zuzuschreiben.

(3) Zwischenergebnis

Im Weiteren geht die Arbeit davon aus, dass mit den „*Entscheidungen des Bundesverfassungsgerichts*" im Sinne des § 31 Abs. 1 BVerfGG der Tenor sowie die tragenden Gründe einer Entscheidung gemeint sind. Ihnen kommt Bindungswirkung zu. Welche Gründe tragend sind, ist anhand der *conditio sine qua non*-Formel zu ermitteln.

bb) Anwendung der Kriterien auf den Brokdorf-Beschluss

Entsprechend der vorgenannten Kriterien kommt dem Tenor des Brokdorf-Beschlusses sowie den die Entscheidung tragenden Gründen Bindungswirkung zu.

Die relevante Ziffer I. des Tenors lautet: „*Die Beschlüsse des Oberverwaltungsgerichts für die Länder Niedersachsen und Schleswig-Holstein vom 28. Februar 1981 – 12 OVG B 26/81 und 12 OVG B 28/81 – verletzen die Beschwerdeführer in ihren Grundrechten aus Artikel 8 in Verbindung mit dem Rechtsstaatsprinzip des Grundgesetzes, soweit den Beschwerden gegen die erstinstanzliche Entscheidung stattgegeben worden ist. (...)*"[134] Darin ist kein verallgemeinerungsfähiger Rechtssatz enthalten, der über die konkrete Entscheidung hinaus Relevanz haben könnte. Dementsprechend müssen zusätzlich die tragenden Gründe der Entscheidung ermittelt werden. Es ist deshalb zu fragen, welche Rechtssätze nicht hinweggedacht werden können, ohne dass das konkrete Entscheidungsergebnis nach dem in der Entscheidung zum Ausdruck gekommenen Gedankengang entfiele.[135] In diesem Zusammenhang gilt es konkret zu beurteilen, ob die verfassungsgerichtlichen Aussagen zur Kooperation entscheidungserheblich waren.

---

[133] *Knops*, KritV 1997, 38 (46).
[134] BVerfGE 69, 315 (317).
[135] Siehe dazu Fn. 121.

Das konkrete Entscheidungsergebnis war, ausweislich des eben zitierten Tenors, der Verstoß gegen Art. 8 GG in Verbindung mit dem Rechtstaatsprinzip. Diesen Verstoß sieht das Bundesverfassungsgericht in der Anwendung des damaligen § 80 Abs. 6 Satz 2 VwGO contra legem durch das Oberverwaltungsgericht begründet. Im Brokdorf-Beschluss heißt es insoweit: *„Entgegen dieser klaren gesetzlichen Regelung hat das OVG die Beschwerde der Beigeladenen gegen die erstinstanzlichen Entscheidungen als zulässig erachtet. Damit hat es unter Verstoß gegen das Rechtsstaatsprinzip die Grenzen zulässiger richterlicher Rechtsfortbildung überschritten. Zugleich wird dadurch das Grundrecht der Bf. aus Art. 8 GG verletzt; denn die rechtsstaatswidrige Abänderung der erstinstanzlichen Entscheidungen hatte zur Folge, daß die Bf. in der übrigen Wilstermarsch an der Ausübung der Versammlungsfreiheit gehindert wurden."*[136]

Ausdrücklich offen gelassen hatte das Bundesverfassungsgericht, ob sich der Verstoß gegen Art. 8 GG bereits daraus ergab, dass das Oberverwaltungsgericht keine Konsequenzen daraus gezogen hatte, *„daß die Behörde - obwohl ihr das Vorhaben nach Zeit, Ort und beteiligten Trägergruppen bekannt war - die von ihr ursprünglich selbst erwogene "Abmahnung" nicht vorgenommen hat, um auf diese Weise zu einer kooperativen Vorbereitung hinzuwirken."*[137] Demgemäß stützte das Bundesverfassungsgericht den Verstoß gegen Art. 8 GG in Verbindung mit dem Rechtsstaatsprinzip auf die fehlerhafte Anwendung der klaren gesetzlichen Regelung des damaligen § 80 Abs. 6 Satz 2 VwGO und gerade nicht auf Erwägungen, die mit Kooperation in Zusammenhang stehen. Es besteht keine kausale Verbindung zwischen den verfassungsgerichtlichen Ausführungen zur Rechtmäßigkeit und verfassungskonformen Auslegung von §§ 14, 15 VersG, zu Großdemonstrationen und zur Kooperation einerseits und dem konkreten Entscheidungsergebnis andererseits. Das Gericht hat ausdrücklich offen gelassen, ob sich ein Grundrechtsverstoß auch mit diesen Erwägungen begründen ließe. Deshalb spricht vieles dafür, dass es sich bei den dahingehenden Aussagen um *obiter dicta* handelt, die lediglich bei Gelegenheit geäußert wurden und denen deshalb keine Bindungswirkung zukommt. Entsprechend § 31 Abs. 1 BVerfGG haben diese Aussagen keine Bindungswirkung für die Verfassungsorgane des Bundes und der Länder sowie alle Gerichte und Behörden.

---

[136] BVerfGE 69, 315 (369).
[137] BVerfGE 69, 315 (368).

cc) Schlussfolgerungen

Die Einordnung der für die vorliegende Arbeit wohl maßgeblichen Erwägungen des Bundesverfassungsgerichts im Brokdorf-Beschluss als nicht bindend im Sinne des § 31 Abs. 1 BVerfGG wirft Folgefragen auf. Es gilt zu klären, ob die bundesverfassungsgerichtlichen Aussagen gleichwohl zur Auslegung von Art. 8 GG herangezogen werden und auch für die hiesige Arbeit fruchtbar gemacht werden können.

(1) Faktische Bindungswirkung von obiter dicta

In der rechtlichen Praxis wird für gewöhnlich nicht unterschieden, ob die Gründe, die das Bundesverfassungsgericht einer Entscheidung zu Grunde gelegt hat, tragend sind und dementsprechend Bindungswirkung entfalten oder nur bei Gelegenheit geäußert wurden. Auf die Aussagen des Bundesverfassungsgerichts wird regelmäßig zurückgegriffen, ohne deren Bindungswirkung zu hinterfragen. Folge dessen ist, dass *obiter dicta* auch ohne Bindungswirkung zur Konstitutionalisierung des politischen Prozesses beitragen und im weiteren Verlauf den Gesetzgeber einschränken und nachhaltig beeinflussen.[138]

Das Bundesverfassungsgericht hat eine Machtstellung inne, die ihresgleichen unter den Gerichten sucht. Es kann durch *obiter dicta* seinen Standpunkt zu politisch brisanten Themen deutlich machen, der erfahrungsgemäß nicht ungehört bleibt.[139] Bundestag und Länderparlamente halten sich meist übereifrig an die Äußerungen des Bundesverfassungsgerichts.[140] Diese Autorität verhilft verfassungsgerichtlichen Entscheidungen gewissermaßen stets zur Wirkung des § 31 Abs. 1 BVerfGG, sodass den Ausführungen verfassungsähnliche Qualität zukommt.[141] Es klafft eine Lücke zwischen dem gesetzlich angeordneten Bindungsumfang und dem praktisch akzeptierten. Um es mit den Worten von *Smend* zu sagen: *„Das Grundgesetz gilt nunmehr praktisch so, wie das Bundesverfassungsgericht es auslegt, und die Literatur kommentiert es in diesem Sinne."*[142] So ist es auch hier. Obgleich den wesentlichen Aussagen des Brokdorf-

---

[138] *Benda/Klein/Klein*, Verfassungsprozessrecht, Rn. 364; *Gusy*, Parlamentarischer Gesetzgeber und Bundesverfassungsgericht, S. 254; *Kriele*, NJW 1976, 777 (779); *Schenke*, Die Verfassungsorgantreue, S. 124.
[139] *Schenke*, Die Verfassungsorgantreue, S. 119.
[140] *Schlaich/Korioth*, Das Bundesverfassungsgericht, Rn. 484.
[141] *Schenke*, Die Verfassungsorgantreue, S. 124.
[142] *Smend*, in: Das Bundesverfassungsgericht, S. 24.

Beschlusses keine Bindungswirkung nach § 31 Abs. 1 BVerfGG zukommen dürfte, wird ungeachtet dessen weithin angenommen, dass diese bis heute fortgelten.[143] Die Praxis verfährt nach wie vor nach dem Brokdorf'schen Kooperationsmodell als handele es sich dabei um eine Norm.[144] Auch Gerichte berufen sich immer wieder auf die Ausführungen im Brokdorf-Beschluss.[145] Selbst das Bundesverfassungsgericht rekurriert immer wieder auf seine eigenen Aussagen im Brokdorf-Beschluss.[146] Zudem ziehen Gesetzgeber die dortigen Äußerungen als Begründung für legislatorische Entscheidungen heran.[147] Im Ergebnis kommt den Äußerungen des Bundesverfassungsgerichts im Brokdorf-Beschluss auch ohne rechtliche Bindungswirkung entsprechend § 31 Abs. 1 BVerfGG zumindest faktische Bindungswirkung zu.

(2) Zulässiger Rückgriff auf die obiter dicta des Brokdorf-Beschlusses
Allein die Feststellung, dass einigen Äußerungen des Bundesverfassungsgerichts im Brokdorf-Beschluss keine Bindungswirkung nach § 31 Abs. 1 BVerfGG zukommt, schließt eine faktische Bindungswirkung gleichwohl nicht aus. Die bundesverfassungsgerichtlichen Aussagen im Brokdorf-Beschluss interpretieren die Verfassung, unabhängig davon, ob sie für die Lösung des konkreten Falles nötig gewesen wären. Die Aussagen sind deshalb nicht weniger zutreffend. Deswegen kann sich auch die hiesige Arbeit den dortigen Äußerungen des Gerichts nicht verschließen. Sie muss es auch nicht. Schließlich sind *obiter dicta* nicht generell unzulässig. Zutreffend ist, dass sie aus den vorgenannten Gründen rechtspolitisch unerwünscht sein mögen. Allerdings gibt es keinen Rechtssatz, der *obiter dicta* verbietet. *Obiter dicta* partizipieren zwar nicht an der gesetzlich angeordneten Bindungswirkung nach § 31 Abs. 1 BVerfGG. Der Rechtspraxis steht es jedoch frei, sich gleichwohl faktisch daran gebunden zu fühlen. Demgemäß können die Äußerungen des Bundesverfassungsgerichts im Brokdorf-Beschluss grundsätzlich zur Auslegung von Art. 8 GG herangezogen werden. Dies kann jedoch nicht schrankenlos gelten. Jedenfalls muss die fortwährende

---

[143] *Petri*, in: Lisken/Denninger/Rachor, Handbuch des Polizeirechts, A, Rn. 102; *Hong*, in: Rensen/Brink, Linien der Rechtsprechung des Bundesverfassungsgerichts, S. 155 ff.
[144] Siehe dazu Fn. 92.
[145] Beispielsweise OVG Weimar, NVwZ-RR 2003, 207; VG Meiningen, Beschluss vom 24.05.2012 – 2 E 235/12 Me; VG Minden, Beschluss vom 27.02.2002 – 11 L 185/02.
[146] BVerfG, NJW 2001, 1407 (1408); BVerfG, NJW 2001, 2078 (2079); BVerfG, NVwZ 2002, 982 (982); BVerfG, NVwZ 2007, 574 (575).
[147] Beispielsweise Bayerischer Landtag-Drucksache 15/10181, S. 20 f.

Aktualität der Äußerungen und ihre Übertragbarkeit auf andere versammlungsrechtliche Sachverhalte kritisch hinterfragt werden.

d) Darüber hinausgehende Bewertung der Entscheidung in der Literatur
Der Brokdorf-Beschluss wurde auch über die Frage seiner Bindungswirkung hinaus einem umfangreichen Diskurs in der Literatur unterzogen. Das Meinungsspektrum geht dabei weit auseinander.

Bemängelt wurde, dass der Beschluss im Umfang und auch thematisch weit über das erforderliche Maß hinausgegangen sei.[148] Im Kern habe die einfache verwaltungsprozessuale Frage bestanden, ob es einen Grundrechtsverstoß darstellte, dass das vorinstanzliche Oberverwaltungsgericht die gegen die erstinstanzliche Entscheidung eingelegten Beschwerden trotz der damaligen Regelung in § 80 Abs. 6 VwGO als zulässig erachtete.[149] Zu dieser Frage werde allerdings erst nach 50 Seiten, und dann auch eher knapp,[150] Stellung bezogen.[151] Daneben seien die breiten versammlungsrechtlichen Ausführungen nicht angezeigt gewesen.[152] In diesem Zusammenhang ist die Rede von *„lehrbuchhaften"*[153] Ausführungen, *„schönen Empfehlungen"* und *„pastoralen Handreichungen"*,[154] und davon, dass der Beschluss mit einer belehrenden, schon fast erzieherischen Eindringlichkeit formuliert sei.[155] Den Ausführungen des Gerichts wird eine *„bemerkenswerte Blässe"*[156] und eine *„idealisierende Realitätsferne"*[157] attestiert. Die Äußerungen werden zudem teilweise als schwammig bezeichnet.[158]

---

[148] *Frowein*, NJW 1985, 2376 (2376); *Gusy*, JuS 1986, 608 (613); *Heintzen*, in: Depenheuer/Heintzen/Jestaedt/Axer, Hommage an J. Isensee, S. 103; *Honigl*, BayVBl. 1987, 137 (137); *Schenke*, JZ 1986, 35 (35); *Schneider*, DÖV 1985, 783 (783).
[149] *Gusy*, JuS 1986, 608 (613).
[150] *Hofmann*, BayVBl. 1987, 97 (98); *Langer*, JA 1986, 46 (47).
[151] *Hölscheidt*, DVBl 1987, 666 (666); *Schneider*, DÖV 1985, 783 (784).
[152] *Frowein*, NJW 1985, 2376 (2376); *Gusy*, JuS 1986, 608 (613); *Heintzen*, in: Depenheuer/Heintzen/Jestaedt/Axer, Hommage an J. Isensee, S. 103; *Honigl*, BayVBl. 1987, 137 (137); *Schenke*, JZ 1986, 35 (35); *Schneider*, DÖV 1985, 783 (783).
[153] *Gusy*, JuS 1986, 608 (613).
[154] *Schneider*, DÖV 1985, 783 (784).
[155] *Götz*, DVBl 1985, 1347 (1347).
[156] *Götz*, DVBl 1985, 1347 (1348).
[157] *Götz*, DVBl 1985, 1347 (1347).
[158] *Narr*, DuR 1985, 380 (383).

Andererseits wird die inhaltlich klärende Wirkung der Entscheidung begrüßt.[159] Die Ausführungen seien längst überfällig gewesen,[160] wobei die Entscheidungsdauer von vier Jahren kritisiert wird, da zwischenzeitlich schon mehrere Großveranstaltungen stattgefunden hätten.[161] Von einigen Literaturstimmen wurde die Hervorhebung des besonderen Stellenwertes der Versammlungsfreiheit befürwortet.[162] Andere griffen die Entscheidung in genau diesem Punkt an.[163] Positiv hervorgehoben wurden zudem die zeitgemäße Erweiterung des Demonstrationsbegriffs und die klare Herausarbeitung der weiten Auslegung des Versammlungsgesetzes.[164] Die Entscheidung habe deshalb grundlegende Bedeutung für die Auslegung und Anwendung zentraler Bestimmungen des Versammlungsgesetzes, vor allem bei polizeilichen Maßnahmen.[165] Andererseits wird die ausgeurteilte Verfassungsmäßigkeit der §§ 14, 15 VersG kritisch hinterfragt,[166] ebenso wie die Ausführungen zu Spontandemonstrationen.[167]

In den Entscheidungsbesprechungen wird zudem die Kategorisierung von Großdemonstrationen als eigener Versammlungstyp begrüßt[168] und die Anwendung des Versammlungsgesetzes auf sie befürwortet.[169] Auf Zustimmung trifft ebenso der Hinweis des Bundesverfassungsgerichts, dass zwischen friedlichen und un-

---

[159] *Broß*, RiA 1985, 228 (233); *Frowein*, NJW 1985, 2376 (2376); *Hölscheidt*, DVBl 1987, 666 (666); *Hoffmann-Riem*, in: Brandt/Gollwitzer/Henschel, Festschrift für H. Simon, S. 382 f.; *Seidel*, DÖV 2002, 283 (285).
[160] *Frowein*, NJW 1985, 2376 (2376).
[161] *Narr*, DuR 1985, 380 (381); *Stuchlik*, Die Polizei 2001, 197 (198).
[162] *Narr*, DuR 1985, 380 (381); nach *Hofmann*, BayVBl. 1987, 97 (102 f.) gestehe das Bundesverfassungsgericht Art. 8 GG sogar einen status positivus zu, insoweit es um die Verpflichtung der Polizei geht, Gefahren durch Dritte abzuwehren.
[163] *Broß*, RiA 1985, 228 (233).
[164] *Narr*, DuR 1985, 380 (382).
[165] *Dietel/Kniesel*, Die Polizei 1985, 335 (335); *Stümper*, Die Polizei 1985, 345 (347).
[166] *Frowein*, NJW 1986, 2376 (2377); *Narr*, DuR 1985, 380 (383); *Röper*, Die Polizei 1985, 348 (349).
[167] *Broß*, RiA 1985, 228 (233); *Götz*, DVBl 1985, 1347 (1350); *Schenke*, JZ 1986, 35 (35 f.).
[168] *Narr*, DuR 1985, 380 (383); *Broß*, RiA 1985, 228 (233) sieht die Aufgabe zur Formulierung von Kriterien zur Bestimmung einer Großveranstaltung bei den Behörden und Gerichten.
[169] *Broß*, RiA 1985, 228 (233); *Götz*, DVBl 1985, 1347 (1350); *Hofmann*, BayVBl. 1987, 129 (132); *Schenke*, JZ 1986, 35 (36); *Schneider*, DÖV 1985, 783 (783).

friedlichen Teilnehmern differenziert werden müsse.[170] Allerdings wird auf praktische Probleme bei der Feststellung, wann es sich nicht mehr nur um eine gewaltbereite Minderheit handele, hingewiesen.[171] Vor diesem Hintergrund wird kritisch hinterfragt, ob mit der Forderung der Isolation gewaltbereiter Gruppen nicht einhergehe, dass die Demonstration durchgehend friedlich verlaufen müsse, um polizeilich geduldet zu werden.[172] Es wird zu bedenken gegeben, dass Demonstranten nun einmal emotional handelten und dass mit der Vielschichtigkeit der Teilnehmer auch deren Reizbarkeit und Triebhaftigkeit zunehme.[173] Deshalb hätten Versammlungsleiter kaum Chancen, Maßnahmen durchzusetzen und auch der Veranstalter könne nie sicherstellen, dass es nicht doch zu einer Formierung gewaltbereiter Gruppen komme,[174] die einen ausgehandelten Verhaltenskodex sowieso nicht beachteten.[175] Selbst bei Aufbietung aller verfügbaren Kräfte lenke sich die Masse selbst, weshalb der umfassende Schutz von Art. 8 GG für Großdemonstrationen in Frage gestellt wurde.[176]

Mit Blick auf den Kooperationsgedanken wird die Anknüpfung an das Übermaßverbot befürwortet.[177] Der vom Bundesverfassungsgericht betonte Grundsatz demonstrationsfreundlichen Verhaltens wird als wichtigste Neuentwicklung klassifiziert.[178] Andererseits wird vor einer Überdehnung der Kooperationspflichten gewarnt, denn diese gewährten keine Teilhaberechte und dürften den Abwehrcharakter der Versammlungsfreiheit nicht gefährden.[179] Wie aussichtsreich Kooperation sein kann, könne sich sowieso nur im Einzelfall beantworten lassen.[180] In diesem Zusammenhang wird die behördliche Pflichtenstellung betont, andererseits aber auch darauf hingewiesen, dass keine Förderungsverwal-

---

[170] *Dietel/Kniesel*, Die Polizei 1985, 335 (341); *Schenke*, JZ 1986, 35 (36); a.A. *Götz*, DVBl 1985, 1347 (1352), wonach eine öffentliche Versammlung ungeteilt dem Gebot der Friedlichkeit unterliege; *Lohse*, Der Städtetag 1986, 268 (271) weist darauf hin, dass eine lupenreine Trennung von friedlichen Demonstranten und einzelnen Gewalttätern realitätsblind und weltfremd sei.
[171] *Hölscheidt*, DVBl 1987, 666 (669); *Röper*, Die Polizei 1985, 348 (350).
[172] *Narr*, DuR 1985, 380 (383).
[173] *Schneider*, DÖV 1985, 783 (784).
[174] *Gusy*, JuS 1986, 608 (612).
[175] *Lohse*, Der Städtetag 1986, 268 (272).
[176] *Broß*, RiA 1985, 228 (233).
[177] *Schenke*, JZ 1986, 35 (36).
[178] *Götz*, DVBl 1985, 1347 (1349); *Langer*, JA 1986, 46 (47); *Lohse*, Der Städtetag 1986, 268 (271); nach *Hoffmann-Riem*, in: Brandt/Gollwitzer/Henschel, Festschrift für H. Simon, S. 382 scheine das Bundesverfassungsgericht zu hoffen, dass Kooperation real möglich sei.
[179] *Langer*, JA 1986, 46 (47).
[180] *Broß*, Jura 1986, 189 (194).

tung entstehen dürfe. Vielmehr müsse beachtet werden, dass Kooperation ausschließlich auf dem Gebiet der Gefahrenabwehr stattfinde.[181]

Von einigen Autoren wurde zudem verlangt, dass die Entscheidung gesetzliche Änderungen nach sich ziehen müsse.[182] Denn es seien Regelungslücken entstanden, beispielsweise durch die Einbeziehung des Wegs zur Versammlung in den Schutzbereich.[183]

Ungeachtet der mannigfaltigen Kritik an dem Brokdorf-Beschluss wird er, insbesondere wegen streckenweise weiterhin fehlender Regelungen in den Versammlungsgesetzen, auch heute noch als richtungsweisende Entscheidung zu der Versammlungsfreiheit herangezogen. Es ist anzunehmen, dass die Entscheidung ihre herausgehobene Stellung selbst dann nicht verlieren würde, wenn flächendeckend entsprechende Regelungen erlassen würden.

e) Übertragbarkeit der Aussagen auf andere als Großdemonstrationen

Nach wie vor stellt sich die Frage, auf welche Versammlungstypen sich die verfassungsgerichtlichen Aussagen im Brokdorf-Beschuss anwenden lassen. Denn in Sachen Brokdorf hatte das Bundesverfassungsgericht über versammlungsrechtliche Fragen, u.a. hinsichtlich Kooperation, im Zusammenhang mit einer Großdemonstration[184] zu befinden. Vor diesem Hintergrund stellt sich die Frage, ob die dortigen Äußerungen auch auf Versammlungen übertragen werden können, die keine Großdemonstration sind.

Dies dürfte jedenfalls nicht schon deshalb ausgeschlossen sein, weil das Bundesverfassungsgericht in dieser Sache über eine Großdemonstration zu entscheiden hatte. Denn das Bundesverfassungsgericht hat nicht ausgeurteilt, dass seine Erwägungen nur auf diesen Versammlungstyp anzuwenden wären. Es hat vielmehr den konkreten Sachverhalt entschieden, bei dem sich die entschiedenen Fragen lediglich in Bezug auf eine Großdemonstration stellten.

Um die Frage beantworten zu können, inwieweit sich die Äußerungen des Bundesverfassungsgerichts auf andere Versammlungsformen übertragen lassen,

---

[181] *Lohse*, Der Städtetag 1986, 268 (272).
[182] *Alberts*, ZRP 1988, 285; *Götz*, DVBl 1985, 1347 (1350); *Hoffmann-Riem*, in: Brandt/Gollwitzer/Henschel, Festschrift für H. Simon, S. 391; a.A. *Gusy*, JuS 1986, 608 (612), wonach sich die vom Bundesverfassungsgericht formulierten Anforderungen bei korrekter Gesetzesanwendung bereits aus dem VersG selbst ergäben.
[183] *Alberts*, ZRP 1988, 285 (286 f.).
[184] Zur Definition einer Großdemonstration siehe unter A.IV.5.

muss der hinter den Erwägungen stehende Gedanke herausgefiltert und betrachtet werden. Das Bundesverfassungsgericht versteht Kooperation als milderes Mittel gegenüber Auflagen und Verboten. Dies wird an zwei Stellen der Entscheidung besonders deutlich: *„Eine Verpflichtung, diese Erfahrungen [Forderung an die staatlichen Behörden, nach dem Vorbild friedlich verlaufener Großdemonstrationen versammlungsfreundlich zu verfahren und nicht ohne zureichenden Grund hinter bewährten Erfahrungen zurückzubleiben] nicht nur in Erwägung zu ziehen, sondern auch tatsächlich zu erproben, läßt sich verfassungsrechtlich zusätzlich damit rechtfertigen, daß dies das mildere Mittel gegenüber Eingriffen in Gestalt von Verboten oder Auflösungen ist."*[185] und *„Insbesondere setzt das Verbot der gesamten Demonstration als ultima ratio voraus, daß das mildere Mittel, durch Kooperation mit den friedlichen Demonstranten eine Gefährdung zu verhindern, gescheitert ist (...)."*[186] Auflagen und Verbote können nur dann erlassen werden, wenn eine unmittelbare Gefahr für die öffentliche Sicherheit oder Ordnung anzunehmen ist, vgl. § 15 Abs. 1 VersG, Art. 15 Abs. 1 BayVersG, § 13 Abs. 1 VersFG SH. Entsprechend der Ausführungen des Bundesverfassungsgerichts ist Kooperation mithin immer dann nötig, wenn eine Versammlung potentiell eine Gefahr begründet und deshalb ein gewisses Abstimmungsbedürfnis (mit anderen Behörden, mit Rechten Dritter, etc.) besteht. Dementsprechend ist nicht die Größe einer Versammlung der Anknüpfungspunkt für die verfassungsgerichtlichen Erwägungen, sondern die Frage, ob bei einer Versammlung ein Kooperations- und Abstimmungsbedürfnis besteht.

Kooperationsbedarf besteht immer dann, wenn aus Sicht des Veranstalters nicht nur eine Anmeldebestätigung begehrt wird und aus Sicht der Behörde von der Anmeldung abgewichen werden soll oder über den Erlass von Verfügungen nachgedacht wird,[187] wenn also ein erhöhtes Konfliktpotential auftritt.[188] Zwar wird dies bei Großdemonstrationen sowie bei zeitgleichen konträren Demonstrationen regelmäßig der Fall sein,[189] kann grundsätzlich aber auch bei anderen Versammlungen relevant werden.

---

[185] BVerfGE 69, 315 (356).
[186] BVerfGE 69, 315 (362).
[187] *Czier/Petersen*, KommP spezial 2011, 184 (185); *Braun/Keller*, in: Dietel/Gintzel/Kniesel, VersG, Teil IV, Rn. 123; *Hettich*, Versammlungsrecht in der Praxis, Rn. 80.
[188] *Dietel*, Die Polizei 2004, 189 (191).
[189] *Hoffmann-Riem*, in: Merten/Papier, Handbuch der Grundrechte, Band IV, § 106, Rn. 109; *Peters*, in: Peters/Janz, Handbuch Versammlungsrecht, F, Rn. 39.

Im Ergebnis ist festzuhalten, dass die bundesverfassungsgerichtlichen Aussagen im Brokdorf-Beschluss zur Bewertung anderer als Großdemonstrationen herangezogen werden können. Sie sind immer dann übertragbar, wenn durch eine Versammlung ein Kooperationsbedürfnis ausgelöst wird.

f) Relevanz der bundesverfassungsgerichtlichen Aussagen für Bundesländer mit eigenem Versammlungsgesetz

Der Brokdorf-Beschluss erging zu einer Zeit, als das Versammlungsrecht noch der konkurrierenden Gesetzgebung des Bundes unterlag, vgl. Art. 74 Abs. 1 Nr. 3 GG a.F. Der Bund hatte mit dem Versammlungsgesetz umfassend von seiner Zuständigkeit Gebrauch gemacht, sodass eine weitere Tätigkeit der Länder durch Art. 72 Abs. 1 GG gesperrt war.[190] Im Versammlungsgesetz fand sich – damals wie heute – keine Norm, die sich ausdrücklich mit Kooperation bzw. Zusammenarbeit beschäftigt, wie es beispielsweise in Art. 14 BayVersG und § 3 VersFG SH der Fall ist. In den Bundesländern, in denen das Versammlungsgesetz gemäß Art. 125a Abs. 1 Satz 1 GG als Bundesrecht fortgilt, wird man die Äußerungen des Bundesverfassungsgerichts im Brokdorf-Beschluss weiterhin zur Auslegung von Art. 8 GG und gegebenenfalls weiteren Pflichten heranziehen können. Allerdings sind die Äußerungen, jedenfalls in einer Art Vorprüfung, auf ihre fortwährende Aktualität hin zu überprüfen. Die verfassungsgerichtlichen Aussagen zu Art. 8 GG behalten ohnehin weiterhin Gültigkeit.

Darüber hinaus gilt es zu klären, inwieweit die Äußerungen des Bundesverfassungsgerichts im Brokdorf-Beschluss auch auf diejenigen Länder ausstrahlen, die bereits ein eigenes Versammlungsgesetz erlassen haben und in denen sich Vorschriften zur Zusammenarbeit finden. Derartige Vorschriften zur Zusammenarbeit sind primär heranzuziehen. Denn durch sie wird Art. 8 GG einfachgesetzlich ausgestaltet und eingeschränkt. Darüber hinaus wird man zur Auslegung der einfachgesetzlichen Normen zur Zusammenarbeit auf die Aussagen aus dem Brokdorf-Beschluss zurückgreifen können. Allerdings ist der gesetzgeberische Wille des Landesgesetzgebers zu beachten. Im Wege der Auslegung darf den Landesnormen kein Aussagegehalt unterstellt werden, der vom Gesetzgeber nicht intendiert war, nur weil sich dahingehende Aussagen im Brokdorf-Beschluss finden. Die landesrechtlichen Regelungen sind als abschließend zu betrachten, die ausgelegt, jedoch nicht ausgedehnt werden dürfen.

---

[190] *Scheidler*, Die Polizei 2009, 162 (163).

2. Pflichtengrade

Um der Betrachtung ein einheitliches Begriffsverständnis zu Grunde legen zu können, werden nachfolgend die einzelnen Pflichtengrade und sich im Falle eines Verstoßes anknüpfende Rechtsfolgen analysiert.

a) Verpflichtung

Der Begriff der Verpflichtung wird als Ober- und Sammelbegriff für sämtliche Pflichten, Obliegenheiten etc. verwendet. Dieser Begriff gibt noch keinen Aufschluss über den konkreten Grad der Verpflichtung.

b) Pflicht

Unter den Begriff der Pflicht wird Verschiedenes gefasst. Es gilt zwischen (echten) Rechtspflichten und verwaltungsrechtlichen Pflichten zu differenzieren. Beide adressieren den Bürger. Hinzu treten an die Verwaltung gerichtete Pflichten.

Eine Rechtspflicht, auch echte Rechtspflicht oder Pflicht im Rechtssinne genannt, zeichnet sich dadurch aus, dass ein Verstoß gegen sie straf- oder bußgeldbewehrt ist. Durch die Sanktionierung der Verletzung eines Gebots oder Verbots als Straftat oder Ordnungswidrigkeit wird eine unmittelbar aus sich heraus bewehrte Pflicht begründet. Weitere Zwischenschritte, etwa die Konkretisierung durch einen Verwaltungsakt, sind nicht nötig; ein Verstoß wird ohne weitere Warnung oder Mahnung unmittelbar sanktioniert. Der Verstoß gegen eine solche Pflicht löst staatliche Sanktionen aus, ohne dass die Bedeutung des Verstoßes in der konkreten Situation näher in den Blick genommen wird.[191] Derlei Rechtspflichten kommt eine abschreckende Funktion zu. Selbst für den Fall, dass der Verstoß gegen eine solche Pflicht lediglich als Ordnungswidrigkeit ausgestaltet ist – und nicht als Straftat –, so ist auch in der Belegung mit einer Geldbuße eine nachdrückliche Pflichtenmahnung und eine förmliche Missbilligung des Betroffenen zu erkennen.[192]

Davon zu unterscheiden sind verwaltungsrechtliche Pflichten und entsprechende Verbote. Verstöße gegen eine verwaltungsrechtliche Pflicht ziehen keine unmit-

---

[191] Instruktiv dazu BVerfGE 122, 342 (362 f.).
[192] BVerfGE 122, 342 (363).

telbaren Folgen nach sich. Vielmehr werden derartige Pflichten gegenüber dem Bürger auf der Grundlage eines Verwaltungsakts, für dessen Erlass eine gesetzliche Grundlage bestehen muss, durchgesetzt. Was in der jeweiligen Situation für den Einzelnen verbindlich sein soll, wird durch Verwaltungsakt auf den Einzelfall bezogen festgelegt. Dadurch wird für den Bürger Rechtsklarheit geschaffen und er erhält die Möglichkeit, die an ihn adressierte Pflicht unmittelbar mit Rechtsmitteln anzugreifen. Die finale Durchsetzung derartiger Pflichten erfolgt im Wege des Verwaltungszwangs. Verwaltungsrechtliche Pflichten werden durch die Verwaltung für den Einzelnen konkretisiert, ohne dass gegen diesen ein Schuldvorwurf erhoben wird.[193]

Sämtlichen an die Bürger adressierten Pflichten ist gemein, dass sie einen Eingriff in deren Rechte oder jedenfalls eine Beschränkung von Rechten nach sich ziehen. Dies kann nur aufgrund einer Rechtsgrundlage geschehen.

Ist eine Pflicht an staatliche Stellen adressiert, so scheidet eine Sanktionierung durch Strafen und Ordnungswidrigkeiten aus. Ebenso wenig kommt eine Durchsetzung im Wege des Verwaltungszwangs in Betracht. Vielmehr kann die Einhaltung solcher Pflichten vor den Verwaltungsgerichten eingeklagt werden. Vor diesem Hintergrund ist bei an die Verwaltung gerichteten Pflichten nicht weiter zu differenzieren.

c) Obliegenheit

Unter den Begriff „Verpflichtung" lassen sich neben den vorgenannten Pflichten auch Obliegenheiten fassen.

Obliegenheiten finden sich zahlreich im Zivilrecht, etwa die Rügeobliegenheit nach § 377 Abs. 1 HGB. Danach gilt: Untersucht der Käufer die gelieferte Ware nicht, wird er deshalb nicht etwa vertragsbrüchig. Er riskiert jedoch, auf sekundärer Ebene eigene Rechte zu verlieren, sofern er einen sich bei der Untersuchung zeigenden Mangel an der Ware nicht unverzüglich anzeigt (§ 377 Abs. 2 HGB).[194] Solche (für den Obliegenheitsadressaten nachteiligen) Wirkungen sind Obliegenheiten wesensimmanent. Ihre Befolgung ist deshalb ein Gebot des eigenen Interesses. Für den Berechtigten begründen sie keinen Erfüllungsanspruch und haben auch keine Schadensersatzforderung bei Missachtung zur Folge.[195]

---

[193] Instruktiv dazu BVerfGE 122, 342 (363 f.).
[194] *Grunewald*, in: Schmidt, Münchener Kommentar zum HGB, Band 5, § 377, Rn. 31.
[195] *Grüneberg*, in: Palandt, BGB, Einl vor § 241, Rn. 13.

Obliegenheiten können nicht eingeklagt werden.[196] Der Obliegenheitsbelastete verliert jedoch bei der Verletzung einer Obliegenheit ein Recht oder erleidet einen rechtlichen Nachteil.[197] Obliegenheiten stellen deshalb Pflichten niederen Ranges dar,[198] sozusagen Pflichten gegen sich selbst.[199] Anders als bei Pflichtverletzungen sind an die Nichtbefolgung einer Obliegenheit keine Strafen oder Ordnungswidrigkeiten geknüpft. Eine Obliegenheitsverletzung bleibt somit im Ergebnis straflos, jedoch – wie eben beschrieben – nicht gänzlich folgenlos.

Auch dem Öffentlichen Recht ist das Institut der Obliegenheiten nicht fremd. Öffentlich-rechtliche Obliegenheiten finden sich beispielsweise in §§ 60 ff. SGB I, § 189 Abs. 1 Satz 1 BauGB[200] oder die Obliegenheit zum Widerspruch in § 7 Satz 1 BauGB,[201] wobei öffentlich-rechtliche Obliegenheiten gegenüber denen im Zivilrecht keine Besonderheiten aufweisen. Im Zivilrecht setzen Obliegenheiten stets ein Schuldverhältnis voraus.[202] Diese Voraussetzung ist ohne weiteres auf das Versammlungsrecht übertragbar und gilt auch dort. Durch die Anmeldung bzw. Anzeige einer Versammlung gemäß § 14 VersG, Art. 13 BayVersG oder § 11 VersFG SH bzw. anderweitige Kenntniserlangung der Behörde von der Versammlung wird ein Verfahren in Gang gesetzt, das eine Art Schuldverhältnis zwischen Behörde und Veranstalter begründet. Es entsteht jedenfalls ein gewisses Gegenseitigkeitsverhältnis.

Vergleichbar einer Pflicht führen auch Obliegenheiten im Falle ihrer Missachtung zur Einschränkung eines Rechts, weshalb sie regelmäßig einer gesetzlichen Ausgestaltung bedürfen.

d) Empfehlung

Im Pflichtengrad noch unter einer Obliegenheit ist eine Empfehlung anzusiedeln. Als eine Art Vorschlag wird darunter ein Handeln beschrieben, für das keine Pflicht oder Obliegenheit besteht. Die Missachtung einer Empfehlung zieht keine Folgen rechtlicher Natur nach sich, kann sich unter Umständen je-

---

[196] *Leist*, Versammlungsrecht und Rechtsextremismus, S. 167.
[197] *Grüneberg*, in: Palandt, BGB, Einl vor § 241, Rn. 13.
[198] *Leist*, Versammlungsrecht und Rechtsextremismus, S. 167.
[199] *Depenheuer*, in: Maunz/Dürig, GG, Band II, Art. 8, Rn. 120.
[200] *Federwisch*, in: Spannowsky/Uechtritz, BauGB, § 189, Rn. 12.
[201] *Kraft*, in: Spannowsky/Uechtritz, BauGB, § 7, Rn. 6.
[202] *Leist*, Versammlungsrecht und Rechtsextremismus, S. 168.

doch tatsächlich negativ für den Betroffenen auswirken. Empfehlungen sind regelmäßig nicht gesetzlich verankert.

II. Verfassungsrecht

Bevor sich die Arbeit mit den einfachgesetzlichen Normierungen zur Kooperation auseinandersetzt, soll zunächst analysiert werden, ob sich Aussagen zu Kooperationsverpflichtungen bereits aus dem Grundgesetz bzw. den Landesverfassungen herleiten lassen. Anhand dessen soll nachgelagert bestimmt werden, welchen Gestaltungsspielraum die Landesgesetzgeber bei der Normierung von Kooperation haben, sodass anschließend die Einhaltung dieses Spielraums am Beispiel des Versammlungsgesetzes, des Bayerischen Versammlungsgesetzes und des Versammlungsfreiheitsgesetzes Schleswig-Holstein überprüft werden kann.

1. Versammlungsfreiheit

Abweichend von Art. 31 GG, wo es heißt: *„Bundesrecht bricht Landesrecht"*, durchbricht Art. 142 GG den Geltungsvorrang allen Bundesrechts für Grundrechte nach Landesverfassungen. Danach gilt, dass Bestimmungen der Landesverfassungen auch insoweit in Kraft bleiben, als sie in Übereinstimmung mit den Art. 1 bis 18 GG Grundrechte gewährleisten.

Dementsprechend wird nachfolgend die Versammlungsfreiheit nach dem Grundgesetz und nach den Landesverfassungen näher in den Blick genommen. Die Arbeit fokussiert sich dabei auf die Verfassungen von Bayern, Schleswig-Holstein und Brandenburg.

a) Art. 8 GG

Am Anfang der verfassungsrechtlichen Betrachtung steht selbstverständlich Art. 8 GG (Versammlungsfreiheit). Art. 8 Abs. 1 GG normiert das Deutschengrundrecht, sich friedlich und ohne Waffen zu versammeln. Absatz 2 statuiert dazu einfachgesetzliche Beschränkungsmöglichkeiten für Versammlungen unter freiem Himmel. *„Damit trägt die Verfassung dem Umstand Rechnung, daß für die Ausübung der Versammlungsfreiheit unter freiem Himmel wegen der Berührung mit der Außenwelt ein besonderer, namentlich organisations- und verfahrensrechtlicher Regelungsbedarf, besteht, um einerseits die realen Vorausset-*

zungen für die Ausübung zu schaffen, anderseits kollidierende Interessen anderer hinreichend zu wahren."[203] Versammlungen unter freiem Himmel sind durch ihre Unabgeschlossenheit gegenüber der Allgemeinheit gekennzeichnet und durch ihre typische Störanfälligkeit geprägt.[204] Auf eine Überdachung, wie der Wortlaut vermuten lässt, kommt es hingegen nicht an.[205] Die praktisch bedeutsamsten Grundrechtsschranken folgen aus dem Versammlungsgesetz des Bundes[206] sowie aus den seit der Föderalismusreform bereits erlassenen Versammlungsgesetzen in einzelnen Ländern.[207] Durch sie wird Art. 8 GG in seiner Ausprägung „unter freiem Himmel" eingeschränkt, vgl. § 20 VersG, Art. 23 BayVersG, § 28 VersFG SH.

Versammlungen in geschlossenen Räumen begegnen hingegen nur verfassungsimmanenten Schranken.[208] Dies erklärt sich aus dem besonderen Freiheitsbedürfnis der Bürger in ihren eigenen vier Wänden sowie dem geringeren Gefahrenpotential dieser Versammlungen.[209]

b) Versammlungsfreiheit nach den Landesverfassungen

Art. 113 BV garantiert allen Bewohnern Bayerns das Recht, sich friedlich und unbewaffnet zu versammeln. Das Grundrecht enthält keine expliziten Schrankenbestimmungen. Hingegen findet sich in Art. 98 BV eine Regelung zur Einschränkung von Grundrechten. Gemäß Art. 98 Satz 1 BV dürfen die durch die Verfassung gewährleisteten Grundrechte grundsätzlich nicht eingeschränkt werden. Im sich anschließenden Satz 2 heißt es: *„Einschränkungen durch Gesetz sind nur zulässig, wenn die öffentliche Sicherheit, Sittlichkeit, Gesundheit und Wohlfahrt es zwingend erfordern."* Die Bayerische Verfassung sieht damit eine vom Grundgesetz abweichende Schrankensystematik vor. Es findet sich zwar keine eigene Schrankenregelung für die Versammlungsfreiheit, wie dies in Art. 8 Abs. 2 GG der Fall ist. Allerdings wird angenommen, dass der Bayerische Verfassungsgerichtshof, würde er damit befasst, statt auf die Schranken nach

---

[203] BVerfGE 69, 315 (348).
[204] *Müller-Franken*, in: Schmidt-Bleibtreu/Hofmann/Henneke, GG, Art. 8, Rn. 38.
[205] *Höfling*, in: Sachs, GG, Art. 8, Rn. 61.
[206] *Schneider*, in: Epping/Hillgruber, GG, Art. 8, Rn. 39.
[207] Siehe ausführlich dazu unter B.III.
[208] Allgemein zur Einschränkbarkeit schrankenlos gewährter Grundrechte: BVerfGE 28, 243 (261); konkret zu Art. 8 GG: *Depenheuer*, in: Maunz/Dürig, GG, Band II, Art. 8, Rn. 132; *Schneider*, in: Epping/Hillgruber, GG, Art. 8, Rn. 36.
[209] *Kniesel/Poscher*, in: Lisken/Denninger/Rachor, Handbuch des Polizeirechts, K, Rn. 91.

Art. 98 BV auch für die Versammlungsfreiheit auf grundrechtsimmanente Schranken zurückgreifen würde,[210] wie er es bereits bei anderen Grundrechten getan hat.[211] Selbst bei Anwendung des Art. 98 BV, insbesondere dessen Satz 2, wird angenommen, dass im Zweifel Beschränkungen der Versammlungsfreiheit, die vor Art. 8 Abs. 2 GG bestehen können, auch im Hinblick auf Art. 113 BV gerechtfertigt sind.[212] Die Schrankenregelung des Art. 8 Abs. 2 GG kann allerdings nicht vollständig auf Art. 113 BV übertragen werden. Denn die Bayerische Verfassung unterscheidet nicht zwischen Versammlungen unter freiem Himmel und solchen in geschlossenen Räumen. Dementsprechend liegt ein weiterer Schrankenvorbehalt vor, als es nach Art. 8 Abs. 2 GG der Fall ist.[213]

Die Verfassung von Schleswig-Holstein enthält keine Normierung einer Versammlungsfreiheit. Vielmehr erklärt Art. 3 SHVerf das Grundrecht der Versammlungsfreiheit gemäß Art. 8 GG zum Bestandteil der Verfassung und zu unmittelbar geltendem Recht.

Die Brandenburgische Verfassung garantiert in Art. 23 Abs. 1 BbgVerf allen Menschen das Recht, sich friedlich und unbewaffnet zu versammeln. In der Schrankenbestimmung des Abs. 2 heißt es: *„Versammlungen und Demonstrationen unter freiem Himmel können anmeldepflichtig gemacht und bei unmittelbarer Gefahr für die öffentliche Sicherheit unter strikter Wahrung des Grundsatzes der Verhältnismäßigkeit eingeschränkt, aufgelöst oder verboten werden."* Der Schrankenvorbehalt ist expliziter formuliert als jener in Art. 8 Abs. 2 GG. Die Einschränkungsmöglichkeiten nach Art. 23 Abs. 2 BbgVerf geben die Rechtsprechung des Bundesverfassungsgerichts zu § 15 VersG wieder und übertragen diese auch auf andere Einschränkungen als Verbote und Auflagen.[214] Genau wie Art. 8 Abs. 2 GG formuliert auch Art. 23 Abs. 2 BbgVerf Möglichkeiten der Beschränkung lediglich für Versammlungen unter freiem Himmel. Für jene in geschlossenen Räumen kann die Versammlungsfreiheit wiederum nur im Wege verfassungsimmanenter Schranken beschränkt werden.[215]

---

[210] *Krausnick*, in: Meder/Brechmann, Verfassung des Freistaates Bayern, Art. 98 Satz 1 bis 3, Rn. 36; *Krausnick*, in: Meder/Brechmann, Verfassung des Freistaates Bayern, Art. 113, Rn. 21.
[211] VerfGHE BY 16, 128 (136); VerfGHE BY 41, 151 (158); VerfGHE BY 59, 23 (25).
[212] *Krausnick*, in: Meder/Brechmann, Verfassung des Freistaates Bayern, Art. 113, Rn. 21.
[213] *Holzner*, Verfassung des Freistaates Bayern, Art. 113, Rn. 26.
[214] *Iwers*, in: Lieber/Iwers/Ernst, Verfassung des Landes Brandenburg, Art. 23, S. 210.
[215] *Iwers*, in: Lieber/Iwers/Ernst, Verfassung des Landes Brandenburg, Art. 23, S. 211.

Angesichts des Gleichlaufs der hier betrachteten Versammlungsfreiheitsgarantien nach den Landesverfassungen mit Art. 8 GG ist es gerechtfertigt, im Weiteren nicht zwischen den einzelnen Verfassungen zu unterscheiden. Vielmehr wird Art. 8 GG stellvertretend für sämtliche Versammlungsfreiheitsgarantien auf Bundes- und Landesebene stehen. Versammlungen in geschlossenen Räumen sind für die hiesige Arbeit ohne Relevanz. Der wohl engere Schrankenvorbehalt nach der Bayerischen Verfassung kann deshalb unberücksichtigt bleiben.

2. Verfassungsrechtliche Rechte und Pflichten

Das Grundrecht der Versammlungsfreiheit ist bilateral sowohl an die Bürger als aus an staatliche Stellen adressiert. Für beide Seiten folgen aus dem Grundrecht verschiedene Rechte und Pflichten.

a) Grundrechtsberechtigte

Aus der Perspektive der grundrechtsberechtigten Bürger gibt der Normtext der Versammlungsfreiheit kaum Aufschluss über mögliche Kooperationsverpflichtungen. Dies folgt aus dem Charakter der Versammlungsfreiheit als Freiheitsrecht und Abwehrrecht gegen den Staat.[216] Verpflichtungen schränken die Versammlungsfreiheit ein. Sie bedürfen deshalb einer Rechtfertigung. Für Versammlungen unter freiem Himmel findet sich ein expliziter Gesetzesvorbehalt in Art. 8 Abs. 2 GG. Dementsprechend sind Kooperationsverpflichtungen der Grundrechtsberechtigten eher auf einfachgesetzlicher denn auf verfassungsrechtlicher Ebene zu suchen.

Verfassungsrechtliche Kooperationsverpflichtungen sind gleichwohl nicht ausgeschlossen: Zwar nahm das Oberverwaltungsgericht Lüneburg in dem Beschluss, der dem Brokdorf-Beschluss vorausging, fälschlicherweise[217] an, dass sich direkt aus Art. 8 Abs. 1 GG *„gewichtige Pflichten"* für den Veranstalter von Großdemonstrationen ergäben.[218] Art. 8 Abs. 1 GG statuiert jedoch keine Grundpflicht zur Kooperation.[219] Nichtsdestotrotz lässt sich aus der Verfassung eine erste Verpflichtung im weiteren (Kooperations-)Sinne ableiten: Um den Schutz von Art. 8 GG genießen zu können, muss es sich um eine friedliche Ver-

---

[216] *Schulze-Fielitz*, in: Dreier, GG, Band I, Art. 8, Rn. 59.
[217] *Hoffmann-Riem*, in: Denninger/Hoffmann-Riem/Schneider/Stein, GG, Art. 8, Rn. 50.
[218] OVG Lüneburg, DÖV 1981, 461 (463).
[219] *Buschmann*, Kooperationspflichten im Versammlungsrecht, S. 90 f.

sammlung handeln, sie darf keinen gewalttätigen oder aufrührerischen Verlauf nehmen.[220] Eine unfriedliche Versammlung fällt nicht in den Schutzbereich des Art. 8 GG.[221] Dementsprechend folgt eine Pflicht, unfriedliches Verhalten zu unterlassen, bereits aus der Grundrechtsgewährleistung des Art. 8 GG, wie auch das Bundesverfassungsgericht im Brokdorf-Beschluss ausgeführt hat.[222] Dabei handelt es sich um eine verfassungsunmittelbare Gewährleistungsschranke.[223] Hingegen lässt sich allein aus dem Verfassungstext kein umfangreiches Kooperationsprogramm für die Grundrechtsträger ableiten. Allerdings müssen sie sich insoweit kooperativ zeigen, als ihnen durch die nötige Abstimmung auf die Grundrechte Anderer Grenzen gesetzt werden. Als verfassungsimmanente Schranke besteht die Pflicht, Beeinträchtigungen von Drittinteressen zu minimalisieren.[224]

b) Grundrechtsverpflichtete

Den Bürgern als Grundrechtsträgern stehen die Grundrechtsverpflichteten gegenüber. Als Grundrechtsadressaten sind alle Träger öffentlicher Gewalt im Sinne von Art. 1 Abs. 3 GG verpflichtet.[225] Sie haben die Freiheitsentfaltung der Bürger zu fördern, indem sie friedliche Versammlungen vor Störungen und Ausschreitungen schützen.[226] In § 3 Abs. 2 VersFG SH ist die Schutzaufgabe sogar ausdrücklich auf einfachgesetzlicher Ebene niedergelegt. Aus der staatlichen Schutzaufgabe folgen mehrschichtige Verpflichtungen.

aa) Grundrechtsfreundliche Organisations- und Verfahrensgestaltung

Der Versammlungsfreiheit kommt ein wesentlicher organisations- und verfahrensrechtlicher Gehalt zu.[227] Sie setzt „*Maßstäbe für eine den Grundrechtsschutz effektuierende Organisations- und Verfahrensgestaltung sowie für eine*

---

[220] Siehe dazu Fn. 39.
[221] *Höfling*, in: Sachs, GG, Art. 8, Rn. 29.
[222] BVerfGE 69, 315 (356 f.).
[223] *Buschmann*, Kooperationspflichten im Versammlungsrecht, S. 90 f.
[224] BVerfGE 69, 315 (356 f.).
[225] *Schulze-Fielitz*, in: Dreier, GG, Band I, Art. 8, Rn. 60.
[226] *Schneider*, in: Epping/Hillgruber, GG, Art. 8, Rn. 29; *Schulze-Fielitz*, in: Dreier, GG, Band I, Art. 8, Rn. 110.
[227] BVerfGE 69, 315 (356).

grundrechtsfreundliche Anwendung vorhandener Verfahrensvorschriften".[228] Dazu gehört die Verpflichtung staatlicher Stellen, bewährte Erfahrungen zu berücksichtigen, die rechtzeitige Klarstellung der Rechtslage, das Unterlassen von Provokationen und Aggressionen sowie dass *„sich die Staatsmacht - gegebenenfalls unter Bildung polizeifreier Räume - besonnen zurückhält und übermäßige Reaktionen vermeidet und daß insbesondere eine rechtzeitige Kontaktaufnahme erfolgt, bei der beide Seiten sich kennenlernen, Informationen austauschen und möglicherweise zu einer vertrauensvollen Kooperation finden, welche die Bewältigung auch unvorhergesehener Konfliktsituationen erleichtert."*[229] Dementsprechend soll die Behörde Kooperation anbieten. Mit der behördlichen Pflicht, Kooperation anzubieten, korreliert es, dass Verwaltungspraxis und Rechtsprechung verfassungsrechtlich durch Art. 8 GG gehalten sind, die entsprechende Bereitschaft von Veranstaltern und Teilnehmern zur Kooperation zu begünstigen.[230]

Als Ausfluss des organisations- und verfahrensrechtlichen Gehalts des Grundrechts statuiert Art. 8 GG somit eine Kooperationspflicht staatlicher Stellen. Dementsprechend hängen Grundrechtsschutz und Verfahren untrennbar miteinander zusammen.[231] Das Verfahren muss grundrechtssichernd[232] und grundrechtseffektuierend[233] ausgestaltet werden, etwa durch grundrechtsfreundliche Anwendung von Verwaltungsverfahrens- und Versammlungsgesetzen.[234] Des Weiteren müssen die Behörden den Betroffenen schnellstmöglich Klarheit darüber verschaffen, ob einer Versammlung rechtliche Bedenken entgegenstehen.[235] In dieselbe Richtung wirkt auch das behördliche Gebot, beschränkende

---

[228] BVerfGE 69, 315 (355) m.w.N. hinsichtlich des organisations- und verfahrensrechtlichen Gehalts von Grundrechten.
[229] BVerfGE 69, 315 (355).
[230] BVerfGE 69, 315 (357).
[231] *Gadesmann*, Rechtssicherheit im Versammlungsrecht durch die Anmeldebestätigung?, S. 131.
[232] *Badura*, Staatsrecht, C, Rn. 21.
[233] *Bethge*, NJW 1982, 1 (3).
[234] *Werner*, Formelle und materielle Versammlungsrechtswidrigkeit, S. 74.
[235] *Hoffmann-Riem*, in: Merten/Papier, Handbuch der Grundrechte, Band IV, § 106, Rn. 70; in diese Richtung formuliert auch die OSZE in einem Leitsatz-Papier: *„There should be provision in law that, in the event of a failure on the part of the authorities to respond promptly to notification for an event, the organizers of a public assembly may proceed with the activities according to the terms provided in the notification without restriction"*, Guidelines on Freedom of Peaceful Assembly, Second Edition, 2010, S. 65, abrufbar unter: https://www.osce.org/odihr/73405?download=true (letzter Abruf: 24.06.2018).

Verfügungen nicht erst so spät zu erlassen, dass gerichtlicher Rechtschutz im Hauptsacheverfahren faktisch ausgeschlossen und auch eine angemessene Prüfung im Eilrechtsschutz verhindert würde.[236] Eine weitere Ausprägung der gebotenen grundrechtsfreundlichen Verfahrensgestaltung ist, dass der Veranstalter einer Versammlung diese lediglich nach § 14 VersG, Art. 13 Abs. 1 BayVersG bzw. § 11 Abs. 1 VersFG SH anzumelden bzw. anzuzeigen braucht, daneben jedoch keine weiteren fachbehördlichen Erlaubnisse einholen muss. Vielmehr muss sich die Versammlungsbehörde in Eigenregie mit den Fachbehörden abstimmen und deren Erwägungen in ihre eigene Gefahrenprognose einstellen.[237] Zudem muss den Versammlungsverantwortlichen die Möglichkeit der Beachtung von Ordnungsbestimmungen erhalten bleiben. Dazu gehört es, dass die Behörde bei Zweifeln an der Zuverlässigkeit von einzelnen Ordnern diese benennt und damit den Verantwortlichen ermöglicht, sie auszutauschen.[238]

Neben der erwähnten Pflicht, Verfahrensvorschriften versammlungsfreundlich anzuwenden, besteht auch die behördliche Pflicht, diese unter Umständen sogar unangewendet zu lassen, sofern sie bestimmte Versammlungsformen über Gebühr einschränken würden.[239] Ausprägung dessen ist beispielsweise die verfassungsgerichtlich ausgeurteilte entfallende bzw. verkürzte Anmelde-/Anzeigepflicht bei Spontan- und Eilversammlungen.[240]

Im Ergebnis bleibt festzuhalten, dass für staatliche Stellen eine Pflicht zur Kooperation besteht. Das Ausmaß der Verpflichtung hängt jeweils von den Umständen des Einzelfalls ab. Art. 8 GG gibt den staatlichen Stellen gerade kein konkretes Kooperationsprogramm vor.[241] Handlungspflichten für die Behörden bestehen zudem überhaupt immer nur dann, wenn ein Kooperationsbedürfnis besteht.[242]

---

[236] *Hoffmann-Riem*, in: Merten/Papier, Handbuch der Grundrechte, Band IV, § 106, Rn. 70; *Schulze-Fielitz*, in: Dreier, GG, Band I, Art. 8, Rn. 117.
[237] *Kniesel/Poscher*, in: Lisken/Denninger/Rachor, Handbuch des Polizeirechts, K, Rn. 250.
[238] BVerfG, NJW 2001, 2078 (2079).
[239] *Schulze-Fielitz*, in: Dreier, GG, Band I, Art. 8, Rn. 117.
[240] Für Spontanversammlungen: BVerfGE 26, 135 (138); BVerfGE 69, 315 (350); für Eilversammlungen: BVerfGE 85, 69 (75); a.A. *Geis*, NVwZ 1992, 1025 (1030), der auch Eilversammlungen als nicht anmeldepflichtig erachtet, sofern die 48 Stunden-Frist nicht eingehalten werden kann.
[241] *Schulze-Fielitz*, in: Dreier, GG, Band I, Art. 8, Rn. 117.
[242] Siehe dazu unter B.I.1.e).

bb) Grundsatz der Verhältnismäßigkeit

Die behördliche Pflicht zur versammlungsfreundlichen Kooperation wird, neben der Herleitung aus dem Grundrecht selbst und der damit einhergehenden grundrechtsfreundlichen Verfahrensgestaltung, auch auf den Grundsatz der Verhältnismäßigkeit gestützt. Dazu führte das Bundesverfassungsgericht im Brokdorf-Beschluss aus: *„Die Forderung an die staatlichen Behörden, nach dem Vorbild friedlich verlaufener Großdemonstrationen versammlungsfreundlich zu verfahren und nicht ohne zureichenden Grund hinter bewährten Erfahrungen zurückzubleiben, entspricht dem Bestreben nach verfahrensrechtlicher Effektuierung von Freiheitsrechten. Eine Verpflichtung, diese Erfahrungen nicht nur in Erwägung zu ziehen, sondern auch tatsächlich zu erproben, läßt sich verfassungsrechtlich zusätzlich damit rechtfertigen, daß dies das mildere Mittel gegenüber Eingriffen in Gestalt von Verboten oder Auflösungen ist.“*[243]

Das Übermaßverbot bzw. der Grundsatz der Verhältnismäßigkeit wird aus dem Rechtsstaatsprinzip und dem Wesen der Grundrechte selbst hergeleitet.[244] Obwohl das Rechtsstaatsprinzip keine ausdrückliche Erwähnung als solches im Grundgesetz gefunden hat, wird es weithin als Staatszielbestimmung anerkannt und als eben dieses Prinzip bezeichnet.[245] Herleiten lässt es sich aus Art. 20 Abs. 2 und 3, 23 Abs. 1, 28 Abs. 1, 79 Abs. 3 GG. Nach dem Grundsatz der Verhältnismäßigkeit bzw. dem Übermaßverbot muss das eingesetzte Mittel geeignet und erforderlich sein, um den angestrebten Zweck zu erreichen und darf hinsichtlich Art und Intensität nicht außer Verhältnis zum beeinträchtigten Rechtsgut stehen.[246] Das Übermaßverbot stellt damit sicher, dass staatliches Handeln gegenüber dem Bürger begrenzt ist.[247] Im Hinblick auf Versammlungen bedeutet dies, dass kooperativ-einvernehmliche Lösungen vor einseitig-hoheitlichen Auflagen, Geboten oder Verboten anzustreben sind.[248] Es wird jeweils im Einzelfall danach zu fragen sein, ob für eine geplante Maßnahme nicht doch ein milderes, nämlich ein kooperativ-einvernehmliches, Mittel zur Verfü-

---

[243] BVerfGE 69, 315 (356).
[244] BVerfGE 19, 342 (348 f.); BVerfGE 76, 1 (50 f.); *Schnapp*, in: v. Münch/Kunig, GG, Band I, Art. 20, Rn. 44.
[245] BVerfGE 108, 186 (234 f.); *Huster/Rux*, in: Epping/Hillgruber, GG, Art. 20, Rn. 142.1.
[246] BVerfGE 27, 344 (352); *Hofmann*, in: Schmidt-Bleibtreu/Hofmann/Hennecke, GG, Art. 20, Rn. 73; *Huster/Rux*, in: Epping/Hillgruber, GG, Art. 20, Rn. 194 ff.
[247] *Grzeszick*, in: Maunz/Dürig, GG, Band III, Art. 20, VII., Rn. 107.
[248] *Schulze-Fielitz*, in: Dreier, GG, Band I, Art. 8, Rn. 117; Zur Kooperation als milderes Mittel siehe Fn. 185 und 186.

gung steht. Sofern dies bejaht wird, muss das mildere Mittel bei gleicher Eignung zur Zweckerreichung gewählt werden.

cc) Keine Pflicht zur Fürsorge
Die behördliche Pflicht zur Förderung und zum Schutz der Grundrechtsausübung[249] darf allerdings keineswegs mit einer – im Rahmen des Art. 8 GG nicht bestehenden – Fürsorgepflicht verwechselt werden.[250] Die Behörde trifft gerade keine Pflicht, den Veranstalter bei der Durchführung der Versammlung zu unterstützen. Vielmehr hat sie ihre staatliche Neutralität zu wahren, muss sich an ihrer Aufgabe der Gefahrenabwehr[251] orientieren und darf die Strafverfolgung als äußerste Grenze ihrer Mitwirkungspflicht nicht aus den Augen verlieren.[252] Darüber besteht keine Dispositionsbefugnis ihrerseits.[253]

c) Zwischenergebnis
Die Verfassung, insbesondere Art. 8 GG (sowie die entsprechenden Grundrechtsgarantien nach den Landesverfassungen), gibt ersten Aufschluss über den Grad der Kooperationsverpflichtungen der Grundrechtsträger und -verpflichteten.

Aus der Grundrechtsgewährleistung des Art. 8 Abs. 1 GG folgt die Pflicht der Versammlungsteilnehmer, sich friedlich zu verhalten.[254] Zudem besteht die verfassungsimmanente Schranke, die Beeinträchtigung von Drittinteressen zu minimieren.[255]

An die grundrechtsverpflichteten Träger öffentlicher Gewalt adressiert Art. 8 GG ein breiteres Pflichtenprogramm. Das Grundrecht setzt Maßstäbe für eine den Grundrechtsschutz effektuierende Organisations- und Verfahrensgestaltung

---

[249] *Schulze-Fielitz*, in: Dreier, GG, Band I, Art. 8, Rn. 116.
[250] *Kniesel/Poscher*, in: Lisken/Denninger/Rachor, Handbuch des Polizeirechts, K, Rn. 267; Ullrich, NVersG, § 6, Rn. 10.
[251] BVerfGE 69, 315 (356).
[252] *Hoffmann-Riem*, in: Merten/Papier, Handbuch der Grundrechte, Band IV, § 106, Rn. 110; *Kniesel/Poscher*, in: Lisken/Denninger/Rachor, Handbuch des Polizeirechts, K, Rn. 267; *Lohse/Vahle*, VR 1992, 321 (323).
[253] Wohl aber ein gewisser Handlungsspielraum, beispielsweise hinsichtlich des Zeitpunkts behördlichen Eingreifens, vgl. *Hoffmann-Riem*, in: Merten/Papier, Handbuch der Grundrechte, Band IV, § 106, Rn. 110, Fn. 401.
[254] Siehe dazu Fn. 222.
[255] Siehe dazu Fn. 224.

sowie eine grundrechtsfreundliche Anwendung vorhandener Verfahrensvorschriften.[256] Daraus ergibt sich die Pflicht der Behörden, alles zu tun, um zu einer vertrauensvollen Kooperation zu finden.[257] Zusätzlich folgt aus dem Grundsatz der Verhältnismäßigkeit die Pflicht staatlicher Stellen, nicht hinter bewährten Erfahrungen zurückzubleiben. Kooperation stellt ein milderes Mittel gegenüber behördlichen Verfügungen in Gestalt von Verboten und Auflösungen dar.[258]

3. Verfassungsrechtlich zulässiger Rahmen der Ausgestaltung von Kooperation auf einfachgesetzlicher Ebene

Im Folgenden wird der verfassungsrechtliche Rahmen für die einfachgesetzliche Ausgestaltung von Kooperation im Versammlungsrecht abgesteckt. Anhand des Grundrechts der Versammlungsfreiheit und dazu ergangener verfassungsgerichtlicher Rechtsprechung wird der Gestaltungsspielraum für den Gesetzgeber bestimmt. Nach einer sich anschließenden Darstellung der einfachgesetzlichen Normierungen werden diese an dem dargelegten Gestaltungsspielraum gemessen und deren Verfassungsmäßigkeit bewertet. Der gesetzgeberische Gestaltungsspielraum wird freilich schwerpunktmäßig mit Blick auf die Normierung möglicher Verpflichtungen der Versammlungsverantwortlichen untersucht. Verfassungsrechtlich unproblematisch ist die Adressierung von Pflichten an staatliche Stellen.

a) Eingeschränkter Gestaltungsspielraum

Die Materie des Versammlungsrechts ist untrennbar mit Art. 8 GG verbunden. Deshalb ist es angezeigt, von einer starken grundrechtlichen Prägung zu sprechen. Eine von Art. 8 GG losgelöste Betrachtung der Thematik ist nicht möglich.

Mit den Grundrechten, insbesondere den historisch geprägten, geht eine ausdifferenzierte verfassungsgerichtliche Rechtsprechung einher. Dazu ergangene Urteile und Beschlüsse decken im Laufe jahrzehntelanger Judikatur notwendigerweise so viele Themen ab, dass sich daraus eine fortschreitende Einschränkung des gesetzgeberischen Gestaltungsspielraums für Bund und Länder ergeben

---

[256] Siehe dazu Fn. 228.
[257] Siehe dazu Fn. 229.
[258] Siehe dazu Fn. 243.

kann.[259] So ist es auch bei der Versammlungsfreiheit. Die umfangreiche Rechtsprechung des Bundesverfassungsgerichts zu Art. 8 GG lässt wenig Raum für eigene gesetzgeberische Gestaltung.[260] Für die seit der Föderalismusreform zuständigen Länder stellt sich die Situation kaum anders dar als zuvor für den Bund. Das Versammlungsrecht präsentiert sich wegen Art. 8 GG und der dazu ergangenen Rechtsprechung des Bundesverfassungsgerichts für sie als wohl extremster Fall einer weitgehend grundrechtlich determinierten Gesetzesmaterie.[261] Dies haben die Länder zu beachten, wenn sie – entsprechend Art. 125a Abs. 1 Satz 2 GG – das zunächst fortgeltende Bundesrecht ersetzen.[262]

Wenn man die breite Judikatur zu Art. 8 GG betrachtet, stellt man fest, dass sich die bundesverfassungsgerichtliche Rechtsprechung häufig mit konkreten Eingriffsgrundlagen, beispielsweise § 15 VersG, und deren Anwendung durch Behörden[263] beschäftigte. Jedoch lassen selbst konkrete Ausführungen zur behördlichen Anwendung einer Norm abstrakte Rückschlüsse auf den gesetzgeberischen Gestaltungsspielraum zu. Zudem beschäftigte sich die bundesverfassungsgerichtliche Judikatur immer wieder auch abstrakt mit Art. 8 GG, beispielsweise im Brokdorf-Beschluss. Dort finden sich vorgelagerte Ausführungen zu Art. 8 GG,[264] die anschließend konkret auf die Eingriffsnormen gemäß §§ 14, 15 VersG übertragen wurden.[265]

Der gewaltigen Ausstrahlungskraft der bisher ergangenen Rechtsprechung werden sich auch die Länder nicht entziehen können. Zwar ließe sich argumentieren, dass man die Föderalismusreform als Zäsur betrachten müsse, durch welche der verfassungsändernde Gesetzgeber den Ländern mit der neuen Kompetenz neue Gestaltungsmöglichkeiten eröffnen wollte.[266] Allerdings lässt sich schon rein praktisch nicht darüber hinwegsehen, dass das Versammlungsrecht durch das über Jahrzehnte geltende und in dieser Zeit kaum reformierte Versammlungsgesetz eine gewisse Prägung erfahren hat. Hinzu kommt die gefestigte verfassungsgerichtliche Rechtsprechung. Dadurch hat sich ein verfahrensrechtlicher

---

[259] *Voigt*, in: Ooyen/Möllers, Handbuch Bundesverfassungsgericht im politischen System, S. 77.
[260] *Scheffczyk/Wolff*, LKV 2007, 481 (481).
[261] *Oeter*, in: Starck, Föderalismusreform, Rn. 61
[262] *Huber/Uhle*, in: Heintzen/Uhle, Neuere Entwicklungen im Kompetenzrecht, S. 100.
[263] *Scheffczyk/Wolff*, LKV 2007, 481 (481 f.).
[264] BVerfGE 69, 315 (342 ff.).
[265] BVerfGE 69, 315 (347 ff.).
[266] *Scheffczyk/Wolff*, LKV 2007, 481 (482).

Rahmen herausgebildet, der in seinen Grundfesten praktisch unerschütterlich sein dürfte. Davon werden auch die Länder, trotz der nun bestehenden ausschließlichen Zuständigkeit, nicht abweichen können. Dementsprechend müssen sich die Länder, vergleichbar dem Bund bisher, bei der einfachgesetzlichen Ausgestaltung des Versammlungsrechts an Art. 8 GG und der diesbezüglichen Rechtsprechung des Bundesverfassungsgerichts orientieren. Vor diesem Hintergrund ist von einem eingeschränkten Gestaltungsspielraum des Gesetzgebers auszugehen.

b) Gestaltungsspielraum des Gesetzgebers

Nachfolgend wird der gesetzgeberische Gestaltungsspielraum bezüglich einzelner, kooperationsrelevanter Themenfelder analysiert. Der Gestaltungsspielraum ist maßgeblich durch verfassungsgerichtliche Entscheidungen vorgezeichnet. Bei diesen fällt auf, dass das Bundesverfassungsgericht den Gestaltungsspielraum zumeist negativ abgrenzt. Nur an wenigen Stellen führt das Gericht positiv aus, welche Regelungen es für mit Art. 8 GG vereinbar erachtet.

Grundlegende Aussagen zum Gestaltungsspielraum des Gesetzgebers lassen sich zuvorderst dem Brokdorf-Beschluss entnehmen. Neben diesem und der weiteren zum Versammlungsgesetz ergangenen Rechtsprechung ist insbesondere auch der Beschluss des Bundesverfassungsgerichts zum Bayerischen Versammlungsgesetz aus dem Jahr 2009[267] auf Aussagen zum gesetzgeberischen Gestaltungsspielraum hin zu untersuchen. Durch diesen wurden einzelne Normen des Bayerischen Versammlungsgesetzes, insbesondere Bußgeldvorschriften, vorläufig außer Kraft gesetzt.[268] Das Gericht bewertete sie als unverhältnismäßig oder sah ihre Voraussetzungen als zu unbestimmt formuliert an.[269] Zudem äußerte sich das Bundesverfassungsgericht in diesem Beschluss skeptisch insbesondere zu Art. 13 Abs. 1 und 2 BayVersG, welche die Anzeige- und Mitteilungspflicht regelten und einen Katalog zusammen mit der Anzeige anzugebenden Angaben enthielten.[270]

Die Aussagen des Bundesverfassungsgerichts zum Bayerischen Versammlungsgesetz wird man auch für jene Vorschriften der anderen Länder heranziehen

---

[267] BVerfGE 122, 342.
[268] Siehe dazu Fn. 267.
[269] BVerfG, NVwZ 2009, 441 (444).
[270] BVerfG, NVwZ 2009, 441 (445).

können, die den bayerischen Regelungen ähneln. Ausführungen, die auf den durch Art. 8 GG eröffneten Gestaltungsspielraum des Gesetzgebers schließen lassen, sind sowieso allgemein verbindlich. Davon wäre nur bei landesspezifischen Regelungen abzuweichen.

In diesem Zusammenhang sei – der Vollständigkeit halber – zudem auf das Urteil des Sächsischen Verfassungsgerichtshofs aus dem Jahr 2011[271] verwiesen, durch welches die Nichtigkeit des Sächsischen Versammlungsgesetzes vom 20. Januar 2010[272] festgestellt wurde. Das Gesetz entsprach nicht den aus Art. 70 Abs. 1 SächsVerf zu entnehmenden formalen Anforderungen an Gesetzesvorlagen. Die Entscheidung beschäftigte sich jedoch inhaltlich mit Aspekten, die für die vorliegende Arbeit nicht relevant sind, weshalb sie nicht weiter analysiert werden soll.

aa) Allgemeine Aussagen

Neben diversen konkreten Ausführungen hinsichtlich Kooperation im weiteren Sinne (siehe sogleich) lassen sich aus der einschlägigen Rechtsprechung zahlreiche allgemeine Aussagen herausfiltern, die gewissermaßen als Rahmen zu berücksichtigen sind, unabhängig davon, mit welchem konkreten Kooperationsaspekt sich eine Normierung beschäftigt. Diese werden nachfolgend aufgelistet.

Im Brokdorf-Beschluss legte das Bundesverfassungsgericht dar, dass aus dem Friedlichkeitsgebot gemäß Art. 8 Abs. 1 GG und dem Gesetzesvorbehalt für Versammlungen unter freiem Himmel gemäß Art. 8 Abs. 2 GG die Notwendigkeit für den Erlass organisations- und verfahrensrechtlicher Regelungen folge, *„um einerseits die realen Voraussetzungen für die Ausübung zu schaffen, andererseits kollidierende Interessen anderer hinreichend zu wahren."*[273] Damit hat das Gericht nicht allein Möglichkeiten und Gestaltungsspielräume für den Gesetzgeber aufgezeigt. Vielmehr hat es darauf hingewiesen, dass sogar eine Pflicht zum Erlass diesbezüglicher Regelungen besteht. Damit ist jedoch freilich noch nichts darüber gesagt, in welchem Umfang diese Pflicht besteht. Das Gericht legte lediglich dar, dass beim Erlass organisations- und verfahrensrechtlicher Regelungen sichergestellt werden müsse, dass Versammlungen ein praxis-

---

[271] SächsVerfGH, NVwZ 2011, 936.
[272] Gesetz über Versammlungen und Aufzüge im Freistaat Sachsen (Sächsisches Versammlungsgesetz – SächsVersG) vom 20. Januar 2010, SächsGVBl 2010, S. 2.
[273] BVerfGE 69, 315 (348).

tauglicher, organisatorischer Rahmen gegeben und andererseits gewährleistet wird, dass Rechte Dritter hinreichend beachtet werden. Weiter heißt es: *"Bei allen begrenzenden Regelungen hat der Gesetzgeber die erörterte, in Art. 8 GG verkörperte verfassungsrechtliche Grundentscheidung zu beachten; er darf die Ausübung der Versammlungsfreiheit nur zum Schutz gleichgewichtiger anderer Rechtsgüter unter strikter Wahrung des Grundsatzes der Verhältnismäßigkeit begrenzen."*[274] Rechte Dritter können dementsprechend nicht unbegrenzt zur Rechtfertigung einer Beeinträchtigung der Versammlungsfreiheit herangezogen werden. Vielmehr muss gewährleistet bleiben – und das ist unter der verfassungsrechtlichen Grundentscheidung im vorgenannten Zitat zu verstehen –, dass es sich bei der Versammlungsfreiheit um ein Abwehrrecht gegen den Staat handelt, das auch und vor allem andersdenkenden Minderheiten zugutekommt. Ausprägung des Abwehrcharakters ist gerade das Recht der Grundrechtsträger über Ort, Zeitpunkt, Art und Inhalt der Veranstaltung selbst zu bestimmen. Zudem darf es keinen staatlichen Zwang geben, an einer öffentlichen Versammlung teilzunehmen oder ihr fernzubleiben.[275] Dementsprechend wird ein umfassender Schutz gegen staatliche Eingriffe gefordert.[276]

Andererseits darf es einfachgesetzlich keine Normen geben, die den Bürger in irgendeiner Weise von der Ausübung der Versammlungsfreiheit zurückschrecken lassen. Denn der Einfluss des Einzelnen auf die Willensbildung des Volkes durch Wahlen und die Betätigung in Vereinigungen und Verbänden ist begrenzt. Daneben verbleibt nur eine kollektive Einflussnahme durch Inanspruchnahme der Versammlungsfreiheit. Versammlungen enthalten *"ein Stück ursprünglich-ungebändigter Demokratie"*,[277] das es zu erhalten und zu fördern gilt. Dementsprechend muss sich die Ausübung der Versammlungsfreiheit weitestgehend staatsfrei vollziehen.[278]

Die vorgenannten Erwägungen und Hintergründe sind beim Erlass einfachgesetzlicher Regelungen zu berücksichtigen. Dies dürfte eine Gratwanderung sein. Denn einerseits sind einfachgesetzliche Regelungen notwendig, damit Versammlungen ein hinreichend organisatorischer Rahmen gegeben werden kann, wodurch wiederum zur größtmöglichen Entfaltung der Versammlungsfreiheit

---

[274] BVerfGE 69, 315 (348 f.).
[275] BVerfGE 69, 315 (343).
[276] BVerfGE 69, 315 (343).
[277] BVerfGE 69, 315 (346 f.).
[278] BVerfGE 69, 315 (346).

beigetragen wird. Andererseits muss eine möglichst unbeeinflusste Ausübung des Freiheitsrechts garantiert bleiben, weshalb gesetzgeberische Zurückhaltung zu fordern ist. Vor diesem Hintergrund ist der Gesetzgeber gehalten, so wenige Beeinträchtigungen vorzusehen wie möglich, andererseits aber so viele wie nötig.

Bei der gesetzlichen Normierung von Verpflichtungen, gleich welchen Grades, ist der Grundsatz der Verhältnismäßigkeit[279] zu beachten. Demgemäß kann es angezeigt sein, statt einer unmittelbar wirkenden Rechtspflicht eine verwaltungsrechtliche Pflicht[280] vorzusehen, wenn diese ein milderes Mittel zur Zweckerreichung darstellt. Ebenso kann die Normierung einer Obliegenheit das mildere Mittel zur Normierung einer Pflicht sein. Zudem muss der Gesetzgeber darauf achten, Verhaltensnormen so zu formulieren, dass eine flexible Handhabung für atypische Konstellationen im Einzelfall nicht ausgeschlossen ist. Dabei ist jeweils im Einzelfall zu prüfen, ob eine Ermessensnorm an die Stelle einer gebundenen Entscheidung gesetzt werden könnte.[281]

Der gesetzgeberische Gestaltungsspielraum wird zudem durch das Selbstbestimmungsrecht der Versammlung begrenzt. Die Verfassung enthält keine Aussagen zur inhaltlichen Gestaltung von Versammlungen und Aufzügen, *„sondern überläßt diese der freien Selbstbestimmung der Veranstalter und begnügt sich mit organisatorischen Vorgaben für die Durchführung."*[282] Dementsprechend darf auch durch einfaches Gesetz keinerlei Einfluss auf die inhaltliche Gestaltung von Versammlungen genommen werden. In diesem Zusammenhang ist auch die bundesverfassungsgerichtliche Äußerung zu berücksichtigen, dass sich bei der Schaffung (und auch bei der Auslegung) von Normen, welche die Versammlungsfreiheit einschränken, eine Anknüpfung daran verbietet, ob Versammlungen links- oder rechtsradikales Gedankengut verbreiten.[283]

Darüber hinaus gilt es bei finalen Eingriffen in die Versammlungsfreiheit eine weitere Voraussetzung zu beachten. Auflösungen oder Verbote berühren zwar nicht den Kernbereich von Kooperation. Entsprechende behördliche Befugnisse können im Zusammenhang mit Kooperation jedoch relevant werden, wenn es

---

[279] Siehe zur Herleitung und zum Inhalt des Grundsatzes der Verhältnismäßigkeit unter B.II.2.b)bb).
[280] Zu den Unterschieden zwischen diesen Pflichtengraden siehe unter B.I.2.b).
[281] BVerfGE 69, 315 (351).
[282] BVerfGE 69, 315 (356).
[283] BVerfGE 122, 342 (365).

darum geht, inwiefern erfolgte oder unterlassene Kooperation bei behördlichen Verfügungen berücksichtigt werden kann. Konkret zu § 15 VersG führte das Bundesverfassungsgericht im Brokdorf-Beschluss aus, inwieweit er mit Art. 8 GG vereinbar sei. Daraus lassen sich Rückschlüsse auf den gesetzgeberischen Gestaltungsspielraum für Paragraphen ziehen, welche die Möglichkeit von Verboten oder Auflösungen vorsehen sollen. Dort heißt es: *„Insgesamt ist § 15 VersG jedenfalls dann mit Art. 8 GG vereinbar, wenn bei seiner Auslegung und Anwendung sichergestellt bleibt, daß Verbote und Auflösungen nur zum Schutz wichtiger Gemeinschaftsgüter unter Wahrung des Grundsatzes der Verhältnismäßigkeit und nur bei einer unmittelbaren, aus erkennbaren Umständen herleitbaren Gefährdung dieser Rechtsgüter erfolgen."*[284] Damit formuliert das Bundesverfassungsgericht für finale Eingriffe in die Versammlungsfreiheit eine dritte Voraussetzung, neben den bereits oben[285] genannten. Es muss eine unmittelbare Gefahr vorliegen. Diese Trias kann als abstrakte Aussage zum Gestaltungsspielraum des Gesetzgebers gewertet werden.

bb) Konkret zur Anmelde- bzw. Anzeigepflicht

Der Wortlaut von Art. 8 Abs. 1 GG, wonach allen Deutschen das Recht zusteht, sich ohne Anmeldung und Erlaubnis zu versammeln, lässt auf den ersten Blick vermuten, dass eine Anmeldepflicht für Versammlungen verfassungsrechtlich nicht haltbar wäre. Gleichwohl sieht das Versammlungsgesetz des Bundes seit Jahrzehnten vor, dass Versammlungen unter freiem Himmel spätestens 48 Stunden vor Bekanntgabe bei der zuständigen Behörde anzumelden sind, § 14 VersG. Obergerichtlich wurde entschieden, dass diese Ausformung einer Anmeldepflicht zulässig ist, da Art. 8 GG dadurch nur unerheblich eingeschränkt werde.[286] Begründet wird diese Annahme nicht weiter.

Dementsprechend ist es zulässig, dem Veranstalter einer Versammlung die Pflicht zur Anmeldung einer Versammlung aufzuerlegen. Allerdings darf eine Anmeldepflicht nicht ausnahmslos eingreifen.[287] Vielmehr sind dort Ausnahmen vorzusehen, wo eine Anmeldepflicht zur unverhältnismäßigen Einschränkung der Versammlungsfreiheit führte, so beispielsweise bei Spontanversammlungen.

---

[284] BVerfGE 69, 315 (354).
[285] Siehe dazu Fn. 274.
[286] BVerwGE 26, 135 (137 f.); zustimmend BVerfGE 69, 315 (350).
[287] BVerfGE 69, 315 (350).

Dies kann durch eine entsprechende gesetzliche Formulierung geschehen oder durch Nicht-Anwendung einer Norm im Einzelfall. Andererseits kann eine Pflicht zur Anmeldung oder Anzeige einer Versammlung sogar als unmittelbar geltende Pflicht ausgestaltet werden. Dies folgt im Umkehrschluss aus der verfassungsgerichtlichen Rechtsprechung zu § 26 VersG. § 26 Nr. 2 VersG stellt es unter Strafe, als Veranstalter oder Leiter eine öffentliche Versammlung unter freiem Himmel oder einen Aufzug ohne Anmeldung durchzuführen. Das Bundesverfassungsgericht geht insoweit von einer zulässigen Einschränkung der Versammlungsfreiheit aus.[288] Im Umkehrschluss ebnet das Gericht damit den Weg für eine unmittelbar geltende Anmeldepflicht.

Im Ergebnis ist festzuhalten, dass der jeweilige Normgeber eine Anmeldepflicht für Versammlungen vorsehen kann. Für § 14 VersG wurde bereits entschieden, dass es sich dabei, jedenfalls bei Beachtung einiger Ausnahmen, um eine verfassungsgemäße Norm handelt. Dementsprechend wären auch vergleichbare landesrechtliche Normen verfassungsgemäß. Ginge eine landesrechtliche Norm über § 14 VersG hinaus, müsste deren Verfassungsmäßigkeit neu bewertet werden, wobei insbesondere auch die vorgenannten allgemeinen Eckpunkte hinsichtlich des gesetzgeberischen Gestaltungsspielraums zu berücksichtigen wären.

Unabhängig von der Frage, ob eine Pflicht zur Anmeldung normiert werden darf, ist zu klären, ob unter Umständen sogar eine dahingehende Pflicht des Gesetzgebers besteht. Ausweislich der Entscheidung des Bundesverfassungsgerichts zum Bayerischen Versammlungsgesetz aus dem Jahre 2009 kann es unumgänglich sein, eine Normierung zur Anmeldung bzw. Anzeige einer Versammlung vorzusehen. Dort sprach sich das Gericht u.a. gegen eine Außerkraftsetzung des damaligen Art. 13 Abs. 1 BayVersG aus, obwohl es erhebliche Bedenken an der gesetzlich vorgesehenen Erweiterung und Formalisierung der Bekanntmachungs- und Anzeigepflichten hatte.[289] Das Gericht begründete seine Entscheidung damit, dass mit einer Außerkraftsetzung ein vorläufiger Verlust an routinemäßiger Vereinfachung und Effizienzsteigerung durch frühzeitige und vollständige Vorabinformation der Behörde verbunden wäre und zudem zentrale Grundlagen zur Gewährleistung der öffentlichen Sicherheit und Friedlichkeit von Versammlungen betroffen wären. Mit dem Wegfall der Anzeigepflicht

---

[288] BVerfGE 92, 191 (202); BVerfGE 85, 69 (72).
[289] BVerfGE 122, 342 (366).

würde es dem Bayerischen Versammlungsgesetz an einer zentralen Vorschrift fehlen, wodurch die sichere Wahrnehmung des Versammlungsrechts zumindest erheblich gefährdet wäre.[290] Auch wenn das Bundesverfassungsgericht es nicht in dieser Schärfe formuliert hat, hat es doch deutlich gemacht, dass ein Versammlungsgesetz eine Normierung zur Anmeldung bzw. Anzeige einer Versammlung vorsehen muss. Denn eine dahingehende Regelung legt den elementaren Grundstein für eine geordnete Versammlungsdurchführung. Dadurch wird die Versammlungsfreiheit nicht über Gebühr beschnitten. Vielmehr wird ihre Wahrnehmung sogar gestärkt. Die Aussage beansprucht keine spezifisch bayerische Gültigkeit, sie lässt sich vielmehr auch auf andere Bundesländer übertragen. Vor diesem Hintergrund besteht für den Versammlungsgesetzgeber neben dem Recht, eine entsprechende Norm vorzusehen, sogar eine Pflicht, die Anmeldung bzw. Anzeige einer Versammlung zu regeln.

cc) Konkret zu Mitteilungspflichten

Eng verbunden mit einer Pflicht zur Anmeldung bzw. Anzeige einer Versammlung ist die Frage, was der Behörde anlässlich einer Anmeldung mitgeteilt werden soll. In seiner Entscheidung zum Bayerischen Versammlungsgesetz[291] äußerte sich das Bundesverfassungsgericht zur Zulässigkeit von Mitteilungspflichten. Daraus lassen sich Rückschlüsse für den diesbezüglichen gesetzgeberischen Gestaltungsspielraum ziehen.

Das Bayerische Versammlungsgesetz sah in seiner ursprünglichen Fassung im Jahr 2008 in Art. 13 Abs. 2 Satz 1 und 2 BayVersG einen umfangreichen Katalog an Informationen vor, die mit der Anmeldung mitzuteilen waren (u.a. der Zeitpunkt des Beginns und des Endes der Versammlung, die erwartete Anzahl der teilnehmenden Personen sowie der beabsichtigte Ablauf der Versammlung). Gemäß Art. 13 Abs. 2 Satz 3 BayVersG mussten Änderungen der Angaben nach den Sätzen 1 und 2 unverzüglich mitgeteilt werden. Der Verstoß gegen diese Pflichten war bußgeldbewehrt. Die Bußgeldvorschrift wurde vom Bundesverfassungsgericht vorläufig außer Kraft gesetzt. Die zugrundeliegenden Pflichten tastete das Gericht nicht an. Es übte jedoch heftige Kritik daran. Die Pflicht nach Art. 13 Abs. 2 Satz 3 BayVersG beanstandete das Gericht als *„wertungsabhän-*

---

[290] BVerfGE 122, 342 (367).
[291] Siehe dazu Fn. 267.

gig und konkretisierungsbedürftig".[292] In Bezug auf den Katalog nach Art. 13 Abs. 2 BayVersG führte es aus: *„Den Bürger trifft danach nicht nur eine Anzeigepflicht hinsichtlich der äußeren Kerninformationen der Versammlung, sondern auch eine Pflicht zur Mitteilung ihres genauen Ablaufs und möglicherweise auch ihres Inhalts. Der Veranstalter kann damit auch inhaltlich hinsichtlich seiner Freiheitswahrnehmung detailliert erklärungspflichtig werden."*[293] Das Bundesverfassungsgericht missbilligte diesen extensiven Katalog, insbesondere in Bezug auf jene Informationen, die den Inhalt einer Versammlung betreffen.

Mit derselben Begründung wie bei der Anmeldepflicht[294] setzte das Gericht die Mitteilungspflicht als solche jedoch nicht außer Kraft. Es bewertete die Mitteilungspflicht im Kern mithin als zentrale Vorschrift, deren Wegfall die Wahrnehmung der Versammlungsfreiheit erheblich gefährden könnte. Dementsprechend ist anzunehmen, dass eine gesetzgeberische Regelungspflicht auch für Mitteilungspflichten besteht. Diese dürften sich freilich nur auf äußere Kerninformationen der Versammlung beziehen. Deren Kenntnis versetzt die zuständige Behörde in die Lage, auf ihrer Grundlage eine friedliche Versammlungsdurchführung zu gewährleisten. Dem Gesetzgeber ist es wegen Art. 8 GG und dem Selbstbestimmungsrecht der Versammlung nicht gestattet, Mitteilungspflichten zu normieren, die sich auf den genauen Ablauf der Versammlung und ihren Inhalt beziehen. Denn das Selbstbestimmungsrecht verbietet jegliche inhaltliche Einflussnahme auf eine Versammlung.[295] Vor diesem Hintergrund entschied das Bundesverwaltungsgericht, dass vom Veranstalter nicht – auch nicht im Wege einer Obliegenheit – verlangt werden dürfe, für die Bestimmung des Versammlungszeitpunkts Gründe zu liefern.[296]

dd) Konkret zur Zusammenarbeit

Nach der Anmeldung einer Versammlung stellt sich die Frage, ob die Versammlungsverantwortlichen zu weiterer, sich anschließender Zusammenarbeit verpflichtet werden dürfen. Auch dazu äußerte sich das Bundesverfassungsgericht im Brokdorf-Beschluss. Es legte insbesondere dar, welcher Grad der Verpflichtung mit Art. 8 GG vereinbar wäre.

---

[292] BVerfGE 122, 342 (365).
[293] BVerfGE 122, 342 (366).
[294] Siehe dazu unter B.II.3.b)bb).
[295] Siehe dazu Fn. 275.
[296] BVerwG, NVwZ 2014, 883 (885).

Das Gericht spricht im Brokdorf-Beschluss neben der Pflicht zu friedlichem Verhalten von weitergehenden verfahrensrechtlichen Obliegenheiten.[297] Die terminologische Abschichtung zwischen der Pflicht zu friedlichem Verhalten einerseits und weiteren Obliegenheiten andererseits scheint ganz bewusst gewählt worden zu sein. Dafür spricht bereits die mehrmalige nachfolgende Bekräftigung des Gerichts, wonach *„[d]er im Brokdorf-Beschluss des BVerfG entwickelte Grundsatz vertrauensvoller Kooperation nicht als Rechtspflicht zur Kooperation ausgestaltet [ist]."*[298] Mit Blick auf mögliche Obliegenheiten zur Kooperation führte das Verfassungsgericht im Brokdorf-Beschluss zudem aus, dass sie einfachgesetzlich zu präzisieren wären. Es betrachtet sie mithin als grundsätzlich zulässig, wobei die Grenzen des Gesetzesvorbehalts zu beachten seien.[299] Dass es verfassungsrechtlich zulässig sein dürfte, eine Kooperationsobliegenheit zu normieren, wird des Weiteren durch den Beschluss des Bundesverfassungsgerichts zum Bayerischen Versammlungsgesetz bestätigt.[300] Die dortigen Beschwerdeführer begehrten die einstweilige Außerkraftsetzung des Bayerischen Versammlungsgesetzes.[301] Dabei wurde auch die in Art. 14 BayVersG vorgesehene Regelung zur Zusammenarbeit zur Entscheidung gestellt. Der Bayerische Gesetzgeber hat sich für die Normierung einer Kooperationsobliegenheit entschieden. In Art. 14 Abs. 1 Satz 2 BayVersG heißt es, dass der Veranstalter zur Mitwirkung nicht verpflichtet ist. Das Bundesverfassungsgericht äußerte sich in dem Beschluss nicht zu dieser Norm. Daraus kann geschlossen werden, dass das Gericht nichts gegen eine Ausgestaltung einer Kooperationsverpflichtung als Obliegenheit einzuwenden hat. Dies wird zudem durch den Nichtannahmebeschluss des Bundesverfassungsgerichts zum novellierten Bayerischen Versammlungsgesetz[302] bestätigt. Darin führte das Gericht aus, dass die in Art. 14 BayVersG normierte Kooperationspflicht[303] des Veranstalters auf ver-

---

[297] BVerfGE 69, 315 (356 f.).
[298] BVerfG, NVwZ 2002, 982 (982); BVerfG, NVwZ 2007, 574 (574); in diese Richtung auch schon BVerfG, NJW 2001, 2078 (2079).
[299] BVerfGE 69, 315 (357).
[300] Siehe dazu Fn. 267.
[301] BVerfGE 122, 342 (343).
[302] BVerfG, NVwZ 2012, 818.
[303] Es ist davon auszugehen, dass das Gericht den Begriff der Pflicht im hiesigen Verständnis des Begriffs Verpflichtung versteht. Art. 14 Abs. 1 Satz 2 BayVersG bestimmt eindeutig, dass der Veranstalter zur Mitwirkung nicht verpflichtet ist. Dementsprechend wurde – nach hiesigem Begriffsverständnis – eine Obliegenheit und keine Pflicht normiert (siehe zu den Begrifflichkeiten unter B.I.2.).

fassungsgerichtliche Rechtsprechung, insbesondere den Brokdorf-Beschluss, zurückgehe.[304] Demgemäß ist eine Kooperationsobliegenheit mit Art. 8 GG vereinbar.

Gleichwohl ist zu berücksichtigen, dass sowohl der Brokdorf-Beschluss als auch nachfolgende Entscheidungen zum Versammlungsgesetz ergingen, in dem sich keine ausdrückliche Normierung zur Zusammenarbeit findet, die das Verfassungsgericht an Art. 8 GG messen konnte. Das Bayerische Versammlungsgesetz sah lediglich eine Kooperationsobliegenheit vor. Das Bundesverfassungsgericht musste sich also auch zu diesem Zeitpunkt nicht zur Verfassungsmäßigkeit einer Kooperationspflicht äußern. Dementsprechend ist zu prüfen, ob eine Pflicht zur Kooperation eingeführt werden könnte.

Das Bundesverfassungsgericht scheint davon auszugehen, dass eine Ausgestaltung als Pflicht nicht in Betracht kommt. Im Brokdorf-Beschluss spricht es durchgehend von einer Obliegenheit und weist zudem auf deren mögliche einfachgesetzliche Ausgestaltung hin.[305] Dies entspricht auch dem überwiegenden Meinungsstand in der Literatur. Eine Kooperationspflicht der Versammlungsverantwortlichen soll mit Art. 8 GG nicht zu vereinbaren sein.[306] Eine Pflicht der Versammlungsverantwortlichen zur Zusammenarbeit wäre zudem unverhältnismäßig. Eine solche Pflicht könnte nur zum Schutz eines gleichgewichtigen anderen Rechtsguts unter strikter Wahrung des Verhältnismäßigkeitsgrundsatzes normiert werden. Kooperation dient dazu, dass sich die Behörde optimal auf eine Versammlung vorbereiten und alles Nötige veranlassen kann. Unvorhergesehene Konfliktsituationen können dadurch handhabbarer gemacht werden.[307] Somit trägt Kooperation letztendlich zu einer möglichst reibungslosen Versammlungsdurchführung bei und gewährleistet Staatsfreiheit, indem ein möglichst großer Freiheitsraum erhalten wird.[308] Die Normierung einer dahingehenden Verpflichtung würde der Zusammenarbeit einen organisatorischen Rahmen geben. Sie wäre geeignet, das Ziel, welches mit Kooperation verfolgt wird, zu erreichen. Allerdings genügt hierfür die Einführung einer Obliegenheit. Die Auferlegung einer Pflicht wäre unverhältnismäßig, da dadurch das Selbstbe-

---

[304] BVerfG, NVwZ 2012, 818 (820).
[305] Siehe dazu Fn. 299.
[306] *Hoffmann-Riem*, in: Brandt/Gollwitzer/Henschel, Festschrift für H. Simon, S. 383 f.; *Kniesel/Poscher*, in: Lisken/Denninger/Rachor, Handbuch des Polizeirechts, K, Rn. 278; *Koll*, Liberales Versammlungsrecht, S. 309 m.w.N.
[307] BVerfGE 69, 315 (355).
[308] *Koll*, Liberales Versammlungsrecht, S. 307.

stimmungsrecht zu stark beeinträchtigt würde. Ausfluss des Selbstbestimmungsrechts ist es, dass die Versammlungsverantwortlichen selbst entscheiden können, wie intensiv sie kooperieren wollen.[309] Dazu muss auch die Entscheidung gehören, ob man überhaupt mit der Behörde zusammenarbeiten möchte. Eine dahingehende Pflicht würde dies konterkarieren. Dem Selbstbestimmungsrecht wohnt zudem die Sicherung der privaten Versammlungsinitiative, -gestaltung und -verantwortung inne.[310] Bestünde eine Pflicht zur Kooperation, etwa in Form der Teilnahme an einem Kooperationsgespräch, könnte sich der Veranstalter schon allein deshalb dazu verpflichtet fühlen, auch über das inhaltliche Anliegen der Versammlung zu sprechen und diesbezügliche Änderungen vorzunehmen. Selbst wenn solche Änderungen nur als Vorschlag der Behörde formuliert wären, liegt es nahe, dass sich der Veranstalter wegen der möglichen Pflicht zur Teilnahme am Gespräch zudem selbst verpflichtet sähe, auch den Gesprächsinhalt zwingend umzusetzen. Einem Rechtsunkundigen kann nicht abverlangt werden, zwischen der Pflicht zur Teilnahme am Gespräch und der Freiwilligkeit zur Änderung von Versammlungsmodalitäten unterscheiden zu können. Das Selbstbestimmungsrecht ist als ein wesentliches Element von der Freiheitsgarantie des Art. 8 GG umfasst. Bereits die Möglichkeit seiner Verkürzung lässt die Normierung einer Pflicht zur Kooperation unzulässig werden. Dies gilt für die Normierung einer unmittelbaren, straf- oder bußgeldbewehrten Pflicht genauso wie für die Normierung einer verwaltungsrechtlichen Pflicht, die erst durch einen Verwaltungsakt konkretisiert werden müsste. Auch eine solche abgestufte Pflicht liefe der selbstbestimmten Entscheidung, ob man überhaupt mit der Behörde zusammen arbeiten möchte, zuwider. Das Selbstbestimmungsrecht begrenzt somit, wie bereits erwähnt, den gesetzgeberischen Gestaltungsspielraum. Der gesetzgeberische Gestaltungsspielraum ist demgemäß dahingehend eingeschränkt, dass eine Pflicht zur Kooperation nicht vorgesehen werden darf. Die Normierung einer Obliegenheit ist hingegen zulässig. Durch sie kann dem Anliegen der möglichst reibungslosen Versammlungsdurchführung hinreichend und grundrechtsschonend Rechnung getragen werden.

---

[309] *Hoffmann-Riem*, in: Brandt/Gollwitzer/Henschel, Festschrift für H. Simon, S. 383 f.
[310] *Kloepfer*, in: Isensee/Kirchhof, Handbuch des Staatsrechts, Band VII, § 164, Rn. 41.

ee) Konkret zu Leiterpflichten

Zusammenarbeit macht den Kernbereich versammlungsrechtlicher Kooperation aus. Hinzu treten weitere Pflichten der Versammlungsleitung. Auch diese waren bereits Gegenstand verfassungsgerichtlicher Rechtsprechung. In dem Beschluss zum Bayerischen Versammlungsgesetz[311] äußerte sich das Bundesverfassungsgericht kritisch zum damaligen Art. 4 Abs. 3 BayVersG. Danach sollte der Leiter verpflichtet sein, geeignete Maßnahmen zu ergreifen, um zu verhindern, dass aus der Versammlung heraus Gewalttätigkeiten begangen werden. Als Beispiele solcher Maßnahmen wurden Aufrufe zur Gewaltfreiheit und Distanzierungen gegenüber gewaltbereiten Anhängern genannt. Der Verstoß gegen diese Pflicht war bußgeldbewehrt. Das Verfassungsgericht kritisierte, dass die Pflichten auf unsicheren Einschätzungen beruhten. *„Was „geeignete Maßnahmen" sind, um „Gewalttätigkeiten" „aus der Versammlung heraus" zu „verhindern", und wann eine Versammlung mangels Durchsetzungsfähigkeit aufzulösen ist, ist von schwierigen Bewertungen in oftmals unübersichtlichen, volatilen und emotionsgeladenen Situationen abhängig."*[312] Die entsprechende Bußgeldvorschrift wurde deshalb vorläufig außer Kraft gesetzt. Doch auch darüber hinaus spricht das Verfassungsgericht von erheblichen Nachteilen, die durch eine solche, von situationsbezogenen Einschätzungen abhängige Pflicht entstehen, selbst wenn sie nicht bußgeldbewehrt ist.[313] Das Bundesverfassungsgericht sah jedoch davon ab, die zu Grunde liegenden Pflichten außer Kraft zu setzen. Dies begründete es mit denselben Erwägungen wie zur Anzeige- und Mitteilungspflicht.[314] Das Gericht betrachtet organisatorische Pflichten des Versammlungsleiters demgemäß als zentralen Bestandteil eines Versammlungsgesetzes, deren Wegfall die Wahrnehmung der Versammlungsfreiheit erheblich gefährden könnte. Mithin ist von einer gesetzgeberischen Verpflichtung auch zum Erlass solcher Regelungen auszugehen. Allerdings sind an die Versammlungsleitung adressierte Pflichten so auszugestalten, dass ihre Erfüllung selbst in stressigen und unübersichtlichen Situationen binnen kürzester Zeit verlässlich möglich ist.

---

[311] Siehe dazu Fn. 267.
[312] BVerfGE 122, 342 (365).
[313] BVerfGE 122, 342 (367).
[314] Siehe dazu unter B.II.3.b)bb) und B.II.3.b)cc).

c) Zwischenergebnis

Im Ergebnis ergibt sich für den Gesetzgeber ein Gestaltungsspielraum, der maßgeblich durch Art. 8 GG und die dazu ergangene bundesverfassungsgerichtliche Rechtsprechung vorgezeichnet ist.[315] Danach muss es organisations- und verfahrensrechtliche Regelungen geben,[316] andererseits darf es allerdings auch nicht mehr geben. Denn das Selbstbestimmungsrecht verbietet jegliche inhaltliche Einflussnahme auf eine Versammlung.[317] Dementsprechend darf auf einfachgesetzlicher Ebene keine Norm erlassen werden, die dem zuwider läuft. Vielmehr muss sich der Gesetzgeber daran orientieren, dass sich die Ausübung der Versammlungsfreiheit weitgehend staatsfrei vollziehen können muss. Dafür kann und muss er einen gesetzlichen Rahmen schaffen. Zudem sind Beschränkungen der Versammlungsfreiheit nur zum Schutz gleichgewichtiger anderer Rechtsgüter unter strikter Wahrung des Grundsatzes der Verhältnismäßigkeit zulässig.[318] Die Möglichkeit zu finalen Eingriffen in die Versammlungsfreiheit ist zusätzlich unter den Vorbehalt des Vorliegens einer unmittelbaren Gefahr für ein der Versammlungsfreiheit gleichgewichtiges anderes Rechtsgut zu stellen.[319]

Echte, straf- oder bußgeldbewehrte Rechtspflichten sind nur in engen Grenzen zulässig. Sie dürfen nur dann vorgesehen werden, wenn sie unumgänglich sind, um einerseits die Ausübung des Freiheitsrechts zu garantieren und andererseits die Durchführung einer Versammlung im hergebrachten Verständnis zu sichern.

Inwieweit die Landesgesetzgeber sogar zur Regelung einzelner Beschränkungen der Versammlungsfreiheit verpflichtet sind, ergibt sich u.a. daraus, was seit langem, insbesondere auf Bundesebene, normiert und erprobt ist und deshalb nicht hinweggedacht werden kann, ohne dass das Versammlungsgeschehen seine gewohnte Routine verlieren würde. Es ist mithin zu prüfen, wo der Wegfall bekannter Regelungen eine Lücke hinterlassen würde, die zu Unsicherheiten führen würde. Der gesetzgeberische Gestaltungsspielraum ist demgemäß historisch geprägt. Dadurch wird einmal mehr verdeutlicht, dass den Ländern lediglich ein eingeschränkter Gestaltungsspielraum zugestanden werden kann, der einerseits durch Art. 8 GG und die diesbezügliche Judikatur des Bundesverfassungsge-

---

[315] Siehe dazu unter B.II.3.a).
[316] Siehe dazu Fn. 273.
[317] Siehe dazu Fn. 275.
[318] Siehe dazu Fn. 274.
[319] Siehe dazu Fn. 284.

richts, und andererseits durch jahrzehntelang geltende Normen auf Bundesebene geprägt ist.[320]

III. Einfachgesetzliche Ebene

Nachfolgend konzentriert sich die Arbeit auf die einfachgesetzliche Ebene. Art. 8 Abs. 2 GG gestattet einfachgesetzliche Beschränkungen der Versammlungsfreiheit. Vor der Föderalismusreform I im Jahre 2006 unterlag das Versammlungsrecht der konkurrierenden Gesetzgebung des Bundes, Art. 74 Abs. 1 Nr. 3 GG a.F. Der Bund hatte mit dem Versammlungsgesetz umfassend von seiner Zuständigkeit Gebrauch gemacht, sodass eine weitere Tätigkeit der Länder durch Art. 72 Abs. 1 GG gesperrt war.[321] Zum 1. September 2006 wurde das Versammlungsrecht aus dem Katalog des Art. 74 Abs. 1 GG a.F. gestrichen,[322] sodass die ausschließliche Gesetzgebungskompetenz entsprechend Art. 30, 70 GG nun den Ländern zufiel. Grund für die Übertragung der Zuständigkeit war die Annahme, dass das Versammlungsrecht in so engem Zusammenhang zum Polizeirecht stehe, dass es ebenfalls durch die Länder geregelt werden müsse.[323] Von der neuen Kompetenz haben bisher Bayern,[324] Niedersachsen,[325] Sachsen,[326] Sachsen-Anhalt[327] und Schleswig-Holstein[328] durch eigene, umfassende Landesversammlungsgesetze Gebrauch gemacht. Berlin[329] und Brandenburg[330] haben Regelungen erlassen, die jeweils eine Norm des Versammlungsgesetzes ersetzen. Im Übrigen gilt in Berlin und Brandenburg, sowie in denjenigen Bundesländern, die bisher kein eigenes Landesversammlungsgesetz erlassen haben,

---

[320] Siehe dazu ausführlich unter B.II.3.a).
[321] *Scheidler*, Die Polizei 2009, 162 (163).
[322] Art. 1 Nr. 7 a) bb) des Gesetzes zur Änderung des Grundgesetzes vom 28. August 2006, BGBl. I, S. 2034.
[323] *Tölle*, in: Mansdörfer/Miebach, Münchener Kommentar zum StGB, Band VI, VersG, Vorbemerkung zu § 1, Rn. 1.
[324] Siehe dazu Fn. 51.
[325] Niedersächsisches Versammlungsgesetz vom 7. Oktober 2010 (NVersG), Nds. GVBl. S. 465.
[326] Gesetz über Versammlungen und Aufzüge im Freistaat Sachsen vom 25. Januar 2012 (SächsVersG), SächsGVBl. S. 54.
[327] Gesetz des Landes Sachsen-Anhalt über Versammlungen und Aufzüge vom 3. Dezember 2009 (VersammlG LSA), GVBl. LSA S. 558.
[328] Siehe dazu Fn. 52.
[329] Gesetz über Aufnahmen und Aufzeichnungen von Bild und Ton bei Versammlungen unter freiem Himmel und Aufzügen vom 23. April 2013 (VersammlG Bln), GVBl S. 103.
[330] Gesetz über Versammlungen und Aufzüge an und auf Gräberstätten (Gräberstätten-Versammlungsgesetz - GräbVersammlG) vom 26. Oktober 2006, GVBl. I, S.114.

das Versammlungsgesetz als Bundesrecht fort, Art. 125a Abs. 1 Satz 1 GG. Damit wird jedoch nicht die Kompetenz des Bundes verlängert. Die Übergangsvorschrift dient vielmehr dazu, Regelungslücken vorzubeugen.[331] Auf einfachgesetzlicher Ebene präsentiert sich das Versammlungsrecht dementsprechend nunmehr zerklüftet. Daran angelehnt, erfolgt auch die nachstehende Darstellung territorial. Aufgrund der verschiedenen gesetzgeberischen Aktivitäten sind drei Kategorien zu unterscheiden: Bundesländer ohne eigenes Versammlungsgesetz (dazu unter B.III.1), Bundeländer mit eigenem, umfänglichem Versammlungsgesetz (dazu unter B.III.2) und Bundesländer mit eigenem, gegenständlich abgrenzbarem Versammlungsgesetz (dazu unter B.III.3).

1. Bundesländer ohne eigenes Versammlungsgesetz

Die Situation in Baden-Württemberg,[332] Bremen, Hamburg, Hessen, Mecklenburg-Vorpommern, Nordrhein-Westfalen, Rheinland-Pfalz, Saarland und Thüringen entspricht jener im gesamten Bundesgebiet vor der Föderalismusreform I, als einzig das Versammlungsgesetz galt. Das Versammlungsgesetz gilt in diesen Ländern als Bundesrecht fort, Art. 125a Abs. 1 Satz 1 GG. Es wird nachfolgend auf Aussagen zu Kooperationsverpflichtungen hin untersucht.

a) Rückblick auf bisherige Regelungsvorhaben

Im Versammlungsgesetz findet sich keine Norm, die sich ausdrücklich mit Zusammenarbeit beschäftigt. Allerdings nahm der Bundesgesetzgeber zweimal Anlauf zu einer solchen Normierung. Im Nachgang der Brokdorf-Entscheidung wollte er die diesbezüglichen verfassungsgerichtlichen Äußerungen in einfaches Recht gießen. Beide Male kam es letztendlich zu keiner Gesetzesänderung. Die geplanten Änderungen sollen nachfolgend knapp dargestellt und verfassungsrechtlich bewertet werden.

---

[331] BVerwG, NVwZ 2008, 1129 (1131).
[332] In Baden-Württemberg wurde 2008 der Entwurf für ein eigenes Landesversammlungsgesetz (Gesetz zur Regelung von Versammlungen in Baden-Württemberg) vorgelegt (Gesetzentwurf der Landesregierung vom 24.07.2008). Der Gesetzentwurf gelangte nicht in die parlamentarische Beratung, er sollte zunächst an die Entscheidung des Bundesverfassungsgerichts zum Bayerischen Versammlungsgesetz angepasst werden; vgl. Landtag von Baden-Württemberg, Drucksache 14/4190, S. 1; *Pahl*, in: Peters/Janz, Handbuch Versammlungsrecht, E, Rn. 16; *Lux*, LKV 2009, 491 (496). Bis dato wurde der Gesetzesvorschlag nicht weiter verfolgt.

aa) BT-Drucksache 11/2834

Ein erster Kodifikationsversuch wurde bereits 1988 unternommen.

(1) Gesetzentwurf

Es sollte folgender § 14a VersG eingefügt werden:

„(1) Die zuständige Behörde erörtert, soweit dies sachdienlich und möglich ist, mit dem Veranstalter der Versammlung oder des Aufzuges oder mit demjenigen, der eine Vielzahl von Personen zur Teilnahme an einer solchen Veranstaltung aufgefordert hat, Einzelheiten der Durchführung der Versammlung oder des Aufzuges, insbesondere geeignete Maßnahmen zur Wahrung der öffentlichen Sicherheit und Ordnung. Die Behörde hat dabei, soweit nicht die Erfüllung ihrer Aufgaben dadurch beeinträchtigt wird, auch Auskunft über beabsichtigte Schutz- und Sicherheitsmaßnahmen zu geben.

(2) Die in Absatz 1 bezeichneten Personen haben im Interesse eines ordnungsgemäßen und friedlichen Verlaufs der Versammlung oder des Aufzuges der Behörde Auskunft insbesondere über Umfang und vorgesehenen Ablauf der Veranstaltung zu geben. Sie haben an einem von der Behörde festgesetzten Erörterungstermin teilzunehmen."[333]

Des Weiteren sollte es nach § 29 Abs. 1 Nr. 9 VersG eine Ordnungswidrigkeit darstellen, wenn die nach § 14a Abs. 2 Satz 1 VersG notwendigen Auskünfte nicht erteilt werden oder an dem Erörterungstermin nach § 14a Abs. 2 Satz 2 VersG nicht teilgenommen wird.[334]

Zweck des Gesetzentwurfs war es, gewalttätige Ausschreitungen bei Demonstrationen zu bekämpfen.[335] Vor allem sollte dem Problem begegnet werden, dass sich Gewalttätigkeiten nicht mehr nur gegen Sachen, sondern vermehrt gegen Personen, insbesondere auch Polizeibeamte, richteten.[336] Die in § 14a VersG geplante Neuerung wurde damit begründet, dass man den Besonderheiten von Großveranstaltungen Rechnung tragen und die Vorgaben des Brokdorf-Beschlusses umsetzen wollte. In Absatz 1 sollte dabei die Pflicht der Behörden

---

[333] BT-Drucksache 11/2834, S. 5.
[334] BT-Drucksache 11/2834, S. 6.
[335] BT-Drucksache 11/2834, S. 1.
[336] BT-Drucksache 11/2834, S. 7.

konkretisiert werden, wobei durch die in Satz 2 normierte Auskunftspflicht vor allem Vertrauen aufgebaut werden sollte. Mit dem nachfolgenden Absatz 2 wollte man die Pflichten des Veranstalters bzw. der dort näher bezeichneten Personen regeln.[337]

(2) Verfassungsrechtliche Bewertung des Gesetzentwurfs
(a) § 14a Abs. 1 VersG

Die geplante Regelung in § 14a Abs. 1 VersG ist inhaltlich zu begrüßen. Dies gilt insbesondere, da bereits im Gesetzestext danach differenziert wurde, dass eine behördliche Erörterung mit dem Versammlungsverantwortlichen nur stattfinden sollte, soweit dies sachdienlich ist. Kleinere Versammlungen, bei denen kein Kooperationsbedürfnis besteht, wollte man aus dem Anwendungsbereich ausnehmen.[338] Damit wäre bereits im Gesetz eine Ausnahme für atypische Fälle vorgesehen gewesen. Die Entscheidung darüber, ob Kooperation nötig gewesen wäre, sollte im Ermessen der Behörde stehen.

Die Normierung einer behördlichen Pflicht zur Kooperation ist verfassungsrechtlich nicht zu beanstanden. Mit der Formulierung „*Die zuständige Behörde erörtert (...) mit demjenigen, der eine Vielzahl von Personen zur Teilnahme an einer solchen Veranstaltung aufgefordert hat*" sollte dem praktischen Problem begegnet werden, dass es häufig mehr als einen Veranstalter gibt.[339] Die Behörde sollte sich dann nicht nur einen Veranstalter herausgreifen dürfen, mit dem sie zusammen arbeiten wollte, sondern sollte vielmehr Kontakt zu allen Initiatoren aufnehmen. Zwar wird dies durch die alternative und singuläre Aufzählung der verschiedenen Gesprächspartner im vorgeschlagenen § 14a Abs. 1 Satz 1 VersG nicht auf den ersten Blick deutlich. Doch ergibt sich durch historische Auslegung, unter Heranziehung der Gesetzesbegründung, dass mit allen Initiatoren gesprochen werden sollte. In der Begründung ist insoweit die Rede davon, dass für die Behörde auch aufgrund lückenhafter Angaben mehrerer Personen hierdurch die Möglichkeit besteht, näheren Aufschluss über die beabsichtigte Veranstaltung zu gewinnen.[340]

---

[337] BT-Drucksache 11/2834, S. 11.
[338] BT-Drucksache 11/2834, S. 11.
[339] BT-Drucksache 11/2834, S. 11.
[340] BT-Drucksache 11/2834, S. 11.

(b) § 14a Abs. 2 VersG

Neben dem verfassungsrechtlich unbedenklichen Absatz 1 erweist sich der geplante § 14a Abs. 2 VersG als problematisch. Durch ihn sollten zwei verschiedene Pflichten statuiert werden: eine Mitteilungs- und eine Teilnahmepflicht. Ein Verstoß dagegen sollte mit einem Bußgeld belegt werden. Dementsprechend sollte es sich um unmittelbare Rechtspflichten handeln.

Dass dem Veranstalter durch Satz 1 Auskunfts- und Mitteilungspflichten auferlegt werden sollten, ist verfassungsrechtlich zulässig, solange sich diese Pflichten einzig auf äußere Kerninformationen beschränken und nicht auch der innere Ablauf der Versammlung und ihr Inhalt mitgeteilt werden sollten.[341] Der Wortlaut der Norm lässt ein solch extensives Verständnis nicht vermuten. Die Regelung wäre in jedem Fall verfassungskonform eng auszulegen gewesen.

Die Pflicht zur Teilnahme an einem Erörterungstermin, wie in Satz 2 vorgesehen, ist hingegen verfassungsrechtlich unzulässig.[342] Dass eine unmittelbare Rechtspflicht statuiert werden sollte, ergibt sich insbesondere aus der Bußgeldbewehrung eines Verstoßes. Auch wenn der Gesetzgeber ausweislich der Begründung erkannt haben mag, dass durch den Brokdorf-Beschluss hervorgehobene verfahrensrechtliche Obliegenheiten zu konkretisieren waren,[343] spiegelt sich dies im vorgeschlagenen Normtext nicht wider. Auch in der Gesetzesbegründung ist von Teilnahmepflichten die Rede.[344] Eine solche Pflicht entsprach nicht dem, was das Bundesverfassungsgericht im Brokdorf-Beschluss ausgeführt hatte.[345] Sie ist mit Art. 8 GG nicht vereinbar. Eine verfassungskonforme Auslegung scheidet aufgrund des eindeutigen Wortlauts und der Qualifizierung als unmittelbare Rechtspflicht aus.

Dass die vorgelegte Ausgestaltung nicht mit der Reichweite von Art. 8 GG als umfangreichem Freiheitsrecht konform gehe, stellte auch der Rechtsausschuss in einer Beschlussempfehlung an den Bundestag heraus. Dort hieß es, dass eine bußgeldbewehrte Kooperationspflicht womöglich nicht den Vorgaben des Brokdorf-Beschlusses gerecht werde, weshalb verfassungsrechtliche Bedenken gegen die Neuregelung bestünden. Auch ergäben sich gewisse Zweifel hinsichtlich der Einhaltung des Bestimmtheitsgebotes des Art. 103 Abs. 2 GG, da die normierten

---

[341] Siehe dazu unter B.II.3.b)cc).
[342] Siehe dazu unter B.II.3.b)dd).
[343] BT-Drucksache 11/2834, S. 11.
[344] BT-Drucksache 11/2834, S. 11.
[345] *Alberts*, ZRP 1988, 285 (287).

Verpflichtungen zu allgemein gehalten seien. Sowieso habe eine Anhörung gezeigt, dass kein Bedürfnis für eine solche Normierung bestehe.[346] Der Gesetzentwurf wurde hinsichtlich § 14a VersG im Folgenden aufgegeben.

bb) BT-Drucksache 14/4754

Im Jahre 2000 wurde ein erneuter Kodifikationsversuch gewagt, doch auch dieser scheiterte letztendlich.

(1) Gesetzentwurf

§ 14 Abs. 1 VersG sollte so ergänzt werden, dass Großveranstaltungen unverzüglich, spätestens jedoch 48 Stunden vor Bekanntgabe, anzumelden sind.[347] In Absatz 2 sollte folgender Satz 2 eingefügt werden:

„Die Anmeldung hat unter Angabe des Gegenstandes, Umfanges und des beabsichtigten Verlaufs der Versammlung sowie der für die Durchführung der Versammlung mitgeführten Sachen oder verwendeten technischen Hilfsmittel zu erfolgen."[348]

Weiterhin sollte § 14 VersG um folgenden Absatz 3 erweitert werden:

„(3) Der Veranstalter oder derjenige, der zur Teilnahme an einer Versammlung oder einem Aufzug aufgerufen hat, hat im Interesse eines ordnungsgemäßen und friedlichen Verlaufs der Versammlung an einem von der zuständigen Behörde festgesetzten Kooperationsgespräch mitzuwirken."[349]

Danach sollte folgender § 14a VersG eingefügt werden:

„Der Anmelder und Versammlungsleiter haben alles Erforderliche zu unternehmen, um zu verhindern, dass aus der angemeldeten Versammlung heraus Gewalttätigkeiten von Personen begangen werden, die mit dem Versammlungsanliegen sympathisieren. Hierzu können insbesondere Aufrufe zur Gewaltfreiheit und Distanzierungen gegenüber gewaltbereiten Anhängern im Vorfeld der Versammlung sowie

---

[346] BT-Drucksache 11/4359, S. 17.
[347] BT-Drucksache 14/4754, S. 3.
[348] BT-Drucksache 14/4754, S. 3.
[349] BT-Drucksache 14/4754, S. 3.

die Sicherstellung der Gewaltfreiheit durch Ordner der Versammlung gehören."[350]

In § 15 Abs. 1 VersG sollte folgender Satz 2 eingefügt werden:

"Bei der Gefahrenprognose nach Satz 1 ist zu berücksichtigen, ob der Anmelder im Vorfeld der Versammlung seiner Pflicht nach § 14a nachgekommen ist."[351]

Zudem sollte in § 15 VersG folgender Absatz 3 eingefügt werden:

"Die Versammlung oder der Aufzug ist zu verbieten, wenn bestimmte Beschränkungen nicht ausreichen, um die unmittelbare Gefährdung für die öffentliche Sicherheit oder Ordnung zu beseitigen. Beschränkungen können sich insbesondere auf die Umstände beziehen, zu denen nach § 14 Abs. 2 Satz 2 Angaben zu machen sind."[352]

Anlass für den Gesetzentwurf waren Neo-Nazi-Aufmärsche und andere Versammlungen, die darauf abzielten, verfassungsmäßige Werte zu verhöhnen und zu verunglimpfen und dadurch dem Ansehen der Bundesrepublik in der öffentlichen Wahrnehmung schadeten.[353] Zur Verbesserung der Normenklarheit und Rechtssicherheit sollte die Anmeldepflicht von Großveranstaltungen präzisiert und die im Brokdorf-Beschluss festgeschriebene Kooperationspflicht näher ausgestaltet werden.[354]

(2) Verfassungsrechtliche Bewertung des Gesetzentwurfs
(a) § 14 Abs. 1 VersG

Die in § 14 Abs. 1 VersG geplante unverzügliche Anmeldung von Großdemonstrationen wäre verfassungsrechtlich bedenklich gewesen. Denn aus dem Gesetz heraus ergab sich nicht, wann vom Vorliegen einer Großdemonstration auszugehen war. Auch die Gesetzesbegründung schwieg dazu, weshalb die Regelung insgesamt als unbestimmt betrachtet wurde.[355] Zudem ist es wertungsabhängig und konkretisierungsbedürftig, wann eine Versammlung, die unverzüg-

---

[350] BT-Drucksache 14/4754, S. 3.
[351] BT-Drucksache 14/4754, S. 3.
[352] BT-Drucksache 14/4754, S. 3.
[353] BT-Drucksache 14/4754, S. 1.
[354] BT-Drucksache 14/4754, S. 2.
[355] Protokoll der 59. Sitzung des Innenausschusses des Deutschen Bundestages am 16.05.2001 (14. Wahlperiode), S. 17, 33, 41.

lich anzuzeigen ist, rechtzeitig angezeigt wurde.[356] Diese Unsicherheit könnte Bürger vor der Veranstaltung einer Versammlung zurückschrecken lassen. Vorschriften, welche die Versammlungsfreiheit in dieser Hinsicht schmälern oder zumindest ihre Wahrnehmung gefährden, sind verfassungsrechtlich nicht hinnehmbar.

Die vorgeschlagene Änderung dürfte im Ergebnis gleichwohl verfassungsgemäß gewesen sein, da die Anmeldung erst spätestens 48 Stunden vor der Bekanntgabe erfolgt sein musste. Dies entspricht der hergebrachten Regelung in § 14 Abs. 1 VersG und führt zu einem Gleichlauf aller Versammlungen. Die 48 Stunden-Frist bedarf keiner weiteren Auslegung, sie führt nicht zu nicht hinnehmbaren Unsicherheiten. Zudem sollte der Verstoß gegen die Pflicht zur unverzüglichen Anmeldung nicht mit einem Bußgeld belegt sein, wie es in der ursprünglichen Fassung des Art. 21 Nr. 14 BayVersG vorgesehen war, was ausschlaggebend für die erheblichen Zweifel an der Verfassungsmäßigkeit dieser Norm war.

(b) § 14 Abs. 3 VersG

Durch die Neuregelung in § 14 Abs. 3 VersG sollte eine im Nachgang zur Brokdorf-Entscheidung entstandene Verwaltungspraxis festgeschrieben werden.[357] Auf den ersten Blick scheint es, als wollte man eine Pflicht zur Mitwirkung einführen. Jedenfalls deutet der Wortlaut der Norm („*hat mitzuwirken*") darauf hin. Wie bereits ausgeführt, wäre eine Kooperationspflicht des Veranstalters nicht mit Art. 8 GG vereinbar.[358]

Allerdings scheint die Einordnung als Pflicht vorliegend nicht zwingend. Vielmehr scheint eine verfassungsgemäße Auslegung im Sinne einer Mitwirkungsobliegenheit möglich. Dies ergibt sich zum einen daraus, dass ein Verstoß gegen die Mitwirkungsverpflichtung weder straf- noch bußgeldbewehrt sein sollte. Dementsprechend handelte es sich um keine unmittelbare Rechtspflicht. Hinzu kommt, dass die Erfüllung bzw. Missachtung der Verpflichtung nicht zwingend im Rahmen von Maßnahmen nach § 15 Abs. 1 VersG Berücksichtigung finden sollte. Der neu einzufügende § 15 Abs. 1 Satz 2 VersG sah dies le-

---

[356] Siehe bereits zur unverzüglichen Mitteilung von Änderungen nach der ursprünglichen Fassung von Art. 13 Abs. 2 Satz 3 BayVersG, BVerfGE 122, 342 (365).
[357] BT-Drucksache 14/4754, S. 5.
[358] Siehe dazu unter B.II.3.b)dd).

diglich für die Pflicht nach § 14a VersG vor. Damit fehlt es an einem Merkmal, dass typisch für verwaltungsrechtliche Pflichten ist.[359] Diese Einordnung geht konform mit der Gesetzesbegründung, die davon spricht, eine Verpflichtung zur Kooperation normieren zu wollen.[360] Es ist gerade nicht die Rede von einer Pflicht. Dass die Gesetzesbegründung hinreichend zwischen einer Verpflichtung und einer Pflicht differenziert, zeigt sich wenige Absätze oberhalb, wo von der Pflicht zur Anmeldung die Rede ist. Ein terminologisches Versehen kann deshalb ausgeschlossen werden. Zudem sollte durch die Bestimmung keine neue Rechtslage geschaffen werden.[361] All dies spricht für die Einordnung als Kooperationsobliegenheit. Eine solche wäre verfassungsgemäß. Gleichwohl bleibt der Wortlaut höchst missverständlich.

(c) § 14a VersG

Gänzlich neu eingeführt werden sollte § 14a VersG. Dort wird der Begriff des „Anmelders" verwendet. Auch wenn dies nicht ausdrücklich klargestellt wird, ist davon auszugehen, dass damit der Veranstalter gemeint war. Weshalb es eines neuen Begriffs bedurfte, ist allerdings nicht ersichtlich. Die terminologische Ungereimtheit dürfte allerdings keinen Einfluss auf die verfassungsrechtliche Bewertung der Norm haben.

Verfassungsrechtlich problematisch ist hingegen die Verpflichtung zur Verhinderung von Gewalttätigkeiten aus der Versammlung heraus. Diese sollte als verwaltungsrechtliche Pflicht verstanden werden, wie sich aus dem geplanten § 15 Abs. 1 Satz 2 VersG ergab. Danach wäre die Beachtung der Pflicht nach § 14a im Rahmen der Gefahrenprognose zu berücksichtigen gewesen. Eine solche, von einer situationsbezogenen und unsicheren Einschätzung abhängige Pflicht dürfte verfassungsrechtlich unzulässig sein.[362]

(d) Zwischenergebnis

Im Vergleich zum ersten Normierungsversuch scheint sich dieser Gesetzentwurf zwar weitreichender an den Vorgaben des Brokdorf-Beschlusses und dem verfassungsrechtlich vorgegebenen Gestaltungsspielraum zu orientieren, doch ist

---

[359] Siehe zur Definition unter B.I.2.b).
[360] BT-Drucksache 14/4754, S. 5.
[361] BT-Drucksache 14/4754, S. 5.
[362] Siehe dazu unter B.II.3.b)ee).

auch seine Ausgestaltung verfassungsrechtlich teilweise höchst bedenklich. Auch dieser Entwurf wurde letztendlich aufgegeben.

b) § 14 VersG – Anmeldepflicht

Das Versammlungsgesetz sieht keine Regelung vor, die sich mit Zusammenarbeit beschäftigt. Zusammenarbeit zwischen der Behörde und den Versammlungsverantwortlichen schließt sich regelmäßig an die Anmeldung der Versammlung an. Durch die Anmeldung einer Versammlung bei der zuständigen Behörde erhält diese überhaupt erst Kenntnis von der geplanten Versammlung. Daran anschließend kann in den weiteren Austausch zwischen der Behörde und den Versammlungsverantwortlichen sowie in Kooperation im engeren Sinne eingetreten werden.[363] Durch die Anmeldung wird mithin der Grundstein für die sich anschließende Zusammenarbeit gelegt.[364] Die Anmeldung wird deshalb zutreffend als *„kooperationsbegründender Akt"*[365] bezeichnet.

§ 14 VersG normiert eine Verpflichtung zur Anmeldung. Dort heißt es:

„(1) Wer die Absicht hat, eine öffentliche Versammlung unter freiem Himmel oder einen Aufzug zu veranstalten, hat dies spätestens 48 Stunden vor der Bekanntgabe der zuständigen Behörde unter Angabe des Gegenstandes der Versammlung oder des Aufzuges anzumelden.

(2) In der Anmeldung ist anzugeben, welche Person für die Leitung der Versammlung oder des Aufzuges verantwortlich sein soll."

aa) Grad und Umfang der Verpflichtung

Ausweislich des Wortlauts von § 14 Abs. 1 VersG (*„der Veranstalter hat"*) besteht eine Pflicht des Veranstalters, eine geplante Versammlung anzumelden. Gemäß § 26 Nr. 2 VersG stellt es eine Straftat dar, eine öffentliche Versammlung unter freiem Himmel ohne Anmeldung durchzuführen. Demgemäß handelt es sich um eine echte Rechtspflicht des Veranstalters. Denn die Pflicht wirkt unmittelbar, ohne dass es einer weiteren Konkretisierung bedürfte.

---

[363] *Huber*, Der Veranstalter einer Versammlung im Rechtskreis der Exekutive, S. 259.
[364] *Dietel/Kniesel*, Die Polizei 1985, 335 (342); *Kniesel/Poscher*, in: Lisken/Denninger/Rachor, Handbuch des Polizeirechts, K, Rn. 263; *Schwäble*, Das Grundrecht der Versammlungsfreiheit, S. 208; *Weber*, KommJur 2011, 50 (50).
[365] *Buschmann*, Kooperationspflichten im Versammlungsrecht, S. 79.

Gemäß Absatz 2 ist in der Anmeldung anzugeben, wer als Leiter der Versammlung eingesetzt werden soll. Dadurch wird keine weitere Pflicht begründet. Vielmehr wird die nach Absatz 1 statuierte Pflicht inhaltlich ausgefüllt. In der Anmeldung ist zudem die Person des Veranstalters anzugeben.[366] Dies wird im Gesetz zwar nicht erwähnt. Die Kenntnis der Identität des Veranstalters ist für die Behörde jedoch entscheidend. Andernfalls hätte sie keinen Adressaten für behördliche Verfügungen. Sowieso enthält das Versammlungsgesetz kaum Aussagen zum Veranstalter. Sein Vorhandensein wird vielmehr stillschweigend vorausgesetzt.[367] Eine vergleichbare Regelung zu § 7 Abs. 1 VersG, wonach jede Versammlung einen Leiter haben muss, fehlt für den Veranstalter. In der Anmeldung sind zudem die identitätsbestimmenden persönlichen Daten des Veranstalters und gegebenenfalls auch des Leiters der Versammlung anzugeben.[368]

Der weitere Inhalt der Anmeldung lässt sich aus § 14 Abs. 1 VersG herleiten. Danach ist der Gegenstand der Versammlung anzugeben. Was unter dem Gegenstand der Versammlung zu verstehen ist, wird im Gesetz nicht näher spezifiziert. Darunter wird man zumindest das Thema der Versammlung fassen müssen.[369] Weitere notwendige Angaben lassen sich aus dem Normzweck ableiten. Durch die Anmeldung soll die Behörde in die Lage versetzt werden, prüfen zu können, ob bei Durchführung der Versammlung Gefahren für die öffentliche Sicherheit oder Ordnung vorliegen, um Maßnahmen zum Schutz derer ergreifen zu können.[370] Dafür ist es nötig, dass sie Kenntnis vom Ort und der Zeit der geplanten Versammlung bzw. der Wegstrecke eines Aufzugs hat und über den groben Ablauf informiert ist.[371] Dies folgt zudem aus einem Umkehrschluss aus § 25 Nr. 1 VersG, der es für den Leiter unter Strafe stellt, die Versammlung wesentlich anders durchzuführen als in der Anmeldung angegeben.[372]

---

[366] *Kniesel*, in: Dietel/Gintzel/Kniesel, VersG, Teil II, § 14, Rn. 35; *Kniesel/Poscher*, in: Lisken/Denninger/Rachor, Handbuch des Polizeirechts, K, Rn. 247.
[367] *Huber*, Der Veranstalter einer Versammlung im Rechtskreis der Exekutive, S. 135.
[368] BVerfG, NVwZ 2012, 818 (820).
[369] *Rühl*, in: Ridder/Breitbach/Rühl/Steinmeier, VersG, § 14, Rn. 15.
[370] BVerwGE 26, 135 (137).
[371] *Schwäble*, Das Grundrecht der Versammlungsfreiheit, S. 209; *Stein*, Versammlungsrecht, S. 161 f.; *Zeitler*, Versammlungsrecht, Rn. 76.
[372] *Rühl*, in: Ridder/Breitbach/Rühl/Steinmeier, VersG, § 14, Rn. 13; *Stein*, Versammlungsrecht, S. 161; so im Ergebnis auch *Kniesel*, in: Dietel/Gintzel/Kniesel, VersG, Teil II, § 14, Rn. 35 f.

bb) Verfassungsrechtliche Bewertung von § 14 VersG

Fraglich ist, ob die eben herausgearbeiteten einfachgesetzlichen Pflichten verfassungsrechtlich zulässig sind. Konkret in Bezug auf § 14 VersG wurde höchstgerichtlich entschieden, dass die Anmeldepflicht Art. 8 GG nur unerheblich einschränkt und demgemäß verfassungsrechtlich zulässig ist.[373] Auch die Ausgestaltung als unmittelbare Rechtspflicht ist verfassungsrechtlich nicht zu beanstanden.[374]

Die Anmeldepflicht kann allerdings nicht ausnahmslos gelten. Art. 8 GG gewährt Schutz auch für atypische Versammlungen, die sich beispielsweise spontan bilden. Wäre auch für diese die Anmeldefrist strikt einzuhalten bzw. überhaupt eine Anmeldung vorzunehmen, könnte dies dem Versammlungsanliegen zuwiderlaufen und die Versammlungsfreiheit über Gebühr einschränken. Deshalb sind in verfassungskonformer Auslegung Ausnahmen von der Pflicht nach § 14 VersG zuzulassen, beispielsweise für Spontan- und Eilversammlungen.[375]

Auch die inhaltliche Qualität der notwendigen Angaben, die mit der Anmeldung zu machen sind, ist verfassungsrechtlich nicht zu beanstanden.[376] Gefordert werden lediglich äußere Kerninformationen. Die Pflicht zur Angabe dieser Informationen ist eng auszulegen. Sie darf keinesfalls dahingehend verkehrt werden, dass Angaben zum inneren Ablauf oder sogar zum Inhalt der Versammlung gefordert werden.[377] Dies widerspräche dem Selbstbestimmungsrecht der Versammlung und würde auch der notwendigen Distanz zwischen Staat und Bürger nicht mehr gerecht werden. Dementsprechend dürfen vom Veranstalter nur Angaben zum äußeren Ablauf der Versammlung gefordert werden.

c) Weitere kooperationsrelevante Normen im Versammlungsgesetz

Neben § 14 VersG als zentraler Norm weisen auch die §§ 7 Abs. 1, 15 Abs. 1, 18 Abs. 1 und 2 VersG Berührungspunkte zum versammlungsrechtlichen Kooperationsverhältnis auf.

---

[373] Siehe dazu Fn. 286.
[374] Siehe dazu Fn. 288.
[375] Siehe dazu Fn. 240.
[376] Ausführlich zur verfassungsrechtlichen Zulässigkeit von Mitteilungspflichten siehe unter B.II.3.b)cc).
[377] Siehe dazu Fn. 293.

Gemäß § 7 Abs. 1 VersG, der über § 18 Abs. 1 VersG auch auf Versammlungen unter freiem Himmel entsprechend anwendbar ist, muss jede Versammlung einen Leiter haben. Die Verpflichtung, einen solchen zu bestellen, wird als Ausprägung des Kooperationsgebots verstanden.[378] Jedoch bedarf es diesbezüglich unter Umständen, etwa bei Spontandemonstrationen, einer verfassungskonformen Auslegung.[379] Wie sich aus einem Umkehrschluss aus § 7 Abs. 2 und 3 VersG ergibt, ist der Leiter durch den Veranstalter zu bestimmen. Allerdings handelt es sich dabei um keine Pflicht nach hiesigem Verständnis. Bestimmt der Veranstalter keinen Leiter, muss er nicht mit einem Bußgeld oder einer Strafe rechnen. Die Pflicht wird ihm gegenüber auch nicht durch Verwaltungsakt konkretisiert und womöglich im Wege der Verwaltungsvollstreckung durchgesetzt. Vielmehr gilt gemäß § 7 Abs. 2 Satz 1 VersG der Veranstalter selbst als Leiter, sofern er niemanden dazu bestimmt. Ihm wird somit die Möglichkeit eröffnet, eine andere Person zu bestimmen. Die Bezeichnung als Verpflichtung ist deshalb irreführend.

§ 15 Abs. 1 VersG stellt es in das Ermessen der Behörde, bei Vorliegen einer Gefahr für die öffentliche Sicherheit oder Ordnung gegen eine Versammlung vorzugehen. In ihre Entscheidung kann die Behörde einstellen, inwieweit der Veranstalter mit ihr kooperiert hat.[380] § 15 VersG ist als verfassungsgemäß betrachtet worden, sofern seine Anwendung im Einzelfall restriktiv erfolgt und – in verfassungskonformer Auslegung – weitere ungeschriebene Voraussetzungen beachtet werden.[381]

Gemäß § 18 Abs. 2 VersG bedarf die Verwendung von Ordnern der polizeilichen Genehmigung, welche bei der Anmeldung zu beantragen ist. Mithin besteht für den Fall, dass Ordner eingesetzt werden sollen, die Pflicht, dafür eine behördliche Erlaubnis einzuholen.[382] Die Verwendung von Ordnern ist dementsprechend generell verboten, steht jedoch unter Erlaubnisvorbehalt.

---

[378] *Schulze-Fielitz*, in: Dreier, GG, Band I, Art. 8, Rn. 119.
[379] *Schulze-Fielitz*, in: Dreier, GG, Band I, Art. 8, Rn. 119.
[380] Ausführlich zu den Rechtsfolgen der Kooperation unter C.
[381] Siehe dazu Fn. 284.
[382] *Kniesel*, in: Dietel/Gintzel/Kniesel, VersG, Teil II, § 18, Rn. 23.

d) Kooperationsempfehlung

Mangels einfachgesetzlicher Ausgestaltung drängt sich die Frage auf, ob Zusammenarbeit deshalb nur auf freiwilliger Basis erfolgen kann. Im Ergebnis wird man dies bejahen müssen. Denn eine Pflicht des Veranstalters zur Zusammenarbeit bedürfte einer einfachgesetzlichen Grundlage. Schließlich würde durch eine Pflicht die Versammlungsfreiheit nach Art. 8 GG beschränkt. Das ist jedoch nur durch Gesetz oder auf Grund eines Gesetzes möglich, vgl. Art. 8 Abs. 2 GG. Sowieso ließe sich eine Kooperationspflicht des Veranstalters nicht mit Art. 8 GG vereinbaren.[383] Aus dem Brokdorf-Beschluss folgt zudem, dass das Bundesverfassungsgericht auch für die Einführung einer Obliegenheit von der Notwendigkeit einer gesetzlichen Grundlage ausgeht. Denn dort ist die Rede davon, dass es dem Gesetzgeber überlassen bleiben muss, weitergehende verfahrensrechtliche Obliegenheiten im Rahmen und in den Grenzen des Gesetzesvorbehalts auf der Ebene des einfachen Rechts zu präzisieren.[384] Dementsprechend ist es am Gesetzgeber, Obliegenheiten einzuführen. Dies könnte nur durch Gesetz geschehen.

Im Brokdorf-Beschluss sprach das Bundesverfassungsgericht angesichts des Mangels einer Regelung von einer Empfehlung an den Veranstalter und die Versammlungsteilnehmer. Es führte aus: *„Auch ohne eine gesetzgeberische Präzisierung tun freilich Veranstalter und Teilnehmer gut daran, die aus bewährten Erfahrungen herleitbaren Empfehlungen für Großdemonstrationen möglichst von sich aus zu berücksichtigen."*[385] Exemplarisch zählte das Gericht die folgenden Empfehlungen auf, die beachtet werden sollten: Provokationen und Aggressionsanreize sollten unterbleiben, die Veranstalter sollten auf die Teilnehmer mit dem Ziel friedlichen Verhaltens und der Isolierung von Gewalttätern einwirken und es sollte eine rechtzeitige Kontaktaufnahme mit der Behörde erfolgen, bei der beide Seiten sich kennenlernen, Informationen austauschen und möglicherweise zu einer vertrauensvollen Kooperation finden, welche die Bewältigung auch unvorhergesehener Konfliktsituationen erleichtert.[386] Der gegenseitige Austausch von Informationen sowie die gemeinsame Erörterung sollten im Mittelpunkt stehen. Das Gericht hob zudem das an die Versammlungsteilnehmer adressierte Friedlichkeitsgebot besonders hervor.

---

[383] Siehe dazu unter B.II.3.b)dd).
[384] BVerfGE 69, 315 (357).
[385] BVerfGE 69, 315 (357).
[386] BVerfGE 69, 315 (355).

Obwohl in der Literatur nahezu durchgehend von einer Obliegenheit des Veranstalters gesprochen wird,[387] dürfte es sich – entsprechend der Ausführungen des Bundesverfassungsgerichts und angesichts der fehlenden Normierung – genau genommen um eine Kooperationsempfehlung handeln. Das Bundesverfassungsgericht selbst,[388] und ihm folgend andere Gerichte,[389] sprechen später jedoch von einer Kooperationsobliegenheit. Dies könnte ein Hinweis darauf sein, dass die Unterschiede zwischen den beiden nicht sonderlich ins Gewicht fallen. Welche Unterschiede sich bei Missachtung einer Obliegenheit einerseits und einer Empfehlung andererseits ergeben, wird noch zu erörtern sein.[390] Rechtlich verpflichtet werden kann der Veranstalter jedenfalls weder durch eine Obliegenheit noch durch eine Empfehlung.[391] Beide unterscheiden sich jedoch im Grad der Präzisierung. Eine Obliegenheit stellt die einfachgesetzliche Präzisierung eines gewünschten Verhaltens dar, wohingegen eine Empfehlung einen weniger präzisen, nicht bis ins Detail umrissenen Ratschlag beschreibt oder ein ganzes Bündel solcher Ratschläge bereithält. Welcher Empfehlung zu folgen ist, hängt vom konkreten Einzelfall ab.

Ohne gesetzliche Ausgestaltung ist dementsprechend von einer Empfehlung zur Zusammenarbeit auszugehen. Dem Veranstalter kann lediglich nahegelegt wer-

---

[387] *Buschmann*, Kooperationspflichten im Versammlungsrecht, S. 81; *Kniesel*, in: Dietel/Gintzel/Kniesel, VersG, Teil II, § 14, Rn. 113; *Hellhammer-Hawig*, Neonazistische Versammlungen, S. 174; *Höfling*, in: Sachs, GG, Art. 8, Rn. 49; *Hoffmann-Riem*, in: Merten/Papier, Handbuch der Grundrechte, Band IV, § 106, Rn. 109; *Kloepfer*, in: Isensee/Kirchhof, Handbuch des Staatsrechts, Band VII, § 164, Rn. 40; *Kniesel/Poscher*, in: Lisken/Denninger/Rachor, Handbuch des Polizeirechts, K, Rn. 278; *Scheidler*, Die Polizei 2009, 162 (164); *Schneider*, in: Epping/Hillgruber, GG, Art. 8, Rn. 34. Lediglich vereinzelt ist die Rede von einer Kooperationspflicht, vgl. *Leist*, BayVBl. 2004, 489 (490) m.w.N.; *Werthebach*, Die Polizei 2000, 309 (310); Dietel/Gintzel/Kniesel, VersG (16. Auflage), § 14, Rn. 51, wo die Rede davon ist, dass den Veranstalter eine Kooperationspflicht trifft, die auch die Verpflichtung zur Teilnahme an einem Kooperationsgespräch beinhalten kann, wohingegen in Rn. 54 die Rede davon ist, dass für den Veranstalter keine Kooperationspflicht besteht; *Lepsius*, in: Doering-Manteuffel/Greiner/Lepsius, Der Brokdorf-Beschluss, S. 117, wonach beide (Veranstalter und Sicherheitskräfte) vertrauensbildende Maßnahmen ergreifen müssen, um sich abzusprechen; *Scheu*, Freiheitsperspektiven Drittbetroffener im Versammlungsrecht, S. 152 f., wonach es angemessen sei, den Versammlungsverantwortlichen zur Abwendung von Nachteilen abzuverlangen, in der dort näher beschriebenen Weise mit den Behörden zu kooperieren.
[388] BVerfG, NJW 2001, 2078 (2079).
[389] OVG Weimar, NVwZ-RR 2003, 207 (208 f.); VGH München, Beschluss vom 18.06.2002 – 24 ZB 01.1735, Rn. 18 (juris); VG Gelsenkirchen, Beschluss vom 04.05.2005 – 17 L 581/05, Rn. 9 (juris).
[390] Siehe dazu unter C.II.2 und C.II.3.
[391] Siehe dazu unter B.I.2.c) und B.I.2.d).

den, sich mit der Behörde zu verständigen, in der Hoffnung, dass er einer solchen Bitte bzw. Empfehlung nachkommen wird.

e) § 8 Satz 2 VersG – Aufgaben des Versammlungsleiters

Neben den aufgezeigten Verpflichtungen im Vorfeld einer Versammlung, die sich insbesondere auf gegenseitigen Informationsaustausch und Erörterung beziehen, und an den Veranstalter adressiert sind, treffen auch den Leiter während einer Versammlung Verpflichtungen. Seine Tätigkeit knüpft an die Bemühungen des Veranstalters im Vorbereitungsstadium an. Während einer Versammlung geht es um Mäßigung der Parteien. Darin liegt der Kooperationsbeitrag des Versammlungsleiters.[392]

Gemäß § 8 Satz 2 VersG hat der Leiter während der Versammlung für Ordnung zu sorgen. Der Wortlaut lässt auf eine dahingehende Pflicht des Leiters schließen. Ein Verstoß gegen § 8 Satz 2 VersG ist jedoch weder straf- noch bußgeldbewehrt. Vielmehr wird der Leiter bei der Ausübung seiner Ordnungsbefugnisse durch § 22 VersG besonders geschützt.[393] Danach macht sich strafbar, wer bei einer Versammlung dem Leiter in der rechtmäßigen Ausübung seiner Ordnungsbefugnisse mit Gewalt oder Drohung mit Gewalt Widerstand leistet oder ihn währenddessen tätlich angreift. Dementsprechend trifft den Leiter kein unmittelbarer Nachteil, wenn er seiner Ordnungsverpflichtung nicht nachkommt. Andererseits dürfte in diesem Fall der besondere Schutz des § 22 VersG entfallen. Der Leiter verliert mithin einen Vorteil, der ihm bei ordnungsgemäßer Ausübung seiner Verpflichtung zuteil würde. Dies entspricht der Definition einer Obliegenheit. Dementsprechend wird die Verpflichtung des Leiters gemäß § 8 Satz 2 VersG als Obliegenheit qualifiziert.

Eine solche Verpflichtung des Leiters dürfte verfassungsrechtlich zulässig sein. Denn durch Auferlegung der Ordnungsverpflichtung wird letztendlich die Selbstorganisation der Versammlung gestärkt. Kommt der Leiter seiner Aufgabe nach, wird staatliches Eingreifen obsolet oder jedenfalls zurückgedrängt.[394] Dementsprechend wird man die Auferlegung der Verpflichtung schon gar nicht

---

[392] Vgl. *Koll*, Liberales Versammlungsrecht, S. 319, der abschichtet zwischen Informations- und Durchführungskooperation.
[393] *Kniesel*, in: Dietel/Gintzel/Kniesel, VersG, Teil II, § 22, Rn. 2.
[394] Vgl. *Koll*, Liberales Versammlungsrecht, S. 319 ff., der die eindeutige Zuordnung der Gefahrenabwehr als staatliche Aufgabe gegen die Zuweisung der Ordnungsaufgabe an den Leiter anführt.

als Eingriff in die Versammlungsfreiheit werten können. Vielmehr handelt es sich um eine Ausgestaltung der Versammlungsdurchführung, die letztendlich der Verwirklichung der Freiheitsgarantie dient und schon deshalb zulässig ist. Etwas anderes ergibt sich auch nicht aus den Äußerungen des Bundesverfassungsgerichts zu Art. 4 Abs. 3 BayVersG 2008 in seiner Entscheidung zum Bayerischen Versammlungsgesetz 2008.[395] Das Bundesverfassungsgericht kritisierte damals, dass die Pflichten nach Art. 4 Abs. 3 BayVersG 2008 (Ergreifen von Maßnahmen zur Verhinderung von Gewalttätigkeiten aus der Versammlung heraus, beispielsweise durch Aufrufe zur Gewaltfreiheit und Distanzierungen gegenüber gewaltbereiten Anhängern) auf unsicheren Einschätzungen beruhten und setzte die Bußgeldbewehrung der Pflicht außer Kraft.[396] § 8 Satz 2 VersG ist hinsichtlich der verfassungsgerichtlich monierten Aspekte nicht mit Art. 4 Abs. 3 BayVersG 2008 vergleichbar. Gemäß Art. 4 Abs. 3 BayVersG 2008 waren geeignete Maßnahmen zu ergreifen, um Gewalttätigkeiten aus der Versammlung heraus zu verhindern. Die Regelung suggerierte ein zu erreichendes Ziel (Verhinderung von Gewalttätigkeiten), wohingegen § 8 Satz 2 VersG ergebnisoffener formuliert ist, da die Regelung dem Leiter ein Tätigwerden an sich abverlangt. Die damalige Kritik des Bundesverfassungsgerichts ist schon deshalb nicht auf § 8 Satz 2 VersG übertragbar. Hinzu kommt, dass ein Verstoß gegen § 8 Satz 2 VersG keine unmittelbaren Folgen nach sich zieht. § 8 Satz 2 VersG ist dementsprechend als verfassungsgemäß zu bewerten.

f) Verfahrensrecht

Verfahrensrechtliche Aspekte sind im Versammlungsgesetz nur vereinzelt normiert. Beispielsweise sind die Regelungen zur Anmeldepflicht und zum Umfang der in diesem Zusammenhang mitzuteilenden Informationen gemäß §§ 14, 25 Nr. 1 VersG als Verfahrensregelungen einzuordnen. Insgesamt fehlt es im Versammlungsgesetz aber weitestgehend an Verfahrensregelungen. Versammlungsrecht ist besonderes Verwaltungsrecht. Deshalb soll auf die Bestimmungen des allgemeinen Verwaltungsverfahrensrechts zurückgegriffen werden können.[397]

---

[395] Siehe dazu Fn. 267.
[396] Siehe dazu unter B.II.3.b)ee).
[397] *Braun/Keller*, in: Dietel/Gintzel/Kniesel, VersG, Teil IV, Rn. 33; *Peters*, in: Peters/Janz, Handbuch Versammlungsrecht, F, Rn. 34; *Zeitler*, Versammlungsrecht, Rn. 132.

Zu denken ist dabei insbesondere an §§ 24, 25, 26 und 28 VwVfG. Diese sind bei Vorliegen eines Verwaltungsverfahrens nach § 9 VwVfG anwendbar. Nachfolgend wird zunächst geprüft, ob ein versammlungsrechtliches Verfahren überhaupt als Verwaltungsverfahren nach § 9 VwVfG einzuordnen ist. Anschließend werden die genannten Verfahrensvorschriften auf kooperationsrelevante Inhalte hin untersucht.

aa) Verwaltungsverfahren gemäß § 9 VwVfG

Gemäß § 9 VwVfG ist ein Verwaltungsverfahren die nach außen wirkende Tätigkeit der Behörden, die auf die Prüfung der Voraussetzungen, die Vorbereitung und den Erlass eines Verwaltungsaktes oder auf den Abschluss eines öffentlich-rechtlichen Vertrags gerichtet ist; es schließt den Erlass des Verwaltungsaktes oder den Abschluss des öffentlich-rechtlichen Vertrags ein. Nicht umfasst sind dementsprechend Tätigkeiten, die auf schlichtes Verwaltungshandeln, Rechtssetzungsakte, informelles und privatrechtliches Handeln der Behörde sowie rein behördeninterne Akte gerichtet sind.[398] Nach außen gerichtet ist die behördliche Tätigkeit beispielsweise bei der Durchführung eines Erörterungstermins in Vorbereitung auf den Erlass eines Verwaltungsaktes.[399]

Ob ein versammlungsrechtliches Verfahren darunter zu fassen ist, wird unterschiedlich bewertet. Einige nehmen an, dass mit der Anmeldung einer Versammlung nach § 14 VersG bzw. mit anderweitiger Kenntniserlangung der Behörde ein Verwaltungsverfahren gemäß § 9 VwVfG in Gang gesetzt wird.[400] Dementsprechend wären die Vorschriften des Verwaltungsverfahrensgesetzes direkt anwendbar. Andere sprechen sich zumindest für eine analoge Anwendung der Vorschriften aus.[401]

Die direkte Anwendung verwaltungsverfahrensrechtlicher Normen im Versammlungsrecht dürfte jedoch ausscheiden. Ziel der Behördentätigkeit in einem Verwaltungsverfahren ist der Erlass eines Verwaltungsaktes oder der Abschluss

---

[398] *Gerstner-Heck*, in: Bader/Ronellenfitsch, VwVfG, § 9, Rn. 2.
[399] *Gerstner-Heck*, in: Bader/Ronellenfitsch, VwVfG, § 9, Rn. 5.
[400] *Kniesel*, in: Dietel/Gintzel/Kniesel, VersG, Teil II, § 14, Rn. 28; *Ebert*, ThürVBl. 2007, 25 (25); Pieroth/Schlink/Kniesel, Polizei- und Ordnungsrecht, § 21, Rn. 12; Ullrich, NVersG, § 6, Rn. 4 (§§ 9 ff. VwVfG sollen spätestens von der Einladung zum Kooperationsgespräch an Anwendung finden); *Weber*, KommJur 2010, 172 (176).
[401] *Dietel/Kniesel*, Die Polizei 1985, 335 (342); *Ebert*, KommunalPraxis MO 2001, 74 (75); *Ebert*, LKV 2001, 60 (62).

eines öffentlich-rechtlichen Vertrags. Dabei ist unerheblich, ob dieses Ziel tatsächlich erreicht wird. Das behördliche Handeln soll jedoch darauf gerichtet sein.[402] Im Versammlungsrecht stellt sich die Situation jedoch anders dar. Wenn ein Veranstalter eine Versammlung anmeldet, möchte er gerade kein Tätigwerden in Gang setzen, dass im Erlass eines Verwaltungsaktes (Versammlungsverbot oder beschränkende Verfügung) gipfelt.[403] Auch die Behörde strebt derartige Verfügungen nicht als Regelfall an. Denn als Grundrechtsverpflichtete muss ihr Handeln auf eine möglichst unbeschränkte Versammlungsdurchführung gerichtet sein. Der Abschluss eines öffentlich-rechtlichen Vertrags kommt ebenfalls nicht in Betracht. Das Verwaltungsverfahrensgesetz bildet die besondere Interessenlage im Versammlungsrecht demnach nicht ab. Deshalb scheidet die direkte Anwendung verwaltungsverfahrensrechtlicher Vorschriften im Versammlungsrecht aus. Sofern die Voraussetzungen einer Analogie vorliegen, könnten die Vorschriften jedoch entsprechend herangezogen werden.

Eine Analogie setzt eine planwidrige Regelungslücke und eine vergleichbare Interessenlage voraus. Eine Regelungslücke liegt vor. Es ist zudem davon auszugehen, dass diese planwidrig ist. Jedenfalls ist nicht ersichtlich, dass der Gesetzgeber das Versammlungsrecht bewusst aus dem Anwendungsbereich der §§ 9 ff. VwVfG ausklammern wollte. Eine analoge Anwendung der §§ 9 ff. VwVfG erfordert zudem eine vergleichbare Interessenlage. Diese ergibt sich vorliegend daraus, dass die Versammlungsbehörde bei Kenntnis von einer Versammlung prüft, ob die Voraussetzungen für den Erlass eines Verwaltungsaktes vorliegen. Es liegt ein Gleichlauf der behördlichen Tätigkeit mit einem „typischen" Verwaltungsverfahren nach § 9 VwVfG vor. Einziger Unterschied ist die entgegengesetzte Intention, mit welcher die Prüfung durchgeführt wird. Als Ergebnis eines Verwaltungsverfahrens soll regelmäßig ein Verwaltungsakt erlassen werden. Das versammlungsrechtliche Verfahren zielt hingegen darauf ab, dies zu vermeiden. Die Interessenlagen sind nichtsdestotrotz vergleichbar. Dementsprechend können die §§ 9 ff. VwVfG im Versammlungsrecht analog angewendet werden.

---

[402] *Gerstner-Heck*, in: Bader/Ronellenfitsch, VwVfG, § 9, Rn. 10.
[403] *Ebert*, LKV 2001, 60 (62).

bb) Kooperationsrelevante Vorschriften im Verwaltungsverfahrensgesetz

Vorliegend dürften vornehmlich §§ 24, 25, 26 und 28 VwVfG[404] relevant werden. Die Regelungen werden nachfolgend auf kooperationsrelevante Aussagen hin untersucht und der Grad der sich daraus womöglich ergebenden Verpflichtungen bestimmt.

(1) § 25 VwVfG

§ 25 VwVfG normiert behördliche Beratungs- und Erörterungspflichten. Die Regelung wird als verfahrensrechtliche Hauptnorm für das Verhältnis des Bürgers zur Verwaltung bezeichnet und als Ausfluss eines allgemein geltenden Kooperationsprinzips verstanden.[405] Vor diesem Hintergrund geht man mangels spezialgesetzlicher Vorschrift im Versammlungsgesetz davon aus, dass § 25 VwVfG als verfahrensrechtliche Ausgestaltung des versammlungsrechtlichen Kooperationsgebots herangezogen werden kann.[406]

§ 25 Abs. 1 Satz 1 VwVfG normiert eine Pflicht, wonach die Behörde die Abgabe von Erklärungen, die Stellung von Anträgen oder die Berichtigung von Erklärungen oder Anträgen anregen soll, wenn diese offensichtlich nur versehentlich oder aus Unkenntnis unterblieben oder unrichtig abgegeben oder gestellt worden sind. Im versammlungsrechtlichen Kooperationsverhältnis wird es regelmäßig um die Abgabe oder Berichtigung von Erklärungen gehen. Anträge sind im Zusammenhang mit einer Versammlung – abgesehen von dem Antrag auf Verwendung von Ordnern gemäß § 18 Abs. 2 Satz 2 VersG – nicht zu stellen. Entsprechend der Konzeption des § 25 Abs. 1 Satz 1 VwVfG als Soll-Vorschrift ist die Behörde im Regelfall zur Beratung verpflichtet.[407] Die Verpflichtung entfällt lediglich im Ausnahmefall. Beispielsweise ist eine Behörde nicht verpflichtet, den Verfahrensbeteiligten Beratung aufzudrängen. Weist ein Beteiligter das behördliche Beratungsangebot zurück, kann die Behörde auf (weitere) Beratung verzichten.[408] Auf den versammlungsrechtlichen Kontext übertragen, dürfte die Versammlungsbehörde regelmäßig zu einem Beratungs-

---

[404] Auf die Zitierung der Normen als analog anwendbar wird im Folgenden verzichtet.
[405] *Peters*, in: Peters/Janz, Handbuch Versammlungsrecht, F, Rn. 34.
[406] *Peters*, in: Peters/Janz, Handbuch Versammlungsrecht, F, Rn. 34.
[407] Allgemein zur Pflichtenbegründung durch Soll-Vorschriften BVerwGE 64, 318 (323); BVerwGE 90, 88 (93).
[408] *Ritgen*, in: Knack/Henneke, VwVfG, § 25, Rn. 56.

angebot verpflichtet sein. Hat der Veranstalter kein Interesse daran, kann die Behörde von weiteren Bemühungen absehen.

Gemäß § 25 Abs. 1 Satz 2 VwVfG erteilt die Behörde, soweit erforderlich, Auskunft über die den Beteiligten im Verwaltungsverfahren zustehenden Rechte und die ihnen obliegenden Pflichten. Demzufolge besteht eine Pflicht der Behörde zur Auskunft in Bezug auf verfahrensrechtliche Rechte und Pflichten in einem konkreten Verwaltungsverfahren. Die behördliche Auskunft kann sich sowohl auf formelle als auch auf materielle Aspekte des Verwaltungsverfahrens beziehen.[409] Ausweislich des Wortlauts (*„soweit erforderlich"*) besteht die Auskunftspflicht nur insoweit der Beteiligte auf die Auskunft angewiesen ist. Er kann deshalb nicht mehr verlangen, als er zur Durchsetzung seiner Rechte benötigt.[410] Bezogen auf das versammlungsrechtliche Kooperationsverhältnis wird man deshalb einen Anspruch auf Auskunft über den Verlauf einer gegnerischen Versammlung bzw. eines gegnerischen Aufzugs verneinen müssen, wenn diese Information nur begehrt wird, um die Gegenveranstaltung gezielt zu stören. Dies ginge über die eigene Versammlung und den entsprechenden notwendigen Kenntnisbereich hinaus, da von der Versammlungsfreiheit auch ohne eine solche Information effektiv Gebrauch gemacht werden kann.

Gemäß § 25 Abs. 2 Satz 1 VwVfG erörtert die Behörde, soweit erforderlich, bereits vor Stellung eines Antrags mit dem zukünftigen Antragsteller, welche Nachweise und Unterlagen von ihm zu erbringen sind und in welcher Weise das Verfahren beschleunigt werden kann. Auch wenn bei der Versammlungsanmeldung regelmäßig kein Antrag gestellt werden muss, erscheint es sinnvoll, den hinter dieser Regelung stehenden Gedanken auf das Versammlungsrecht zu übertragen. Dementsprechend sollte die Versammlungsbehörde darlegen, wie das Verfahren (etwa durch Zusammenarbeit) beschleunigt und erfolgreicher ausgestaltet werden kann. Dabei ist jedoch darauf zu achten, dass an den Veranstalter keine Pflicht adressiert wird, sondern dass ihm lediglich beratend aufgezeigt wird, inwieweit er das Verfahren vereinfachen könnte, wenn er dazu bereit ist. Parallel zu § 25 Abs. 1 Satz 2 VwVfG normiert auch § 25 Abs. 2 Satz 1 VwVfG eine Rechtspflicht, die unter dem Vorbehalt der Erforderlichkeit steht.[411]

---

[409] *Ritgen*, in: Knack/Henneke, VwVfG, § 25, Rn. 69 ff.
[410] *Ritgen*, in: Knack/Henneke, VwVfG, § 25, Rn. 78.
[411] *Ritgen*, in: Knack/Henneke, VwVfG, § 25, Rn. 95 f.

Dementsprechend folgt für die Versammlungsbehörde aus § 25 VwVfG eine umfassende Beratungs- und Auskunftspflicht. Da die Behörde aus Art. 8 GG grundrechtsverpflichtet ist, begegnet eine solche Pflicht keinen verfassungsrechtlichen Bedenken.

(2) § 26 VwVfG

§ 26 VwVfG beschäftigt sich mit Beweismitteln. Nach dessen Absatz 2 Satz 1 sollen die Beteiligten bei der Ermittlung des Sachverhalts mitwirken. Satz 2 konkretisiert diese Verpflichtung insbesondere auf die Angabe ihnen bekannter Tatsachen und Beweismittel. Obwohl § 26 Abs. 2 Satz 1 VwVfG als Soll-Vorschrift formuliert ist, folgt daraus keine Rechtspflicht zur Mitwirkung. Dies ergibt sich daraus, dass ein Verstoß gegen die Mitwirkungsverpflichtung nicht sanktioniert ist.[412] Es handelt sich auch nicht um eine durch Verwaltungsakt zu konkretisierende Pflicht. Vielmehr besteht einzig eine Mitwirkungslast in dem Sinne, dass die Beteiligten selbst über ihre Mitwirkung entscheiden können, jedoch gegebenenfalls die negativen Folgen tragen müssen, die sich aus einem unrichtig aufgeklärten Sachverhalt ergeben können.[413] Entsprechend der hiesigen Terminologie normiert § 26 Abs. 2 Satz 1 VwVfG demnach eine Mitwirkungsobliegenheit. Diese ergänzt die Amtsermittlungspflicht der Behörde gemäß § 24 Abs. 1 Satz 1 VwVfG. Das Regel-Ergänzungs-Verhältnis darf allerdings nicht verkehrt werden. Die Mitwirkungsobliegenheit kann nicht so weit reichen, dass allgemeine verwaltungsrechtliche Grundsätze ausgehebelt werden. Im Ergebnis verbleibt die Darlegungs- und Beweislast für Gefahrentatbestände bei der Behörde.[414]

Gemäß § 26 Abs. 1 Satz 1 VwVfG bedient sich die Behörde der Beweismittel, die sie nach pflichtgemäßem Ermessen zur Ermittlung des Sachverhalts für erforderlich hält, wobei sie insbesondere die Beteiligten anhören kann (§ 26 Abs. 1 Satz 2 Nr. 2 VwVfG). Für diese besteht jedoch keine Pflicht zum persön-

---

[412] Zur Definition einer unmittelbaren Pflicht siehe unter B.I.2.b).
[413] *Ritgen*, in: Knack/Henneke, VwVfG, § 26, Rn. 104.
[414] BVerfG, NJW 2001, 2078 (2079); VG Gelsenkirchen, Beschluss vom 05.10.2016 – 14 L 2356/16, Rn. 15 (juris); *Höfling*, in: Sachs, GG, Art. 8, Rn. 66; *Hoffmann-Riem*, in: Merten/ Papier, Handbuch der Grundrechte, Band IV, § 106, Rn. 109; *Hoffmann-Riem*, NVwZ 2002, 257 (263); *Lohse/Vahle*, VR 1992, 321 (323); *Roth*, VBlBW 2003, 41 (46).

lichen Erscheinen oder zur Aussage.[415] Eine solche wäre im Bereich versammlungsrechtlicher Kooperation sowieso verfassungsrechtlich unzulässig.[416]

Wie bereits dargelegt, ergibt sich für den Veranstalter aus §§ 14 Abs. 1 und 2, 25 Nr. 1 VersG die Pflicht, seine Identität preiszugeben, einen Leiter zu benennen und den Gegenstand der Versammlung bekannt zu geben, mithin Angaben zu Thema, Ort bzw. Wegstrecke, Zeit und grobem Ablauf einer geplanten Versammlung zu machen.[417] Insoweit ist die allgemeine Mitwirkungsobliegenheit nach § 26 VwVfG durch speziellere Normen des Versammlungsgesetzes verdrängt. Für weitere Informationen bleibt die Obliegenheit nach dem Verwaltungsverfahrensgesetz bestehen. Sie ist verfassungsrechtlich unproblematisch, solange sich die geforderte Mitwirkung einzig auf äußere Kerninhalte der Versammlung bezieht.[418] Der Anwendungsbereich von § 26 Abs. 2 Satz 1 und 2 VwVfG wird neben den genannten versammlungsgesetzlichen Normen allerdings gering sein. Gleichwohl kann weiterhin Raum für einen Rückgriff auf die Mitwirkungsobliegenheit bestehen.[419]

Eine weitergehende Pflicht, bei der Ermittlung des Sachverhalts mitzuwirken, insbesondere eine Pflicht zum persönlichen Erscheinen oder zur Aussage, besteht gemäß § 26 Abs. 2 Satz 3 VwVfG nur, soweit sie durch Rechtsvorschrift besonders vorgesehen ist. Eine solche Normierung findet sich im Versammlungsgesetz nicht. § 26 Abs. 2 Satz 3 VwVfG ist deshalb insoweit irrelevant.

(3) § 28 VwVfG

Gemäß § 28 Abs. 1 VwVfG ist demjenigen, dem gegenüber ein belastender Verwaltungsakt erlassen werden soll, Gelegenheit zu geben, sich zu den für die Entscheidung erheblichen Tatsachen zu äußern. Die Behörde ist zur Anhörung verpflichtet, sofern sie nicht nach § 28 Abs. 2 VwVfG ausnahmsweise davon absehen darf.

Fraglich ist, ob die allgemeine Pflicht zur Anhörung im Versammlungsrecht als Pflicht der Behörde zur Durchführung eines Kooperationsgesprächs betrachtet werden kann. Dies ist jedoch zu verneinen. Eine Anhörung nach § 28 Abs. 1

---

[415] *Ritgen*, in: Knack/Henneke, VwVfG, § 26, Rn. 40.
[416] Siehe dazu unter B.II.3.b)dd).
[417] Siehe dazu unter B.III.1.b)aa).
[418] Siehe dazu unter B.II.3.b)cc), insbesondere Fn. 293.
[419] *Leist*, BayVBl. 2004, 489 (491).

VwVfG ist im Interesse der Beteiligten vorgeschrieben. Sie findet regelmäßig erst dann statt, wenn der Sachverhalt bereits abschließend ermittelt ist und die Behörde bereits konkrete Vorstellungen davon hat, wie der belastende Verwaltungsakt gegen den Beteiligten aussehen soll.[420] Ein Kooperationsgespräch findet hingegen bereits zur Sachverhaltsermittlung statt. Dafür wird meist ein persönliches Gespräch gewählt, wohingegen die Anhörung regelmäßig schriftlich durchgeführt wird.[421] Insgesamt unterscheidet sich die Schutzrichtung beider Institute. Während die Anhörung der Wahrung rechtlichen Gehörs dient,[422] wird ein Kooperationsgespräch angeboten, um dem Beteiligten Einflussmöglichkeiten auf das Verfahren zu eröffnen.[423] Die Inhalte eines Kooperationsgesprächs gehen somit über die bloße Gewährung rechtlichen Gehörs hinaus.[424] Dementsprechend kann die allgemeine verwaltungsrechtliche Pflicht zur Anhörung bezogen auf das Versammlungsrecht nicht als Pflicht zur Durchführung eines Kooperationsgesprächs konkretisiert werden. Anhörung und Kooperationsgespräch müssen nicht einmal zusammenfallen. Werden im Rahmen eines Kooperationsgesprächs jedoch beschränkende Maßnahmen erörtert, wird die zuständige Behörde damit regelmäßig gleichzeitig ihrer Anhörungspflicht gerecht.[425]

g) Verkehrspflichten als Quelle der Kooperation

In der Literatur findet sich zudem der von *Huber* vertretene Vorschlag, Kooperationsverpflichtungen aus Verkehrspflichten herzuleiten. Seiner Ansicht nach könne man auf gesetzlich verankerte Kooperationsaussagen verzichten, da Verkehrspflichten, die auch im öffentlichen Recht anzuwenden sein, als Quelle von Kooperationspflichten fruchtbar gemacht werden könnten.[426] Die Ansicht geht davon aus, dass Veranstaltungen aller Art, auch Versammlungen, jeweils eigentümliche Risiken der Verursachung von Gefahren in sich tragen. Dementsprechend sei derjenige, der diese Gefahrenquelle eröffne, auch zur Abwehr der von

---

[420] *Ritgen*, in: Knack/Henneke, VwVfG, § 26, Rn. 37.
[421] *Ritgen*, in: Knack/Henneke, VwVfG, § 28, Rn. 63.
[422] *Ritgen*, in: Knack/Henneke, VwVfG, § 28, Rn. 44.
[423] *Peters*, in: Peters/Janz, Handbuch Versammlungsrecht, F, Rn. 38; Ullrich, NVersG, § 6, Rn. 3.
[424] Brenneisen/Wilksen/Staack/Martins, VersFG SH, § 3, Rn. 34.
[425] Brenneisen/Wilksen/Staack/Martins, VersFG SH, § 3, Rn. 34; *Miller*, in: Wefelmeier/Miller, NVersG, § 6, Rn. 10.
[426] *Huber*, Der Veranstalter einer Versammlung im Rechtskreis der Exekutive, S. 124.

ihr ausgehenden Gefahren verpflichtet.[427] Bei Versammlungen sei der Veranstalter derjenige, der durch Aufruf zu ihr eine Gefahrenquelle eröffne und diese durch Durchführung der Versammlung unterhalte. Er sei deshalb zur ordnungsgemäßen Organisation der Gefahrenquelle Versammlung verpflichtet.[428] Die im Versammlungsgesetz an ihn adressierten Pflichten, vor allem die Anmeldepflicht nach § 14 VersG, seien dabei nichts anderes als gesetzlich normierte Verkehrspflichten.[429] Sie dienten auch als erste Ansatzpunkte des Kooperationsgedankens. Jedoch seien die normierten Pflichten nicht abschließend, sodass daneben auf allgemeine Verkehrspflichten als Anknüpfungspunkt zurückgegriffen werden könne.[430] Entsprechend der gesetzgeberischen Wertung soll sich der Umfang der Verkehrspflichten im Einzelfall an der unterschiedlichen Gefährlichkeit der einzelnen Versammlungstypen orientieren.[431]

Dieser Ansatz vermag nicht zu überzeugen. Auch *Huber* muss eingestehen, dass es für den Veranstalter – gerade bei nichtnormierten Verkehrspflichten – schwierig ist, zu erkennen, ob und in welchem Umfang er im Rahmen seiner Pflicht zur ordnungsgemäßen Organisation kooperativ tätig werden sollte.[432] Zudem greift der Ansatz zu kurz. Auch wenn der Veranstalter dafür verantwortlich ist, eine Versammlung ordnungsgemäß vorzubereiten und durchzuführen, so trifft ihn die Verantwortlichkeit nicht allein. Vielmehr ist auch die Versammlungsbehörde in die Pflicht zu nehmen. Das Handeln aller Beteiligten greift dabei ineinander. Diese Arbeitsteilung muss sich auch bei der Betrachtung von Kooperation widerspiegeln. Der Rückgriff auf Verkehrspflichten würde demgemäß nur einen Ausschnitt der sich stellenden Kooperationsverpflichtungen zum Ausdruck bringen. Sowieso erscheint es verfassungsrechtlich problematisch, eine grundrechtlich geschützte Versammlung stets erst einmal als Gefahrenquelle zu betrachten.

Diese Ansicht ist deshalb abzulehnen. Vielmehr ist auf die geschriebenen, sich aus der Verfassung und dem einfachen Gesetz ergebenden Verpflichtungen zurückzugreifen.

---

[427] *Gantner*, Verursachung und Zurechnung im Recht der Gefahrenabwehr, S. 171 f.
[428] *Huber*, Der Veranstalter einer Versammlung im Rechtskreis der Exekutive, S. 97.
[429] *Huber*, Der Veranstalter einer Versammlung im Rechtskreis der Exekutive, S. 90 f.
[430] *Huber*, Der Veranstalter einer Versammlung im Rechtskreis der Exekutive, S. 102 ff.
[431] *Huber*, Der Veranstalter einer Versammlung im Rechtskreis der Exekutive, S. 135 f.
[432] *Huber*, Der Veranstalter einer Versammlung im Rechtskreis der Exekutive, S. 125.

2. Bundesländer mit eigenem Versammlungsgesetz (Vollgesetze)

Bayern, Niedersachsen, Sachsen, Sachsen-Anhalt und Schleswig-Holstein haben nach der Föderalismusreform von der Ersetzungsbefugnis des Art. 125a Abs. 1 Satz 2 GG Gebrauch gemacht und eigene Landesversammlungsgesetze erlassen,[433] die als Vollgesetze zu qualifizieren sind. Dies führt zu einer gebietsbezogenen Teilnichtigkeit des Versammlungsgesetzes in diesen Ländern.

Nachfolgend werden das zuerst erlassene Landesversammlungsgesetz (Bayerisches Versammlungsgesetz) und das jüngste Landesversammlungsgesetz (Versammlungsfreiheitsgesetz Schleswig-Holstein) auf Aussagen zu Kooperationsverpflichtungen hin untersucht und die Verfassungsmäßigkeit dieser Normen bewertet. Beide Gesetze unterscheiden sich im Aufbau und ihrer Systematik erheblich voneinander. Darüber hinaus wird ausgehend von den Erkenntnissen zum Regelungsinhalt und –umfang der einfachgesetzlichen Normen untersucht, inwieweit daneben Verfahrensregelungen nach den Verwaltungsverfahrensgesetzen zur Anwendung kommen oder ob deren Anwendung durch speziellere Normen verdrängt wird.

a) Bayern

Als erstes Bundesland hat Bayern von der neuen Gesetzgebungskompetenz Gebrauch gemacht.

aa) Bayerisches Versammlungsgesetz

Der bayerische Landesgesetzgeber verabschiedete am 16. Juli 2008 das Bayerische Versammlungsgesetz.[434] Es trat zum 1. Oktober 2008 in Kraft, vgl. Art. 28 Satz 1 BayVersG. Gemäß Art. 28 Satz 2 BayVersG wird mit dem Bayerischen Versammlungsgesetz das Versammlungsgesetz des Bundes ersetzt, sodass es zu keiner Fortgeltung des Bundesgesetzes nach Art. 125a Abs. 1 Satz 1 GG kommt. Gegen das Bayerische Versammlungsgesetz formierte sich eine breite politische Front. Gewerkschaften, Fraktionen des Bayerischen Landtages und andere gesellschaftliche Gruppen legten gemeinsam Verfassungsbeschwerde gegen das Gesetz ein.[435] Am 17. Februar 2009 erließ das Bundesverfassungsgericht eine

---

[433] Siehe dazu unter B.III.
[434] Siehe dazu Fn. 51.
[435] Überblick über die Beschwerdeführer bei *Hanschmann*, DÖV 2009, 389 (390).

einstweilige Anordnung, durch die unter anderem einige Bußgeldvorschriften bis zur endgültigen Entscheidung über die Verfassungsbeschwerde außer Kraft gesetzt wurden.[436] Der Bayerische Gesetzgeber reformierte daraufhin das Versammlungsgesetz. Mit dem Gesetz zur Änderung des Bayerischen Versammlungsgesetzes vom 22. April 2010[437] hat das Bayerische Versammlungsgesetz weitestgehend seine heutige Ausprägung gefunden. Durch das zum 1. Juni 2010 in Kraft getretene Gesetz wurden die vom Bundesverfassungsgericht einstweilen außer Kraft gesetzten Normen weitgehend aufgegeben. Zudem wurden die, die Versammlungsfreiheit beschränkenden, Vorschriften der Art. 3 bis 16 BayVersG a.F.[438] umfangreich abgeändert. Die Beschwerdeführer hielten ihre Verfassungsbeschwerde zwar aufrecht und bezogen auch einzelne Vorschriften des novellierten Bayerischen Versammlungsgesetzes mit ein. Die Beschwerde wurde jedoch nicht zur Entscheidung angenommen.[439]

(1) Art. 14 BayVersG – Zusammenarbeit

Art. 14 BayVersG enthält eine einfachgesetzliche Normierung zur Kooperation im engeren Sinne. Unter dem Titel „*Zusammenarbeit*" heißt es dort:

„*(1) Die zuständige Behörde soll dem Veranstalter Gelegenheit geben, mit ihr die Einzelheiten der Durchführung der Versammlung zu erörtern. Der Veranstalter ist zur Mitwirkung nicht verpflichtet.*

(2) Die zuständige Behörde kann bei Maßnahmen nach Art. 15 berücksichtigen, inwieweit der Veranstalter oder der Leiter nach Abs. 1 mit ihr zusammenarbeiten."

(a) Grad und Umfang der Verpflichtung

Durch Art. 14 BayVersG werden verschiedene Verpflichtungen begründet. Absatz 1 adressiert eine Verpflichtung an die Behörde. Sie soll dem Veranstalter Gelegenheit geben, mit ihr die Einzelheiten der Durchführung der Versammlung zu erörtern. Dementsprechend besteht im Regelfall eine dahingehende Pflicht

---

[436] BVerfGE 122, 342.
[437] Gesetz zur Änderung des Bayerischen Versammlungsgesetzes vom 22. April 2010, GVBl S. 190.
[438] Im Folgenden: BayVersG 2008.
[439] BVerfG, NVwZ 2012, 818.

der Behörde.[440] Sie entfällt, wenn kein Erörterungsbedarf besteht, was meist nur bei kleineren Versammlungen der Fall sein dürfte, die kein Kooperationsbedürfnis auslösen.[441]

Spiegelbildlich zur behördlichen Pflicht trifft auch den Veranstalter eine Verpflichtung. Zwar wird eine solche nicht ausdrücklich genannt. In Art. 14 Abs. 1 Satz 2 BayVersG heißt es sogar, dass der Veranstalter zur Mitwirkung nicht verpflichtet sei. Jedoch ergibt sich insbesondere aus einer Zusammenschau von Art. 14 Abs. 1 Satz 2 BayVersG (keine Verpflichtung des Veranstalters zur Mitwirkung) und Art. 14 Abs. 2 BayVersG (Berücksichtigung der veranstalterseitigen Anstrengungen bei Maßnahmen nach Art. 15 BayVersG), dass der Gesetzgeber davon ausging, auch der Veranstalter werde sich regelmäßig in irgendeiner Form an der Erörterung beteiligen. Der Umstand, dass die veranstalterseitigen Anstrengungen im Rahmen der Gefahrenprognose nach Art. 15 BayVersG zu berücksichtigen sind, macht deutlich, dass den Veranstalter eine Verpflichtung zur Zusammenarbeit treffen soll. Ausweislich des eindeutigen Wortlauts von Art. 14 Abs. 1 Satz 2 BayVersG trifft ihn keine dahingehende Pflicht. Nach dem ausdrücklich erklärten Willen des Gesetzgebers trifft den Veranstalter hingegen eine Obliegenheit zur Zusammenarbeit.[442] Art. 14 Abs. 1 Satz 2 BayVersG ist dementsprechend so zu verstehen, dass der Veranstalter einer Versammlung nicht frei von jeglicher Verpflichtung zur Zusammenarbeit sein, ihn aber keine dahingehende Pflicht treffen soll. Dieses Ergebnis wird bestätigt, wenn man den ursprünglichen Wortlaut von Art. 14 BayVersG vergleichend heranzieht. Art. 14 BayVersG sollte zunächst wie folgt lauten:

„(1) Die zuständige Behörde gibt dem Veranstalter im Rahmen der erforderlichen Zusammenarbeit insbesondere Gelegenheit, mit ihr Einzelheiten der Durchführung der Versammlung zu erörtern.

(2) Bei der Zusammenarbeit nach Abs. 1 soll der Veranstalter insbesondere über Art, Umfang und den vorgesehenen Ablauf der Versammlung informieren.

(3) Während der Versammlung sollen der Veranstalter, der Leiter und die zuständige Behörde sich gegenseitig über die Umstände in-

---

[440] Siehe dazu Fn. 407.
[441] Zur Annahme eines Kooperationsbedürfnisses siehe unter B.I.1.e).
[442] Bayerischer Landtag-Drucksache 15/10181, S. 21; in diesem Sinne auch *Merk*, in: Wächtler/Heinhold/Merk, BayVersG, Art. 14, Rn. 15.

formieren, die für die ordnungsgemäße Durchführung der Versammlung wesentlich sind.

(4) Die zuständige Behörde soll bei Maßnahmen nach Art. 15 berücksichtigen, inwieweit der Veranstalter oder der Leiter nach den Abs. 1 bis 3 mit ihr zusammenarbeiten."[443]

In Abkehr von dem ursprünglich vorgesehenen Wortlaut formulierte der Bayerische Landesgesetzgeber Absatz 1 ganz bewusst zu einer Soll-Vorschrift um, verzichtete auf die Absätze 2 und 3 und ersetzte *„soll"* in Absatz 4 durch *„kann"*. Dadurch wollte der Normgeber – insbesondere mit Blick auf die bundesverfassungsgerichtlichen Äußerungen unter anderem im Brokdorf-Beschluss – verdeutlichen, dass eine Pflicht zur Zusammenarbeit nur für die Behörde besteht. Den Veranstalter soll hingegen lediglich eine Obliegenheit zur Zusammenarbeit mit der Behörde treffen.[444]

Dass für den Veranstalter keine Pflicht zur Zusammenarbeit besteht, wird zudem durch die Formulierung *„gibt Gelegenheit"* in Art. 14 Abs. 1 Satz 1 BayVersG verdeutlicht. Der Formulierung wohnt ein freiwilliges Element inne. Eine Gelegenheit zu etwas zu bekommen, bedeutet nicht, dass man sie wahrnehmen muss. Vielmehr steht es einem frei, die Gelegenheit zu ergreifen. Art. 14 Abs. 1 Satz 1 BayVersG beleuchtet somit eher ein Recht des Veranstalters.

Der Umfang der jeweiligen Verpflichtung zur Zusammenarbeit wird durch den Wortlaut der Norm nur ansatzweise konkretisiert. Ausweislich der Gesetzesbegründung gehören zur Zusammenarbeit nach Art. 14 Abs. 1 BayVersG die rechtzeitige Kontaktaufnahme zwischen der Versammlungsbehörde und dem für die Veranstaltung Verantwortlichen sowie der offene Austausch von Informationen, wobei angenommen wird, dass Zusammenarbeit regelmäßig im Wege des Gesprächs erfolgen wird.[445] Angesichts des Wortlauts von Art. 14 Abs. 1 BayVersG könnte davon auszugehen sein, dass die jeweiligen Verpflichtungen zur Zusammenarbeit nur in der Vorbereitungsphase einer Versammlung, nach deren Anmeldung, bestehen. Diese Annahme wird durch die Streichung von Art. 14 Abs. 3 BayVersG 2008 noch bestätigt. Danach sollten sich der Veranstalter, der Leiter und die zuständige Behörde während der Versammlung gegenseitig über die Umstände informieren, die für die ordnungsgemäße Durch-

---

[443] Bayerischer Landtag-Drucksache 15/10181, S. 8.
[444] Bayerischer Landtag-Drucksache 15/10812, S. 4.
[445] Bayerischer Landtag-Drucksache 15/10181, S. 21.

führung der Versammlung wesentlich sind. Allerdings wurde dieser Absatz nicht gestrichen, weil man die Beteiligten nicht auch zur Zusammenarbeit während einer Versammlung verpflichten wollte. Vielmehr sollte durch die Streichung verdeutlicht werden, dass die Versammlungsverantwortlichen keine Pflicht zur Zusammenarbeit trifft. Angesichts dessen wird zutreffend angenommen, dass die entsprechenden Kooperationsverpflichtungen auch während einer Versammlung bestehen sollen.[446] Dies folge zudem daraus, dass Art. 14 Abs. 2 BayVersG uneingeschränkt auf Art. 15 VersG verweist, der die Voraussetzungen auch für behördliches Einschreiten während einer Versammlung regelt.[447] Dementsprechend ist im Ergebnis davon auszugehen, dass die durch Art. 14 Abs. 1 BayVersG aufgestellten Verpflichtungen nicht auf das Vorbereitungsstadium einer Versammlung beschränkt sind.

(b) Verfassungsrechtliche Bewertung von Art. 14 BayVersG

Nachfolgend gilt es zu bewerten, ob sich der bayerische Gesetzgeber bei der Normierung von Art. 14 BayVersG innerhalb des oben aufgezeigten Gestaltungsspielraums[448] bewegte.

Dass der Behörde eine Pflicht zur Zusammenarbeit auferlegt wird, ist verfassungsrechtlich unbedenklich. Gleiches gilt für die dem Veranstalter auferlegte Obliegenheit. Auch sie ist verfassungsrechtlich dem Grunde nach nicht zu beanstanden. Die Obliegenheit dient der nähren Ausgestaltung der Versammlungsvorbereitung und -durchführung. Durch sie wird der verfahrensrechtliche Rahmen für die Interaktion zwischen der Behörde und dem Veranstalter abgesteckt. Entsprechend der obigen Ausführungen[449] ist eine solche Ausgestaltung verfassungsrechtlich zulässig.

Dies kann jedoch nur gelten, wenn die Obliegenheit in der Verwaltungspraxis so gelebt und angewendet wird, dass es im Ergebnis zu keiner inhaltlichen Beeinflussung der Versammlung kommt. Wirkt der Veranstalter bei der Erörterung mit, so darf die Behörde lediglich erwarten, dass er Angaben zum äußeren Ablauf der Versammlung macht.

---

[446] *Merk*, in: Wächtler/Heinhold/Merk, BayVersG, Art. 14, Rn. 5.
[447] *Scheidler*, Bayerisches Versammlungsgesetz, S. 45 ff.; *Scheidler*, BayVBl. 2009, 33 (38 f.); Gerade angesichts der Wichtigkeit kooperativer Zusammenarbeit auch während einer Versammlung ist die Streichung freilich bedauerlich.
[448] Siehe dazu unter B.II.3.
[449] Siehe dazu unter B.II.3.b)dd).

Unter den genannten Voraussetzungen ist Art. 14 BayVersG als verfassungsgemäß zu bewerten.

(2) Art. 13 BayVersG – Anzeige- und Mitteilungspflichten

Art. 13 BayVersG normiert die Verpflichtung zur Anzeige einer Versammlung, sowie damit einhergehende Mitteilungspflichten. Dort heißt es:

„(1) Wer eine Versammlung unter freiem Himmel veranstalten will, hat dies der zuständigen Behörde spätestens 48 Stunden vor ihrer Bekanntgabe fernmündlich, schriftlich, elektronisch oder zur Niederschrift anzuzeigen. Bei der Berechnung der Frist bleiben Samstage, Sonn- und Feiertage außer Betracht. Bei einer fernmündlichen Anzeige kann die zuständige Behörde verlangen, die Anzeige schriftlich, elektronisch oder zur Niederschrift unverzüglich nachzuholen. Eine Anzeige ist frühestens zwei Jahre vor dem beabsichtigten Versammlungsbeginn möglich. Bekanntgabe einer Versammlung ist die Mitteilung des Veranstalters von Ort, Zeit und Thema der Versammlung an einen bestimmten oder unbestimmten Personenkreis.

(2) In der Anzeige sind anzugeben

   1. der Ort der Versammlung,

   2. der Zeitpunkt des beabsichtigten Beginns und des beabsichtigten Endes der Versammlung,

   3. das Versammlungsthema,

   4. der Veranstalter und der Leiter mit ihren persönlichen Daten im Sinn des Art. 10 Abs. 3 Satz 1 sowie

   5. bei sich fortbewegenden Versammlungen der beabsichtigte Streckenverlauf.

Der Veranstalter hat wesentliche Änderungen der Angaben nach Satz 1 der zuständigen Behörde unverzüglich mitzuteilen.

(3) Entsteht der Anlass für eine geplante Versammlung kurzfristig (Eilversammlung), ist die Versammlung spätestens mit der Bekanntgabe fernmündlich, schriftlich, elektronisch oder zur Niederschrift bei der zuständigen Behörde oder bei der Polizei anzuzeigen.

(4) Die Anzeigepflicht entfällt, wenn sich die Versammlung aus einem unmittelbaren Anlass ungeplant und ohne Veranstalter entwickelt (Spontanversammlung).

(5) Die zuständige Behörde kann den Leiter ablehnen, wenn Tatsachen die Annahme rechtfertigen, dass dieser die Friedlichkeit der Versammlung gefährdet.

(6) Der Veranstalter hat der zuständigen Behörde auf Anforderung die persönlichen Daten eines Ordners im Sinn des Art. 10 Abs. 3 Satz 1 mitzuteilen, wenn Tatsachen die Annahme rechtfertigen, dass dieser die Friedlichkeit der Versammlung gefährdet. Die zuständige Behörde kann den Ordner ablehnen, wenn die Voraussetzungen nach Satz 1 vorliegen.

(7) Die zuständige Behörde kann dem Veranstalter aufgeben, die Anzahl der Ordner zu erhöhen, wenn ohne die Erhöhung eine Gefahr für die öffentliche Sicherheit zu besorgen ist."

<u>(a) Grad und Umfang der Verpflichtung</u>

Art. 13 BayVersG enthält verschiedene Verpflichtungen, die versammlungsrechtliche Kooperation im weiteren Sinne betreffen.

Gemäß Art. 13 Abs. 1 Satz 1 BayVersG hat der Veranstalter eine geplante Versammlung anzuzeigen. Die Durchführung einer Versammlung ohne Anzeige nach Art. 13 Abs. 1 Satz 1 BayVersG ist gemäß Art. 21 Abs. 1 Nr. 7 BayVersG mit einer Geldbuße belegt. Dementsprechend wird dem Veranstalter einer Versammlung durch Art. 13 Abs. 1 Satz 1 BayVersG eine unmittelbare Pflicht auferlegt. Die Pflicht bedarf keiner weiteren Konkretisierung. Es handelt sich um eine echte Pflicht.

Als Konkretisierung der Anzeigepflicht gemäß Art. 13 Abs. 1 Satz 1 BayVersG zählt Art. 13 Abs. 2 Satz 1 BayVersG diejenigen Angaben auf, die in der Anzeige enthalten sein müssen, nämlich Ort, Zeit, Thema, gegebenenfalls Wegstrecke, sowie Identität von Veranstalter und Leiter. Der Katalog ist weitgehend mit jenem vergleichbar, der sich in den Bundesländern ohne eigenes Versammlungsgesetz aus §§ 14 Abs. 1 und 2, 25 Nr. 1 VersG ergibt. Die Normierung in Bayern ist demgegenüber als gelungener zu bewerten. Denn in den Ländern ohne eigenes Versammlungsgesetz ergeben sich die nötigen Angaben aus einem Umkehrschluss aus der Strafnorm des § 25 Nr. 1 VersG sowie durch Auslegung der weiteren Vorschriften. Art. 13 Abs. 2 Satz 1 BayVersG enthält hingegen einen klar definierten Katalog.

In Ergänzung der allgemeinen Anzeigepflicht nach Art. 13 Abs. 1 Satz 1 BayVersG legt Art. 13 Abs. 2 Satz 2 BayVersG dem Veranstalter die Pflicht auf, wesentliche Änderungen der Angaben nach Satz 1 der zuständigen Behörde unverzüglich mitzuteilen. Gemäß Art. 21 Abs. 2 Nr. 6 BayVersG ist die nicht erfolgte Mitteilung bußgeldbewehrt. Dementsprechend handelt es sich auch bei der Mitteilungspflicht um eine echte, unmittelbare Pflicht des Veranstalters.

Anders als das Versammlungsgesetz in § 18 Abs. 2 VersG enthält das Bayerische Versammlungsgesetz keine Pflicht des Leiters, die Verwendung von Ordnern zu beantragen oder auch nur anzuzeigen. Art. 13 Abs. 6 Satz 1 BayVersG normiert einzig die Pflicht eines Veranstalters, der Behörde gegenüber auf Anforderung nähere Angaben zu den Ordnern zu machen. Ein Verstoß dagegen ist nicht straf- oder bußgeldbewehrt, sodass es sich um keine unmittelbare Pflicht handelt. Vielmehr ergibt sich schon aus dem Wortlaut der Norm, dass die Pflicht nur auf Anforderung der Behörde besteht, mithin für den Einzelfall konkretisiert werden muss. Dementsprechend handelt es sich um eine verwaltungsrechtliche Pflicht. Im Gegensatz dazu trifft die Versammlungsverantwortlichen die unmittelbare Pflicht, abgelehnte Ordner nicht einzusetzen, wie sich aus Art. 13 Abs. 6 Satz 2 BayVersG und der entsprechenden Bußgeldvorschrift in Art. 21 Abs. 1 Nr. 5 BayVersG ergibt. Darüber hinaus eröffnet Art. 13 Abs. 7 BayVersG für die Behörde die Möglichkeit, dem Veranstalter unter gewissen Voraussetzungen aufzugeben, die Anzahl der Ordner zu erhöhen. Dies setzt inzident die Kenntnis der Zahl der Ordner voraus, zu deren Mitteilung der Veranstalter jedoch nicht verpflichtet ist. Die Behörde kann die Anzahl deshalb nur erfragen, zum Beispiel im Kooperationsgespräch.[450] Die sich mittelbar aus Art. 13 Abs. 7 BayVersG ergebende Pflicht stellt dementsprechend eine verwaltungsrechtliche Pflicht dar. Sie muss zunächst für den Einzelfall konkretisiert werden.

(b) Verfassungsrechtliche Bewertung von Art. 13 BayVersG
Auch Art. 13 BayVersG soll nachfolgend auf seine Verfassungsmäßigkeit hin bewertet werden.

---

[450] *Heinhold*, in: Wächtler/Heinhold/Merk, BayVersG, Art. 13, Rn. 31 mit Verweis auf Art. 10, Rn. 26.

Die Normierung einer Anzeigepflicht begegnet grundsätzlich keinen verfassungsrechtlichen Bedenken.[451] Dies gilt auch für die Ausgestaltung als echte Pflicht. Jedoch muss eine Norm, die einem Versammlungsveranstalter die Anzeige einer Versammlung auferlegt, in dem Sinne flexibel handhabbar sein, als dass auch atypische Versammlungen hinreichend geschützt werden müssen und nicht von vornherein aus dem Anwendungsbereich der Versammlungsfreiheit herausfallen dürfen. Die dementsprechend nötige verfassungskonforme Auslegung einer Anzeigepflicht, wie sie für Spontan- und Eilversammlungen verfassungsgerichtlich ausgeurteilt wurde,[452] hat in Bayern Eingang in das einfache Gesetz gefunden. Gemäß Art. 13 Abs. 3 und 4 BayVersG ist die Anzeigefrist für Eilversammlungen verkürzt und die Anzeigepflicht für Spontanversammlungen entfällt sogar gänzlich.

Hinsichtlich des zeitlichen Geltungsbereichs der Anzeigepflicht sieht Art. 13 Abs. 1 Satz 2 BayVersG eine Verlängerung der Frist bei Anzeigen am Wochenende oder an Feiertagen vor. Jene Tage bleiben bei der Berechnung der Frist außer Betracht. Dadurch soll einer faktischen Verkürzung der Frist und einer damit einhergehenden nahezu unmöglichen behördlichen Prüfung bei Anzeigen am Wochenende und an Feiertagen begegnet werden.[453] Im Ergebnis führt diese Regelung dazu, dass für alle Versammlungsanzeigen dieselbe behördliche Bearbeitungszeit zur Verfügung steht. Dies stellt ein legitimes Anliegen dar. Denn Zweck der Versammlungsanzeige ist der Schutz öffentlicher Sicherheitsinteressen, indem die Behörde in die Lage versetzt wird, das Bestehen von Gefahren für die öffentliche Sicherheit und Ordnung prüfen und entsprechende Maßnahmen veranlassen zu können.[454] Dem dient die verlängerte Anzeigefrist an Wochenenden und Feiertagen. Nur durch eine verlängerte Frist kann sichergestellt werden, dass der Behörde zumindest eine minimale Prüfung möglich ist und dass der Prüfungszeitraum nicht willkürlich durch die Anzeige an einem bestimmten Wochentag verkürzt wird. Letztendlich gelten aufgrund dieser Regelung dieselben Ausgangsbedingungen für sämtliche Versammlungen. Demgegenüber werden die Interessen der Versammlung nur unwesentlich tangiert. Zwar muss eine Anzeige im Einzelfall gegebenenfalls früher erfolgen. Allerdings knüpfen sich keine negativen Folgen an eine verspätete Anzeige unter

---

[451] Siehe dazu Fn. 286.
[452] Siehe dazu Fn. 240.
[453] Bayerischer Landtag-Drucksache 16/1270, S. 8.
[454] Siehe dazu Fn. 370.

Missachtung von Art. 13 Abs. 1 Satz 2 BayVersG. Denn eine verspätete Anzeige ist nicht bußgeldbewehrt. Durch Art. 21 Abs. 1 Nr. 7 BayVersG wird einzig die nicht erfolgte Anzeige sanktioniert. Art. 13 Abs. 1 Satz 2 BayVersG verlangt den Verpflichteten dementsprechend keine unverhältnismäßige zusätzliche Maßnahme ab. Die Norm begegnet deshalb im Ergebnis keinen verfassungsrechtlichen Bedenken.

Auch der Katalog der mit der Anzeige anzugebenden Informationen nach Art. 13 Abs. 2 Satz 1 BayVersG ist verfassungsrechtlich nicht zu beanstanden.[455] Dies ergibt sich insbesondere daraus, dass lediglich die Angabe äußerer Kerninformationen gefordert wird. Darüber hinaus kann wegen des Gleichlaufs mit den Anforderungen nach dem Versammlungsgesetz auf die dortigen Ausführungen zur Verfassungsmäßigkeit[456] verwiesen werden.

Näher zu betrachten ist hingegen die Pflicht zur unverzüglichen Mitteilung wesentlicher Änderungen gemäß Art. 13 Abs. 2 Satz 2 BayVersG. Das Bayerische Versammlungsgesetz sah bereits in seiner ursprünglichen Fassung eine Pflicht zur unverzüglichen Mitteilung von Änderungen vor, vgl. Art. 13 Abs. 2 Satz 3 BayVersG 2008. Diese Pflicht bezog sich auf sämtliche Änderungen. Ein Verstoß dagegen war zudem bußgeldbewehrt. Das Bundesverfassungsgericht rügte die Mitteilungspflicht als zu wertungsabhängig und konkretisierungsbedürftig, als es die Verfassungsmäßigkeit des Bayerischen Versammlungsgesetzes zu prüfen hatte.[457] Im Ergebnis setzte das Gericht die sich darauf beziehende Bußgeldvorschrift vorläufig außer Kraft. Das Gericht bewertete die damalige Ausgestaltung der Mitteilungspflicht im Lichte von Art. 8 GG als äußerst problematisch. Anders als die ursprüngliche Formulierung bezieht sich die nun geltende Fassung der Pflicht ausdrücklich nur auf wesentliche Änderungen der Angaben nach Art. 13 Abs. 2 Satz 1 BayVersG. Eine verspätete Mitteilung ist zudem nicht bußgeldbewehrt, vgl. Art. 21 Abs. 2 Nr. 6 BayVersG. Dies eröffnet Raum für eine abweichende verfassungsrechtliche Bewertung der Mitteilungspflicht. Zweck der Mitteilungspflicht ist es, den Schutz öffentlicher Sicherheitsinteressen durch die Behörde zu jeder Zeit zu ermöglichen, indem die Behörde ständig über ein aktuelles Lagebild verfügt. Die Pflicht zur Mitteilung wesentlicher Änderungen einer Versammlung dient diesem Zweck. Durch sie wird der mit der

---

[455] Ausführlich zur verfassungsrechtlichen Zulässigkeit von Mitteilungspflichten siehe unter B.II.3.b)cc).
[456] Siehe dazu unter B.III.1.b)bb).
[457] Siehe dazu Fn. 292.

Anzeigepflicht verfolgte Schutzzweck – die Behörde in die Lage zu versetzen, Gefahren für die öffentliche Sicherheit und Ordnung abzuwehren, um so einen grundrechtsschonenden Versammlungsablauf gewährleisten zu können, indem sie zuvor über mögliche Gefahrenpotentiale informiert wird, damit sie diesen entsprechend begegnen kann – über den Zeitpunkt der Anzeige hinaus verlängert. Letztendlich wird dadurch die friedliche Durchführung einer Versammlung abgesichert. Die Mitteilungspflicht wurde gegenüber der ursprünglichen Formulierung auf ein Mindestmaß reduziert. Die Versammlungsfreiheit wird dadurch nicht über Gebühr tangiert. Die Pflicht gemäß Art. 13 Abs. 2 Satz 2 BayVersG ist deshalb als verfassungsrechtlich zulässig zu betrachten.

Schließlich begegnet auch die durch Art. 13 Abs. 6 Satz 1 BayVersG auferlegte Pflicht der Mitteilung persönlicher Daten von Ordnern auf Anfrage keinen verfassungsrechtlichen Bedenken. Denn das Eingreifen der Pflicht steht unter dem Vorbehalt, dass Tatsachen die Annahme rechtfertigen, dass Ordner die Friedlichkeit der Versammlung gefährden. Die Pflicht besteht demzufolge nur, wenn ein konkreter Anlass die Mitteilung gebietet. Dadurch soll die friedliche Versammlungsdurchführung gesichert werden. Die Pflicht dient damit der Verwirklichung der Versammlungsfreiheit. Sie ist verfassungsrechtlich zulässig. In Fortschreibung der Pflicht nach Art. 13 Abs. 6 Satz 1 BayVersG ist auch die Pflicht nach Art. 13 Abs. 6 Satz 2 BayVersG als verfassungsrechtlich zulässig zu bewerten. Gleiches gilt für die Pflicht nach Art. 13 Abs. 7 BayVersG.

(3) Art. 4 Abs. 1 Nr. 2 BayVersG – Leitungsrechte und -pflichten

Neben diese Informations- und Erörterungsverpflichtungen im Vorfeld und während einer Versammlung tritt die Ordnungspflicht des Leiters während der Versammlung gemäß Art. 4 Abs. 1 Nr. 2 BayVersG. Die Formulierung ist an § 8 Satz 2 VersG angelehnt. Die Ausübung der Pflicht wird dadurch abgesichert, dass das Leisten von gewaltsamem Widerstand oder die Drohung mit Gewalt gegen den Leiter einer Versammlung oder gegen Ordner in der rechtmäßigen Erfüllung ihrer Ordnungsaufgaben strafbewehrt ist, vgl. Art. 8 Abs. 2 Nr. 2 i.V.m. Art. 20 Abs. 2 Nr. 2 BayVersG.[458]

---

[458] Eine vertiefte Befassung mit der Ordnungsverpflichtung des Leiters erübrigt sich mit Verweis auf die Ausführungen zu § 8 Satz 2 VersG, siehe dazu unter B.III.1.e).

bb) Verfahrensrecht

Im Weiteren ist zu prüfen, ob neben den versammlungsrechtlichen Verpflichtungen auf Normen des Verwaltungsverfahrensrechts zurückgegriffen werden kann, aus denen sich weitere Kooperationsverpflichtungen ergeben könnten. Gegenstand der Prüfung ist das Bayerische Verwaltungsverfahrensgesetz, das in den hier relevanten Bestimmungen (Art. 9, 24, 25, 26 und 28 BayVwVfG) mit dem Verwaltungsverfahrensgesetz übereinstimmt. Dementsprechend erübrigt sich die inhaltliche Prüfung der Vorschriften mit Verweis auf die bereits erfolgte Prüfung der entsprechenden Bundesvorschriften.[459] Es ist lediglich zu prüfen, ob Verwaltungsverfahrensnormen durch speziellere Vorschriften im Bayerischen Versammlungsgesetz verdrängt werden.

Dies ist der Fall mit Blick auf die in Art. 25 Abs. 1 Satz 2 BayVwVfG festgeschriebene Beratungs- und Auskunftspflicht. Auf dem Gebiet des Versammlungsrechts wird sie im Wege der Spezialität durch Art. 14 Abs. 1 Satz 1 BayVersG verdrängt. Obwohl Art. 14 Abs. 1 Satz 1 BayVersG nicht detailliert formuliert, dass die Behörde den Beteiligten Auskunft über die ihnen im versammlungsrechtlichen Verwaltungsverfahren zustehenden Rechte und die ihnen obliegenden Pflichten zu erteilen hat, wird dies als Ausprägung der versammlungsbehördlichen Kooperationspflicht verstanden.[460] Dementsprechend verbleibt kein Raum für die Anwendung der allgemeinen Beratungs- und Auskunftspflicht gemäß Art. 25 Abs. 1 Satz 2 BayVwVfG.

Gleiches gilt für die allgemeine Mitwirkungsobliegenheit gemäß Art. 26 Abs. 2 Satz 1 BayVwVfG. Diese hat auf dem Gebiet des Versammlungsrechts eine spezialgesetzliche Ausgestaltung in Art. 13 Abs. 2 Satz 1 BayVersG gefunden. Sie wird insoweit im Wege der Spezialität verdrängt.

Auch die Pflicht zur Mitwirkung bei der Sachverhaltsermittlung gemäß Art. 26 Abs. 2 Satz 3 BayVwVfG hat eine spezialgesetzliche Ausgestaltung im Versammlungsrecht gefunden. Die dortige Pflicht wird durch die Obliegenheit des Veranstalters zur Zusammenarbeit nach Art. 14 Abs. 1 BayVersG verdrängt. Die Pflicht zur Mitwirkung wird insgesamt spezialgesetzlich verdrängt. Sie lebt auch nicht für den Bereich wieder auf, der über die spezialgesetzlich bestehende Obliegenheit hinausgeht.

---

[459] Siehe dazu unter B.III.1.f)bb).
[460] Bayerischer Landtag-Drucksache 15/10181, S. 20 f.

Im Ergebnis dürfte deshalb wenig Raum für einen Rückgriff auf die allgemeinen Normen gemäß Art. 24, 25 und 26 BayVwVfG verbleiben.

cc) Vergleichbare Kooperationsregelungen in anderen Bundesländern

Abgesehen vom Versammlungsfreiheitsgesetz Schleswig-Holstein, auf welches nachfolgend im Detail eingegangen wird, beschäftigt sich die Arbeit nicht näher mit den weiteren Landesversammlungsgesetzen, die als Vollgesetze ausgestaltet sind. Deren Regelungen zur Zusammenarbeit entsprechen im Wortlaut weitgehend Art. 14 BayVersG. Inhaltlich gehen sie nicht über das hinaus was bereits zur bayerischen Vorschrift ausgeführt wurde. Sie werden der Vollständigkeit halber nachfolgend wiedergegeben.

§ 6 NVersG lautet: *„Die zuständige Behörde gibt der Leiterin oder dem Leiter einer Versammlung unter freiem Himmel die Gelegenheit zur Zusammenarbeit, insbesondere zur Erörterung von Einzelheiten der Durchführung der Versammlung."*

In § 14 Abs. 5 SächsVersG heißt es: *„Soweit es nach Art und Umfang der Versammlung erforderlich ist, bietet die zuständige Behörde der Person, die eine öffentliche Versammlung veranstaltet oder der die Leitung übertragen worden ist, rechtzeitig ein Kooperationsgespräch an, um die Gefahrenlage und sonstige Umstände zu erörtern, die für die ordnungsgemäße Durchführung der Versammlung wesentlich sind. Im Rahmen der Kooperation informiert die zuständige Behörde die Person, die eine öffentliche Versammlung veranstaltet oder der die Leitung übertragen worden ist, vor und während der Versammlung über erhebliche Änderungen der Gefahrenlage, soweit dieses nach Art und Umfang der Versammlung erforderlich ist."*

§ 12 Abs. 3 VersammlG LSA lautet: *„Die zuständige Behörde erörtert mit dem Veranstalter Einzelheiten der Durchführung der Versammlung, insbesondere geeignete Maßnahmen zur Wahrung der öffentlichen Sicherheit, und wirkt auf eine ordnungsgemäße Durchführung der Versammlung hin. Dem Veranstalter ist Gelegenheit zu geben, sich zu äußern und sachdienliche Fragen zu stellen. Der Veranstalter soll mit den zuständigen Behörden kooperieren, insbesondere*

Auskunft über Art, Umfang und vorgesehenen Ablauf der Veranstaltung geben."[461]

b) Schleswig-Holstein

Als bisher letztes Bundesland hat Schleswig-Holstein ein eigenes Landesversammlungsgesetz erlassen, das sich bereits durch seine Bezeichnung – Versammlungs*freiheits*gesetz – von allen anderen bisherigen Versammlungsgesetzen abhebt.

aa) Versammlungsfreiheitsgesetz Schleswig-Holstein

Das Versammlungsfreiheitsgesetz Schleswig-Holstein trat am 1. Juli 2015 in Kraft.[462] Aufbau und Gesetzessystematik weichen von dem Versammlungsgesetz des Bundes und dem sich daran orientierenden Bayerischen Versammlungsgesetz ab. Die damalige rot-grüne Landesregierung in Schleswig-Holstein wollte das Versammlungsrecht als Freiheitsermöglichungsrecht bzw. Grundrechtsgewährleistungsrecht ausgestalten.[463] Im Koalitionsvertrag hieß es insoweit: *„Demonstrationen sind keine Gefahr, sondern Ausübung eines Grundrechts. Schleswig-Holstein bekommt deshalb ein modernes Versammlungsfreiheitsgesetz.“*[464] Dementsprechend stellte man die Aufgabe der Träger öffentlicher Verwaltung zum Schutz friedlicher Versammlungen und zum Schutz der Versammlungsfreiheit als Generalklausel bewusst an den Anfang.[465] Im 1. Abschnitt des Versammlungsfreiheitsgesetzes Schleswig-Holstein (*„Allge-*

---

[461] Obschon § 12 Abs. 3 Satz 3 VersammlG LSA als Soll-Vorschrift ausgestaltet ist, wird – ähnlich wie bei § 26 Abs. 2 Satz 2 VwVfG – angenommen, dass hierdurch keine unmittelbare Pflicht des Veranstalters begründet werden soll, vgl. *Koll*, Liberales Versammlungsrecht, S. 310.

[462] Art. 5 des Gesetzes zum Versammlungsrecht in Schleswig-Holstein vom 18. Juni 2015, GVOBl. Schl.-H. S. 142.

[463] Brenneisen/Wilksen/Staack/Martins, VersFG SH, § 3, Rn. 2, 12.

[464] Bündnis für den Norden Neue Horizonte für Schleswig-Holstein, Koalitionsvertrag 2012 bis 2017 zwischen der Sozialdemokratischen Partei Deutschlands Landesverband Schleswig-Holstein, Bündnis 90/Die Grünen Landesverband Schleswig-Holstein und dem Südschleswigschen Wählerverband Landesverband, S. 52, abrufbar unter: https://www.schleswig-holstein.de/DE/Landesregierung/_documents/koalitionsvertrag2012_2017.pdf?__blob=publicationFile&v=1 (letzter Abruf: 24.06.2018).

[465] Brenneisen/Wilksen/Staack/Martins, VersFG SH, § 3, Rn. 2; Schleswig-Holsteinischer Landtag, Umdruck 18/2514, S. 19 f.

meine Regelungen") findet sich der ausführliche § 3 VersFG SH mit dem Titel *"Schutzaufgabe und Kooperation"*. In dessen Absatz 1 wurde die Schutzaufgabe der öffentlichen Verwaltung normiert, deren konkrete Dimensionen in Absatz 2 niedergelegt sind. Die konkrete Aufgabenverteilung leitet sich aus den Zuständigkeitsregelungen in § 27 VersFG SH ab.

Die schriftliche Fixierung der aus Art. 8 GG folgenden Schutz- und Förderungspflicht der öffentlichen Verwaltung in § 3 VersFG SH ist bisher einzigartig in Deutschland. Die konkrete Aufgabenzuteilung gemäß § 3 Abs. 2 VersFG SH spiegelt die verfassungsrechtlich bereits herausgearbeiteten[466] Dimensionen wider. Die zuständigen Behörden müssen zum einen die Durchführung einer zulässigen Versammlung unterstützen (Nr. 1) und sie vor Störungen schützen (Nr. 2), andererseits aber auch von der Versammlung (oder im Zusammenhang mit dem Versammlungsgeschehen von Dritten) ausgehende Gefahren für die öffentliche Sicherheit abwenden (Nr. 3).

(1) § 3 Abs. 3 und 4 VersFG SH – Kooperation

§ 3 Abs. 3 und 4 enthält Aussagen zur Kooperation im engeren Sinne. Dort heißt es:

„(3) Soweit es nach Art und Umfang der Versammlung erforderlich ist, bietet die zuständige Behörde der Person, die eine öffentliche Versammlung veranstaltet oder der die Leitung übertragen worden ist, rechtzeitig ein Kooperationsgespräch an, um die Gefahrenlage und sonstige Umstände zu erörtern, die für die ordnungsgemäße Durchführung der Versammlung wesentlich sind. Bestehen Anhaltspunkte für Gefährdungen, die gemäß § 13 Absatz 1, § 20 Absatz 1 zu einem Verbot oder Beschränkungen führen können, ist Gelegenheit zu geben, durch ergänzende Angaben oder Veränderungen der beabsichtigten Versammlung ein Verbot oder Beschränkungen entbehrlich zu machen.

(4) Im Rahmen der Kooperation informiert die zuständige Behörde die Person, die eine öffentliche Versammlung veranstaltet oder der die Leitung übertragen worden ist, vor und während der Versammlung über erhebliche Änderungen der Gefahrenlage, soweit dieses

---

[466] Siehe dazu unter B.II.2.b).

nach Art und Umfang der Versammlung erforderlich ist. Konfliktmanagement ist Bestandteil der Kooperation."

(a) Grad und Umfang der Verpflichtung

Die schleswig-holsteinische Regelung weicht merklich von ihrem bayerischen Pendant ab. Anders als der bayerische Gesetzgeber hat sich das Parlament in Schleswig-Holstein für eine deutlich detailliertere Regelung entschieden. Ausweislich des Wortlauts der Norm werden Verpflichtungen lediglich an die Behörde adressiert. Gemäß § 3 Abs. 3 Satz 1 VersFG SH bietet die Behörde dem Veranstalter oder Leiter einer Versammlung ein Kooperationsgespräch zur Erörterung u.a. der Gefahrenlage an. Dadurch wird eine Pflicht der Behörde begründet. Sie besteht immer dann, wenn und soweit ein erörterndes Gespräch nach Art und Umfang der Versammlung erforderlich ist. Anders als beispielsweise in Bayern steht die Normierung zur Kooperation im Versammlungsfreiheitsgesetz Schleswig-Holstein nicht hinter der Normierung zur Anzeige einer Versammlung. Wegen dieser fehlenden Verbindung zur Anzeigepflicht gemäß § 11 VersFG SH muss § 3 Abs. 3 VersFG SH so verstanden werden, dass die Kooperationspflicht grundsätzlich auch für Spontan- und Eilversammlungen bindend ist.[467]

§ 3 VersFG SH adressiert hingegen keine Verpflichtung an die Versammlungsverantwortlichen.[468] Dadurch wollte der Gesetzgeber die Funktion des Gesetzes als Freiheitsermöglichungsrecht unterstreichen.[469] Anders als in Bayern, wo durch die Möglichkeit der Berücksichtigung erfolgter Kooperation im Rahmen von Eingriffsmaßnahmen, vgl. Art. 14 Abs. 2 BayVersG, gesetzlich bereits angedeutet wird, dass auch von den Versammlungsverantwortlichen eine gewisse Mitarbeit erwartet wird, sieht das Versammlungsfreiheitsgesetz Schleswig-Holstein Vergleichbares nicht vor. Dementsprechend ist fraglich, ob die Versammlungsverantwortlichen überhaupt in irgendeiner Weise verpflichtet werden sollen. Die Formulierung *„bietet an"* in § 3 Abs. 3 Satz 1 VersFG SH suggeriert, dass es Aufgabe der Behörde sein soll, den Verantwortlichen ein Gesprächsangebot zu unterbreiten. Wie diese darauf reagieren, ist ihnen überlassen. Unbedenklich dürfte es sein, wenn die Behörde den möglichen positiven Ein-

---

[467] Brenneisen/Wilksen/Staack/Martins, VersFG SH, § 3, Rn. 26.
[468] Die einseitige Adressierung begrüßend *Koll*, Liberales Versammlungsrecht, S. 310
[469] Brenneisen/Wilksen/Staack/Martins, VersFG SH, § 3, Rn. 24.

fluss eines informativen und klärenden Gesprächs gegenüber den Versammlungsverantwortlichen bewirbt. Sie darf jedoch nicht den Eindruck erwecken, diese wären zur Teilnahme verpflichtet. Darüber hinaus gibt der Wortlaut von § 3 Abs. 3 Satz 1 VersFG SH keinen Anhaltspunkt für eine mögliche Verpflichtung der Versammlungsverantwortlichen. Da das Versammlungsfreiheitsgesetz Schleswig-Holstein ohne Gesetzesbegründung ergangen ist, kann zur Auslegung nur der Wortlaut der Norm herangezogen werden. Etwas anderes dürfte sich auch nicht daraus ergeben, dass § 3 VersFG SH weitgehend § 2 ME-VersG nachempfunden ist. In der dazu ergangenen Begründung ist die Rede davon, dass Kooperation als verfahrensmäßiges Mittel der Sicherung der Autonomie der Versammlung diene.[470] Zwar mag man daraus den Rückschluss ziehen können, dass Zusammenarbeit nicht als einseitiger Vorgang verstanden werden soll. Allerdings lässt dies noch keinen Schluss auf eine etwaige Kooperationsverpflichtung der Versammlungsverantwortlichen zu. Ganz abgesehen davon hätte der Gesetzgeber in Schleswig-Holstein in irgendeiner Form zum Ausdruck bringen müssen, dass er die Erwägungen zum Musterentwurf in seinen Willen aufnehmen möchte. Dementsprechend verbleibt es dabei, dass durch § 3 Abs. 3 Satz 1 VersFG SH keinerlei Verpflichtungen der Versammlungsverantwortlichen statuiert werden.

Ebenso ist auch § 3 Abs. 3 Satz 2 VersFG SH zu bewerten. Danach hat die Behörde den Versammlungsverantwortlichen in den dort genannten Fällen Gelegenheit zu ergänzenden Angaben oder Veränderungen der geplanten Versammlung zu geben. Entsprechend des Wortlauts *„ist Gelegenheit zu geben"* besteht für die Behörde die Pflicht, ergänzende Angaben anzuregen, sofern Anhaltspunkte für Gefährdungen im dort näher beschriebenen Sinne bestehen. Den Versammlungsverantwortlichen steht es jedoch wiederum frei, diese Gelegenheit zu ergreifen. Sie trifft auch insoweit keine Verpflichtung.

Eine Pflicht der Versammlungsverantwortlichen dürfte auch nicht aus dem nachfolgenden § 3 Abs. 4 Satz 1 VersFG SH abzuleiten sein. Dieser konkretisiert die behördliche Pflicht nach § 3 Abs. 3 Satz 1 VersFG SH inhaltlich. Die Behörde soll die Verantwortlichen vor und während einer Versammlung über erhebliche Änderungen der Gefahrenlage informieren. Nicht geregelt ist hingegen, dass die Versammlungsverantwortlichen eine entsprechende Informations-

---

[470] Enders/Hoffmann-Riem/Kniesel/Poscher/Schulze-Fielitz, Musterentwurf eines Versammlungsgesetzes, S. 7.

verpflichtung treffen soll. Eine solche kann dementsprechend nicht angenommen werden.

In Folge dessen besteht für die Versammlungsverantwortlichen bei Versammlungen im Anwendungsbereich des Versammlungsfreiheitsgesetzes Schleswig-Holstein keine Verpflichtung zur Zusammenarbeit vor oder während einer Versammlung. Gleichwohl profitieren Versammlungen regelmäßig von Kooperation mit der zuständigen Behörde,[471] denn dadurch können sie gewissermaßen Einfluss auf die behördliche Gefahrenprognose nehmen. Damit stellt sich die Situation aus Sicht des Gesetzgebers wie folgt dar: Obwohl sich das Land Schleswig-Holstein scheinbar bewusst gegen die Normierung von Kooperationsverpflichtungen der Versammlungsverantwortlichen entschieden hat und dementsprechend eine abschließende Regelung getroffen hat, die eigentlich keinen Raum für die Übernahme anderweitig bestehender Verpflichtungen belässt, entsteht durch den faktischen Nutzen, der mit Kooperation einhergeht, eine Situation, die mit der Regelungssituation zur Zeit des Brokdorf-Beschlusses vergleichbar ist. Der praktische Nutzen von Kooperation und die sich daraus ergebende Empfehlung an die Versammlungsverantwortlichen, mit der Behörde zusammen zu arbeiten, überlagern die gesetzgeberische Entscheidung, keine Verpflichtungen zu normieren. Dementsprechend besteht für die Versammlungsverantwortlichen auch in Schleswig-Holstein eine Kooperationsempfehlung, wie sie oben[472] bereits beschrieben wurde. Im Ergebnis, auch losgelöst von der Situation in Schleswig-Holstein, besteht demgemäß immer dann, wenn keine strengere Verpflichtung normiert ist, eine Kooperationsempfehlung für die Versammlungsverantwortlichen.

(b) Verfassungsrechtliche Bewertung von § 3 VersFG SH

Eine vertiefte verfassungsrechtliche Bewertung von § 3 VersFG SH erübrigt sich angesichts des Umstands, dass die Vorschrift keine Pflichten der Versammlungsverantwortlichen begründet. Die faktisch begründete Kooperationsempfehlung ist verfassungsrechtlich unbedenklich. Gleiches gilt für die normierten behördlichen Pflichten.

---

[471] Brenneisen/Wilksen/Staack/Martins, VersFG SH, § 3, Rn. 21.
[472] Siehe dazu unter B.III.1.d).

(2) § 11 VersFG SH – Anzeige

Kooperationsverpflichtungen im weiteren Sinne folgen aus § 11 VersFG SH. Dort geregelt ist die Anzeige einer Versammlung. § 11 VersFG SH lautet:

„(1) Wer eine öffentliche Versammlung unter freiem Himmel veranstalten will, hat dies der zuständigen Behörde spätestens 48 Stunden vor der Einladung zu der Versammlung anzuzeigen. Veranstalten mehrere Personen eine Versammlung, ist nur eine Anzeige abzugeben.

(2) Die Anzeige muss den geplanten Ablauf der Versammlung nach Ort, Zeit und Thema bezeichnen, bei Aufzügen auch den beabsichtigten Streckenverlauf. Sie muss Name und Anschrift der anzeigenden Person und der Person, die sie leiten soll, sofern eine solche bestimmt ist, enthalten.

(3) Wird die Versammlungsleitung erst später bestimmt, sind Name und Anschrift der vorgesehenen Person der zuständigen Behörde unverzüglich mitzuteilen. Wenn die Versammlungsleitung sich der Hilfe von Ordnerinnen und Ordnern bedient, ist ihr Einsatz unter Angabe der Zahl der dafür voraussichtlich eingesetzten Personen der zuständigen Behörde mitzuteilen.

(4) Wesentliche Änderungen der Angaben nach Absatz 1 bis 3 sind der zuständigen Behörde unverzüglich mitzuteilen.

(5) Wenn der Zweck der Versammlung durch eine Einhaltung der Frist nach Absatz 1 Satz 1 gefährdet würde (Eilversammlung), ist die Versammlung spätestens mit der Einladung bei der zuständigen Behörde oder bei der Polizei anzuzeigen.

(6) Die Anzeigepflicht entfällt, wenn sich die Versammlung aufgrund eines spontanen Entschlusses augenblicklich bildet (Spontanversammlung)."

(a) Grad und Umfang der Verpflichtung

In § 11 VersFG SH ist die Verpflichtung zur Anzeige einer Versammlung normiert und deren inhaltlicher Umfang beschrieben. Dadurch wird eine kooperative Verpflichtung im weiteren Sinne formuliert.

§ 11 Abs. 1 Satz 1 VersFG SH legt dem Veranstalter einer Versammlung die Pflicht zur Anzeige einer solchen auf. Nach § 24 Abs. 1 Nr. 1 VersFG SH ist die Durchführung einer Versammlung ohne erforderliche Anzeige bußgeldbewehrt. Dementsprechend ist die Anzeigepflicht als unmittelbare Pflicht ausgestaltet. In § 11 Abs. 5 und 6 VersFG SH sind Ausnahmen für Eil- und Spontanversammlungen vorgesehen, die jenen in Art. 13 Abs. 3 und 4 BayVersG nachgebildet sind. Der nötigen verfassungskonformen Auslegung der Anzeigepflicht im atypischen Einzelfall[473] wird dadurch bereits durch Rechtsetzung auf der Ebene des einfachen Gesetzes entsprochen.

§ 11 Abs. 2 und Abs. 3 Satz 1 VersFG SH konkretisieren, welchen Inhalt eine Versammlungsanzeige haben muss. Die Pflicht der Verantwortlichen zur Anzeige einer Versammlung wird dadurch inhaltlich ausgefüllt. In der Anzeige sind Ort, Zeit, Thema, gegebenenfalls Wegstrecke, geplanter Ablauf, Veranstalter und Leiter einer Versammlung anzugeben. Gemäß § 24 Abs. 1 Nr. 1 VersFG SH stellt es eine Ordnungswidrigkeit dar, eine Versammlung nach einer Anzeige durchzuführen, in der die Angaben gemäß § 11 Abs. 2 VersFG SH nicht oder in wesentlicher Hinsicht unrichtig enthalten sind.

Anders als nach § 18 Abs. 2 Satz 2 VersG muss der Einsatz von Ordnern in Schleswig-Holstein nicht beantragt werden. Sollen Ordner eingesetzt werden, hat die Versammlungsleitung deren Anzahl mitzuteilen, vgl. § 11 Abs. 3 Satz 2 VersFG SH. Ein Verstoß dagegen ist jedoch weder straf- noch bußgeldbewehrt.

Im Anschluss an die Anzeigepflicht als solche normiert § 11 Abs. 4 VersFG SH die Pflicht der Versammlungsverantwortlichen, wesentliche Änderungen der Angaben nach § 11 Abs. 1 bis 3 VersFG SH unverzüglich mitzuteilen. Auch die Absicht, eine angezeigte Versammlung nicht durchzuführen, soll eine wesentliche Änderung der Angaben darstellen.[474] Ein Verstoß gegen die Mitteilungspflicht ist weder straf- noch bußgeldbewehrt. Eine unterlassene Mitteilung nach § 11 Abs. 4 VersFG SH unterfällt insbesondere auch nicht dem Ordnungswidrigkeitentatbestand in § 24 Abs. 1 Nr. 1 VersFG SH. Denn dort ist die Rede von der Durchführung einer Versammlung ohne erforderliche *Anzeige*. § 11 Abs. 4 VersFG SH begründet hingegen eine *Mitteilungs*pflicht.

Insgesamt entspricht die Normierung zur Anzeigepflicht einer Versammlung in Schleswig-Holstein im Wesentlichen den Vorschriften in den übrigen Bundes-

---

[473] Siehe dazu Fn. 240.
[474] Schleswig-Holsteinischer Landtag, Umdruck 18/2514, S. 21.

ländern, insbesondere in Bayern und den Bundesländern ohne eigenes Versammlungsgesetz.

(b) Verfassungsrechtliche Bewertung von § 11 VersFG SH

Angesichts des weitgehenden Gleichlaufs von § 11 VersFG SH und § 14 VersG sowie Art. 13 BayVersG erübrigt sich eine erneute verfassungsrechtliche Prüfung dieser Norm. Dementsprechend wird auf die Prüfung dieser Normen verwiesen.[475]

(3) § 6 Abs. 1 Satz 1 VersFG SH – Befugnisse der Versammlungsleitung

Neben die behördlichen Informations- und Erörterungspflichten im Vorfeld einer Versammlung tritt die Ordnungspflicht des Leiters während einer Versammlung, vgl. § 6 Abs. 1 Satz 1 VersFG SH. Danach sorgt die Versammlungsleitung für den ordnungsgemäßen Ablauf der Versammlung und wirkt auf deren Friedlichkeit hin. Die Norm ist an § 8 Satz 2 VersG angelehnt. Die Ausübung der Pflicht wird, vergleichbar der bayerischen Regelung in Art. 8 Abs. 2 Nr. 2 i.V.m. Art. 20 Abs. 2 Nr. 2 BayVersG, dadurch abgesichert, dass das Leisten von Widerstand gegen die rechtmäßige Ausübung von Ordnungsaufgaben strafbewehrt ist, vgl. § 23 Abs. 3 VersFG SH.[476]

bb) Verfahrensrecht

Neben den speziellen versammlungsrechtlichen Vorschriften ist für Schleswig-Holstein ebenso zu prüfen, ob sich weitere Kooperationsverpflichtungen aus den relevanten Vorschriften des Landesverwaltungsgesetzes, insbesondere §§ 74, 83, 83a, 84 und 87 LVwG, ergeben könnten. Die landesrechtlichen Verwaltungsverfahrensnormen entsprechen im Wortlaut den §§ 9, 24, 25, 26 und 28 VwVfG. Dementsprechend erübrigt sich jedenfalls eine inhaltliche Analyse der landesrechtlichen Vorschriften. Nachfolgend gilt es zu untersuchen, ob neben den speziellen versammlungsrechtlichen Vorschriften überhaupt noch Raum für die Anwendung der allgemeinen Regeln verbleibt.

---

[475] Zur verfassungsrechtlichen Zulässigkeit einer Anzeige-/Anmeldepflicht siehe Fn. 286; zur verfassungsrechtlichen Bewertung der mit der Versammlungsanzeige nötigen Angaben siehe unter B.III.2.a)aa)(2)(b).
[476] Eine vertiefte Befassung mit der Ordnungsverpflichtung des Leiters erübrigt sich mit Verweis auf die Ausführungen zu § 8 Satz 2 VersG, siehe dazu unter B.III.1.e).

§ 83a Abs. 1 und 2 LVwG beschreibt – wie sein bundesrechtliches Pendant in § 25 VwVfG – behördliche Auskunfts- und Erörterungspflichten. Spiegelbildlich dazu sind in § 3 Abs. 3 und 4 VersFG SH dieselben Pflichten der Versammlungsbehörde normiert. Angesichts dessen ist der Rückgriff auf § 83a LVwG durch die spezielle versammlungsrechtliche Vorschrift versperrt.

Die Verpflichtung der Beteiligten, bei der Ermittlung des Sachverhalts mitzuwirken, wie sie bundesrechtlich in § 26 Abs. 2 VwVfG niedergelegt ist, folgt in Schleswig-Holstein aus § 84 Abs. 2 LVwG. Eine entsprechende versammlungsrechtliche Vorschrift besteht nicht. Gleichwohl ist dadurch nicht der Rückgriff auf § 84 Abs. 2 LVwG eröffnet. Die Situation in Schleswig-Holstein unterscheidet sich gerade von jener in den Bundesländern, in denen das Versammlungsgesetz fortgilt. Anders als dort sieht das Versammlungsfreiheitsgesetz Schleswig-Holstein in § 3 Abs. 3 und 4 Regelungen vor, die sich mit Zusammenarbeit und Kooperation beschäftigen, ohne dass jedoch entsprechende Verpflichtungen für die Versammlungsverantwortlichen normiert wurden. Der gesetzgeberische Wille, keine Verpflichtungen für die Versammlungsverantwortlichen festzuschreiben, muss respektiert werden. Er darf nicht durch einen Rückgriff auf allgemeine verwaltungsverfahrensrechtliche Normen konterkariert werden. Die Anwendung von § 84 Abs. 2 LVwG ist dementsprechend für Versammlungen im Geltungsbereich des Versammlungsfreiheitsgesetztes Schleswig-Holstein gesperrt.

Im Ergebnis dürfte dementsprechend wenig Raum für einen Rückgriff auf allgemeines Verwaltungsverfahrensrecht verbleiben.

3. Bundesländer mit eigenem, gegenständlich abgrenzbarem Versammlungsgesetz

In Berlin und Brandenburg[477] wurden Gesetze erlassen, die lediglich eine Norm des Versammlungsgesetzes ersetzen. Darüber hinaus gilt das Versammlungsgesetz gemäß Art. 125a Abs. 1 Satz 1 GG fort. Bundes- und Landesrecht stehen insofern landesintern nebeneinander.

Das Berliner Versammlungsgesetz beschäftigt sich einzig mit der Anfertigung und Bild- und Tonaufnahmen durch die Polizei im Zusammenhang mit einer Versammlung, § 1 VersammlG Bln. Dadurch wird § 19a VersG ersetzt, § 3 VersammlG Bln. Kooperationsrelevante Aussagen finden sich dort nicht. Ebenso

---

[477] Siehe dazu unter B.III.

stellt sich die Situation nach dem Gräberstätten-Versammlungsgesetz in Brandenburg dar. Dies beschäftigt sich mit Öffentlichen Versammlungen und Aufzügen auf Gräberstätten, § 1 GräbVersammlG. Gemäß § 2 GräbVersammlG ersetzt das Gesetz § 16 VersG.

Wegen der darüber hinausgehenden Fortgeltung des Versammlungsgesetzes bestimmen sich die versammlungsrechtlichen Kooperationsverpflichtungen danach. Dementsprechend stellt sich die Situation in Berlin und Brandenburg diesbezüglich genauso dar wie in denjenigen Bundesländern, die noch kein eigenes Versammlungsgesetz erlassen haben.[478] In Brandenburg ist des Weiteren auf die verfahrensrechtlichen Vorschriften in §§ 9, 24, 25, 26 und 28 VwVfG zurückzugreifen, § 1 Abs. 1 Satz 1 VwVfGBbg. Gleiches gilt in Berlin, § 1 Abs. 1 BlnVwVfG.

4. Hierarchische Versammlungen als Leitbild

Sämtlichen versammlungsgesetzlichen Verpflichtungen ist gemein, dass sie auf hierarchisch organisierte Versammlungen ausgerichtet sind. Die Ordnungspflicht des Leiters verdeutlicht dies besonders eindrucksvoll. Doch auch sämtliche weitere Verpflichtungen legen ein Versammlungsbild zu Grunde, bei dem es grundsätzlich einen Veranstalter und einen Leiter gibt, die als Repräsentanten aller Versammlungsteilnehmer auftreten. Kooperation im Sinne der Versammlungsgesetze beschreibt demgemäß Situationsbewältigung, die entsprechend der gesetzlich definierten Mechanismen bei hierarchischen Versammlungen zur Anwendung kommt.

Die Wirklichkeit sieht jedoch häufig anders aus. Dementsprechend muss im Einzelfall bewertet werden, welche Verpflichtungen in welchem Umfang zum Tragen kommen können oder gegebenenfalls modifiziert werden müssen, beispielsweise durch die Adressierung an mehrere verantwortliche Personen innerhalb einer vielströmigen Versammlung. Da auch solche Versammlungen dem Schutz von Art. 8 GG unterstehen, ist es Aufgabe der Behörden, ihre Durchführung bestmöglich dadurch zu sichern, dass einfachgesetzliche Vorschriften flexibel und situationsbezogen angewendet werden.

---

[478] Siehe dazu unter B.III.1.

IV. Zeitlicher Geltungsbereich bestehender Verpflichtungen

Etwaige Kooperationsverpflichtungen dürften neben der reinen Erörterung und Information – gewissermaßen in Fortschreibung dessen – auch die Umsetzung getroffener Absprachen beinhalten. Zeitfenster hierfür ist die Phase nach der Erörterung – regelmäßig im Kooperationsgespräch –, die mit Beginn der Versammlung endet. Die versammlungsvorbereitenden Verpflichtungen dürften dementsprechend bis zum Beginn der Versammlung fortwirken. Andernfalls entstünde eine Regelungslücke, grenzte man die Vorbereitungsphase streng von der Zwischen- und Durchführungsphase ab. Obschon die vorbereitende Phase vor einer Versammlung – und damit auch entsprechende Verpflichtungen – zunächst mit dem Abschluss des durch die Anmeldung/Anzeige oder anderweitig in Gang gekommenen Verwaltungsverfahrens enden sollen,[479] dürfte dieser Zeitpunkt mithin extensiv auszulegen sein, sodass gesetzessystematisch nur zwischen der Phase vor und während einer Versammlung zu unterscheiden ist.

V. Zwischenergebnis

Für die einzelnen Bundesländer ergeben sich verschiedene Kooperationsverpflichtungen. Sie variieren hinsichtlich ihres Inhalts, der adressierten Pflichtenträger und des zeitlichen Geltungsumfangs.

In sämtlichen Bundesländern besteht die Pflicht des Veranstalters, eine geplante Versammlung anzumelden/anzuzeigen.[480] Welche Informationen dabei zu übermitteln sind, ergibt sich aus den verschiedenen Versammlungsgesetzen. Im Wesentlichen geht es dabei um Zeit und Ort der Versammlung bzw. Streckenverlauf bei einem Aufzug, Versammlungsthema, sowie Daten in Bezug auf den Veranstalter und/oder Leiter der Versammlung. Gleichlauf besteht in den einzelnen Ländern zudem mit Blick auf die Ordnungspflicht des Versammlungsleiters während einer Versammlung.[481]

Weitergehende Kooperationsverpflichtungen bestehen territorial verschieden. In den Bundesländern, in denen das Versammlungsgesetz fortgilt, ist weiterhin auf die Äußerungen des Bundesverfassungsgerichts im Brokdorf-Beschluss zurückzugreifen. Danach besteht eine beiderseitige Verpflichtung zur Erörterung und

---

[479] *Kniesel/Poscher*, in: Lisken/Denninger/Rachor, Handbuch des Versammlungsrechts, K, Rn. 280.
[480] § 14 VersG, Art. 13 BayVersG, § 11 VersFG SH.
[481] § 8 Satz 2 VersG, Art. 4 Abs. 1 Nr. 2 BayVersG, § 6 Abs. 1 Satz 1 VersFG SH.

Information jedenfalls vor einer Versammlung, wobei die Behörde eine dahingehende Pflicht trifft, während der Veranstalter Adressat einer Empfehlung ist. In Bayern wurde die Erörterungs- und Informationspflicht kodifiziert (Art. 14 BayVersG). Sie besteht vor und während einer Versammlung. Die Behörde ist insoweit verpflichtet, die Versammlungsverantwortlichen trifft eine Obliegenheit. Das Versammlungsfreiheitsgesetz Schleswig-Holstein sieht von einer beiderseitigen Pflichtenadressierung ab. Danach besteht lediglich eine Pflicht der Behörde zur Erörterung und Information vor einer Versammlung im Rahmen eines anzubietenden Kooperationsgesprächs (§ 3 Abs. 3 und 4 VersFG SH). Ausfluss ihrer Stellung als Grundrechtsverpflichtete und zur Gewährleistung versammlungsfreundlicher Verfahrensgestaltung ist die fortwährende behördliche Pflicht zur Information und Erörterung auch während der Versammlung. Hinzu treten weitere, dem allgemeinen Verwaltungsverfahrensrecht entspringende Verpflichtungen im dargestellten Umfang.

C. Rechtsfolgen der Kooperation

Nachdem die verschiedenen Verpflichtungen den einzelnen Pflichtengraden zugeordnet worden sind, stellt sich daran anknüpfend die Frage, welche Folgen es hat, wenn den Verpflichtungen nicht oder nicht hinreichend nachgekommen wird. Dabei ist neben der Abschichtung entsprechend der einzelnen Pflichtengrade auch zwischen den Verpflichtungsadressaten, den Behörden einerseits und den Versammlungsverantwortlichen andererseits, zu unterscheiden.

I. Behördlicherseits

Die Behörden sind grundrechtsverpflichtet. Dementsprechend treffen die herausgearbeiteten Verpflichtungen sie als Pflichten. Ein Verstoß gegen diese Pflichten kann auf zweierlei Weise relevant werden. Zum einen stellt sich die Frage, ob beschränkende Verfügungen (Auflagen oder Versammlungsverbote vor bzw. Auflösungen während einer Versammlung), die eine Behörde unter Missachtung ihrer Pflichten erlässt, rechtswidrig oder sogar nichtig sind. Andererseits ist zu klären, ob den Grundrechtsträgern im Falle behördlicher Untätigkeit ein gerichtlich durchsetzbarer Anspruch auf Einhaltung der Kooperationspflichten zusteht.

1. Rechtswidrigkeit bzw. Nichtigkeit erlassener Verwaltungsakte

Bei der Prüfung der Rechtswidrigkeit bzw. Nichtigkeit versammlungsbehördlicher Verfügungen ist zwischen Fehlern auf formeller und solchen auf materieller Ebene zu unterscheiden.

a) Formelle Fehler

Ein Verstoß gegen verfahrensrechtliche Pflichten begründet einen formellen Fehler. Die behördlichen Pflichten nach den Versammlungsgesetzen sind verfahrensrechtliche Ausgestaltungen der Versammlungsfreiheit. Die Behörden sind beispielsweise zur Erörterung der Einzelheiten der Durchführung einer Versammlung mit dem Veranstalter (Art. 14 Abs. 1 Satz 1 BayVersG) oder konkret zur Durchführung eines Kooperationsgesprächs (§ 3 Abs. 3 Satz 1 VersFG SH) verpflichtet. Ergänzt werden diese speziellen Verfahrenspflichten durch die allgemeinen Pflichten nach den Verwaltungsverfahrensgesetzen. Danach besteht die behördliche Pflicht zur Amtsermittlung entsprechend § 24 VwVfG (bzw. Art. 24 BayVwVfG, § 83 LVwG) sowie die Pflicht zur umfassenden Beratung, Auskunft und Information der Versammlungsverantwortlichen entsprechend § 25 VwVfG (bzw. Art. 25 BayVwVfG, § 83a LVwG), soweit ein Rückgriff auf diese Vorschriften nicht durch abschließende Regelungen in den Versammlungsgesetzen der Länder gesperrt ist.[482]

aa) Formelle Rechtswidrigkeit

Unterlässt die Behörde die notwendige Sachverhaltsaufklärung entsprechend § 24 VwVfG (bzw. Art. 24 BayVwVfG, § 83 LVwG), so liegt ein Verfahrensfehler vor, der zur formellen Rechtswidrigkeit der darauf basierenden Entscheidung führt.[483] Ebenso stellt sich die Situation regelmäßig bei einem Verstoß gegen die Beratungs- und Auskunftspflicht entsprechend § 25 VwVfG (bzw. Art. 25 BayVwVfG, § 83a LVwG) dar.[484] Die Erteilung einer Auskunft kann nur dann verweigert werden, wenn dadurch die Erfüllung von Aufgaben der Auskunft erteilenden Behörde beeinträchtigt würde.[485] Auch ein Verstoß gegen die verfahrensrechtlichen Pflichten nach den Versammlungsgesetzen führt zur formellen Rechtswidrigkeit erlassener Verwaltungsakte.

Daran anknüpfend stellt sich die Frage, ob derartige formelle Fehler so schwer wiegen, dass sie nicht nur die Rechtswidrigkeit, sondern auch die Nichtigkeit ergangener Verfügungen zur Folge haben oder – sofern dies nicht der Fall ist – andererseits so wenig ins Gewicht fallen, dass die Fehler im Ergebnis unbeachtlich sind.

bb) Nichtigkeit

Ein (formell) rechtswidriger Verwaltungsakt bleibt zunächst wirksam. Er ist nicht mit einem nichtigen Verwaltungsakt gleichzusetzen. Die Nichtigkeit könnte sich gleichwohl aus § 44 VwVfG ergeben. Dass es sich bei den genannten formellen Fehlern um besonders schwerwiegende Fehler handelt, die gemäß § 44 Abs. 1 VwVfG (bzw. Art. 44 BayVwVfG, § 113 LVwG) zur Nichtigkeit

---

[482] Siehe zu den Möglichkeiten des Rückgriffs auf allgemeines Verwaltungsverfahrensrecht in den einzelnen Ländern unter B.III.
[483] *Ramsauer*, in: Kopp/Ramsauer, VwVfG, § 24, Rn. 36.
[484] *Ramsauer*, in: Kopp/Ramsauer, VwVfG, § 25, Rn. 24.
[485] *Braun/Keller*, in: Dietel/Gintzel/Kniesel, VersG, Teil IV, Rn. 54.

eines Verwaltungsaktes führen, dürfte regelmäßig nicht anzunehmen sein. Denn ein Verwaltungsakt ist nur dann nichtig, wenn er an einem besonders schwerwiegenden Fehler leidet und dies bei verständiger Würdigung aller in Betracht kommenden Umstände offensichtlich ist, vgl. § 44 Abs. 1 VwVfG (bzw. Art. 44 Abs. 1 BayVwVfG, § 113 Abs. 1 LVwG). Dies dürfte beim Unterlassen der Durchführung eines nötigen Kooperationsgesprächs oder einer anderen Form der Erörterung nicht der Fall sein. Ein Vergleich mit der mündlichen Verhandlung im förmlichen Verwaltungsverfahren nach § 67 VwVfG (bzw. Art. 67 BayVwVfG, § 134 LVwG) zeigt warum. Im förmlichen Verwaltungsverfahren dient die mündliche Verhandlung dazu, Verfahren, in denen regelmäßig mehrere Personen beteiligt sind, zu konzentrieren und allen Beteiligten in einem Termin die Möglichkeit zur Äußerung zu verschaffen.[486] Insofern bestehen Parallelen zum Kooperationsgespräch. Unterbleibt die mündliche Verhandlung führt dies regelmäßig nicht zur Nichtigkeit erlassener Verwaltungsakte, denn in § 67 Abs. 2 VwVfG (bzw. Art. 67 Abs. 2 BayVwVfG, § 134 Abs. 2 LVwG) ist bereits gesetzlich vorgesehen, dass unter gewissen Umständen auf die mündliche Verhandlung verzichtet werden kann.[487] Dementsprechend ist die mündliche Verhandlung zwar regelmäßig Teil des Verfahrens. Wie die Ausnahmevorschriften verdeutlichen, ist ihre Durchführung jedoch nicht derart zwingend, dass beim Unterlassen einer mündlichen Verhandlung, selbst wenn keiner der Ausnahmetatbestände eingreift, von der Nichtigkeit eines erlassenen Verwaltungsaktes auszugehen wäre. Obwohl für die Durchführung eines Kooperationsgesprächs (bzw. anderer Arten der Erörterung) nicht überall ausdrücklich Ausnahmevorschriften vorgesehen sind, dürften die Gedanken zur mündlichen Verhandlung im förmlichen Verwaltungsverfahren übertragbar sein. Die Interessenlage ist jedenfalls dieselbe. Im förmlichen Verwaltungsverfahren entscheidet die Behörde gemäß § 69 Abs. 1 VwVfG (bzw. Art. 69 Abs. 1 BayVwVfG, § 136 Abs. 1 LVwG) unter Würdigung des Gesamtergebnisses des Verfahrens. Genau wie im förmlichen Verwaltungsverfahren entscheidet die Behörde auch im Rahmen der Kooperation nicht allein aufgrund des Kooperationsgesprächs, sondern aufgrund des gesamten Verfahrens. Die Behörde bezieht auch diejenigen Erkenntnisse in ihre Entscheidung ein, die sie durch die Anmeldung bzw. Anzeige einer Versammlung durch den Veranstalter gewonnen hat. Vor diesem

---

[486] *Michler*, in: Bader/Ronellenfitsch, VwVfG, § 67, Rn. 5.
[487] *Schemmer*, in: Bader/Ronellenfitsch, VwVfG, § 44, Rn. 32

Hintergrund dürfte eine behördliche Entscheidung, der zwar keine Erkenntnisse aus einem Kooperationsgespräch zu Grunde liegen, die andererseits jedoch nicht gänzlich ohne Sachverhaltskenntnis ergeht, regelmäßig nicht als so schwerwiegend fehlerhaft einzustufen sein, dass sie nichtig wäre. Aus denselben Gründen dürfte auch eine Verfügung, die unter Verstoß gegen die verfahrensrechtlichen Pflichten nach den Verwaltungsverfahrensgesetzen ergangen ist, regelmäßig nicht nichtig sein.

cc) Heilung und Unbeachtlichkeit formeller Fehler

Somit bleibt es zunächst dabei, dass behördliche Verfügungen, die unter Verstoß gegen verfahrensrechtliche Pflichten ergangen sind, formell rechtswidrig sind. Die Verwaltungsverfahrensgesetze sehen indes die Möglichkeit der Heilung von Verfahrensfehlern durch Nachholung der unterlassenen Handlung vor, § 45 VwVfG (bzw. Art. 45 BayVwVfG, § 114 LVwG). Heilung dürfte im hiesigen Kontext jedoch regelmäßig nicht in Betracht kommen. Denn schon aus zeitlichen Gründen wird es meist nicht möglich sein, unterlassene Handlungen nachzuholen. Zudem dürfte für die hier betrachteten Konstellationen keiner der Heilungstatbestände eingreifen.

Verfahrensfehler könnten jedoch entsprechend § 46 VwVfG (bzw. Art. 46 BayVwVfG, § 115 LVwG) unbeachtlich sein. Danach führen Verstöße gegen Verfahrensvorschriften nur dann zur Aufhebung eines ergangenen Verwaltungsaktes, wenn nicht ausgeschlossen werden kann, dass sich der Fehler auf das Ergebnis der Entscheidung ausgewirkt hat. Dies wird bei unzureichender Beratung und Sachverhaltsaufklärung sowie bei Nichtbeachtung sich speziell aus den Versammlungsgesetzen ergebenden Pflichten im Vorfeld einer versammlungsbehördlichen Verfügung regelmäßig der Fall sein. Denn wenn die Behörde die Versammlungsverantwortlichen nicht umfassend berät, informiert und mit ihnen die Sachlage erörtert, erhält sie von diesen aller Wahrscheinlichkeit nach nicht alle relevanten Informationen, die sie erhalten würde, hätte sie ordnungsgemäß beraten und informiert. Resultat dessen ist letztendlich ein nur unzureichend ermittelter Sachverhalt. Als Kontrollüberlegung lässt sich deshalb fragen, ob die Behörde aufgrund ihrer Sachverhaltsermittlung in der Lage wäre, einem Gericht ein aktuelles und vollständiges Lagebild zu übermitteln. Nur dann kann ihre Verwaltungsentscheidung selbst auf einer hinreichenden Tatsachengrundlage beruhen.[488] Andernfalls muss sie den Vorwurf mangelnder Sorgfalt bei der Gefahrenprognose gegen sich gelten lassen.[489] Kommt die Behörde ihren verfahrensrechtlichen Verpflichtungen nicht hinreichend nach, beruht die Gefahrenprognose nicht auf allen erkennbaren Tatsachen.[490] Ein solcher Verstoß kann sich allerdings nur auswirken, wenn die Gefahrenprognose im Ergebnis unrichtig ist.[491] Ist dies der Fall, wird durch den Verfahrensfehler die Entscheidung in der Sache beeinflusst. Die Verletzung der Verfahrensvorschriften ist dann nicht nach § 46 VwVfG (bzw. Art. 46 BayVwVfG, § 115 LVwG) unbeachtlich, weshalb erlassene Verfügungen aufzuheben sind.

dd) Zwischenergebnis

Als Ergebnis kann festgehalten werden, dass ein behördlicher Verstoß gegen (versammlungsrechtliche) Verfahrensvorschriften regelmäßig zur Rechtswidrigkeit erlassener Verfügungen führt, sofern nicht von vornherein ein unbeachtler Fehler vorliegt.

b) Materielle Rechtswidrigkeit

Behördliche Verfügungen, die unter Verstoß gegen die einschlägigen Pflichten erlassen wurden, könnten zudem materiell rechtswidrig sein.

Im Brokdorf-Beschluss leitete das Bundesverfassungsgericht versammlungsbehördliche Pflichten zur Kooperation aus dem Übermaßverbot her. Danach muss die Behörde zunächst versuchen, mit den Versammlungsverantwortlichen zu kooperieren, bevor sie beschränkende Verfügungen erlassen darf. Kooperation stellt ein milderes Mittel gegenüber Eingriffen in Gestalt von Verboten oder Auflösungen dar.[492] Das Bundesverfassungsgericht führte in diesem Zusammenhang aus: *„Je ernsthafter sich die staatlichen Behörden auf diese Weise [versammlungsfreundliche Verfahrensweise, kein Zurückbleiben hinter bewährten Erfahrungen] für die friedliche Durchführung von Großdemonstrationen einsetzen, desto eher werden andererseits nach dem Scheitern ihrer Bemühun-*

---

[488] *Ullrich*, Das Demonstrationsrecht, S. 494.
[489] *Braun/Keller*, in: Dietel/Gintzel/Kniesel, VersG, Teil IV, Rn. 124; *Scheidler*, Die Polizei 2009, 162 (165).
[490] OVG Weimar, NVwZ-RR 1997, 287 (288); *Dürig-Friedl*, in: Dürig-Friedl/Enders, Versammlungsrecht, VersG, § 14, Rn. 33.
[491] *Dürig-Friedl*, in: Dürig-Friedl/Enders, Versammlungsrecht, VersG, § 14, Rn. 33.
[492] Siehe dazu Fn. 185.

gen spätere Verbote oder Auflösungen einer verwaltungsgerichtlichen Nachprüfung standhalten."[493] Nichts anderes kann für Auflagen gelten. Mangelnde Kooperationsbereitschaft der Behörde kann demgemäß ein Indiz für die Unverhältnismäßigkeit einer Maßnahme sein. Etwas anderes gilt nur, wenn Kooperation aus zeitlichen oder anderen Gründen tatsächlich nicht möglich war.[494] Versammlungsbehördliche Verfügungen, die unter Missachtung der behördlichen Kooperationspflichten erlassen wurden, sind mithin regelmäßig unverhältnismäßig und dementsprechend materiell rechtswidrig.[495] Dafür ist es unerheblich, ob die behördliche Pflicht einfachgesetzlich kodifiziert ist oder aus Art. 8 GG hergeleitet wird. Der Verhältnismäßigkeitsgrundsatz gilt in jedem Fall.

2. Gerichtlich durchsetzbarer Anspruch auf Kooperation

Neben der Möglichkeit, erlassene Verfügungen erfolgreich (nachträglich) anzufechten, stellt sich die Frage, ob es einen (präventiven) gerichtlich durchsetzbaren Anspruch auf Kooperation für den Fall gibt, dass die Behörde ihren Pflichten nicht oder nicht hinreichend nachkommt.

a) Anspruch auf Durchführung eines Kooperationsgesprächs

Der Veranstalter könnte einen gerichtlich durchsetzbaren Anspruch auf Durchführung eines Kooperationsgesprächs haben. Allerdings bestehen behördliche Kooperationspflichten nicht ausnahmslos. Die Behörde ist lediglich im Regelfall zur Zusammenarbeit verpflichtet, vgl. Art. 14 Abs. 1 Satz 1 BayVersG, § 3 Abs. 3 Satz 1 VersFG SH. Der Behörde wird Ermessen eingeräumt, zu entscheiden, ob sie sich zum Tätigwerden veranlasst sehen muss (sogenanntes Entschließungsermessen). Schon deshalb kann mangels Spruchreife der Sache grundsätzlich nicht erfolgreich auf Verurteilung der Behörde zur Durchführung eines Kooperationsgesprächs bzw. auf Vornahme kooperativen Handelns geklagt werden, es sei denn es liegt ein Fall der Ermessensreduzierung auf Null vor. Vielmehr käme eine Klage auf ermessensfehlerfreie Entscheidung über die Notwendigkeit, kooperativ tätig zu werden, in Betracht.

---

[493] BVerfGE 69, 315 (356).
[494] *Dürig-Friedl*, in: Dürig-Friedl/Enders, Versammlungsrecht, VersG, § 14, Rn. 33.
[495] *Kniesel*, NJW 2000, 2857 (2863); *Leist*, BayVBl. 2004, 489 (489); Ott/Wächtler/Heinhold, VersG, § 14, Rn. 17; *Scheidler*, KommP spezial 2009, 151 (153); a.A. VG Schwerin, Beschluss vom 05.10.2000 – 1 B 880/00, welches von einem formellen Fehler ausgeht.

Abgesehen davon stellt sich die Frage, ob konkret auf Durchführung eines Kooperationsgesprächs geklagt werden könnte. Dies ist jedenfalls für Bayern zu verneinen. Denn gemäß Art. 14 Abs. 1 Satz 1 BayVersG soll dem Veranstalter die Gelegenheit gegeben werden, gemeinsam mit der Behörde die Durchführung der Versammlung zu erörtern. Die Entscheidung darüber, ob ein Gespräch den passenden Rahmen bieten würde, oder man sich beispielsweise im schriftlichen Verfahren austauscht, steht wiederum im Ermessen der Behörde. Ihr steht sogenanntes Auswahlermessen zu. Dementsprechend besteht auch auf der zweiten Ebene der behördlichen Entscheidung, wenn es um die Wahl des Mittels geht, wie die bestehenden Pflichten umzusetzen sind, grundsätzlich wiederum lediglich ein Anspruch auf ermessensfehlerfreie Entscheidung. Ebenso stellt sich die Situation in den Bundesländern ohne Normierung zur Kooperation in einem eigenen Versammlungsgesetz dar. Der dort einzig auf Art. 8 GG zu stützende Anspruch sieht nicht konkret die Durchführung eines Gesprächs vor. Auch dort wäre der Veranstalter auf eine allgemeine Leistungsklage auf ermessensfehlerfreie Entscheidung verwiesen. Anders stellt sich die Situation in Schleswig-Holstein dar. § 3 Abs. 3 Satz 1 VersFG SH sieht konkret die Durchführung eines Kooperationsgesprächs vor. Demgemäß besteht ein dahingehender Anspruch. Allerdings – und das wird der praktische Nachteil in allen Bundesländern sein – müsste der Veranstalter, bevor er seinen Anspruch gerichtlich geltend machen kann, erst einmal bei der Behörde rechtzeitig ein Gespräch erbeten haben. Nur wenn diese untätig bliebe oder ein Gespräch aus unzureichenden Gründen ablehnte, könnte er gerichtliche Schritte ergreifen.[496] Rein praktisch wird sich dabei jedoch ein Zeitproblem stellen. Versammlungsrechtliche Verwaltungsverfahren stehen regelmäßig unter großem Zeitdruck. Entscheidet man sich für die Anstrengung eines gerichtlichen Verfahrens, wird man regelmäßig nur einstweiligen Rechtschutz nach § 123 VwGO in Anspruch nehmen können. Denn dass man seine Ansprüche vor Versammlungsbeginn in einem Hauptsacheverfahren durchsetzen kann, scheint aus Zeitgründen regelmäßig ausgeschlossen. Das Zeitproblem könnte sich jedoch auch im einstweiligen Rechtschutz stellen. Neben diesen praktischen Hindernissen muss zudem bedacht werden, dass Kooperation im Idealfall ein vertrauensvolles Miteinander beschreibt. Ein vertrauensvolles Verhältnis wird allerdings nur schwer zu erreichen sein, wenn man sich bereits wegen anfänglicher Verfahrensfragen vor Gericht trifft.

---

[496] *Dürig-Friedl*, in: Dürig-Friedl/Enders, Versammlungsrecht, VersG, § 14, Rn. 35.

Letztendlich wird man davon ausgehen müssen, dass die gerichtliche Durchsetzung behördlicher Kooperationspflichten eher ein theoretischer Gedanke ist, aus den genannten Gründen praktisch hingegen regelmäßig ausscheiden dürfte.

b) Anspruch auf Auskunft, Beratung, etc.

Auch gegen die Nichterfüllung der allgemeinen behördlichen Pflichten im Verwaltungsverfahren (Auskunft, Beratung, etc.) wird regelmäßig nur die allgemeine Leistungsklage in Betracht kommen.[497] Jedoch stellt sich auch hier das bereits angesprochene Zeitproblem. Zudem führte auch eine solche Klage zu einem zerrütteten Vertrauensverhältnis. Der weiteren Zusammenarbeit wäre damit die Grundlage entzogen.

c) Zwischenergebnis

Obschon einklagbare Ansprüche bestehen, wird ein dahingehender Rechtsschutz, abgesehen von seltenen Fällen eines Gesprächsbedarfs bei sehr früh angemeldeten Großveranstaltungen, praktisch ohne Bedeutung sein.[498] Dementsprechend ist die Versammlung auf die Kooperationsbereitschaft der Behörde angewiesen. Ihre Position wird durch die behördliche Bindung an Gesetz und Recht nach Art. 20 Abs. 3 GG und ihre Grundrechtsbindung nach Art. 1 Abs. 3 GG abgesichert.

II. Auf Seiten der Versammlung

Die Betrachtung der Rechtsfolgen stellt sich auf Seiten der Versammlung differenzierter dar. Dies resultiert aus den abgestuften Verpflichtungen der Versammlungsverantwortlichen. Entsprechend des jeweiligen Grades der Verpflichtung erfolgt nachfolgend die Betrachtung der Rechtsfolgen.

1. Pflichten

Die Versammlungsverantwortlichen treffen verschiedenste Pflichten. Beispielsweise sind sie zur Anmeldung bzw. Anzeige einer Versammlung unmittelbar verpflichtet, § 14 Abs. 1 VersG, Art. 13 Abs. 1 Satz 1 BayVersG, § 11 Abs. 1

---

[497] *Braun/Keller*, in: Dietel/Gintzel/Kniesel, VersG, Teil IV, Rn. 124; *Miller*, in: Wefelmeier/Miller, NVersG, § 6, Rn. 13.
[498] *Dürig-Friedl*, in: Dürig-Friedl/Enders, Versammlungsrecht, VersG, § 14, Rn. 35.

Satz 1 VersFG SH. Wird eine derartige unmittelbare Pflicht missachtet, machen sich die Versammlungsverantwortlichen strafbar gemäß § 26 Nr. 2 VersG bzw. handeln ordnungswidrig gemäß Art. 21 Abs. 1 Nr. 7 BayVersG, § 24 Abs. 1 Nr. 1 VersFG SH. Dieselben Folgen bestehen bei allen weiteren unmittelbaren Pflichten. Allerdings können unmittelbare Pflichten nicht ausnahmslos durchgesetzt werden. Denn auch atypische Versammlungen unterliegen dem Schutz von Art. 8 GG. Dementsprechend ordnen beispielsweise Art. 13 Abs. 3 und 4 BayVersG und § 11 Abs. 5 und 6 VersFG SH Ausnahmen für Eil- und Spontanversammlungen an. In den restlichen Bundesländern ist § 14 Abs. 1 VersG im Falle solcher Versammlungen verfassungskonform auszulegen. Die Anmeldepflicht gilt dann nicht oder abgeschwächt.[499]

Obwohl es sich sowohl bei straf- als auch bei bußgeldbewehrten Pflichten um unmittelbare Pflichten handelt, besteht – nicht nur angesichts der drohenden Folgen – ein Unterschied zwischen beiden. Bei einer strafbewehrten Pflicht ist die (Polizei-)Behörde entsprechend des Legalitätsprinzips zum Einschreiten verpflichtet, vgl. § 163 Abs. 1 StPO.[500] Im Falle einer Ordnungswidrigkeit gilt hingegen das Opportunitätsprinzip, wonach deren Verfolgung im pflichtgemäßen Ermessen der Verfolgungsbehörde steht, vgl. § 47 Abs. 1 OWiG.

Handelt es sich hingegen um eine verwaltungsrechtliche Pflicht muss diese den Versammlungsverantwortlichen gegenüber erst einmal durch Erlass eines Verwaltungsaktes konkretisiert werden.[501] Beispielsweise hat der Veranstalter der Behörde gemäß Art. 13 Abs. 6 Satz 1 BayVersG lediglich auf Anforderung Mitteilung über die dort näher ausgeführten Informationen zu machen. Die Pflicht gilt nicht bereits aus sich heraus. Vielmehr bedarf es eben jener Anforderung durch die Behörde, um den Veranstalter konkret zu verpflichten. Kommen die Versammlungsverantwortlichen den durch Verwaltungsakt auferlegten Verpflichtungen nicht nach, besteht für die Behörde die Möglichkeit, diese im Wege des Verwaltungszwangs durchzusetzen.

2. Obliegenheiten

Anders als Pflichten beschreiben Obliegenheiten ein rechtlich nicht gefordertes Verhalten. Ihre Missachtung kann nicht mit einer Strafe belegt werden oder un-

---
[499] Siehe dazu Fn. 240.
[500] *Rachor*, in: Lisken/Denninger/Rachor, Handbuch des Polizeirechts, E, Rn. 135.
[501] Siehe ausführlich zum Institut verwaltungsrechtlicher Pflichten unter B.I.2.b).

mittelbar zum Rechtsverlust führen. Vielmehr handelt es sich dabei um sogenannte Pflichten gegen sich selbst, deren Missachtung sich anderweitig auswirkt. Denn auch die Missachtung einer Obliegenheit bleibt nicht gänzlich folgenlos.[502]

Für die Versammlungsverantwortlichen besteht eine Obliegenheit zur Zusammenarbeit gemäß Art. 14 Abs. 1 BayVersG, § 3 Abs. 3 und 4 VersFG SH. Die Beachtung dieser Obliegenheit kann sich auf allen Ebenen der behördlichen Prüfung vor Erlass einer beschränkenden Verfügung auswirken. Während bei der Prüfung des Tatbestands eine konkrete Betrachtung der einzelnen Voraussetzungen vorzunehmen ist, kommt es bei der Prüfung der Rechtsfolgenseite, vor allem des Ermessens und der Verhältnismäßigkeit, zu einer wertenden Gesamtbetrachtung und gegebenenfalls zu einer daraus resultierenden Korrektur. In Bayern hat dieser Gedanke Eingang ins Gesetz gefunden. Gemäß Art. 14 Abs. 2 BayVersG kann die zuständige Behörde bei Maßnahmen nach Art. 15 berücksichtigen, inwieweit der Veranstalter oder der Leiter nach Abs. 1 mit ihr zusammenarbeiten. In Schleswig-Holstein fehlt es an einer vergleichbaren Regelung. Wie zu zeigen sein wird, ist der behördliche Prüfauftrag jedoch derselbe.

a) Tatbestandsprüfung

Prüft die Behörde den Tatbestand einer Eingriffsnorm, beispielsweise Art. 15 Abs. 1 BayVersG, § 13 Abs. 1 VersFG SH, so hat sie zu prüfen, ob eine unmittelbare Gefahr für die öffentliche Sicherheit oder Ordnung vorliegt. Kooperation als solche ist kein Tatbestandsmerkmal der Eingriffsnorm. Sie ist auch kein negatives Tatbestandsmerkmal. Wäre dies anders, könnte erfolgte Kooperation die Annahme einer Gefahr kompensieren, sodass der Tatbestand der Eingriffsnorm im Ergebnis zu verneinen wäre. Dies ginge allerdings zu weit. Kooperation kann zwar helfen, eine Versammlung möglichst friedlich durchzuführen, gleichwohl ist sie kein Allheilmittel, mit der jede Gefahr abgewendet werden könnte. Zudem bliebe bei diesem Ansatz fraglich, ab welchem Level der veranstalterseitigen Zusammenarbeit man von erfolgter Kooperation sprechen könnte und wann die Schwelle noch nicht erreicht wäre. Die mannigfaltigen Handlungsmöglichkeiten im kooperativen Verhältnis lassen sich nicht auf lediglich zwei Kategorien herunterbrechen. Vielmehr bleiben die Eingriffsvoraussetzungen der versammlungsgesetzlichen Befugnisnormen, unabhängig von erfolgter Kooperati-

---

[502] Siehe ausführlich zum Institut der Obliegenheit unter B.I.2 c).

on, dieselben.[503] Zudem beeinflusst Kooperation die Annahme einer Gefahr auch nicht in solch einer Weise, dass bei erfolgter Kooperation eine Gefahr zu verneinen wäre und umgekehrt. Unterlassene Kooperation kann nicht per se eine Gefahr begründen.[504] Dementsprechend rechtfertigt fehlende Kooperation allein kein Verbot oder beschränkende Verfügungen.[505] Mangelnde Kooperation darf also versammlungsaufsichtlich nicht sanktioniert werden.[506] Würde man dies annehmen, statuierte man quasi durch die Hintertür eine Pflicht des Veranstalters zur Zusammenarbeit.

Da Zusammenarbeit im Ergebnis keine Tatbestandsvoraussetzung ist und auch nicht reflexartig zur Bejahung oder Verneinung einer Gefahr führt, kann Zusammenarbeit keinen unmittelbaren Einfluss auf die Prüfung der Tatbestandsmerkmale haben. Dies soll anhand einer Kontrollüberlegung – überspitzt – verdeutlicht werden: Ist aufgrund einer konkreten, nicht veränderlichen Versammlungsmodalität von einer Gefahr im Sinne des Art. 15 Abs. 1 BayVersG, § 13 Abs. 1 VersFG SH auszugehen, so kann der Veranstalter noch so auskunftsfreudig und kooperativ in Bezug auf sämtliche anderen Versammlungsmodalitäten der Behörde gegenüber sein, die Gefahrenprognose verändert sich dadurch nicht. Auf der Ebene der Prüfung der Tatbestandsvoraussetzungen einer Eingriffsnorm ist mithin eine Einzelfallbetrachtung jedes einzelnen gefahrbringenden Umstands vorzunehmen. An dieser Stelle erfolgt gerade keine Betrachtung in Bezug auf das gesamte Kooperationsverhältnis.

Vielmehr kann Zusammenarbeit einen mittelbaren Einfluss auf die Prüfung der Tatbestandsmerkmale haben. Erfolgte Zusammenarbeit kann dazu führen, dass eine Gefahr abgelehnt wird. Der Bejahung der Tatbestandsvoraussetzung „Gefahr" liegt eine behördliche Gefahrenprognose zu Grunde. Auf diese kann Kooperation einen mittelbaren Einfluss haben, da Zusammenarbeit zu einer breiteren Tatsachenbasis bei der Behörde beiträgt. Wird mit der Behörde zusammengearbeitet, erhält diese vom Veranstalter Informationen, auch zu ihn entlastenden Umständen. Wenn hingegen nicht mit der Behörde kooperiert wird, kann diese den Sachverhalt nur entsprechend ihrer Möglichkeiten im Rahmen der

---

[503] *Kniesel/Poscher*, in: Lisken/Denninger/Rachor, Handbuch des Polizeirechts, K, Rn. 282.
[504] *Koll*, Liberales Versammlungsrecht, S. 318.
[505] BVerfG, NVwZ 2007, 574 (575); *Dürig-Friedl*, in: Dürig-Friedl/Enders, Versammlungsrecht, VersG, § 14, Rn. 54.
[506] *Hoffmann-Riem*, in: Brandt/Gollwitzer/Henschel, Festschrift für H. Simon, S. 383 f.; Brenneisen/Wilksen/Staack/Martins, VersFG SH, § 3, Rn. 39.

Amtsermittlungspflicht gemäß Art. 24 Abs. 1 Satz 1 BayVwVfG, § 83 Abs. 1 Satz 1 LVwG aufklären. Entlastende Tatsachen werden nicht geliefert und es kommt zu keiner Verständigung über den Austausch einzelner Versammlungsmodalitäten (z.B. der Wegstrecke), durch welche die Gefahrenprognose positiviert werden könnte. Nichtzusammenarbeit kann dementsprechend zu einem Informationsdefizit der Behörde führen.[507] Letztendlich werden der Gefahrenprognose in diesem Fall einzig die von der Behörde ermittelten Tatsachen zu Grunde gelegt. Daran ausgerichtet bejaht oder verneint die Behörde das Vorliegen einer Gefahr und damit das Vorliegen der Tatbestandsvoraussetzungen.

Davon abweichend geht eine Ansicht in der Literatur davon aus, dass mangelnde Zusammenarbeit und die unterlassene Beteiligung bei der Sachverhaltsaufklärung dazu führen, dass die Behörde ihrer Entscheidung bestimmte Annahmen zu Grunde legen könne, deren Richtigkeit nicht restlos aufgeklärt wurde. Zu einer Beweislastumkehr soll es jedoch nicht kommen. Sofern den Beteiligten Kooperation zumutbar war, sie gleichwohl nicht kooperiert haben, soll die Amtsermittlungspflicht der Behörde nur noch abgeschwächt gelten.[508] Im Ergebnis soll unterlassene Mitwirkung behördliches Einschreiten unter erleichterten Voraussetzungen rechtfertigen.[509] Diese Ansicht ist abzulehnen. Folgte man ihr, bestünde die Gefahr, eine Pflicht der Versammlungsverantwortlichen zur Kooperation durch die Hintertür einzuführen. Die Amtsermittlungspflicht der Behörde gemäß Art. 24 Abs. 1 Satz 1 BayVwVfG, § 83 Abs. 1 Satz 1 LVwG gilt vielmehr in jedem Fall umfassend. Die Behörde muss sich nur dann nicht zu weiteren Untersuchungen veranlasst sehen, wenn ihr plausible Informationen freiwillig von den Versammlungsverantwortlichen mitgeteilt werden und sie darauf gestützt eine verlässliche Gefahrenprognose anstellen kann. Darüber hinaus verbleibt die Darlegungs- und Beweislast für Gefahrentatbestände uneingeschränkt bei der Behörde.[510] Sie muss Gefahrentatbestände belegen können, möchte sie Auflagen damit begründen. Verdachtsmomente und Vermutungen können Beschränkungen nicht rechtfertigen.[511] Mangelnde veranstalterseitige Kooperation führt deshalb einzig dazu, dass die Behörde Aspekte, welche die Gefahrenprognose positiv beeinflussen könnten, die jedoch außerhalb des be-

---

[507] Brenneisen/Wilksen/Staack/Martins, VersFG SH, § 3, Rn. 39.
[508] *Scheu*, Freiheitsperspektiven Drittbetroffener im Versammlungsrecht, S. 150 f. m.w.N.
[509] *Scheu*, Freiheitsperspektiven Drittbetroffener im Versammlungsrecht, S. 151 f.
[510] BVerfG, NJW 2001, 2078 (2079).
[511] *Heintzen*, in: Depenheuer/Heintzen/Jestaedt/Axer, Hommage an J. Isensee, S. 115.

hördlichen Erkenntnisbereiches liegen, nicht kennt. Die Behörde legt ihrer Gefahrenprognose vielmehr ihre eigenen Erkenntnisse zu Grunde,[512] ohne dass ihre Beweislast herabgesetzt wäre. Demzufolge trifft auch die Aussage zu, dass der Veranstalter die Versammlung bei unterlassener Kooperation dem Risiko gefahrenabwehrender Maßnahmen aussetzt,[513] reflexartige Folge ist es hingegen nicht.

b) Ermessensprüfung

An die Prüfung des Tatbestands schließt sich die Prüfung der Rechtsfolgen an. Die versammlungsrechtlichen Eingriffsnormen (Art. 15 Abs. 1 BayVersG bzw. § 13 Abs. 1 VersFG SH) räumen der jeweiligen Behörde Ermessen bei der Entscheidung ein, ob und wie sie gegen Störer vorgehen möchte. Liegen die Tatbestandsvoraussetzungen einer Eingriffsnorm vor, muss die Behörde zunächst entscheiden, ob sie tätig werden möchte. Diese Entscheidung steht in ihrem pflichtgemäßen Ermessen. Der Behörde wird Entschließungsermessen eingeräumt. Der Opportunitätsgedanke des Gefahrenabwehrrechts kommt damit auch im Versammlungsrecht zum Tragen.[514]

aa) Entschließungsermessen (Schwellen-Betrachtung)

Schon das Bundesverfassungsgericht äußerte sich im Brokdorf-Beschluss zu der Ermessensentscheidung der Behörde. Zum Einfluss veranstalterseitiger Kooperation auf das Entschließungsermessen führte es folgendermaßen aus: *„Je mehr die Veranstalter anläßlich der Anmeldung einer Großdemonstration zu einseitigen vertrauensbildenden Maßnahmen oder sogar zu einer demonstrationsfreundlichen Kooperation bereit sind, desto höher rückt die Schwelle für behördliches Eingreifen wegen Gefährdung der öffentlichen Sicherheit und Ordnung."*[515] Weiter heißt es: *„Das Fehlen eines gesamtverantwortlichen Anmelders hat lediglich zur Folge, daß die Eingriffsschwelle der zuständigen Behörde bei Störungen - ähnlich wie bei einer Spontandemonstration - absinken kann, sofern die Behörde ihrerseits alles getan hat, um in Erfüllung ihrer Verfahrenspflichten - etwa durch ein Angebot zur fairen Kooperation - die Durchführung*

---

[512] Ullrich, NVersG, § 6, Rn. 14.
[513] *Hoffmann-Riem*, in: Merten/Papier, Handbuch der Grundrechte, Band IV, § 106, Rn. 108.
[514] *Dürig-Friedl*, in: Dürig-Friedl/Enders, Versammlungsrecht, VersG, § 14, Rn. 26, 29.
[515] BVerfGE 69, 315 (357).

einer friedlich konzipierten Demonstration zu ermöglichen."[516] Erkennbar stellt das Bundesverfassungsgericht eine Verbindung zwischen Kooperation einerseits und der Schwelle behördlichen Eingreifens andererseits her. Kooperation soll, wenn sie unternommen wurde, Einfluss auf das behördliche Entschließungsermessen haben. Die Eingriffsschwelle rückt höher. Die Eingriffsschwelle der Behörde soll hingegen absinken können, wenn ein gesamtverantwortlicher Anmelder fehlt. Das Bundesverfassungsgericht hat es demgemäß unterlassen, parallel zu erfolgter Kooperation eine Verknüpfung zwischen unterlassener Kooperation und der behördlichen Eingriffsschwelle herzustellen. Dies wird in Literatur[517] und Rechtsprechung[518] allerdings regelmäßig übersehen. Mit Verweis auf den Brokdorf-Beschluss wird angenommen, dass erfolgte Kooperation die behördliche Eingriffsschwelle höher rücken lasse, unterbliebene Kooperation hingegen zu einem Absinken führen könne, was sowohl vor als auch während der Versammlung gelten soll.[519] Dem schloss sich zunächst auch das Bundesverfassungsgericht an.[520] In einem anderen Verfahren scheint das Gericht hingegen davon abgerückt zu sein, ohne dies allerdings deutlich zum Ausdruck gebracht zu haben. In jener Entscheidung führte das Gericht aus, dass erfolgte Kooperation die behördliche Eingriffsschwelle höherrücken lassen kann, ein Absinken der Schwelle bei unterlassener Kooperation wird allerdings nicht mehr erwähnt.[521] Ohne ausdrückliche dahingehende Äußerung kann zwar nicht sicher geschlussfolgert werden, dass das Bundesverfassungsgericht nicht länger der Ansicht ist, dass unterlassene Kooperation zu einem Absinken der Eingriffsschwelle führen kann. Eine solche Entwicklung wäre allerdings begrüßenswert und auf einer Li-

---

[516] BVerfGE 69, 315 (359).
[517] *Battis/Grigoleit*, NVwZ 2001, 121 (129); *Kniesel*, in: Dietel/Gintzel/Kniesel, VersG, Teil II, § 14, Rn. 121; *Dürig-Friedl*, in: Dürig-Friedl/Enders, Versammlungsrecht, VersG, § 14, Rn. 34; vgl. *Kniesel/Poscher*, in: Lisken/Denninger/Rachor, Handbuch des Polizeirechts, K, Rn. 282; so im Ergebnis auch *Leist*, BayVBl. 2004, 489 (491), der zwar erkennt, dass eine Auskunftsverweigerung per se keinen Verbotsgrund für die Versammlung darstellt, der jedoch die Auskunftsverweigerung zumeist negativ in die Würdigung behördlich gesammelter Tatsachen einfließen lassen möchte; *Scheu*, Freiheitsperspektiven Drittbetroffener im Versammlungsrecht, S. 151.
[518] OVG Weimar, NVwZ-RR 2003, 207 (208); VG Meiningen, Beschluss vom 24.05.2012 – 2 E 235/12 Me.
[519] *Scheidler*, KommP spezial 2009, 151 (155).
[520] BVerfG, NJW 2001, 1407 (1408): *„Die Kooperation kann dazu führen, dass die Schwelle für behördliches Eingreifen wegen einer Gefährdung der öffentlichen Sicherheit oder Ordnung höher rückt (vgl. BVerfGE 69, 315 [355ff.] = NJW 1985, 2395). In umgekehrter Richtung wirkt sich die Verweigerung der Kooperation aus."*
[521] BVerfG, NJW 2001, 2078 (2079).

nie mit der hier vertretenen Ansicht. Sowieso scheint es, als wären die verfassungsgerichtlichen Äußerungen im Brokdorf-Beschluss zum Absinken der Eingriffsschwelle in Literatur und Rechtsprechung unreflektiert auf andere als die dort in Bezug genommenen Umstände erweitert worden. Das Gericht knüpfte ein Absinken der Eingriffsschwelle an das Fehlen eines gesamtverantwortlichen Anmelders und gerade nicht an unterlassene Kooperation. Würde man annehmen, dass unterlassene Kooperation Einfluss auf die behördliche Entscheidung zum Einschreiten hätte, bestünde die Gefahr, dadurch eine, verfassungsrechtlich nicht zu rechtfertigende, Pflicht zur Kooperation zu konstruieren. Versammlungsverantwortliche könnten sich zur Zusammenarbeit verpflichtet sehen, wenn sie andernfalls damit rechnen müssten, dass unterlassene Kooperation unmittelbar negative Folgen für sie hätte.

Dementsprechend ist davon auszugehen, dass erfolgte Kooperation die Eingriffsschwelle höherrücken lassen kann, verweigerte Kooperation hingegen keinen Einfluss auf die Eingriffsschwelle hat.[522]

bb) Auswahlermessen und Verhältnismäßigkeit

Neben dem Entschließungsermessen steht der Behörde auch Auswahlermessen zu. Sie kann entscheiden, in welcher Form sie handeln möchte. Dabei ist der Grundsatz der Verhältnismäßigkeit zu beachten.[523] Insbesondere im Rahmen der Prüfung der Verhältnismäßigkeit kann eine wertende Gesamtbetrachtung angezeigt sein. In diese kann Kooperation als solche, als Gesamtheit des veranstalterseitigen Handelns, eingestellt werden. Grad und Intensität der Zusammenarbeit, sowie Freiwilligkeit und überobligatorische Erfüllung der Anforderungen können bei der wertenden Gesamtbetrachtung Berücksichtigung finden.

Allerdings muss auch dabei differenziert werden. Erfolgte Kooperation kann als positives Element in die Ermessenserwägung der Behörde eingestellt werden. Kooperiert der Veranstalter, so kann dies positive Auswirkungen auf die weitere Versammlungsplanung und -vorbereitung haben und dementsprechend auch im Rahmen der behördlichen Ermessenserwägungen berücksichtigt werden. Dies geschieht allerdings erst auf dieser zweiten Ebene, wenn die ermittelte Tatsachenbasis zuvor überhaupt die Annahme einer Gefahr gerechtfertigt hat und sich die Behörde zum Einschreiten entschlossen hat. Mangels Kooperationspflicht

---

[522] So auch Ullrich, NVersG, § 6, Rn. 14. m.w.N.
[523] *Dürig-Friedl*, in: Dürig-Friedl/Enders, Versammlungsrecht, VersG, § 15, Rn. 28.

des Veranstalters kann verweigerte Kooperation allerdings nicht denselben Stellenwert in der Ermessenserwägung einnehmen wie erfolgte Zusammenarbeit. Sie stellt gerade keinen negativen Umstand dar, den es in der Ermessenserwägung zu berücksichtigen gilt. Andernfalls bestünde wiederum die Gefahr, die bestehende Obliegenheit zur Kooperation in eine Pflicht zu verkehren. Dies wäre verfassungsrechtlich nicht zulässig. Art. 8 GG verbietet nicht nur die ausdrückliche einfachgesetzliche Normierung einer Kooperationspflicht. Es ist auch unzulässig, eine solche Pflicht mittelbar einzuführen. Wichtete man unterlassene Kooperation bei der Ermessensprüfung negativ, könnten sich die Versammlungsverantwortlichen zur Zusammenarbeit verpflichtet sehen, um genau diesen negativen Folgen zu entgehen. Ausprägung des Selbstbestimmungsrechts ist es jedoch auch, sich gegen Kooperation entscheiden zu können, ohne dass sich daraus unmittelbare negative Folgen ergeben. Somit kann Kooperation lediglich dann in die Ermessenserwägungen eingestellt werden, wenn sie positiv berücksichtigt werden soll.

c) Ergebnis

Im Ergebnis gilt: Kooperation kann Einfluss auf die behördliche Sachverhaltskenntnis haben, welche der Gefahrenprognose und damit der Prüfung der Tatbestandsvoraussetzungen von Eingriffsnormen zu Grunde gelegt wird. Der Verzicht auf belastende Maßnahmen stellt somit keine Belohnung für erfolgte Kooperation dar, sondern ist vielmehr Ergebnis der veränderten Gefahrenprognose.[524] Auf der Ebene der Ermessensprüfung kann Kooperation als positiver Aspekt in die Betrachtung eingestellt werden. Dies gilt gleichsam auch bei der Prüfung von behördlichem Einschreiten gemäß Art. 15 Abs. 4 BayVersG, § 13 Abs. 1 VersFG SH während der Versammlung.

Die hiesigen Ausführungen sind bei der Anwendung von Art. 14 Abs. 2 BayVersG zu beachten. Danach kann die Behörde bei Maßnahmen nach Art. 15 BayVersG berücksichtigen, inwieweit die Versammlungsverantwortlichen nach Art. 14 Abs. 1 BayVersG mit ihr zusammenarbeiten. Die Norm ist einschränkend dahingehend auszulegen, dass sowohl erfolgte als auch unterlassene Kooperation bei der Gefahrenprognose mittelbar zu berücksichtigen sind, bei der Ermessensprüfung jedoch einzig erfolgte Kooperation positiv gewertet werden kann.

---

[524] *Hoffmann-Riem*, in: Merten/Papier, Handbuch der Grundrechte, Band IV, § 106, Rn. 108.

3. Empfehlung

In den Bundesländern, in denen das Versammlungsgesetz umfassend fortgilt, als auch in Berlin und Brandenburg, empfiehlt es sich für die Versammlungsverantwortlichen, mit der Behörde zusammen zu arbeiten.[525] Diese Empfehlung ist einfachgesetzlich nicht normiert. Fraglich ist, welchen Einfluss das Befolgen der Empfehlung auf die behördliche Prüfung von Eingriffsbefugnissen hat. Im Ergebnis stellt sich die Situation genauso dar wie bei normierten Kooperationsobliegenheiten. Auf der Ebene der Tatbestandsprüfung kann Zusammenarbeit mit der Behörde dazu führen, dass deren Sachverhaltskenntnis und im Ergebnis deren Gefahrenprognose verändert wird. Diese Folge ergibt sich in beide Richtungen. Mithin kann unterlassene Kooperation im Ergebnis zur Annahme einer Gefahr führen. Dies ergibt sich allerdings nicht aus dem Umstand an sich, dass Kooperation unterlassen wurde, sondern aus der daraus resultierenden (unvollständigen) Sachverhaltskenntnis der Behörde. Ebenso wie bei einer Kooperationsobliegenheit kann sich Zusammenarbeit aufgrund einer dahingehenden Empfehlung bei der Prüfung des Ermessens positiv auswirken. Negative Konsequenzen können sich aufgrund unterbliebener Kooperation nicht ergeben, da ansonsten eine Pflicht zur Zusammenarbeit durch die Hintertür statuiert würde.

---

[525] Siehe dazu unter B.III.1.d).

D. Kooperation in der Verwaltungspraxis

Nachdem eingangs die Rechtsgrundlagen der Kooperation untersucht wurden und daraus der jeweilige Grad der Verpflichtung zur Zusammenarbeit abgeleitet wurde, soll nun der konkrete Inhalt dieser Verpflichtungen beleuchtet werden. Dazu wird der Ablauf von Kooperation in der Verwaltungspraxis chronologisch dargestellt.

I. Anmeldung bzw. Anzeige einer Versammlung

Gemäß § 14 Abs. 1 VersG, Art. 13 Abs. 1 Satz 1 BayVersG, § 11 Abs. 1 Satz 1 VersFG SH besteht die Pflicht zur Anmeldung bzw. Anzeige einer Versammlung. Mit der Anmeldung bzw. Anzeige einer Versammlung beginnt das kooperative Verhältnis zwischen Behörde und Veranstalter.[526] Kontakt vor der Anmeldung kommt hingegen keine verfahrensrechtliche Relevanz zu.[527]

Unterbleibt die Anmeldung bzw. Anzeige und erhält die Behörde trotzdem anderweitig Kenntnis von einer geplanten Versammlung, etwa durch Einladungen oder Aufrufe im Internet, so ist sie in der Pflicht, den Kontakt zur Versammlung – oder zumindest zu einem Teil davon – herzustellen und Kooperation anzubieten.[528] Denn eine ordnungsgemäße Anmeldung bzw. Anzeige ist keine konstitutive Voraussetzung für Zusammenarbeit.[529] Derart gelagerte Sachverhalte können beispielsweise bei Großveranstaltungen auftreten, wenn sich niemand einheitlich in der Verantwortung sieht.

1. Nötige Angaben bei der Anmeldung bzw. Anzeige einer Versammlung

Die Anmeldung bzw. Anzeige einer Versammlung erschöpft sich nicht allein in der Mitteilung, dass eine solche geplant ist. Vielmehr sind mit der Anmeldung

---

[526] Siehe dazu Fn. 364.
[527] Dietel/Gintzel/Kniesel, VersG (16. Auflage), § 14, Rn. 31.
[528] *Buschmann*, Kooperationspflichten im Versammlungsrecht, S. 51; *Kniesel*, in: Dietel/Gintzel/Kniesel, VersG, Teil II, § 14, Rn. 107; *Kniesel/Poscher*, in: Lisken/Denninger/Rachor, Handbuch des Polizeirechts, K, Rn. 274; *Scheidler*, Die Polizei 2009, 162 (165).
[529] *Peters*, in: Peters/Janz, Handbuch Versammlungsrecht, F, Rn. 36.

bzw. Anzeige weitere Angaben zu machen. Die gesetzlichen Festlegungen hierzu variieren in den einzelnen Ländern.[530]

In jenen Bundesländern, in denen das Versammlungsgesetz fortgilt, sind gemäß § 14 VersG der Leiter und der Veranstalter einer Versammlung, sowie deren Gegenstand zu benennen. Unter dem Gegenstand einer Versammlung versteht man deren Thema, Ort, Zeit, gegebenenfalls Wegstrecke und ihren groben Ablauf.

Im Bayerischen Versammlungsgesetz findet sich eine detaillierte Auflistung der nötigen Angaben. Gemäß Art. 13 Abs. 2 Satz 1 BayVersG sind bei der Anzeige der Ort der Versammlung, der Zeitpunkt des beabsichtigten Beginns und des beabsichtigten Endes der Versammlung, das Versammlungsthema, der Veranstalter und der Leiter mit ihren persönlichen Daten im Sinne des Art. 10 Abs. 3 Satz 1 BayVersG, sowie bei sich fortbewegenden Versammlungen der beabsichtigte Streckenverlauf anzugeben. Die ursprüngliche Fassung von Art. 13 Abs. 2 Satz 1 BayVersG enthielt noch drei weitere Nummern. Danach war zudem die telefonische Erreichbarkeit von Veranstalter und Leiter anzugeben, die erwartete Zahl der teilnehmenden Personen, der beabsichtigte Ablauf der Versammlung, die zur Durchführung der Versammlung mitgeführten Gegenstände oder die verwendeten technischen Hilfsmittel, sowie die vorgesehene Anzahl von Ordnern. Die Streichung dieser zusätzlichen Angaben verdeutlicht den gesetzgeberischen Willen, dass jene Angaben grundsätzlich nicht nötig sind.[531] Damit entspricht die jetzige Aufzählung der bereits unter § 14 VersG üblichen Verwaltungspraxis.[532]

§ 11 Abs. 2 VersFG SH enthält eine vergleichbare Aufzählung. Danach muss die Anzeige einer Versammlung den geplanten Ablauf der Versammlung nach Ort, Zeit und Thema bezeichnen, bei Aufzügen auch den beabsichtigten Streckenverlauf. Zudem sind Name und Anschrift der anzeigenden Person sowie des Leiters anzugeben.

Somit stimmen die nötigen Angaben bei der Anmeldung bzw. Anzeige einer Versammlung in den einzelnen Bundesländern überein. Selbstverständlich steht

---

[530] Siehe dazu unter B.III.1.b)aa), B.III.2.a)aa)(2)(a) und B.III.2.b)aa)(2)(a).
[531] *Merk*, in: Wächtler/Heinhold/Merk, BayVersG, Art. 13, Rn. 19.
[532] *Merk*, in: Wächtler/Heinhold/Merk, BayVersG, Art. 13, Rn. 19.

es dem Veranstalter frei, weitere Angaben zu machen. Dies kann im Interesse eines reibungslosen Versammlungsablaufs sogar zweckmäßig sein.[533]

2. Form und Frist der Anmeldung bzw. Anzeige

Die Form der Anmeldung bzw. Anzeige ist nur in Bayern näher vorgegeben. Gemäß Art. 13 Abs. 1 Satz 1 BayVersG kann sie fernmündlich, schriftlich, elektronisch oder zur Niederschrift erfolgen. Für die restlichen Bundesländer wird ebenfalls angenommen, dass die Anmeldung bzw. Anzeige mündlich, schriftlich, fernmündlich, elektronisch oder zur Niederschrift erfolgen kann.[534] Gemäß § 23 Abs. 1 VwVfG, Art. 23 Abs. 1 BayVwVfG, § 82a Abs. 1 LVwG muss sie jedenfalls in deutscher Sprache abgefasst sein.[535]

Gemäß § 14 Abs. 1 VersG muss die Absicht zur Durchführung einer Versammlung der Behörde gegenüber spätestens 48 Stunden vor Bekanntgabe, und eben gerade nicht erst vor Beginn,[536] erklärt werden. Bekanntgabe meint dabei die Mitteilung der für die Teilnahme relevanten Informationen hinsichtlich Beginn, Ort und Thema gegenüber der Öffentlichkeit.[537] Art. 13 Abs. 1 Satz 2 BayVersG bestimmt für Bayern, dass Samstage, Sonn- und Feiertage bei der Berechnung der auch hier geltenden 48 Stunden-Frist außer Betracht bleiben. Zudem findet sich in Art. 13 Abs. 1 Satz 5 BayVersG eine Legaldefinition der Bekanntgabe einer Versammlung. Dies ist die Mitteilung des Veranstalters von Ort, Zeit und Thema der Versammlung an einen bestimmten oder unbestimmten Personenkreis.

---

[533] *Merk*, in: Wächtler/Heinhold/Merk, BayVersG, Art. 13, Rn. 19.
[534] Brenneisen/Wilksen/Staack/Martins, VersFG SH, § 11, Rn. 10; *Kniesel*, in: Dietel/Gintzel/Kniesel, VersG, Teil II, § 14, Rn. 34; *Rühl*, in: Ridder/Breitbach/Rühl/Steinmeier, VersG, § 14, Rn. 17; *Wache*, in: Erbs/Kohlhaas, Band IV, VersG, § 14, Rn. 6.
[535] Dietel/Gintzel/Kniesel, VersG (16. Auflage), § 14, Rn. 14; Köhler/Dürig-Friedl, Demonstrations- und VersammlungsR, § 14 VersG, Rn. 5; *Krüger*, Versammlungsrecht, S. 147; Schaden/Beckmann/Stollenwerk, VersG, § 14, 2.2.
[536] Dies wird oft falsch dargestellt, nicht zuletzt auch von Behörden – exemplarisch: https://www.kreis-mettmann.de/Weitere-Themen/Sicherheit-Ordnung/Versammlungen (letzter Abruf: 24.06.2018); https://viersen.polizei.nrw/artikel/informationen-zum-versammlungsrecht-1 (letzter Abruf: 24.06.2018); https://stadt.weimar.de/buergerservice/dienstleistung/demonstration-versammlung-unter-freiem-himmel-317/ (letzter Abruf: 24.06.2018).
[537] *Dietel*, Die Polizei 1976, 18 (21); *Kniesel*, in: Dietel/Gintzel/Kniesel, VersG, Teil II, § 14, Rn. 34.

§ 11 Abs. 1 Satz 1 VersFG SH spricht von der Einladung zu einer Versammlung. Darunter versteht man die Mitteilung über Ort, Zeit und Thema einer Versammlung durch den Veranstalter an einen bestimmten oder unbestimmten Personenkreis mit dem Ziel der Information und zugleich der Aufforderung, an der von ihm geplanten Versammlung teilzunehmen und sich mit dem Versammlungszweck zu identifizieren.[538] Die Einladung geht damit über die bloße Mitteilung einer Versammlung (Bekanntgabe) hinaus. Inhaltliche Unterschiede ergeben sich daraus allerdings nicht. Auch in Schleswig-Holstein gilt die 48 Stunden-Frist. Im Gesetzgebungsverfahren hat man sich bewusst gegen eine der bayerischen Regelung vergleichbare Formulierung entschieden, dass Samstage, Sonn- und Feiertage bei der Fristberechnung außer Acht bleiben sollen.[539] Dies solle im Einzelfall mehr Freiraum für kurzfristig geplante Versammlungen bieten.[540]

Die scheinbare Einschränkung durch den zeitlichen Vorlauf dient letztendlich der Verwirklichung der Versammlungsfreiheit, indem der Behörde die Möglichkeit eingeräumt wird, erste Absprachen mit anderen Behörden zu treffen und einen Interessenausgleich anzustreben.[541] Auf die Einhaltung der 48 Stunden-Frist soll die Behörde verzichten können.[542] Andererseits ist eine Anmeldung bzw. Anzeige auch dann noch nötig, wenn die Behörde schon anderweitig von der Versammlung Kenntnis erlangt hat.[543]

In Bayern findet sich eine weitere zeitliche Grenze für die Anzeige einer Versammlung. Gemäß Art. 13 Abs. 1 Satz 4 BayVersG ist eine Anzeige frühestens zwei Jahre vor dem beabsichtigten Versammlungsbeginn möglich. In Schleswig-Holstein hat man sich ganz bewusst dagegen entschieden. Dort hielt man eine solche Regelung für unnötig, da das in Bayern hiermit beabsichtigte Erstanmelderprivileg nicht zwangsläufig zur Verhinderung von Gegendemonstrationen oder anderen Kundgebungen führen kann.[544] Der Prioritätsgrundsatz soll

---

[538] Brenneisen/Wilksen/Staack/Martins, VersFG SH, § 11, Rn. 9 m.w.N.
[539] Schleswig-Holsteinischer Landtag, Umdruck 18/2514, S. 21.
[540] Brenneisen/Wilksen/Staack/Martins, VersFG SH, § 11, Rn. 11.
[541] *Brenneisen/Wilksen*, Versammlungsrecht, S. 79; *Buschmann*, Kooperationspflichten im Versammlungsrecht, S. 77; *Kniesel*, in: Dietel/Gintzel/Kniesel, VersG, Teil II, § 14, Rn. 9; *Rühl*, in: Ridder/Breitbach/Rühl/Steinmeier, VersG, § 14, Rn. 4.
[542] Ott/Wächtler/Heinhold, VersG, § 14, Rn. 5 m.w.N.
[543] Ott/Wächtler/Heinhold, VersG, § 14, Rn. 7.
[544] Schleswig-Holsteinischer Landtag, Umdruck 18/2514, S. 21.

nicht automatisch bestehen. Vielmehr sei im Wege praktischer Konkordanz ein aktueller Interessenausgleich herzustellen.[545]

Auch wenn dies in den Versammlungsgesetzen nicht vorgeschrieben ist, entspricht es der Verwaltungspraxis, dass die Anmeldung bzw. Anzeige einer Versammlung formlos bestätigt wird. Diese Bestätigung ist regelmäßig kein Verwaltungsakt.[546]

3. Weitere mit der Anmeldung bzw. Anzeige zu stellende Anträge
a) Verwendung von Ordnern

In den Bundesländern, in denen das Versammlungsgesetz fortgilt, steht die Verwendung von Ordnern für Versammlungen unter freiem Himmel gemäß §§ 18 Abs. 2, 19 Abs. 1 VersG unter einem Verbot mit Erlaubnisvorbehalt.[547] Dies soll der präventiven Kontrolle von Anzahl und Qualifikation der Ordner dienen.[548] Dem Veranstalter steht es frei, ob er Ordner einsetzen möchte. Unter Umständen kann deren Verwendung jedoch durch Auflage gemäß § 15 Abs. 1 VersG angeordnet werden.[549] Regelmäßig werden sich Großdemonstrationen ohne Ordner nicht durchführen lassen. Die polizeiliche Genehmigung zur Verwendung von Ordnern ist, unter freiwilliger Angabe der Identität der Ordner,[550] ebenfalls entsprechend der 48 Stunden-Frist zu beantragen.[551] Die Genehmigung von Ordnern ist eine Ermessensentscheidung.[552] Stellen sich die Ordner als unzuverlässig oder ungeeignet heraus, kann die Erlaubnis versagt werden.[553] Allerdings dürfen Ordner nur abgelehnt werden, wenn dies als Ergebnis einer behördlichen Güterabwägung dem Schutz gleichgewichtiger Rechtsgüter dient. Dies ist Ausfluss der in Art. 8 GG verkörperten verfassungsrechtlichen Grundentschei-

---

[545] Brenneisen/Wilksen/Staack/Martins, VersFG SH, § 11, Rn. 12.
[546] Brenneisen/Wilksen/Staack/Martins, VersFG SH, § 11, Rn. 10; *Kniesel*, in: Dietel/Gintzel/Kniesel, VersG, Teil II, § 14, Rn. 46 f.; *Dürig-Friedl*, in: Dürig-Friedl/Enders, Versammlungsrecht, VersG, § 14, Rn. 23.
[547] *Kniesel*, in: Dietel/Gintzel/Kniesel, VersG, Teil II, § 18, Rn. 23 f.
[548] VGH München, Beschluss vom 18.06.2002 – 24 ZB 01.1735, Rn. 19 (juris); *Kniesel*, in: Dietel/Gintzel/Kniesel, VersG, Teil II, § 18, Rn. 24.
[549] Ott/Wächtler/Heinhold, VersG, § 18, Rn. 4.
[550] VG Freiburg, Urteil vom 17.05.2010 – 3 K 464/09, Rn. 31 (juris); *Kniesel*, in: Dietel/Gintzel/Kniesel, VersG, Teil II, § 18, Rn. 26 ff.
[551] Ott/Wächtler/Heinhold, VersG, § 18, Rn. 4.
[552] Ott/Wächtler/Heinhold, VersG, § 18, Rn. 5.
[553] OVG Bautzen, NVwZ-RR 2002, 435 (435 f.); *Hoffmann-Riem*, NVwZ 2002, 257 (263); Ott/Wächtler/Heinhold, VersG, § 18, Rn. 24.

dung, wonach die Ausübung der Versammlungsfreiheit nur zum Schutz kollidierender Grundrechte Dritter oder anderer mit Verfassungsrang ausgestatteter Rechtsgüter unter strikter Wahrung des Grundsatzes der Verhältnismäßigkeit begrenzt werden darf.[554] Stellt sich ein Ordner als unzuverlässig heraus, so hat die Behörde ihn zu benennen, um den Verantwortlichen einen Austausch zu ermöglichen.[555] Dies stellt eine weitere Ausprägung der behördlichen Kooperationspflicht dar.

Im Bayerischen Versammlungsgesetz findet sich keine entsprechende Norm. Dort ist die Verwendung von Ordnern weder zu beantragen noch anzuzeigen.

In Schleswig-Holstein ist der Einsatz von Ordnern, sofern sich die Versammlungsleitung ihrer Hilfe bedient, unter Angabe der Zahl der dafür voraussichtlich eingesetzten Personen der zuständigen Behörde mitzuteilen, § 11 Abs. 3 Satz 2 VersFG SH. Eine Erlaubnis für deren Einsatz ist hingegen nicht zu beantragen.

b) Einsatz von Kundgebungsmitteln

Bei einer Versammlung sollen regelmäßig Kundgebungs- oder Hilfsmittel eingesetzt werden, beispielsweise Lautsprecher. Kundgebungsmittel verstärken typischerweise die inhaltliche Aussage einer Versammlung. Sind sie notwendiger Bestandteil der Versammlung und dienen der Durchsetzung des Inhalts, so ist ihr Einsatz erlaubnisfrei, selbst wenn dafür grundsätzlich eine Erlaubnispflicht bestünde.[556] Weist die geplante Infrastruktur allerdings keinen funktionalen Zusammenhang zur Versammlung auf oder geht über das notwendige Maß hinaus, so ist deren Einsatz nicht von der Erlaubnisfreiheit gedeckt[557] und kann reglementiert werden.

Uneinig ist man sich in der Literatur darüber, ob der geplante Einsatz von Hilfsmitteln, beispielsweise Lautsprechern, in der Anmeldung bzw. Anzeige einer Versammlung anzugeben ist. Teilweise wird vertreten, dass dies nötig ist, damit die Behörde prüfen kann, ob eine möglicherweise nach anderen Gesetzen bestehende Erlaubnispflicht entfällt.[558] Andere gehen davon aus, dass keine da-

---

[554] Siehe dazu Fn. 274.
[555] BVerfG, NJW 2001, 2078 (2079); *Hoffmann-Riem*, NVwZ 2002, 257 (263).
[556] *Kanther*, NVwZ 2001, 1239 (1241).
[557] *Kanther*, NVwZ 2001, 1239 (1240).
[558] Dietel/Gintzel/Kniesel, VersG (16. Auflage), § 14, Rn. 21; *Dürig-Friedl*, in: Dürig-Friedl/Enders, Versammlungsrecht, VersG, § 14, Rn. 19.

hingehende Verpflichtung besteht, die Angabe jedoch zweckmäßig sein kann.[559] Dem ist zuzustimmen. Da sich in den einzelnen Versammlungsgesetzen keine Vorschriften finden, die eine solche Angabe durch den Veranstalter fordern, kann nicht davon ausgegangen werden, dass eine dahingehende Verpflichtung bestünde. Die Angabe erfolgt deshalb freiwillig, zweckmäßig ist sie in jedem Fall.

Ebenso nicht vorgeschrieben, jedoch zweckmäßig ist die Angabe der erwarteten Teilnehmerzahl in der Anmeldung bzw. Anzeige der Versammlung.[560]

4. Konzentrationswirkung

Dem Anmelde- bzw. Anzeigeverfahren kommt Konzentrationswirkung zu.[561] Das bedeutet, dass die zuständige Behörde aus einer Hand über sämtliche, mit der Versammlung in Verbindung stehende Angelegenheiten entscheidet. Weitere Genehmigungen oder Erlaubnisse anderer Behörden sind nicht einzuholen. Dadurch wird allerdings nur die anderweitige förmliche Erlaubnis entbehrlich gemacht, nicht jedoch die materielle fachbehördliche Prüfung. Die Versammlungsbehörde muss die weiteren Fachbehörden beteiligen und deren Erwägungen in ihre eigene Prüfung des Vorliegens einer Gefahr für die öffentliche Sicherheit oder Ordnung einstellen.[562] Dementsprechend tritt allein die Versammlungsbehörde als Ansprechpartner den Versammlungsverantwortlichen gegenüber auf, ohne dass deshalb andere fachbehördliche Prüfungen entfielen. Der Veranstalter muss deshalb, beispielsweise für die Nutzung von Flächen des öffentlichen Gemeingebrauchs, kein anderweitiges Erlaubnisverfahren durchführen.[563] Keine Konzentrationswirkung kommt der Anmeldung bzw. Anzeige hingegen zu, wenn der Zugang zu Flächen begehrt wird, die nicht dem öffentlichem Verkehr gewidmet sind,[564] weshalb diesbezügliche Belange auch nicht zwischen dem Veranstalter und der Versammlungsbehörde zu erörtern sind.

Probleme können bei Spontanversammlungen auftreten. Mangels Anmeldung bzw. Anzeige einer solchen Versammlung fehlt es am Anknüpfungspunkt der

---

[559] Ott/Wächtler/Heinhold, VersG, § 14, Rn. 23.
[560] Ott/Wächtler/Heinhold, VersG, § 14, Rn. 23.
[561] *Kniesel*, in: Dietel/Gintzel/Kniesel, VersG, Teil II, § 14, Rn. 37 ff.
[562] Ott/Wächtler/Heinhold, VersG, § 14, Rn. 3; *Kniesel/Poscher*, in: Lisken/Denninger/Rachor, Handbuch des Polizeirechts, K, Rn. 250.
[563] OVG Frankfurt (Oder), NVwZ-RR 2004, 844 (845).
[564] OVG Frankfurt (Oder), NVwZ-RR 2004, 844 (845).

Konzentrationswirkung. Daraus kann jedoch nicht gefolgert werden, dass andere Genehmigungen einzuholen wären. Vielmehr wird man in diesem Fall allein aus dem Vorliegen einer Versammlung auch die weitere Erlaubnisfreiheit ableiten müssen. Ansonsten würde die Zulässigkeit von spontanen Versammlungen massiv und über Gebühr beschränkt. Dies entspricht der verfassungskonformen Auslegung von § 14 VersG bei Spontanversammlungen.[565] Für Bayern findet sich in Art. 13 Abs. 4 BayVersG eine Vorschrift, wonach die Anzeigepflicht bei Spontanversammlungen entfällt. Gleiches gilt gemäß § 11 Abs. 6 VersFG SH. Dementsprechend ist es in einigen Ländern bereits gesetzlich vorgesehen, dass es Versammlungen ohne Anzeige geben kann. In anderen Ländern kommt man durch verfassungskonforme Auslegung zum selben Ergebnis. Da es sich dabei gleichwohl um schützenswerte Versammlungen handelt, kann folgerichtig auch für solche Versammlungen die Konzentrationswirkung nicht entfallen. Es erscheint sachgerecht, die Tatsache des Vorliegens einer Versammlung als Anknüpfungspunkt für die Konzentrationswirkung zu wählen. Deshalb müssen die Versammlungsverantwortlichen, sofern es diese bei einer Spontanversammlung überhaupt gibt, keine weiteren Erlaubnisse einholen. Gleichwohl kann es dazu kommen, dass die Polizei vor Ort beispielsweise aufgrund straßenrechtlicher Konflikte ermessensfehlerfrei vom Vorliegen einer unmittelbaren Gefahr für die öffentliche Sicherheit ausgeht und dementsprechend gemäß § 15 Abs. 1 VersG, Art. 15 Abs. 1 und 4 BayVersG, § 13 Abs. 1 VersFG SH einschreiten kann. Ohne Abstimmungen im Vorfeld werden derartige Konflikte häufiger auftreten. Polizeiliche Maßnahmen knüpfen in diesem Fall jedoch nicht an die nicht anderweitig eingeholte Erlaubnis, sondern allein an das Vorliegen einer unmittelbaren Gefahr an. Das Eingreifen der Konzentrationswirkung auch bei Spontanversammlungen führt zu keiner Absenkung der Eingriffsschwelle.

5. Großdemonstrationen als Sonderfall?

Bei strikter Anwendung von § 14 Abs. 1 VersG, Art. 13 Abs. 1 BayVersG bzw. § 11 Abs. 1 VersFG SH würden Großdemonstrationen regelmäßig am Anmelde- bzw. Anzeigeerfordernis scheitern, da es meistens keine einheitliche Anmeldung bzw. Anzeige geben wird. Die genannten Normen gehen von nur einem Veranstalter aus. Großdemonstrationen zeichnen sich hingegen häufig durch mehrere

---

[565] Siehe dazu Fn. 240.

nebeneinander stattfindende Versammlungen aus, die jeweils einen eigenen Veranstalter haben.

Gemäß § 11 Abs. 1 Satz 2 VersFG SH ist nur eine Anzeige abzugeben, auch wenn mehrere Personen eine Versammlung veranstalten. Dies dürfte allerdings keine Normierung speziell für Großdemonstrationen sein. Gemeint sind höchstwahrscheinlich mehrere Veranstalter einer Versammlung und eben gerade nicht mehrere Versammlungen. Dies ergibt sich schon daraus, dass bei einer Großdemonstration der Veranstalter einer Teilversammlung keine Kenntnis von allen relevanten Informationen der gesamten Versammlung hat und auch nicht als Veranstalter der gesamten Versammlung auftreten möchte.

Art. 8 Abs. 1 GG schützt nicht nur die typische straff organisierte Versammlung mit einem einzigen Veranstalter. Auch nicht hierarchisch strukturierte Versammlungen mit diversen (Abschnitts-)Veranstaltern ohne Gesamtverantwortlichem werden erfasst.[566] Die entsprechenden Normen sind bei Großdemonstrationen verfassungskonform auszulegen.[567] Dementsprechend sind auch Teilanmeldungen mehrerer Veranstalter zu akzeptieren,[568] wobei die einzelnen Veranstalter jeweils nur für den für sie überschaubaren Bereich anmeldepflichtig sind.[569] Das Bundesverfassungsgericht formulierte dazu im Brokdorf-Beschluss: *„Wegen der Vielschichtigkeit der Trägerorganisation bei Großveranstaltungen erscheint allerdings eine verfassungskonforme Interpretation des § 14 i. V. mit § 15 Abs. 2 VersG dann angezeigt, wenn sich einzelne Gruppen oder Personen außerstande sehen, eine Gesamtanmeldung oder -leitung vorzunehmen. Schon ein nur beschränkt erteiltes Mandat und eine nur begrenzt vorhandene Bereitschaft, sich dialogfähig zu zeigen und Verantwortlichkeit zu übernehmen, darf bei der Prüfung etwaiger Sanktionen wegen unterbliebener Anmeldung nicht außer acht bleiben."*[570] Deshalb lässt man in verfassungskonformer Auslegung der Anmelde- bzw. Anzeigepflicht die Teilanmeldung bzw. -anzeige jedes ein-

---

[566] *Kniesel*, in: Dietel/Gintzel/Kniesel, VersG, Teil I, Rn. 167.
[567] BVerfGE 69, 315 (357 ff.); *Kloepfer*, in: Isensee/Kirchhof, Handbuch des Staatsrechts, Band VII, § 164, Rn. 38; *Schenke*, Polizei- und Ordnungsrecht, Rn. 372; *Werner*, Formelle und materielle Versammlungsrechtswidrigkeit, S. 77; a.A. *Geulen*, KJ 1983, 189 (193 f.).
[568] BVerfGE 69, 315 (358 f.); Ott/Wächtler/Heinhold, VersG, § 14, Rn. 18.
[569] *Hölscheidt*, DVBl 1987, 666 (670); *Zeitler*, Versammlungsrecht, Rn. 103.
[570] BVerfGE 69, 315 (359).

zelnen Veranstalters genügen.[571] Nur durch ein solches Normverständnis kann man der verfassungsrechtlich verbürgten Freiheit zur größtmöglichen Durchsetzung verhelfen. Zudem wird dadurch rein praktisch abgesichert, dass es überhaupt zu Anmeldungen bzw. Anzeigen kommt, da sich höchstwahrscheinlich niemand als Gesamtverantwortlicher melden würde, die einzelnen Initiatoren jedoch regelmäßig bereit sind, zumindest für ihren Teil der Großdemonstration verantwortlich zu zeichnen.

Das Bundesverfassungsgericht geht im Fall von Großdemonstrationen zudem von einer *„veränderten Funktion der Anmeldung"* aus.[572] Unter Zurücktreten der Informationsfunktion tritt das gegenseitige Kennenlernen in den Vordergrund. Denn die Behörde wird häufig schon anderweitig Kenntnis erlangt haben, insofern sich Großdemonstrationen gerade durch eine umfängliche vorherige Planung und Öffentlichkeitsmobilisierung auszeichnen, und es ihnen meist an Spontaneität fehlt.[573] Gerade wegen des erhöhten Kooperationsbedarfs[574] ist die Anmeldung bzw. Anzeige jedoch unentbehrlich, um der Behörde einen Ansprechpartner zu geben, an den beschränkende Verfügungen adressiert werden können.[575]

Daneben stellt sich die Frage, ob für Großdemonstrationen die 48 Stunden-Frist genügen kann. Dies wird einerseits verneint. Eine Ausweitung der Anmelde- bzw. Anzeigefrist sei notwendig, wie Erfahrungen bei größeren Veranstaltungen belegten. Andernfalls verbliebe nicht genügend Zeit für die Zusammenarbeit zwischen Veranstalter und Behörde.[576] Andere betrachten die Frist als ausreichend.[577] Begründet wird dies damit, dass es Großdemonstrationen gerade an Spontaneität fehle. Schon wegen ihrer Größe und dem damit einhergehenden Planungsaufwand sei eine geheime Planung kaum denkbar. Zudem erfordern große Veranstaltungen auch adäquate Versammlungsorte, die rechtzeitig reser-

---

[571] BVerfGE 69, 315 (359); *Tölle*, in: Mansdörfer/Miebach, Münchener Kommentar zum StGB, Band VI, VersG, § 26, Rn. 12; *Rühl*, in: Ridder/Breitbach/Rühl/Steinmeier, VersG, § 14, Rn. 6.
[572] BVerfGE 69, 315 (358).
[573] BVerfGE 69, 315 (358); *Buschmann*, Kooperationspflichten im Versammlungsrecht, S. 78.
[574] *Buschmann*, Kooperationspflichten im Versammlungsrecht, S. 79.
[575] BVerfGE 69, 315 (358); *Kniesel/Poscher*, in: Lisken/Denninger/Rachor, Handbuch des Polizeirechts, K, Rn. 237; *Werner*, Formelle und materielle Versammlungsrechtswidrigkeit, S. 59.
[576] Dietel/Gintzel/Kniesel, VersG (15. Auflage), § 14, Rn. 62.
[577] Ott/Wächtler/Heinhold, VersG, § 14, Rn. 2.

viert werden müssen.[578] Die Behörden würden deshalb sowieso schon früher Kenntnis erlangen. Gleichwohl fänden Kooperationsgespräche meist erst kurz vor der Versammlung statt, um aktuellen Entwicklungen Rechnung tragen zu können. Eine längere Anmeldefrist würde daran nichts ändern.[579]

In jedem Fall bedürfte die Verlängerung der Anmelde- bzw. Anzeigefrist einer gesetzlichen Grundlage. Zudem müsste gesetzlich definiert werden, wann eine Großdemonstration vorliegt. An beidem fehlt es aktuell. Zwar sah Art. 13 Abs. 1 BayVersG 2008 zunächst eine Anmeldefrist von 72 bis hin zu 96 Stunden bei überörtlichen Versammlungen vor. Diese Ausweitung wurde jedoch später wieder revidiert.[580]

6. Spontan- und Eilversammlungen

Wie bereits verschiedentlich erwähnt, stellen sich bei der Anmeldung bzw. Anzeige von Spontan- und Eilversammlungen Besonderheiten.

Bei sogenannten Spontanversammlungen fehlt nahezu jede zeitliche Distanz zwischen der Versammlung und ihrem Anliegen.[581] Sie bildet sich vielmehr augenblicklich aus aktuellem Anlass.[582] Eine Anmeldung bzw. Anzeige, insbesondere die Einhaltung der 48 Stunden-Frist, wäre nicht umsetzbar, ohne dass die Dringlichkeit des Anlasses aufgegeben würde. Häufig fehlt es schon an einem Veranstalter, der die Anmeldung bzw. Anzeige vornehmen könnte.[583]

In Art. 13 Abs. 4 BayVersG und § 11 Abs. 6 VersFG SH finden sich jeweils Legaldefinitionen einer Spontanversammlung. Danach liegt eine Spontanversammlung vor, wenn sich die Versammlung aus einem unmittelbaren Anlass ungeplant und ohne Veranstalter entwickelt (Art. 13 Abs. 4 BayVersG) bzw. wenn sich die Versammlung aufgrund eines spontanen Entschlusses augenblicklich bildet (§ 11 Abs. 6 VersFG SH). Das Versammlungsgesetz enthält insoweit keine Begriffsbestimmung. Dementsprechend hat das Bayerische Versammlungs-

---

[578] Ott/Wächtler/Heinhold, VersG, § 14, Rn. 2.
[579] Ott/Wächtler/Heinhold, VersG, § 14, Rn. 2.
[580] Bayerischer Landtag-Drucksache 16/1270, S. 4; festgehalten wurde jedoch an der Regelung, dass Samstage, Sonn- und Feiertage bei der Berechnung der 48 Stunden-Frist außer Betracht bleiben.
[581] *Kloepfer*, in: Isensee/Kirchhof, Handbuch des Staatsrechts, Band VII, § 164, Rn. 36; *Weber*, KommJur 2010, 410 (412).
[582] BVerfGE 69, 315 (350).
[583] *Kniesel/Poscher*, in: Lisken/Denninger/Rachor, Handbuch des Polizeirechts, K, Rn. 229.

gesetz das Fehlen eines Veranstalters zum Wesensmerkmal einer Spontanversammlung erklärt. In den restlichen Bundesländern ist dies kein Wesensmerkmal von Spontanversammlungen, meist jedoch deren praktische Folge.[584] Im Unterschied zu Spontanversammlungen sind Eilversammlungen zwar geplant und nicht veranstalterlos. Allerdings würde das Versammlungsanliegen gefährdet, bestünde man auf der Einhaltung der gesetzlichen Anmeldefrist. Gemäß Art. 13 Abs. 3 BayVersG liegt eine Eilversammlung vor, wenn der Anlass für eine geplante Versammlung kurzfristig entsteht. Nach § 11 Abs. 5 VersFG SH liegt eine Eilversammlung vor, wenn der Zweck der Versammlung durch eine Einhaltung der Frist nach § 11 Abs. 1 Satz 1 gefährdet würde. Auch zu dieser Begrifflichkeit schweigt das Versammlungsgesetz.

Für die Bundesländer, in denen das Versammlungsgesetz fortgilt, ist anerkannt, dass die Anmeldefrist bei Spontanversammlungen entfällt und bei Eilversammlungen verkürzt wird. Die Anmeldung ist dann vorzunehmen, sobald die Möglichkeit dazu besteht, was spätestens mit ihrer Bekanntgabe der Fall sein wird.[585] Gleiches ergibt sich für Bayern und Schleswig-Holstein aus Art. 13 Abs. 3 und 4 BayVersG und aus § 11 Abs. 5 und 6 VersFG SH.

Auch ohne ordnungsgemäße Anmeldung bzw. Anzeige einer Versammlung wird die Behörde nicht von ihrer Kooperationspflicht befreit.[586]

II. Gefahrenprognose

Das Herzstück des regelmäßig stattfindenden Kooperationsgesprächs bildet die Diskussion der behördlichen Gefahrenprognose.[587] Die Gefahrenprognose beschreibt einen Prozess der Suche und Gewichtung be- und entlastender Indizien.[588] Durch sie wird der mutmaßliche Verlauf der Versammlung vorgezeichnet, wodurch die Behörde letztendlich abschätzen kann, was zum möglichst störungsfreien Versammlungsverlauf veranlasst werden muss und was in Bezug auf Drittinteressen abstimmungsbedürftig erscheint.[589] Sie kann sich zum Erlass von Auflagen oder Verboten angehalten sehen, woraufhin sich der Veranstalter wiederum zu Planänderungen bewogen fühlen kann.

---

[584] *Stein*, Versammlungsrecht, S. 159.
[585] Siehe dazu Fn. 240.
[586] *Peters*, in: Peters/Janz, Handbuch Versammlungsrecht, F, Rn. 36.
[587] *Kniesel/Poscher*, in: Lisken/Denninger/Rachor, Handbuch des Polizeirechts, K, Rn. 270.
[588] *Leist*, BayVBl. 2004, 489 (490).
[589] *Scheidler*, NZV 2015, 166 (166 f.).

Um die Gefahrenprognose erstellen zu können, muss die Behörde zunächst einmal Informationen sammeln. Dabei greift sie auf konkrete und nachvollziehbare tatsächliche Anhaltspunkte zurück, bloße Verdachtsmomente oder Vermutungen genügen hingegen nicht.[590] Die Informationen werden ihr zugetragen oder sie muss sie selbst ermitteln.

1. Informationsobliegenheiten des Veranstalters

Die ersten Informationen zur Erstellung der Gefahrenprognose erhält die Versammlungsbehörde vom Veranstalter. Dieser hat mit der Anmeldung bzw. Anzeige der Versammlung seine Identität mitzuteilen, den Leiter zu benennen, sowie den Gegenstand der Versammlung, mithin Thema, Ort, Zeit, Wegstrecke bei einem Aufzug und Informationen über den groben Ablauf der geplanten Versammlung.[591] Subsidiär dazu trifft den Veranstalter die allgemeine Mitwirkungsobliegenheit entsprechend § 26 Abs. 2 VwVfG und Art. 26 Abs. 2 BayVwVfG.[592] Dies gilt jedoch nicht in Schleswig-Holstein.[593] Vom Veranstalter wird eine wahrheitsgemäße Auskunft erwartet.[594]

Insgesamt sollen der Behörde dadurch die notwendigen Informationen vermittelt werden, die sie benötigt, um sich ein Bild darüber machen zu können, was zum möglichst störungsfreien Verlauf der Veranstaltung an Verkehrsregelungen und sonstigen Maßnahmen veranlasst werden muss und was im Interesse Dritter sowie im Gemeinschaftsinteresse erforderlich ist und wie beides miteinander abgestimmt werden kann.[595]

Bei der Informationsobliegenheit des Veranstalters ist allerdings strikt zwischen Informationen zum äußeren Ablauf der Versammlung und solchen zur konkreten Ausgestaltung zu unterscheiden. Die Behörde kann keine inhaltlichen In-

---

[590] BVerfG, NVwZ-RR 2010, 625 (626); BVerfG, NVwZ 2008, 671 (672); *Heintzen*, in: Depenheuer/Heintzen/Jestaedt/Axer, Hommage an J. Isensee, S. 115; *Knape/Schönrock*, Die Polizei 2012, 297 (302); *Ullrich*, KommP spezial 2011, 176 (177); *Wache*, in: Erbs/Kohlhaas, Band IV, VersG, § 15, Rn. 10.
[591] Siehe dazu unter D.I.1.
[592] Siehe dazu unter B.III.1.f)bb)(2) bzw. B.III.2.a)bb).
[593] Siehe dazu unter B.III.2.b)bb).
[594] *Kniesel*, in: Dietel/Gintzel/Kniesel, VersG, Teil II, § 14, Rn. 115; *Werner*, Formelle und materielle Versammlungsrechtswidrigkeit, S. 74, der insoweit von einer „*Kooperationsschuld*" spricht.
[595] OVG Weimar, NVwZ-RR 2003, 207 (209).

formationen zur Versammlung verlangen.[596] Dementsprechend besteht beispielsweise gerade keine Obliegenheit dahingehend, für die Bestimmung des Versammlungszeitpunkts Gründe zu liefern.[597]

2. Amtsermittlungspflicht der Behörde

Die Informationsobliegenheiten des Veranstalters werden durch die behördliche Amtsermittlungspflicht gemäß § 24 Abs. 1 Satz 1 VwVfG, Art. 24 Abs. 1 Satz 1 BayVwVfG, § 83 Abs. 1 Satz 1 LVwG ergänzt.[598]

Entsprechend § 24 Abs. 1 VwVfG, Art. 24 Abs. 1 BayVwVfG, § 83 Abs. 1 LVwG ermittelt die Behörde den Sachverhalt von Amts wegen. Sie bestimmt Art und Umfang der Ermittlungen, wobei sie an das Vorbringen und Beweisanträge der Beteiligten nicht gebunden ist. Die Behörde muss den Sachverhalt so umfassend ermitteln, wie er für ihre Entscheidung in der konkreten Situation relevant wird.[599] Sie kann vom Veranstalter nicht verlangen, dass dieser alle Informationen beibringt.[600] Zulässig sollte es hingegen sein, Rückfragen an den Veranstalter zu formulieren. Dadurch darf die Amtsermittlungspflicht allerdings nicht umgangen werden. Deshalb steht es der Behörde etwa nicht zu, die Bekanntgabe von Plakat- und Handzettel-Aufschriften zu fordern, um herauszufinden, ob dadurch gegen Strafvorschriften verstoßen werden wird.[601] Damit würde auch inhaltlich die Auskunftsobliegenheit des Veranstalters unzulässig überdehnt.

Teil der behördlichen Amtsermittlungspflicht ist es zudem, sich mit anderen Fachbehörden abzustimmen. Die Zuständigkeit für alle versammlungsbezogenen Entscheidungen wird bei der Versammlungsbehörde konzentriert.[602] Für sämtliche, das Wesen der Versammlung prägende Umstände sind neben dem Anmelde- bzw. Anzeigeverfahren keine besonderen Erlaubnisverfahren mehr durchzuführen.[603] Dadurch wird allerdings nur die förmliche Erlaubnis obsolet,

---

[596] Siehe dazu unter B.III.1.b)bb).
[597] Siehe dazu Fn. 296.
[598] *Battis/Grigoleit*, NVwZ 2001, 121 (129).
[599] VG Darmstadt, Beschluss vom 28.12.2009 – 5 K 1020/08, Rn. 3 (juris).
[600] *Heßhaus*, in: Bader/Ronellenfitsch, VwVfG, § 24, Rn. 5, 8.
[601] VGH München, Beschluss vom 18.06.2002 – 24 ZB 01.1735, Rn. 18 (juris).
[602] VGH Kassel, NJW 2009, 312 (313).
[603] *Brenneisen/Wilksen*, Versammlungsrecht, S. 346; *Kniesel*, in: Dietel/Gintzel/Kniesel, VersG, Teil II, § 14, Rn. 37.

inhaltlich müssen spezielle Gefahrentatbestände trotzdem geprüft werden.[604] Dafür beteiligt die Versammlungsbehörde die eigentlich zuständigen Behörden, berücksichtigt ihre Bedenken und stellt deren Lagebewertung in ihre eigene Gefahrenprognose und Ermessenserwägung ein.[605] In der Praxis wird es dabei meist um straßen-, straßenverkehrs- oder immissionsschutzrechtliche Belange gehen, die abzuklären sind.[606] Beispielsweise sind Straßensperrungen und Umleitungen zu thematisieren.[607] Speziell mit der Polizei ist so früh wie möglich partnerschaftlich zusammenzuarbeiten, um ein *„Verwaltungshandeln aus einem Guss"* zu ermöglichen.[608] Gegebenenfalls sind bilaterale Gespräche zu führen.[609] Erhält die Versammlungsbehörde von der Polizei vertrauliche Informationen, darf sie diese nicht an den Veranstalter weitergeben, kann jedoch auch keine beschränkenden Verfügungen damit begründen.[610]

Die Behörde hat zudem gegenläufige Interessen zu ermitteln, um sie letztendlich mit dem Versammlungsanliegen zum Ausgleich bringen zu können.[611]

Sämtliche Erkenntnisse sind von der Behörde vollständig und wahrheitsgemäß zu dokumentieren, um später effektiven gerichtlichen Rechtsschutz ermöglichen zu können.[612]

3. Die Gefahrenprognose als Ergebnis der Informationssammlung

Aus der ermittelten Tatsachengrundlage ergibt sich für die Behörde zusammen mit einem Wahrscheinlichkeitsurteil[613] ein vorläufiges Bild der zukünftig stattfindenden Versammlung.[614] Anhand dessen schätzt sie ein, ob eine unmittelbare Gefahr für die öffentliche Sicherheit oder Ordnung vorliegt, die Maßnahmen nach § 15 Abs. 1 VersG, Art. 15 Abs. 1 BayVersG bzw. § 13 Abs. 1 VersFG SH rechtfertigen könnte. Damit erstellt sie eine Gefahrenprognose. Ihre Beurteilung muss sie begründen und beweisen können. Denn für den Veranstalter besteht

---

[604] *Kniesel*, in: Dietel/Gintzel/Kniesel, VersG, Teil II, § 14, Rn. 40.
[605] *Kniesel/Poscher*, in: Lisken/Denninger/Rachor, Handbuch des Polizeirechts, K, Rn. 250.
[606] *Kniesel*, in: Dietel/Gintzel/Kniesel, VersG, Teil II, § 14, Rn. 37.
[607] *Scheidler*, NZV 2015, 166 (167).
[608] *Brenneisen/Wilksen*, Versammlungsrecht, S. 238; *Krüger*, Versammlungsrecht, S. 54 f.
[609] *Czier/Petersen*, KommP spezial 2011, 184 (186).
[610] *Ebert*, ThürVBl. 2007, 25 (26 f.).
[611] BVerfG, NJW 2001, 1407 (1408).
[612] *Ebert*, ThürVBl. 2007, 25 (25); *Krüger*, Versammlungsrecht, S. 124.
[613] *Ebert*, ThürVBl. 2007, 25 (27).
[614] *Ullrich*, KommP spezial 2011, 176 (177 f.).

gerade keine Obliegenheit, sich von Vorwürfen zu entlasten, die ohne zureichende Konkretisierung gegen ihn erhoben wurden.[615] Die Angaben des Veranstalters hat die Behörde erst einmal als wahr hinzunehmen. Erfahrungen aus früheren Versammlungen müssen bei der Bewertung grundsätzlich außen vor bleiben. Deshalb ist es unzulässig, pauschale Rückschlüsse auf die in Frage stehende Versammlung zu ziehen, weil andere Veranstaltungen in dem Umfeld in der Vergangenheit wiederholt Tarnversammlungen waren.[616] Nur wenn tatsächliche Anhaltspunkte auf die Planung einer inhaltlich anderen Versammlung hindeuten, muss die Behörde die Angaben des Veranstalters nicht mehr zur Grundlage ihrer Gefahrenprognose machen.[617] Ereignisse vergangener Versammlungen können als Indizien herangezogen werden, sofern eine gewisse Vergleichbarkeit der Umstände zu bejahen ist.[618] Hingegen ist es unzulässig, einzig deshalb pauschale Rückschlüsse auf die in Frage stehende Versammlung zu ziehen, weil andere Veranstaltungen in dem Umfeld in der Vergangenheit zu Ausschreitungen und der Begehung von Straftaten geführt haben. Dies allein besagt noch nichts über den Ablauf der nun geplanten Versammlung.[619] Fehlt es an konkreten Tatsachen, die eine Vergleichbarkeit mit früheren Versammlungen belegen, muss polizeiliches Erfahrungswissen über frühere Versammlungen unberücksichtigt bleiben.[620] Gibt es neben Anhaltspunkten für die von der Behörde oder den Gerichten zugrunde gelegte Gefahrenprognose auch Gegenindizien, so haben sich die Behörde und die Gerichte auch mit diesen in einer den Grundrechtsschutz hinreichend berücksichtigenden Weise auseinanderzusetzen.[621] Zudem darf einzig anhand der politischen Einstellung des Versammlungsleiters, ohne konkrete weitere Anhaltspunkte, nicht auf dessen Unzuverlässigkeit geschlossen werden.[622] Vielmehr hat die behördliche Einschätzung insgesamt neutral und inhaltlich wertungsfrei zu erfolgen.[623] Sie muss sich auch einem missliebigen Veranstalter oder Thema gegenüber ver-

---

[615] BVerfG, Beschluss vom 09.06.2006 – 1 BvR 1429/06, Rn. 15 (juris).
[616] BVerfG, NJW 2000, 3053 (3055).
[617] BVerfG, NJW 2001, 1407 (1408).
[618] BVerfG, NVwZ-RR 2010, 625 (626); *Knape/Schönrock*, Die Polizei 2012, 297 (302); *Ullrich*, KommP spezial 2011, 176 (178).
[619] VG Arnsberg, Beschluss vom 16.04.2009 – 3 L 192/09, Rn. 31 (juris).
[620] VG Arnsberg, Beschluss vom 16.04.2009 – 3 L 192/09, Rn. 14 (juris) m.w.N.
[621] VG Gelsenkirchen, Beschluss vom 05.10.2016 – 14 L 2356/16, Rn. 16 (juris).
[622] VG Weimar, ThürVBl. 2005, 212 (213).
[623] *Scheu*, Freiheitsperspektiven Drittbetroffener im Versammlungsrecht, S. 156 f.

sammlungsfreundlich präsentieren.[624] Jegliche politische Bewertung hat wegen der aus Art. 20 Abs. 3 GG abzuleitenden Neutralitätspflicht zu unterbleiben.[625] Darüber hinaus muss die Behörde nicht nur neutral gegenüber ihr missfallenden Versammlungen sein, sondern eine solche – wie alle anderen Versammlungen auch – gegen Störungen von außen, die auf Kritik und Ablehnung dem Thema gegenüber beruhen, schützen.[626]

Anhand ihrer Gefahrenprognose kann die Versammlungsbehörde ein Sicherheitskonzept für die Versammlung erstellen und dementsprechend entscheiden, ob sie beschränkende Verfügungen erlassen möchte, sowie daran angelehnt bewerten, ob Anlass zur weiteren Kooperation besteht. Wenn sie ihr Sicherheitskonzept erstellt, hat sie sich stets von dem legitimen Anliegen der Durchführbarkeit der Versammlung leiten zu lassen.[627] Sind Gegendemonstrationen zu erwarten, darf die Behörde nicht vorschnell Maßnahmen gegenüber der eigentlichen Versammlung, die quasi als auslösender Störer auftritt, in Betracht ziehen, sondern muss zunächst einmal nach Möglichkeiten suchen, die Versammlung gegen Gefahren zu schützen, die nicht von ihr ausgehen.[628]

III. Kooperationsgespräch

Die Ermittlung der behördlichen Gefahrenprognose ist zugleich die erste Grundlage für die Frage, ob Kooperationsbedarf besteht. Gemäß § 3 Abs. 3 Satz 1 VersFG SH bietet die Behörde, soweit es nach Art und Umfang der Versammlung erforderlich ist, den Versammlungsverantwortlichen ein Kooperationsgespräch an. Die Erforderlichkeit ist anhand der tatsächlichen Umstände des Einzelfalls zu bewerten. Für die Frage, ob eine Gefahr für die öffentliche Sicherheit und somit Kooperationsbedarf besteht, sind unter anderem das Versammlungsthema, die Größe, der Termin und der Ort der Versammlung und sonstige kritische Umstände der Versammlung zu berücksichtigen.[629] Die schleswig-holsteinische Regelung erweckt den Eindruck, dass ein Kooperationsgespräch nur aus Anlass anzubieten ist. Die Norm wird teilweise allerdings so verstanden,

---

[624] OVG Weimar, NVwZ-RR 2003, 207 (208 f.).
[625] *Ebert*, ThürVBl. 2007, 25 (28); *Knape*, Die Polizei 2008, 100 (103); *Scheidler*, Die Polizei 2009, 162 (166).
[626] OVG Weimar, NVwZ-RR 2003, 207 (209).
[627] BVerfG, NJW 2007, 2167 (2170); *Kloepfer*, in: Isensee/Kirchhof, Handbuch des Staatsrechts, Band VII, § 164, Rn. 39.
[628] VGH Mannheim, VBlBW 2002, 383 (385).
[629] Brenneisen/Wilksen/Staack/Martins, VersFG SH, § 3, Rn. 26.

dass immer – auch ohne konkreten Anlass – ein Gesprächsangebot zu unterbreiten ist. Dies wird damit begründet, dass sich die behördliche Rolle gemäß § 3 Abs. 2 Nr. 1 VersFG SH nicht allein auf die Abwehr von Gefahren beschränkt, sondern im Sinne versammlungsfreundlicher Verfahrensgestaltung auch eventuell unerfahrene Versammlungsverantwortliche unterstützt und beraten werden sollen.[630] Dieses Verständnis deckt sich mit dem Wortlaut der bayerischen Regelung in Art. 14 Abs. 1 Satz 1 BayVersG, wonach die zuständige Behörde dem Veranstalter Gelegenheit geben soll, mit ihr die Einzelheiten der Durchführung der Versammlung zu erörtern. Allerdings wird man auch dort davon ausgehen müssen, dass die Behörde nicht jeder angezeigten Versammlung ein Gespräch anbieten muss. Dies wäre schon nicht praktikabel. Zudem darf die behördliche Förderungspflicht nicht in eine Fürsorgepflicht verkehrt werden. Dementsprechend ist jedenfalls bei bestehendem Kooperationsbedürfnis eine Verständigung mit den Versammlungsverantwortlichen anzustoßen. Abgesehen davon kann sich die Behörde auch in anderen Fällen gesprächsbereit zeigen. Dabei darf jedoch nicht die Schwelle zur Fürsorge überschritten werden.

Besteht dementsprechend Anlass zur weiteren Zusammenarbeit, so wird meist ein Gespräch der einzig gangbare Weg sein. Dieses hat die Behörde anzuregen.[631] In Schleswig-Holstein muss die Behörde bei bestehendem Kooperationsbedarf immer ein Gespräch anbieten. § 3 Abs. 3 Satz 1 VersFG SH spricht einzig von einem Kooperationsgespräch, wohingegen Art. 14 Abs. 1 Satz 1 BayVersG – etwas offener formuliert – die Behörde verpflichtet, dem Veranstalter Gelegenheit zur Erörterung zu geben. Auch in den sonstigen Bundesländern ist die behördliche Kooperationspflicht nicht auf das Anbieten eines Gesprächs verengt.

In Bayern sowie in den Bundesländern, in denen das Versammlungsgesetz fortgilt, ist anstelle eines persönlichen Gesprächs grundsätzlich auch an einen Austausch im schriftlichen Verfahren oder auf telefonischem Wege[632] zu denken. Häufig wird für schriftliche Korrespondenz allerdings schlichtweg die Zeit fehlen. Erklärt sich ein Veranstalter nur dazu bereit, obwohl die notwendige Zusammenarbeit dadurch wesentlich erschwert wird, genügt er nicht seiner Koope-

---

[630] Brenneisen/Wilksen/Staack/Martins, VersFG SH, § 3, Rn. 26.
[631] *Hoffmann-Riem*, in: Merten/Papier, Handbuch der Grundrechte, Band IV, § 106, Rn. 108.
[632] *Scheidler*, Die Polizei 2009, 162 (164).

rationsobliegenheit.[633] Zudem kann die bloße telefonische Erreichbarkeit des Veranstalters ein Gespräch unter Anwesenden regelmäßig nicht ersetzen.[634] Damit wird es letztendlich in sämtlichen Bundesländern regelmäßig zu einem Kooperationsgespräch kommen. Im Gespräch haben die Teilnehmer die Möglichkeit, sich gegenseitig kennenzulernen, ein Gefühl füreinander zu entwickeln und zu diskutieren.[635]

1. Zeitpunkt und Ort des Kooperationsgesprächs

Der Termin für das Kooperationsgespräch sollte im Konsensverfahren festgelegt werden,[636] wobei die Behörde Vorschläge unterbreiten kann. Ein früher Termin bietet sich an. In Schleswig-Holstein hat dieser Gedanke Eingang ins Gesetz gefunden. Gemäß § 3 Abs. 3 Satz 1 VersFG SH ist das Kooperationsgespräch rechtzeitig durch die Behörde anzubieten. Dem wird die Behörde gerecht, wenn sie das Gespräch so früh wie möglich und so spät wie nötig ansetzt. Dabei hat sie zu berücksichtigen, dass beiden Seiten ausreichend Zeit verbleiben muss, um auf die besprochenen Themen reagieren zu können. Andererseits darf das Gespräch nicht zu früh terminiert werden, da andernfalls noch keine tragfähige Gefahrenprognose vorliegen könnte und das Gespräch dementsprechend unzweckmäßig würde.[637]

Ein frühestmöglicher Termin bietet sich auch noch aus einem anderen Grund an. Normalerweise fällt zumindest das erste Kooperationsgespräch nicht mit der Anhörung nach § 28 Abs. 1 VwVfG, § 28 Abs. 1 BayVwVfG bzw. § 87 Abs. 1 LVwG zusammen, da die Behörde zu dieser Zeit regelmäßig noch mit der Informationssammlung beschäftigt ist. Diese Informationen muss sie erst noch auswerten, bevor sie sich zu einer konkreten Verfügung abschließend positionieren und dazu anhören kann. Damit genügend Zeit für beide Verfahrensschritte verbleibt, sollte das Kooperationsgespräch frühestmöglich stattfinden. Dies gilt auch noch aus einem weiteren Grund: Scheitern die Kooperationsbemühungen

---

[633] VG Gelsenkirchen, Urteil vom 04.05.2005 – 17 L 581/05, Rn. 10 (juris).
[634] *Braun/Keller*, in: Dietel/Gintzel/Kniesel, VersG, Teil IV, Rn. 140.
[635] Ott/Wächtler/Heinhold, VersG, § 14, Rn. 20; *Roos/Bula*, Das Versammlungsrecht in der praktischen Anwendung, Rn. 309.
[636] Dietel/Gintzel/Kniesel, VersG (16. Auflage), § 14, Rn. 43.
[637] Brenneisen/Wilksen/Staack/Martins, VersFG SH, § 3, Rn. 31.

und kommt es zum Erlass behördlicher Verfügungen, so sollte deren gerichtliche Überprüfung nicht von vornherein aus Zeitgründen ausgeschlossen sein.[638] Der nötige Vorlauf für das Kooperationsgespräch wird jeweils einzelfallabhängig zu bestimmen sein und durch den Zeitpunkt der Anmeldung bzw. Anzeige der Versammlung begrenzt. Meldet der Veranstalter die Versammlung frühzeitig an bzw. zeigt sie dementsprechend an, leistet er seinerseits einen Beitrag zu einer rechtzeitigen behördlichen Entscheidung. Der Veranstalter ist zu einer frühen Anmeldung bzw. Anzeige allerdings nicht verpflichtet. Ist er freiwillig dazu bereit, trägt er gegebenenfalls zu einer breiteren Tatsachenbasis bei der Behörde bei, die sich auch für ihn positiv auswirken kann. Kommt es nach einer frühen Anmeldung und einem frühen Kooperationsgespräch zu einer frühen Behördenentscheidung, verbleibt dem Veranstalter überdies mehr Zeit für gerichtlichen Rechtsschutz.

Gleichwohl darf nicht beschönigt werden, dass Kooperationsgespräche in der Praxis vielfach erst kurz vor der Versammlung angesetzt werden, um alle Veränderungen bis dahin mit einbeziehen zu können.[639]

Um dem Veranstalter auch räumlich entgegen zu kommen oder den Versammlungsort gleich in Augenschein zu nehmen, kann in Erwägung gezogen werden, das Gespräch am Ort der geplanten Versammlung durchzuführen.[640]

Unter Umständen können auch mehrere Kooperationsgespräche nötig werden.[641] Gerade bei Großveranstaltungen ist den Verhandlungsführern die Möglichkeit zur Rücksprache und internen Abstimmung mit den eigenen Anhängern einzuräumen, weshalb selten nur ein Gespräch genügen wird.[642]

2. Veranstalterseitige Kooperationsfähigkeit und -bereitschaft als Voraussetzung eines gelungenen Gesprächs

Damit es über die bloße Einladung zum Gespräch (oder auch bei sonstigen Formen des Austauschs zwischen Veranstalter und Behörde) hinaus tatsächlich zu

---

[638] *Hoffmann-Riem*, in: Merten/Papier, Handbuch der Grundrechte, Band IV, § 106, Rn. 110.
[639] Ott/Wächtler/Heinhold, VersG, § 14, Rn. 2.
[640] *Scheidler*, Die Polizei 2009, 162 (165); Gerade bei Großdemonstrationen mit diversen Veranstaltern ist die Frage des Treffpunktes sowieso schwierig, vgl. *Buschmann*, Kooperationspflichten im Versammlungsrecht, S. 51.
[641] *Scheidler*, Die Polizei 2009, 162 (165); *Scheidler*, KommP spezial 2009, 151 (154); *Weber*, KommJur 2011, 50 (52).
[642] Dietel/Gintzel/Kniesel, VersG (16. Auflage), § 14, Rn. 43.

weiterer Zusammenarbeit kommen kann, sind seitens des Veranstalters Kooperationsfähigkeit und -bereitschaft nötig.[643] Kooperationsfähigkeit beschreibt, inwieweit der Veranstalter Aussagen treffen kann, sowie denjenigen Einfluss, den er auf das Geschehen hat. Sie kann vor allem dann begrenzt sein, wenn bei Großdemonstrationen zahlreiche Versammlungen quasi miteinander und nebeneinander verlaufen. In diesem Fall wird der jeweilige Veranstalter nur für seine Versammlung Aussagen treffen, Absprachen umsetzen und sonst zusammenarbeiten können.[644] Kooperationsbereitschaft meint hingegen den Willen zur Zusammenarbeit. Daran kann es aus diversen Gründen fehlen. Beispielsweise wollen Veranstalter des linken Spektrums ihren Anhängern gegenüber eventuell nicht den Verdacht aufkommen lassen, zu eng mit Staat und Behörden zusammenzuarbeiten.[645]

Weitgehend einig ist man sich darüber, dass allein die fehlende Bereitschaft des Veranstalters zur Kooperation kein Indikator für seine Unfriedlichkeit, Unzuverlässigkeit oder sonstige negative Wertung seiner Person sein darf.[646] Weigert er sich, an einem angebotenen Kooperationsgespräch teilzunehmen, ist er deshalb nicht per se unzuverlässig.[647] Dies ist vielmehr Ausfluss des Selbstbestimmungsrechts der Versammlung, wozu es auch gehört, sanktionslos nicht mit der Behörde zusammenzuarbeiten.[648] Doch auch wenn verweigerte Kooperation allein keinen Grund zum Einschreiten liefert, geht die Weigerung zumindest mittelbar zu Lasten der Versammlung,[649] sie bleibt im Ergebnis nicht gänzlich folgenlos.[650]

Dabei dürfte es ein Anreiz für die Versammlungsorganisatoren sein, mit der Behörde zu kooperieren, dass sie deren Gefahrenprognose in ihrem Sinne beeinflussen können, wenn sie der Behörde Einblick in ihre Pläne gewähren. Gleichzeitig kann sich die Behörde besser auf die Versammlung einstellen und für ihren Schutz sorgen.[651]

---

[643] *Braun/Keller*, in: Dietel/Gintzel/Kniesel, VersG, Teil III, Rn. 221; Ott/Wächtler/Heinhold, VersG, § 14, Rn. 16.
[644] Dietel/Gintzel/Kniesel, VersG (16. Auflage), § 14, Rn. 52.
[645] *Kniesel/Poscher*, in: Lisken/Denninger/Rachor, Handbuch des Polizeirechts, K, Rn. 268.
[646] *Hoffmann-Riem*, in: Merten/Papier, Handbuch der Grundrechte, Band IV, § 106, Rn. 109.
[647] BVerfG, NVwZ 2002, 982 (982); BVerfG, NVwZ 2007, 574 (575).
[648] Siehe dazu Fn. 309.
[649] *Kniesel*, in: Dietel/Gintzel/Kniesel, VersG, Teil II, § 14, Rn. 123.
[650] Vgl. *Peters*, in: Peters/Janz, Handbuch Versammlungsrecht, F, Rn. 43.
[651] *Koll*, Liberales Versammlungsrecht, S. 306.

3. Teilnehmer des Kooperationsgesprächs

Hauptbeteiligte der Kooperation sind die Versammlungsbehörde und der Veranstalter. Durch die Versammlungsgesetze wird eine bipolare Beziehung zwischen Behörde und Veranstalter vorgegeben;[652] der Veranstalter hat die Versammlung entsprechend § 14 VersG, Art. 13 BayVersG bzw. § 11 VersFG SH bei der Behörde anzumelden bzw. anzuzeigen, diese richtet etwaige Verfügungen nach § 15 Abs. 1 VersG, Art. 15 Abs. 1 BayVersG, § 13 Abs. 1 VersFG SH an ihn. Weitere Beteiligte spielen in diesem anfänglichen Kooperationsstadium keine Rolle. Auch das Bundesverfassungsgericht ließ im Brokdorf-Beschluss Dritte unberücksichtigt.[653] Rechtspositionen Dritter werden überhaupt nur in die Prüfung einbezogen, insoweit sie als Teil der öffentlichen Sicherheit oder Ordnung (etwa nach § 15 Abs. 1 VersG, Art. 15 Abs. 1 BayVersG, § 13 Abs. 1 VersFG SH) betroffen sind. Aufgabe der Versammlungsbehörde ist es dann, diese Drittinteressen zu schützen, ohne dass ihnen automatisch Beteiligtenrechte im Verfahren eingeräumt werden. Die Behörden fungieren damit quasi als Treuhänder privater Drittinteressen.[654]

Dies schließt allerdings die Hinzuziehung weiterer Beteiligter zum Verwaltungsverfahren gemäß § 13 Abs. 1 Nr. 4, Abs. 2 VwVfG, Art. 13 Abs. 1 Nr. 4, Abs. 2 BayVwVfG bzw. § 78 Abs. 1 Nr. 4, Abs. 2 LVwG nicht von vornherein aus.[655] Konfliktvermeidende und konfliktmindernde Kooperation kann am besten durch die umfassende Einbeziehung aller Beteiligter erreicht werden.[656] Dies gilt insbesondere, wenn die Versammlung auf einem Privatgrundstück stattfinden soll. Dann ist daran zu denken, den Eigentümer dieses Grundstücks zum Kooperationsgespräch förmlich hinzuzuziehen, da sich getroffene Kooperationsabsprachen unmittelbar als faktische Beeinträchtigung des Eigentums auswirken können und der Eigentümer damit ein gesteigertes Interesse daran hat, sein Anliegen, das letztendlich im Wege der praktischen Konkordanz aufgewogen werden muss, selbst im Verfahren vorzutragen.[657]

---

[652] *Hoffmann-Riem*, in: Brandt/Gollwitzer/Henschel, Festschrift für H. Simon, S. 393.
[653] *Buschmann*, Kooperationspflichten im Versammlungsrecht, S. 82.
[654] *Hoffmann-Riem*, in: Brandt/Gollwitzer/Henschel, Festschrift für H. Simon, S. 394.
[655] Dietel/Gintzel/Kniesel, VersG (16. Auflage), § 14, Rn. 48.
[656] *Dietel*, Die Polizei 2004, 189 (191).
[657] *Schulenberg*, DÖV 2016, 55 (64).

Der Veranstalter und die Behörde bilden dementsprechend nur die Mindestbesetzung eines jeden Kooperationsgesprächs. Über weitere Gesprächsteilnehmer kann im Einzelfall nachgedacht werden.

a) Versammlungsbehörde

Die Versammlungsbehörden sind für die Entgegennahme der Anmeldung bzw. Anzeige einer Versammlung zuständig.[658] Sie entscheiden zudem über Verbote und Auflagen nach § 15 Abs. 1 VersG, Art. 15 Abs. 1 BayVersG bzw. § 13 Abs. 1 VersFG SH.

In einigen Bundesländern, so beispielsweise in Berlin und Brandenburg, fallen den Polizeipräsidien die Aufgaben der Versammlungsbehörden zu, in anderen Bundesländern gibt es verschiedene Behörden.[659] In Bayern sind die Kreisverwaltungsbehörden die zuständigen Behörden im Sinne des Bayerischen Versammlungsgesetzes, Art. 24 Abs. 2 BayVersG. In Schleswig-Holstein sind die Landräte und Bürgermeister der kreisfreien Städte als Kreisordnungsbehörden sachlich zuständig für Versammlungen unter freiem Himmel, § 27 Abs. 1 VersFG SH. Das kooperative Verfahren ist jedenfalls so zu organisieren, dass auseinanderfallende Zuständigkeiten nicht zu Lasten des Veranstalters gehen.[660] Für Maßnahmen während der Versammlung (§ 15 Abs. 3 VersG, Art. 15 Abs. 4 BayVersG bzw. § 13 Abs. 1 VersFG SH) sind immer die Polizeibehörden zuständig.[661]

Örtlich zuständig ist nach § 3 Abs. 1 Nr. 1 VwVfG, Art. 3 Abs. 1 Nr. 1 BayVwVfG bzw. § 27 Abs. 3 Satz 1 VersFG SH jeweils die Behörde, in deren Bezirk die Versammlung stattfinden soll.

Gesetzlich nicht vorgeschrieben ist, welcher Behördenvertreter am Kooperationsgespräch teilnehmen soll. Dies kann der Behördenleiter, sein Vertreter oder ein anderer Amtswalter sein.[662]

---

[658] *Brenneisen/Wilksen*, Versammlungsrecht, S. 81; *Kniesel*, in: Dietel/Gintzel/Kniesel, VersG, Teil II, § 14, Rn. 52.
[659] Übersicht zu den Versammlungsbehörden in den einzelnen Bundesländern bei Dietel/Gintzel/Kniesel, VersG (16. Auflage), § 14, Rn. 17 und Ott/Wächtler/Heinhold, VersG, § 14, Rn. 27.
[660] *Kniesel*, in: Dietel/Gintzel/Kniesel, VersG, Teil II, § 14, Rn. 98.
[661] *Kniesel*, in: Dietel/Gintzel/Kniesel, VersG, Teil I, Rn. 450 ff.
[662] Dietel/Gintzel/Kniesel, VersG (16. Auflage), § 14, Rn. 50.

b) Veranstalter

Zweiter, unverzichtbarer Teilnehmer eines Kooperationsgesprächs ist der Veranstalter der Versammlung.[663] Handelt es sich um eine Großdemonstration mit zahlreichen nebeneinander verlaufenden Versammlungen, sind sämtliche Veranstalter der jeweiligen Teilbewegungen zu den Gesprächen einzuladen.[664] Sollte der Veranstalter verhindert sein, so ist es ihm zumutbar, einen Vertreter zu schicken,[665] zumal der Gesprächstermin sowieso möglichst im Konsens mit der Behörde gefunden werden sollte.

c) Weitere Teilnehmer
aa) Recht des Veranstalters auf ein Kooperationsgespräch allein mit der Behörde

Bevor thematisiert wird, wen man zudem zum Kooperationsgespräch bitten könnte, ist zu klären, ob die Behörde einseitig darüber entscheiden kann, weitere Gesprächspartner einzuladen und der Veranstalter dies hinnehmen muss oder ob der Veranstalter ein Recht hat, die Teilnahme weiterer Personen abzulehnen.

Im Jahre 2007 entschied der Verwaltungsgerichtshof München, dass der Veranstalter einer Versammlung keinen Anspruch darauf habe, ein eigenes Kooperationsgespräch mit der Behörde führen zu können, wenn diese ihn zu einem gemeinsamen Gespräch mit Vertretern paralleler Versammlungen und Gegendemonstrationen geladen hat.[666] Es sei Sinn des Kooperationsgesprächs, die verschiedenen Beteiligten an einen Tisch zu bringen und mit ihnen, sowie den Vertretern der Polizei den möglichen Ablauf der Durchführung der Versammlung zu besprechen. Gerade die Diskussion unter den verschiedenen Veranstaltern und den Vertretern der Polizei führe zu einer einvernehmlichen Lösung. Würde mit jedem Veranstalter ein einzelnes Gespräch geführt werden, führte dies zu einer unerträglichen Belastung der Verwaltungsbehörden und der Polizei, die jeweils anwesend sein müssten. Zudem wären Folgegespräche nötig, da die anderen Beteiligten über die jeweiligen Gespräche wieder informiert werden müssten. Aus diesem Grund sei allein die Durchführung eines Kooperationsgesprächs

---

[663] Dietel/Gintzel/Kniesel, VersG (16. Auflage), § 14, Rn. 51.
[664] *Peters*, in: Peters/Janz, Handbuch Versammlungsrecht, F, Rn. 39.
[665] VGH München, Beschluss vom 02.10.2007 – 24 CS 07.2697, Rn. 22 (juris); Ott/Wächtler/Heinhold, VersG, § 14, Rn. 20.
[666] VGH München, Beschluss vom 02.10.2007 – 24 CS 07.2697, Rn. 21 (juris).

mit allen Veranstaltern sinnvoll und angebracht.[667] Zwar sind die vom Verwaltungsgerichtshof München angeführten Praktikabilitätserwägungen nicht von der Hand zu weisen, doch kann allein daraus nicht auf eine Duldungspflicht des Veranstalters geschlossen werden.

Die dieser Entscheidung zu Grunde liegende Versammlung fand im Jahr 2007 statt. Die Entscheidung bezog sich demgemäß auf die Kooperationsverpflichtungen nach dem fortgeltenden Versammlungsgesetz. Der Wortlaut der kodifizierten Kooperationsobliegenheit des Veranstalters in Art. 14 Abs. 1 BayVersG bzw. § 3 Abs. 3 VersFG SH scheint davon abzurücken. Aus der Formulierung des Art. 14 Abs. 1 BayVersG, wonach dem Veranstalter Gelegenheit gegeben werden soll, *mit ihr* – also mit der Behörde – die Einzelheiten der Durchführung zu erörtern, wird teilweise gefolgert, dass der Veranstalter einen Anspruch darauf habe, das Gespräch allein mit der Behörde zu führen.[668] Damit wären beispielsweise Vertreter von Gegendemonstrationen oder auch von parallelen Versammlungen innerhalb einer Großdemonstration vom Gespräch ausgeschlossen, sofern der Veranstalter sich nicht aktiv zu einem gemeinsamen Termin bereit erklärt und damit auf seinen vermeintlichen Anspruch auf ein Einzelgespräch verzichtet. Entspräche dies nicht dem gesetzgeberischen Willen, hätte man einfach auf diese beiden Worte verzichten können.[669] Damit habe der jetzige Gesetzeswortlaut auch die Ansicht des Bayerischen Verwaltungsgerichtshofs, der kein Recht auf einen Einzeltermin annehmen wollte,[670] überholt.[671] Andere gehen davon aus, dass die Behörde auch mehrere Veranstalter verschiedener Versammlungen zu einem Gespräch laden kann und insoweit kein Ablehnungsrecht des Veranstalters besteht.[672] Die Gesetzesbegründung schweigt zu dieser Sonderkonstellation, sie thematisiert einzig den Normalfall des Zwiegesprächs zwischen Veranstalter und Behörde.[673] Gerade wegen der zeitlichen Nähe zur genannten Entscheidung des Verwaltungsgerichtshofs München verwundert es, dass die Gesetzesbegründung nicht darauf Bezug nimmt. Dies könnte darauf

---

[667] VGH München, Beschluss vom 02.10.2007 – 24 CS 07.2697, Rn. 21 (juris); in diesem Sinne auch Ott/Wächtler/Heinhold, VersG, § 14, Rn. 20; *Peters*, in: Peters/Janz, Handbuch Versammlungsrecht, F, Rn. 39; *Scheidler*, Die Polizei 2009, 162 (164).
[668] *Merk*, in: Wächtler/Heinhold/Merk, BayVersG, Art. 14, Rn. 16.
[669] *Merk*, in: Wächtler/Heinhold/Merk, BayVersG, Art. 14, Rn. 16.
[670] VGH München, Beschluss vom 02.10.2007 – 24 CS 07.2697, Rn. 21 (juris).
[671] *Merk*, in: Wächtler/Heinhold/Merk, BayVersG, Art. 14, Rn. 16.
[672] *Welsch/Martić*, KommP BY 2008, 322 (324).
[673] Bayerischer Landtag-Drucksache 15/10181, S. 20 f.

hindeuten, dass man eben nicht von der Rechtsprechung abweichen wollte, ansonsten wäre wohl ein dahingehender Hinweis erfolgt. Diesen Spekulationen über den gesetzgeberischen Willen steht jedoch der eindeutige Wortlaut der Vorschrift gegenüber. Danach bezieht sich die Kooperationsobliegenheit des Veranstalters allein auf ein Gespräch (bzw. eine andere Form des Austauschs) zwischen ihm und der Behörde. Der behördliche Aufwand, der mit mehreren Einzelgesprächen einhergeht, ist nicht von der Hand zu weisen, kann allerdings nicht als Begründung dafür dienen, den Veranstalter zu verpflichten, weitere Gesprächsteilnehmer nach dem Willen der Behörde akzeptieren zu müssen.

Vergleichbar stellt sich die Situation in Schleswig-Holstein dar. In § 3 Abs. 3 Satz 1 VersFG SH ist die Rede davon, dass die Behörde dem Veranstalter oder Leiter ein Kooperationsgespräch anbietet. Weitere mögliche Teilnehmer werden nicht thematisiert. Die Kooperationsobliegenheit des Veranstalters bezieht sich nach dem eindeutigen Wortlaut der Norm dementsprechend lediglich auf ein Gespräch mit der Behörde.

Nichts anderes kann auch in den Bundesländern gelten, in denen das Versammlungsgesetz fortgilt. Zwar fehlt es dort an einer konkreten Normierung einer veranstalterseitigen Kooperationsobliegenheit, doch beschrieb das Bundesverfassungsgericht im Brokdorf-Beschluss ein beiderseitiges Kennenlernen und einen sich anschließenden Informationsaustausch sowie eine vertrauensvolle Kooperation als Ausprägung der Kooperationsempfehlung des Veranstalters.[674] Es ist nicht ersichtlich, dass das Verfassungsgericht weitere Personen zwangsläufig in die kooperative Beziehung einbeziehen und den diesbezüglichen Willen des Veranstalters übergehen wollte.

Dementsprechend wird man trotz der gewichtigen entgegenstehenden Praktikabilitätserwägungen davon ausgehen müssen, dass der Veranstalter einer Versammlung nicht verpflichtet ist, weitere Gesprächsteilnehmer zu dulden. Gleichwohl kann er sich dazu bereit erklären, mit weiteren Personen und Institutionen als nur der Versammlungsbehörde an einen Tisch zu kommen. In jedem Fall ist es ratsam, zumindest ein abschließendes gemeinsames Gespräch durch-

---

[674] BVerfGE 69, 315 (355).

zuführen, bei dem eventuelle Konflikte untereinander zusammen und moderiert durch die Behörde erörtert werden können.[675]

Spricht sich der Veranstalter gegen die Einladung weiterer Gesprächsteilnehmer aus, dürfen allein daraus keine negativen Schlüsse gezogen werden. Gleichwohl kann eine solche Weigerung dazu führen, dass der Behörde nicht ausreichend Zeit für alle nötigen Absprachen verbleibt. Folge dessen kann eine für den Veranstalter negative Tatsachenbasis bei der Behörde sein, die über eine für den Veranstalter abträgliche Gefahrenprognose zu behördlichem Einschreiten führen kann. Dadurch wird mittelbar Druck auf den Veranstalter ausgeübt, weshalb davon auszugehen ist, dass er regelmäßig kein bloßes Eins-zu-Eins-Gespräch mit der Behörde fordern wird.

bb) Möglicher Personenkreis

Als weitere Gesprächsteilnehmer kann an die nachfolgenden Personen und Institutionen gedacht werden. Die Versammlungsbehörde kann diesbezügliche Vorschläge unterbreiten. Ob sie tatsächlich zum Gespräch dazukommen, hängt vom Einverständnis des Veranstalters ab.

(1) Vertreter der eigenen Versammlung

Neben dem Veranstalter könnte auch der Versammlungsleiter am Kooperationsgespräch beteiligt werden. § 3 Abs. 3 Satz 1 VersFG SH spricht sogar von einem Kooperationsgespräch mit dem Veranstalter oder Leiter. Dies kommt allerdings nur in Betracht, sofern beide nicht personenidentisch sind. Nach § 5 Abs. 1 Satz 1 VersFG SH leitet der Veranstalter die Versammlung, sofern er die Leitung nicht einer anderen Person übertragen hat (§ 5 Abs. 1 Satz 3 VersFG SH). Gleiches gilt gemäß § 7 Abs. 2 Satz 1, Abs. 3 VersG bzw. Art. 3 Abs. 1 BayVersG.

Die Beteiligung des Leiters erscheint deshalb sinnvoll, da es ihm obliegt, den Ablauf der Versammlung zu bestimmen und für Ordnung zu sorgen (§§ 18 Abs. 1, 8 Satz 1 und 2 VersG, Art. 4 Abs. 1 BayVersG bzw. § 6 Abs. 1 VersFG SH). Zudem gebührt es allein ihm, sich für den Einsatz von Ordnern zu

---

[675] VGH München, Beschluss vom 02.10.2007 – 24 CS 07.2697, Rn. 21 (juris); *Peters*, in: Peters/Janz, Handbuch Versammlungsrecht, F, Rn. 39; *Scheidler*, Die Polizei 2009, 162 (164).

entscheiden, §§ 18 Abs. 1, 9 Abs. 1 VersG, Art. 4 Abs. 2 BayVersG bzw. § 6 Abs. 2 VersFG SH.[676] Hinsichtlich der Einzelheiten der konkreten Durchführung der Versammlung ist der Leiter mithin maßgeblich verantwortlich und deshalb die sachnähere Person.[677]

Darüber hinaus könnten auch Ordner sowie sonstige an der ordnungsgemäßen Durchführung der Versammlung beteiligte Personen zum Gespräch hinzugebeten werden.[678] Die Beteiligung von Ordnern wird sich vor allem bei großen Versammlungen anbieten, bei denen der Leiter seine Ordnungsbefugnis nicht allein ausüben kann. Dann scheint es nur sachgerecht, die weiteren Beteiligten bereits in die Absprachen einzubeziehen.

In diesem Sinne könnte auch überlegt werden, Teilnehmer der Versammlung mit an den Tisch zu holen, die etwa als Vertreter einzelner Strömungen innerhalb großer Veranstaltungen deren Interessen vertreten. Vorteil dessen wäre, dass eine breite Masse hinter gefundenen Absprachen stünde. Andererseits können zu viele Beteiligte einen sinnvollen Kompromiss unmöglich machen. Jedenfalls wird man in diesem Fall dem Veranstalter und Leiter die Letztentscheidungsbefugnis für ihr Lager zugestehen müssen, da sie diejenigen sind, die für die Versammlung verantwortlich zeichnen.

Zudem kann es ratsam sein, opponierende Teilnehmer zu beteiligen.[679] Darunter versteht man Personen, die eine vom Protestgegenstand abweichende Meinung innerhalb der Versammlung vertreten, ohne Gegendemonstranten zu sein[680] und ohne, dass sie die Versammlung verhindern wollen.[681] Diese können ein Interesse daran haben, dass die Behörde dem Veranstalter erklärt, dass auch abweichende Meinungsäußerungen als Grundrechtsausübung zu tolerieren sind und vom Versammlungsleiter nicht unterbunden werden dürfen.[682]

---

[676] *Kniesel*, in: Dietel/Gintzel/Kniesel, VersG, Teil II, § 9, Rn. 3.
[677] *Peters*, in: Peters/Janz, Handbuch Versammlungsrecht, F, Rn. 33.
[678] *Hoffmann-Riem*, in: Merten/Papier, Handbuch der Grundrechte, Band IV, § 106, Rn. 108.
[679] *Hellhammer-Hawig*, Neonazistische Versammlungen, S. 177.
[680] *Dietel*, Die Polizei 2004, 189 (189); Dietel/Gintzel/Kniesel, VersG (16. Auflage), § 14, Rn. 48.
[681] BVerfG, NJW 1991, 2694 (2695).
[682] *Dietel*, Die Polizei 2004, 189 (192).

(2) Gegendemonstrationen

Formieren sich Gegendemonstrationen – also Versammlungen, die in der Regel anlässlich anderer Versammlungen veranstaltet werden und sich gegen den Protestgegenstand der Hauptversammlung richten –,[683] so wird die Versammlungsbehörde wegen der Konfliktträchtigkeit sowieso auch ihnen ein eigenes Gespräch anbieten müssen.

Anlass der Gegendemonstration ist regelmäßig die Hauptversammlung, weshalb neben den jeweiligen Einzelgesprächen auch an ein gemeinsames Gespräch zu denken ist,[684] um auftretende Konflikte schon im Vorfeld zu erkennen und abmildern zu können (beispielsweise durch angepasste Demonstrationsrouten). Die Versammlungsaufsicht könnte dabei eine Art Vermittlerrolle einnehmen.[685] Gerade bei sogenannten „Rechts-Links-Lagen" wird sich jedoch häufig das Problem stellen, dass die Gegendemonstration erfahren möchte, welche Aufzugstrecke die Hauptversammlung nehmen wird. Insofern ist zwischen dem Informationsanspruch einerseits und möglichen Gefahren durch Verhinderungsaktionen andererseits abzuwägen.[686] Sowieso wird es bei Gegendemonstrationen häufig dazu kommen, dass der Veranstalter die Teilnahme des gegnerischen Veranstalters ablehnt. Gegendemonstrationen sind nicht selten als Verhinderungsaktionen angelegt. Die Gesprächsbereitschaft miteinander wird dementsprechend gering sein.

(3) Zusätzliche Behördenvertreter

In den Bundesländern, in denen die Polizeipräsidien nicht gleichzeitig die zuständigen Versammlungsbehörden sind, kann es ratsam sein, auch die Polizeibehörde zum Gespräch einzuladen.[687] Zwar trifft diese eine eigene Kooperationspflicht dahingehend, dass sie alle relevanten Informationen in Bezug auf polizeitaktische Maßnahmen an die Versammlungsbehörde herantragen muss, damit diese den Veranstalter aus einer Hand informieren kann.[688] Doch ist ihre Zu-

---

[683] *Scheu*, Freiheitsperspektiven Drittbetroffener im Versammlungsrecht, S. 36.
[684] *Hettich*, Versammlungsrecht in der Praxis, Rn. 88.
[685] *Hoffmann-Riem*, in: Brandt/Gollwitzer/Henschel, Festschrift für H. Simon, S. 394.
[686] Ausführlich dazu: *Knape/Schönrock*, Die Polizei 2012, 297 (308 f.).
[687] *Dietel*, Die Polizei 2004, 189 (192); *Ludwig*, Die Polizei 1987, 290 (293); *Scheidler*, Die Polizei 2009, 162 (165).
[688] *Kniesel*, in: Dietel/Gintzel/Kniesel, VersG, Teil II, § 14, Rn. 39 f.

sammenarbeit so verzahnt und vielschichtig,[689] dass die polizeiliche Teilnahme am Gespräch durchweg wünschenswert sein wird.

Zudem ist die Polizei während der Versammlung die zuständige Behörde. Es kann vertrauensfördernd wirken, wenn sich die Beteiligten bereits in der Vorbereitungsphase kennenlernen.[690] Schon aus Zeitgründen sollten zudem veranstalterseitige Rückfragen direkt mit der Polizeibehörde geklärt werden können. Sie kann sowieso am besten Auskunft über ihr Verhalten während der Versammlung geben. Im Ergebnis sollte mithin alles unternommen werden, um die Zweiteilung der behördlichen Zuständigkeit nicht zu einem Kommunikationsproblem werden zu lassen.[691]

Genauso verhält es sich mit weiteren Fachbehörden,[692] etwa Straßenverkehrsbehörden.[693] Die Versammlungsbehörde entscheidet im Sinne des Konzentrationsgrundsatzes abschließend über alle versammlungsspezifischen Belange.[694] Dementsprechend hat sie sich mit denjenigen Behörden abzustimmen, deren Belange tangiert werden, deren Bedenken zu berücksichtigen und sie bei ihrer eigenen Entscheidung einzustellen. Besteht persönlicher Klärungsbedarf, könnten auch Vertreter der weiteren Behörden als Gesprächspartner vorgeschlagen werden.[695]

(4) Demonstrationsberater

Zur Verbesserung der Demonstrationskultur wird teilweise weiterhin vorgeschlagen, einen Demonstrationsberater einzusetzen,[696] der auch am Kooperationsgespräch teilnehmen könnte. Als erfahrener Polizeibeamter mit sozialer Kompetenz soll er allen Gruppen im Vorfeld einer Versammlung beratend und belehrend zur Verfügung stehen, sie über polizeiliche Maßnahmen während der Versammlung aufklären und gleichzeitig die Polizei dafür sensibilisieren, wie

---

[689] Anschauliche Übersicht zur „Aufgabenverteilung und Zusammenarbeit zwischen der Versammlungsbehörde und dem Polizeivollzugsdienst" bei *Czier/Petersen*, KommP spezial 2011, 184 (184).
[690] Brenneisen/Wilksen/Staack/Martins, VersFG SH, § 3, Rn. 29.
[691] *Peters*, in: Peters/Janz, Handbuch Versammlungsrecht, F, Rn. 38.
[692] *Kanther*, NVwZ 2001, 1239 (1240).
[693] VGH Kassel, NJW 2009, 312 (313); *Kanther*, NVwZ 2001, 1239 (1240); *Scheidler*, DAR 2009, 380 (381); *Scheidler*, NZV 2015, 166 (167).
[694] VGH Kassel, NJW 2009, 312 (313); *Kniesel*, in: Dietel/Gintzel/Kniesel, VersG, Teil II, § 14, Rn. 39.
[695] VGH Kassel, NJW 2009, 312 (313); *Scheidler*, NZV 2015, 166 (167).
[696] *Schwind/Baumann u.a.*, Ursachen, Prävention und Kontrolle von Gewalt, Band I, S. 124; *Schwind/Baumann u.a.*, Ursachen, Prävention und Kontrolle von Gewalt, Band II, S. 678.

ihr Verhalten bei Versammlungsteilnehmern wahrgenommen wird.[697] Im Sinne eines Vermittlers würde er helfen, Unsicherheiten auf beiden Seiten abzubauen.[698]

Der Einsatz einer neutralen Vertrauensperson kann gewiss sachdienlich sein. Wichtig wäre dabei allerdings, dass der Demonstrationsberater nur in dieser Rolle auftritt und keine polizeilichen Aufgaben wahrnimmt, damit seine Glaubwürdigkeit nicht in Frage gestellt wird.

Um dem Risiko der Parteilichkeit zu begegnen, könnte auch an eine dritte, gänzlich außerhalb des Geschehens stehende Person als neutralen Vermittler zwischen Behörde und Veranstalter gedacht werden.[699] Schon mit der Einigung auf diese Person wäre ein erster unverfänglicher Konsens gefunden, ohne dass eine Seite inhaltlich ihre Interessen hätte preisgeben müssen.[700]

(5) Ergebnis

Die dargestellten Personen und Behörden sind abhängig vom konkreten Einzelfall kumulativ oder alternativ zu beteiligen. Entscheidend ist zudem, wie viel Zeit bis zur Versammlung verbleibt. Darüber hinaus muss der Veranstalter mit der Beteiligung der vorgeschlagenen Personen einverstanden sein. Verweigert er sein Einverständnis, können allein deshalb keine negativen Rückschlüsse für die Versammlung gezogen werden.

Insgesamt sollte die konkrete Personenauswahl hinreichend durchdacht werden, da zu viele Gesprächsteilnehmer kontraproduktiv wirken könnten.

Unabhängig davon gibt es Personengruppen, die zwar nicht unbedingt am Kooperationsgespräch beteiligt werden sollten, die gleichwohl ein gesteigertes Informationsinteresse haben, von der Behörde über die Versammlung an sich und etwaige Absprachen informiert zu werden. Dies betrifft beispielsweise Gewerbetreibende, für die sich bei Durchführung der Veranstaltung besondere Belas-

---

[697] *Schwind/Baumann u.a.*, Ursachen, Prävention und Kontrolle von Gewalt, Band II, S. 678.
[698] *Hueck*, in: Grabenwarter/Hammer/Pelzl/Schulev-Steindl/Wiederin, Allgemeinheit der Grundrechte und Vielfalt der Gesellschaft, S. 198.
[699] In diese Richtung auch die OSZE in einem Leitsatz-Papier, wonach neutrale Personen in die Verhandlungen und Mediationen zwischen Behörde und Veranstalter einbezogen werden sollten, Guidelines on Freedom of Peaceful Assembly, Second Edition, 2010, S. 70: https://www.osce.org/odihr/73405?download=true (letzter Abruf: 24.06.2018).
[700] *Buschmann*, Kooperationspflichten im Versammlungsrecht, S. 83 f.

tungen ergeben können.[701] Deren Interesse kann allerdings auch so hervorgehoben sein, dass sie zum Gespräch gebeten werden sollten. Dies gilt beispielsweise für eine Demonstration neben einem Supermarkt mit einem großen Parkplatz. Dabei ist zu erörtern, wie die Zufahrt am wenigsten beeinträchtigt werden kann oder ob der Parkplatz für das Abstellen von Polizeifahrzeugen genutzt werden kann.[702]

4. Inhalt des Kooperationsgesprächs

Der konkrete Inhalt eines jeden Kooperationsgesprächs hängt von den Gegebenheiten der einzelnen Versammlung ab. Wie zu zeigen sein wird, sind die gesetzlichen Regelungen zum Inhalt des Kooperationsgesprächs deshalb eher allgemein gefasst. Die Behörde soll ihre vorläufige Gefahrenprognose erläutern und mit den Versammlungsverantwortlichen alle problematischen, gegebenenfalls gefahrstiftenden Umstände diskutieren, mit dem Ziel, Austauschmittel zu finden und dadurch im Ergebnis behördliche Verfügungen obsolet werden zu lassen.

a) Rechtsgrundlagen

Zunächst wird untersucht, inwiefern der Inhalt eines Kooperationsgesprächs durch die bereits untersuchten Quellen des Kooperationsmodells (einfachgesetzliche Normen und Rechtsprechung) vorgezeichnet ist.

In den Bundesländern, in denen das Versammlungsgesetz fortgilt, wird weiterhin auf die Aussagen des Bundesverfassungsgerichts im Brokdorf-Beschluss zurückzugreifen sein. In puncto Kooperationsgespräch formulierte das Gericht – wenig präzise –, dass eine rechtzeitige Kontaktaufnahme erfolgen soll, bei der beide Seiten sich kennenlernen, Informationen austauschen und möglicherweise zu einer vertrauensvollen Kooperation finden, welche die Bewältigung auch unvorhergesehener Konfliktsituationen erleichtert.[703] Den Veranstalter trifft insoweit eine Kooperationsempfehlung.[704]

---

[701] Dietel/Gintzel/Kniesel, VersG (16. Auflage), § 14, Rn. 48; *Scheidler*, KommP spezial 2009, 151 (154). Zu denken wäre insoweit beispielsweise an Einzelhändler oder Bankfilialen, die in Berlin Kreuzberg oder im Hamburger Schanzenviertel regelmäßig ihre Geschäfte vernageln, um Schäden durch Steinwürfe etc. während der 1. Mai-Demonstrationen vorzubeugen.
[702] *Scheidler*, GewArch 2011, 137 (140).
[703] Siehe dazu Fn. 386.
[704] Siehe dazu Fn. 385.

In Bayern wird der Inhalt des Kooperationsgesprächs durch Art. 14 Abs. 1 BayVersG vorgezeichnet. Danach soll die Behörde dem Veranstalter Gelegenheit geben, mit ihr die Einzelheiten der Durchführung der Versammlung zu erörtern. Ausweislich der Gesetzesbegründung soll die Behörde den Veranstalter zu versammlungsrechtlichen Fragen und darüber hinausgehende ordnungsbehördliche Belange beraten.[705] Die Behörde soll dem Veranstalter auch Auskunft über die ihm zustehenden Rechte sowie die ihn treffenden Obliegenheiten und Pflichten geben. Neben rein versammlungsrechtlichen Rechten und Verpflichtungen können dies auch solche sein, die mit der Benutzung öffentlichen Straßengrundes oder dem Einsatz von – beispielsweise – Fahrzeugen und Lautsprechern zusammenhängen. Regelmäßig muss die Behörde dem Veranstalter zudem offenlegen, mit welchen Gefahren sie für die öffentliche Sicherheit rechnet und welche behördlichen Schutz- und Sicherheitsmaßnahmen geplant sind. Zugleich hat sie mit ihm Möglichkeiten zu erörtern, wie behördliche Maßnahmen (beschränkende Verfügungen, Verbote) vermieden werden können.[706]

In Schleswig-Holstein gibt § 3 Abs. 3 VersFG SH ersten Aufschluss über den möglichen Inhalt eines Kooperationsgesprächs. Danach sind die Gefahrenlage und sonstige Umstände zu erörtern, die für die ordnungsgemäße Durchführung der Versammlung wesentlich sind. Zudem ist bei bestehenden Anhaltspunkten für Gefährdungen, die gemäß § 13 Abs. 1, § 20 Abs. 1 VersFG SH zu einem Verbot oder Beschränkungen führen können, Gelegenheit zu geben, durch ergänzende Angaben oder Veränderungen der beabsichtigten Versammlung ein Verbot oder Beschränkungen entbehrlich zu machen.

In der Praxis dürften aus den unterschiedlichen gesetzlichen Formulierungen kaum wesentliche Unterschiede folgen. Auch in den Bundesländern, in denen das Versammlungsgesetz fortgilt und Kooperation / Zusammenarbeit entsprechend nicht kodifiziert ist, kann das Kooperationsgespräch grundsätzlich den gleichen Inhalt haben, sofern der Veranstalter der Kooperationsempfehlung freiwillig nachkommt. Eine separate Darstellung des möglichen Inhalts eines Kooperationsgesprächs für die einzelnen Länder ist dementsprechend entbehrlich.

Die Kooperationsempfehlung an den Versammlungsveranstalter bzw. die versammlungsrechtlichen Vorschriften werden durch die allgemeine Pflicht der

---

[705] Bayerischer Landtag-Drucksache 15/10181, S. 20.
[706] Bayerischer Landtag-Drucksache 15/10181, S. 21.

Behörde zur Beratung, Auskunft und Information entsprechend § 25 VwVfG, Art. 25 BayVwVfG bzw. § 83a LVwG ergänzt.

Dass die entsprechenden Regelungen keinen detaillierten Themenkatalog für ein Kooperationsgespräch vorgeben, ergibt sich daraus, dass Gesprächsinhalt und -tiefe jeweils vom Einzelfall abhängig sind und nicht pauschal kodifiziert werden können. Es lässt sich gerade kein starrer Themenkatalog formulieren, den es abzuarbeiten gilt. Gleichwohl dürften gewisse Aspekte immer wieder relevant werden. Diese werden nachfolgend dargestellt. Deren Relevanz für eine Versammlung ist im Einzelfall zu bewerten.

b) Die vorläufige behördliche Einschätzung als Mittelpunkt der Diskussion
Ausweislich der genannten landesrechtlichen Vorschriften steht die Erörterung der vorläufigen behördlichen Gefahrenprognose im Mittelpunkt des Kooperationsgesprächs. Gleiches wird für die Bundesländer angenommen, in denen das Versammlungsgesetz fortgilt.[707] Die Behörde soll ihre Gefahrenprognose zur Diskussion stellen und den Veranstalter über geplante Verfügungen informieren. Zudem soll sie ihn beraten und seine Fragen beantworten. Dies dürfte den Schwerpunkt der Kooperationspflicht auf Seiten der Behörde bilden.[708] Für den Veranstalter besteht parallel dazu die Möglichkeit, seine gegenteilige Auffassung darzulegen und behördliche Wissenslücken zu schließen.[709] Signalisiert der Veranstalter Bereitschaft, einzelne Versammlungsmodalitäten zu ändern, so muss die Behörde im Gegenzug ihre vorläufige Gefahrenprognose überdenken.[710] Daraus ergibt sich der folgende, mögliche Gesprächsverlauf:

Zu Beginn des Gesprächs bietet es sich an, dass der Veranstalter noch einmal den geplanten Versammlungsverlauf erläutert,[711] auf mögliche Abweichungen von der ursprünglichen Planung hinweist und beobachtete Umstände mitteilt, die für einen friedlichen Ablauf wesentlich sind.[712] Zudem gibt das Gespräch dem Veranstalter die Möglichkeit, diejenigen Aspekte noch einmal herauszustel-

---

[707] Siehe dazu Fn. 587.
[708] *Kniesel/Poscher*, in: Lisken/Denninger/Rachor, Handbuch des Polizeirechts, K, Rn. 269.
[709] *Kniesel*, in: Dietel/Gintzel/Kniesel, VersG, Teil II, § 14, Rn. 101; *Hellhammer-Hawig*, Neonazistische Versammlungen, S. 176.
[710] VGH Mannheim, Beschluss vom 30.04.2002 – 1 S 1050/02, Rn. 12 (juris).
[711] *Scheidler*, KommP spezial 2009, 151 (154).
[712] Dietel/Gintzel/Kniesel, VersG (16. Auflage), § 14, Rn. 51; *Dietel/Kniesel*, Die Polizei 1985, 335 (343); *Scheidler*, Die Polizei 2009, 162 (166); *Welsch/Martić*, KommP BY 2008, 322 (324).

len, die den Kern der Versammlung ausmachen und deshalb keiner Änderung zugänglich sein sollten. Erklärt der Veranstalter beispielsweise, der geplante Versammlungsort stehe in untrennbarem Zusammenhang zum Anliegen der Versammlung, muss die Behörde erst weitere Alternativen erwägen, bevor sie darauf gestützt eine Gefahrenlage bejahen und Verfügungen aussprechen kann.[713]

Anschließend sollte die behördliche Gefahrenprognose Stück für Stück erörtert werden. Dafür hat die Behörde die Gefahrenprognose zunächst zu erläutern und zu begründen. Die Behörde sollte diejenigen Umstände benennen, die nach ihrer Ansicht zu einem Versammlungsverbot führen würden. Dadurch wird dem Veranstalter die Möglichkeit eröffnet, diesbezüglich Abhilfe zu schaffen.[714] Insgesamt hat die Behörde den Veranstalter mithin über diejenigen Modalitäten zu informieren, die sie als problematisch betrachtet und sollte gegebenenfalls Vorschläge für Austauschmittel unterbreiten.[715] Allerdings verbietet es sich, dass die Behörde wesentliche Versammlungsmerkmale vorschlägt.[716] Denn obwohl die Pflicht zur grundrechtsfreundlichen Verfahrensgestaltung eine Informationspflicht der Behörde beinhaltet, folgt aus dem Selbstbestimmungsrecht der Versammlung die Verpflichtung, wesentliche Eckpunkte selbst festlegen zu lassen. Diesbezüglich wird angenommen, dass die Behörde nicht schon dann über Gebühr Einfluss nimmt, wenn sie Gegendemonstranten auf die Möglichkeit der opponierenden Teilnahme an der (Haupt-)Versammlung – statt der Veranstaltung einer Gegendemonstration – hinweist.[717]

Darüber hinaus soll die Behörde den Veranstalter über diejenigen rechtlichen Konsequenzen (geplante Auflagen und Verbote) informieren, die sich aus ihrer derzeitigen Gefahrenprognose ergeben würden.[718] Zudem hat die Behörde den Veranstalter über Verhaltenspflichten aufzuklären, die durch einzelne Auflagen begründet würden.[719] Gemeinsam mit dem Veranstalter sind geplante Auflagen

---

[713] BVerfG, NJW 2000, 3053 (3056); *Baudewin*, Der Schutz der öffentlichen Ordnung im Versammlungsrecht, Rn. 287.
[714] OVG Weimar, NVwZ-RR 2003, 207 (208); VG Weimar, ThürVBl. 2005, 212 (213).
[715] Ullrich, NVersG, § 6, Rn. 8.
[716] OVG Weimar, NVwZ-RR 2003, 207 (210).
[717] *Dietel*, Die Polizei 2004, 189 (194).
[718] *Kniesel*, in: Dietel/Gintzel/Kniesel, VersG, Teil II, § 14, Rn. 105; *Gadesmann*, Rechtssicherheit im Versammlungsrecht durch die Anmeldebestätigung?, S. 139; Köhler/Dürig-Friedl, Demonstrations- und VersammlungsR, § 14 VersG, Rn. 6.
[719] Dietel/Gintzel/Kniesel, VersG (16. Auflage), § 14, Rn. 41.

und Verbote insbesondere auf deren Verhältnismäßigkeit hin zu erörtern. Dem Veranstalter soll es ermöglicht werden, die behördliche Einschätzung zu entkräften oder mittels modifizierter Umstände zu reagieren.[720] Bietet er Austauschmittel an, muss die Behörde ihre Gefahrenprognose jedenfalls überdenken, gegebenenfalls sogar anpassen.[721] Beispielsweise kann es sich positiv auf die Gefahrenprognose auswirken, wenn der Veranstalter zusichert, Vermüllung und alkoholisierten Teilnehmern entgegen zu wirken.[722]

Kennt der Veranstalter sodann die behördliche Einschätzung, sollte er auch dazu gehört werden, welche Auflagen er selbst als vereinbar mit dem Versammlungszweck betrachtet.[723] Die Behörde hat sich dabei möglichst offen zu präsentieren und die Vorschläge des Veranstalters unvoreingenommen zu erwägen. Sie soll ihm insbesondere vermitteln, dass ihre Einschätzung nur eine vorläufige ist und sie gewillt ist, diese – gegebenenfalls nach Änderung einzelner Modalitäten – zu überdenken. Ziel eines Kooperationsgesprächs muss sein, einen Kompromiss zu finden, hinter dem beide Seiten stehen. Dadurch wird eine gerichtliche Überprüfung möglicher behördlicher Verfügungen bestenfalls obsolet. Sollen hingegen Verfügungen erlassen werden und kündigt der Veranstalter an, diese gerichtlich überprüfen zu lassen, stellt dies noch keine Kooperationsverweigerung dar. Denn daraus folgt nicht zwangsläufig, dass der Veranstalter behördlichen Verfügungen nicht nachkommen wird.[724] Ebenso darf es dem Veranstalter nicht negativ angelastet werden, wenn er an einem Kooperationsgespräch ohne Dokumentation nicht teilnehmen möchte.[725]

Neben der zentralen Erörterung der Gefahrenprognose sind zudem Fragen des Veranstalters zu beantworten. Überdies sollte der Veranstalter entsprechend § 25 Abs. 1 Satz 1 VwVfG, Art. 25 Abs. 1 Satz 1 BayVwVfG bzw. § 83a Abs. 1 Satz 1 LVwG ebenso hinsichtlich nicht gestellter, aber wichtiger Fragen beraten werden. Dabei soll die Behörde insbesondere Informationen in der Sache lie-

---

[720] *Hettich*, Versammlungsrecht in der Praxis, Rn. 81.
[721] Dietel/Gintzel/Kniesel, VersG (16. Auflage), § 14, Rn. 40 f.; *Dietel/Kniesel*, Die Polizei 1985, 335 (343).
[722] BVerfG, NJW 2015, 2485 (2486).
[723] *Baudewin*, Der Schutz der öffentlichen Ordnung im Versammlungsrecht, Rn. 297; *Kloepfer*, in: Isensee/Kirchhof, Handbuch des Staatsrechts, Band VII, § 164, Rn. 41; *Kniesel/ Poscher*, NJW 2004, 422 (425).
[724] BVerfG, NJW 2001, 2072 (2073).
[725] BVerfG, NVwZ 2002, 982 (982), wonach allerdings die behördliche Ablehnung der Aufzeichnung des Gesprächs auf Tonband nicht beanstandet wurde.

fern. So sind beispielsweise Fragen und Auskünfte in Bezug auf geplante Schutz- und Sicherheitsmaßnahmen der Polizeibehörde zulässig.[726] Die Auskunftspflicht der Behörde ist in jedem Fall umfassend. Auskünfte dürfen nur unter besonderen Umständen verweigert werden.[727] Auch insoweit hängt der Umfang der behördlichen Informationspflicht vom konkreten Einzelfall ab. Beispielsweise sollte flexibel auf einen unerfahrenen Veranstalter reagiert werden. Ihm sind unter Umständen mehr Anregungen zu geben und – in engen Grenzen – Vorschläge für Versammlungsmodalitäten zu unterbreiten, sollte er sich nicht festlegen wollen.[728]

c) Grenzen der Erörterung

Der Austausch zwischen Behörde und Veranstalter soll möglichst offen und unförmlich erfolgen. Nichtsdestotrotz sind der Offenheit gewisse Grenzen gesetzt. Die Erörterung ist inhaltlich auf Einzelheiten der Versammlungsdurchführung beschränkt. Zweck und Anliegen einer Versammlung sind hingegen nicht gesprächsgegenständlich.[729] Vielmehr hat sich die Behörde jeglicher inhaltlicher Einflussnahme zu enthalten.[730] Andernfalls würde das Selbstbestimmungsrecht gefährdet[731] und die staatliche Neutralität aufgeweicht. Zudem ist die gebotene Distanz zu wahren, um Dritten gegenüber nicht den Eindruck von „Geklüngel" und unrechtmäßigen Absprachen unter der Hand zu vermitteln.[732] Dies dürfte ein Balanceakt sein, denn Kooperation sorgt immer für eine gewisse (Staats-)Nähe, die der grundsätzlichen Staatsfreiheit zuwiderläuft.[733]

---

[726] Dietel/Gintzel/Kniesel, VersG (16. Auflage), § 14, Rn. 44; *Kniesel/Poscher*, in: Lisken/Denninger/Rachor, Handbuch des Polizeirechts, K, Rn. 273.
[727] *Kniesel*, in: Dietel/Gintzel/Kniesel, VersG, Teil II, § 14, Rn. 106.
[728] Dietel/Gintzel/Kniesel, VersG (16. Auflage), § 14, Rn. 38; *Leist*, BayVBl. 2004, 489 (489); a.A. OVG Weimar, NVwZ-RR 2003, 207 (210), wonach jedenfalls zu wesentlichen Merkmalen einer Versammlung keine Vorschläge gemacht werden dürfen.
[729] *Buschmann*, Kooperationspflichten im Versammlungsrecht, S. 39; Dietel/Gintzel/Kniesel, VersG (16. Auflage), § 14, Rn. 36; *Miller*, in: Wefelmeier/Miller, NVersG, § 6, Rn. 9.
[730] *Hoffmann-Riem*, in: Merten/Papier, Handbuch der Grundrechte, Band IV, § 106, Rn. 109; *Zeitler*, Versammlungsrecht, Rn. 128.
[731] BVerfGE 69, 315 (356); *Buschmann*, Kooperationspflichten im Versammlungsrecht, S. 39; *Kloepfer*, in: Isensee/Kirchhof, Handbuch des Staatsrechts, Band VII, § 164, Rn. 41.
[732] *Kloepfer*, in: Isensee/Kirchhof, Handbuch des Staatsrechts, Band VII, § 164, Rn. 41; *Kniesel/Poscher*, in: Lisken/Denninger/Rachor, Handbuch des Polizeirechts, K, Rn. 268.
[733] *Koll*, Liberales Versammlungsrecht, S. 308.

Auch wenn der Veranstalter umfassend zu geplanten Maßnahmen der Behörde Stellung nehmen darf und sollte, darf es im Ergebnis zu keinem „Aushandeln" der Entscheidung kommen.[734] Die abschließende Entscheidungshoheit verbleibt bei der Behörde.[735] Dies muss dem Veranstalter gegebenenfalls verdeutlicht werden. Dem Veranstalter steht deshalb kein Recht zu, zu bestimmen, mit welchem Gewicht seine Rechtsgüter in die Abwägung einzubeziehen sind. Gleiches gilt für den Veranstalter von Gegendemonstrationen.[736]

Darüber hinaus darf das polizeiliche Einsatzkonzept nicht gänzlich zur Diskussion gestellt werden. Nur so ist gesichert, dass die Behörden während der Versammlung noch flexibel agieren können.[737] Dementsprechend muss dem Veranstalter die Geltung des Legalitäts- und Opportunitätsprinzips bewusst sein. Die polizeiliche Aufgabe der Gefahrenabwehr und die Sicherung flexibler Einsatzstrategien darf durch kooperative Absprachen gerade nicht unterlaufen werden.[738]

d) Erörterungsbedürftige Aspekte im Einzelnen

Nachfolgend werden einige Aspekte herausgegriffen, die in den Erörterungen regelmäßig Thema sein dürften. Insgesamt sollten sich Behörden und Versammlungsvertreter bei der Erörterung von dem Gedanken leiten lassen, dass vertrauensvolle Kooperation helfen kann, problematische Massenveranstaltungen überhaupt erst zu ermöglichen.[739] Sie sollten deshalb im Sinne eines Gebens und Nehmens offen kommunizieren, ohne Kooperation als Einbahnstraße zu verstehen.[740] Gemeinsam sollten Gefahrenpotentiale ermittelt und minimiert werden.[741] Im offenen Dialog sollte eine Information nicht nur preisgegeben werden, um eine andere zu erhalten. Kooperation darf dementsprechend zu keiner starren Kosten-Nutzen-Rechnung verkommen.[742]

---

[734] *Hellhammer-Hawig*, Neonazistische Versammlungen, S. 176 f.; *Zeitler*, Versammlungsrecht, Rn. 128.
[735] Dietel/Gintzel/Kniesel, VersG (16. Auflage), § 14, Rn. 40.
[736] *Roos*, KommP spezial 2011, 203 (205).
[737] *Zeitler*, Versammlungsrecht, Rn. 128.
[738] *Kloepfer*, in: Isensee/Kirchhof, Handbuch des Staatsrechts, Band VII, § 164, Rn. 41.
[739] Dietel/Gintzel/Kniesel, VersG (16. Auflage), § 14, Rn. 30.
[740] *Brenneisen/Wilksen*, Versammlungsrecht, S. 250; Dietel/Gintzel/Kniesel, VersG (16. Auflage), § 14, Rn. 37.
[741] *Battis/Grigoleit*, NVwZ 2001, 121 (128).
[742] *Buschmann*, Kooperationspflichten im Versammlungsrecht, S. 42.

aa) Teilnehmer

Regelmäßig wird über die Teilnehmer der geplanten Versammlungen zu sprechen sein. Interessant sind dabei die erwartete Teilnehmerzahl, sowie deren personelle Zusammensetzung, ebenso wie der Umgang mit potentiell gewaltbereiten Teilnehmern.

(1) Teilnehmerzahl

Die Größe einer Versammlung wird durch die Anzahl der Teilnehmer definiert. Je größer eine Versammlung ist, desto höher dürfte der organisatorische Aufwand in Bezug auf Straßensperren, die Anzahl einzusetzender Einsatzkräfte etc. sein. Die Kenntnis der Teilnehmerzahl ist für die Behörde dementsprechend ungemein wichtig. In der Anmeldung bzw. Anzeige einer Versammlung muss nicht angegeben werden, wie viele Teilnehmer erwartet werden, vgl. § 14 VersG, Art. 13 Abs. 2 BayVersG, § 11 Abs. 2 VersFG SH. Aus den genannten Gründen scheint die Angabe gleichwohl zweckmäßig.[743] Unterbleibt sie, kann die Behörde den Veranstalter im Kooperationsgespräch danach fragen, sofern sie die voraussichtliche Teilnehmerzahl nicht bereits anderweitig ermitteln konnte.

Gibt der Veranstalter – gegebenenfalls auf Nachfrage – an, mit wie vielen Versammlungsteilnehmern er rechnet, kann er sich dabei beträchtlich verschätzen.[744] Unter Umständen gelangt die Behörde, aufgrund gesicherter Erfahrungswerte oder konkreter Erkenntnisse, zu einer abweichenden Einschätzung. Will sie ihrer Gefahrenprognose dementsprechend eine höhere Teilnehmerzahl zu Grunde legen, hat sie dem Veranstalter zu erläutern, wie sie zu solch einer Einschätzung kommt und hat ihn zu informieren, welche Folgeprobleme sich daran anknüpfen. Beispielsweise könnten mehr Ordner benötigt werden. Andererseits könnten angesichts der höheren Teilnehmerzahl mehr Einsatzkräfte während der Versammlung nötig sein.

In jedem Fall muss dem Veranstalter die Möglichkeit gegeben werden, zu der behördlichen Einschätzung Stellung zu nehmen. Dabei ist nicht ausgeschlossen, dass es dem Veranstalter gelingt, die Behörde zu überzeugen, dass seine Angabe

---

[743] Siehe dazu Fn. 560.
[744] *Ebert*, ThürVBl. 2007, 25 (26).

wahrscheinlich zutreffend ist. In diesem Fall bedürfte es keiner zusätzlichen Ordner, Einsatzkräfte etc.

(2) Umgang mit gewaltbereiten Teilnehmern

Neben der Anzahl der Teilnehmer kann auch deren personelle Zusammensetzung für die weitere Planung relevant werden. Im Falle der Anwesenheit gewaltbereiter Teilnehmer muss die Behörde prüfen, ob weiterhin von einer friedlichen Versammlung auszugehen ist und unter Umständen ihr Sicherheitskonzept an die Gegebenheiten anpassen. Zudem ist zu überlegen, ob man den Veranstalter in die Pflicht nehmen kann. Ihm könnten Aufrufe zur Gewaltfreiheit oder die Vorlage eines besonderen Sicherheitskonzepts abverlangt werden. Ob mit gewaltbereiten Teilnehmern zu rechnen ist, dürfte maßgeblich vom Versammlungsthema abhängen. Allerdings ist es unzulässig, pauschale Rückschlüsse zu ziehen, weil es bei ähnlichen Themen in der Vergangenheit wiederholt zu Gewalttätigkeiten kam. Ohne konkreten Anlass kann nicht verlangt werden, dass der Veranstalter Signale für Gewaltfreiheit setzt und ein Unterlassen solcher darf auch nicht zur Grundlage behördlicher Verfügungen gemacht werden.[745] Dasselbe gilt für die Vorlage eines besonderen Sicherheitskonzepts. Ein solches kann nicht für sämtliche möglicherweise aufkommende Gefahrensituationen gefordert und dessen Ausbleiben negativ bewertet werden.[746] Ohne konkreten Anlass kann von einem Veranstalter zudem nicht verlangt werden, sich gegen rechtsextremistische Anschauungen auszusprechen, sonstige Entsagungserklärungen abzugeben[747] oder die Teilnahme gewaltbereiter Personen zweifelsfrei auszuschließen.[748] Stützt die Behörde ihre Einschätzung auf Äußerungen oder Aufrufe Dritter, die die Gewaltbereitschaft fördern – etwa im Internet oder in Zeitschriften –, dann müssen sie dem Veranstalter zurechenbar sein. Dafür kann es genügen, dass der Veranstalter sie billigend in Kauf nimmt.[749]

---

[745] BVerfG, NJW 2001, 2078 (2079); *Hoffmann-Riem*, NVwZ 2002, 257 (262); *Kniesel/ Poscher*, NJW 2004, 422 (425).
[746] BVerfG, NJW 2001, 2078 (2079); a.A. VGH München, Beschluss vom 30.04.2001 – 24 ZS 01.1098, Rn. 7 (juris).
[747] *Arndt*, BayVBl. 2002, 653 (657); a.A. *Battis/Grigoleit*, NVwZ 2001, 121 (128), die scheinbar schon bei Demonstrationen mit vermutlich „rechtem" politischen Hintergrund eindeutige Distanzierungen des Veranstalters fordern.
[748] *Hoffmann-Riem*, NVwZ 2002, 257 (263).
[749] *Hoffmann-Riem*, NVwZ 2002, 257 (262).

Wenn mit der Teilnahme gewaltbereiter Personen zu rechnen ist, kann es die behördliche Gefahrenprognose positiv beeinflussen, wenn sich der Veranstalter vor der Versammlung freiwillig von ihnen distanziert und deutliche Signale für Gewaltfreiheit setzt. Dadurch wird zudem das gegenseitige Vertrauen gestärkt.[750] Kooperationsbereitschaft in diesem Sinne kann ein Indiz gegen einen gewaltsamen Versammlungsverlauf sein.[751]

Stellt sich die Situation im Vorfeld einer Versammlung hingegen so dar, dass getätigte Gewaltaufrufe zu der Einschätzung führen, eine Versammlung werde überwiegend gewalttätig verlaufen oder mit hoher Wahrscheinlichkeit in eine solche umschlagen, dürfte keine friedliche Versammlung mehr vorliegen. Dementsprechend läge keine geschützte Versammlung im Sinne von Art. 8 GG vor. Bevor eine solche Versammlung verboten wird, sollten Veranstalter und Leiter dazu aufgefordert werden, deutliche Signale für Gewaltfreiheit zu setzen. Eine solche Aufforderung stellt ein milderes Mittel gegenüber einem Versammlungsverbot dar. Rufen die Versammlungsverantwortlichen gegen Gewalt auf, ist die Lage neu zu bewerten. Ergebnis dessen kann sein, dass weiterhin von einer gewalttätigen Versammlung auszugehen ist, etwa weil die Aufrufe nicht ernst gemeint waren oder die Teilnehmer in jedem Fall gewaltbereit auftreten werden. Gleiches gilt bei potentiell gewalttätig verlaufenden Versammlungen. Dazu hat das Bundesverfassungsgericht entschieden, dass von Veranstalter und Leiter verlangt werden könne, dass sie im *„Vorfeld öffentlich deutliche Signale setzen, die auf die Gewaltfreiheit der Durchführung der Versammlung ausgerichtet sind"*, wenn Dritte sich schon im Vorfeld gewaltbereit gezeigt oder konkret zur Gewalt aufgerufen haben und abzusehen ist, dass dies Einfluss auf die Teilnehmer und deren zu erwartendes Verhalten hat.[752] Der Veranstalter soll sich dann nicht darauf zurückziehen können, dass die Polizei die Durchführung der Versammlung gegen gewalttätige Teilnehmer hinreichend absichern könne.[753] Andererseits soll der behördliche Verweis auf anderweitig gebundene Polizeikräfte nicht genügen, einer potentiell gewalttätig verlaufenden Versammlung den

---

[750] *Ullrich*, KommP spezial 2011, 176 (178).
[751] *Ullrich*, KommP spezial 2011, 176 (178).
[752] BVerfG, NJW 2000, 3051 (3053); so auch OVG Weimar, NVwZ-RR 2003, 207 (210); a.A. Köhler/Dürig-Friedl, Demonstrations- und Versammlungsrecht, § 14 VersG, Rn. 6, die unter Verweis auf den BVerfG-Beschluss scheinbar undifferenziert von einer Verpflichtung des Veranstalters ausgehen, die vorläufigen Annahmen der Behörde zu entkräften und diesem Nachweise für sein Bemühen um Gewaltfreiheit abverlangen.
[753] BVerfG, NJW 2000, 3051 (3053).

Schutz zu versagen.[754] Die Äußerung des Bundesverfassungsgerichts darf allerdings nicht dahingehend missverstanden werden, dass bei der Teilnahme potentiell gewaltbereiter Teilnehmer eine Pflicht der Versammlungsverantwortlichen besteht, sich im Vorfeld von diesen zu distanzieren. Vielmehr ist ihnen ein solches Verhalten zu empfehlen, um die Gefahrenprognose der Behörde zu positivieren und so behördlichen Verfügungen entgehen oder diese zumindest abmildern zu können.

bb) Aufrufe der Versammlungsverantwortlichen

Eng verknüpft mit der Frage nach dem Umgang mit gewaltbereiten Teilnehmern ist die Frage, wie es dem Veranstalter vor und dem Leiter während der Versammlung gelingen kann, sich an die Teilnehmer zu wenden, um Informationen weiterzugeben und Aufrufe zu lancieren.

Bei einer groß angelegten Versammlung wird man heutzutage regelmäßig davon ausgehen können, dass eine Homepage eingerichtet oder zumindest ein Facebook-Event erstellt wurde. Darüber kann der Veranstalter Informationen veröffentlichen und sie so schnell einer breiten Masse zugänglich machen. Über diese Kanäle könnte beispielsweise auf ein Verbot, Glasflaschen mitzuführen, hingewiesen werden. Zudem könnte darauf hingewiesen werden, dass auf gewaltbereite Teilnehmer unverzüglich mit entsprechenden Maßnahmen reagiert werden wird. Auf diesem Wege könnten potentielle Teilnehmer auch über eine geänderte Demonstrationsroute informiert werden, auf die man sich möglicherweise mit der Behörde verständigt hat. Selbstverständlich kommt auch die Informationsweitergabe über Fernsehen, Radio und Zeitung in Betracht, wird in Zeiten moderner Internetkommunikation allerdings eher in den Hintergrund treten. Diese Maßnahmen der Versammlungsleitung sollten im Kooperationsgespräch besprochen werden.

Zudem sollte erörtert werden, wie während der Versammlung Kontakt zu den Teilnehmern aufgenommen werden kann, wenn dies nötig wird. Dafür sollten die Versammlungsverantwortlichen entsprechende Kommunikationsmittel, beispielsweise Megaphone, bereithalten. Gerade bei Großdemonstrationen kann die flächenmäßige Ausbreitung der Teilnehmer, die mit einer hohen Teilnehmerzahl einhergeht, dazu führen, dass der Leiter allein nicht alle Teilnehmer adressieren

---

[754] BVerfG, NJW 2000, 3051 (3053).

kann. Für diesen Fall könnte sich die Versammlungsleitung via SMS, WhatsApp oder Walkie Talkies untereinander, sowie mit den eingesetzten Ordnern abstimmen, bevor beispielsweise über Megaphone Ansagen an die Teilnehmer gemacht werden.

Werden der Behörde im Kooperationsgespräch entsprechende Strategien plausibel dargelegt, hat sie dies in ihre Gefahrenprognose einzustellen. Ergebnis dessen kann sein, dass sie zunächst einmal davon auszugehen hat, dass sich die Versammlung weitgehend selbst organisieren und leiten kann.

cc) Einsatz von Kundgebungsmitteln

Erörterungsbedürftig können zudem der Einsatz von Kundgebungsmitteln während der Versammlung und darauf bezogene behördliche Auflagen sein. Kundgebungsmittel sind typischerweise geeignet, die inhaltliche Aussage einer Versammlung zu verstärken. Zu denken ist beispielsweise an Megaphone, Plakate und Transparente, Instrumente oder Flaggen.

Sind entsprechende Kundgebungsmittel notwendiger Bestandteil einer Versammlung, etwa weil sie der Durchsetzung des Inhalts dienen, so ist ihr Einsatz grundsätzlich erlaubnisfrei, selbst wenn dafür sonst eine Erlaubnispflicht bestünde.[755] Verfügungen, durch die der Einsatz von Hilfsmitteln verboten oder sonst reglementiert werden soll, sind deshalb nur in den engen versammlungsrechtlichen Grenzen zulässig. Weist die geplante Infrastruktur hingegen keinen funktionalen Zusammenhang zur Versammlung auf oder geht über das notwendige Maß hinaus, so ist ihr Einsatz nicht von der versammlungsspezifischen Erlaubnisfreiheit gedeckt[756] und kann reglementiert werden. Bei ihrer Gefahrenprognose muss die Behörde dementsprechend umfassend ermitteln, welcher Aussagegehalt hinter einzelnen Kundgebungsmitteln steht und darf nicht von vornherein von der nachteiligsten Deutung ausgehen. Zur Bedeutungskraft kann sich der Veranstalter im Kooperationsgespräch erklären. Die Behörde kann ihn dazu befragen.

Bei Versammlungen sollen regelmäßig Lautsprecher zum Einsatz kommen. Mit ihrer Hilfe können unter anderem nicht an der Versammlung beteiligte Dritte auf das Versammlungsanliegen aufmerksam gemacht werden.[757] Sind Lautsprecher

---

[755] *Kanther*, NVwZ 2001, 1239 (1241).
[756] *Kanther*, NVwZ 2001, 1239 (1240).
[757] OVG Berlin-Brandenburg, NVwZ-RR 2009, 370 (371).

in diesem Sinne für die geplante Versammlung wesensnotwendig, ist deren Einsatz – wie eben beschrieben – vom Schutz des Grundrechts der Versammlungsfreiheit umfasst[758] und kann nur bei Vorliegen einer unmittelbaren Gefahr eingeschränkt oder untersagt werden.[759] Einschränkungen kommen etwa bei Versammlungen neben Geschäften in Betracht. Zwar dienen Lautsprecher auch dort der Verdeutlichung des Demonstrationsanliegens. Jedoch kann der Veranstalter nicht frei darüber entscheiden, welche Belastung Dritte hinnehmen müssen. Dementsprechend könnte beispielsweise auf den Einsatz von Schallverstärkern zu verzichten sein.[760] Die Versammlungsbehörde hat den Schutz unbeteiligter Dritter vor schädlichen Umwelteinwirkungen in ihre Abwägung einzustellen[761] und mit dem Veranstalter im Gespräch zu thematisieren.

Zudem sollen bei Versammlungen regelmäßig große Banner, Flaggen etc. mitgeführt werden. Diesbezüglich ist in Bezug auf Holzstiele oder Metallstangen als Halterung zu prüfen, ob deren Einsatz als gefährliche Werkzeuge gegen andere Demonstranten oder die Polizei in Frage kommen könnte. Ist dies der Fall, können behördliche Verfügungen unter Umständen zulässig sein. Grundsätzlich ist jedoch zunächst einmal von deren zweckentsprechendem Gebrauch auszugehen. Sieht die Behörde die Gefahr, dass beispielsweise große Kunststoffplakate als „künstliche Mauer" genutzt werden sollen, die den Zugriff der Polizei erheblich erschweren könnten, ist diese Schlussfolgerung zunächst im Kooperationsgespräch zu erörtern.[762]

Zudem ist etwa beim Tragen von Masken daran zu denken, dass diese ein künstlerisches Kundgebungsmittel sein könnten und nicht nur die Identifizierung erschweren sollen.[763] Ebenso kann es sich mit Zelten und Pavillons verhalten, die nicht nur dem Wetterschutz dienen, sondern funktionale und symbolische Bedeutung haben und einen erkennbaren inhaltlichen Bezug zum Versammlungsthema aufweisen.[764] Zudem werden die Veranstalter häufig Informationsstände aufstellen wollen. Diesbezügliche Auflagen sind zu thematisieren.[765]

---

[758] *Kniesel*, in: Dietel/Gintzel/Kniesel, VersG, Teil I, Rn. 173.
[759] *Kanther*, NVwZ 2001, 1239 (1243).
[760] OVG Berlin-Brandenburg, NVwZ-RR 2009, 370 (371).
[761] *Scheidler*, GewArch 2011, 137 (141).
[762] VG Leipzig, Beschluss vom 15.08.2013 – 1 L 271/13, Rn. 19 (juris).
[763] VG Regensburg, Beschluss vom 10.02.2012 – RO 9 E 12.257, Rn. 14 (juris).
[764] VG Halle, Beschluss vom 11.11.2012 – 3 B 652/12.
[765] *Kniesel/Poscher*, in: Lisken/Denninger/Rachor, Handbuch des Polizeirechts, K, Rn. 272.

dd) Anwesenheit des Leiters während der Versammlung

Der Veranstalter einer Versammlung ist schwerpunktmäßig für deren Organisation im Vorfeld zuständig. Er kann gleichzeitig als Versammlungsleiter in Erscheinung treten. Dies ist jedoch nicht zwingend, etwa wenn er eine andere Person als Leiter benennt.

Der Leiter muss während der Versammlung anwesend sein. Dies ergibt sich für Bayern aus Art. 4 Abs. 1 Nr. 4 BayVersG. Damit soll Erfahrungen aus der Vollzugspraxis Rechnung getragen werden.[766] In den sonstigen Bundesländern folgt es aus § 8 VersG bzw. § 6 VersFG SH, wonach der Leiter für Ordnung in der Versammlung sorgt. Dies kann er nur dann angemessen tun, wenn er selbst anwesend ist. Gegebenenfalls ist die Versammlungsleitung im Kooperationsgespräch durch die Behörde auf diese Pflicht und die sonstigen Befugnisse des Leiters während der Versammlung (§ 8 VersG, Art. 6 BayVersG bzw. § 6 VersFG SH) hinzuweisen.

Darüber hinaus sollte im Kooperationsgespräch thematisiert werden, wie die Kommunikation zwischen der Polizei und dem Leiter während der Versammlung gewährleistet werden kann. Zudem ist sicherzustellen, dass der Veranstalter den Leiter über getroffene Absprachen mit der Behörde informiert, sofern dieser nicht am Kooperationsgespräch teilnimmt. Gerade wegen der möglichen Personenverschiedenheit auf Seiten der Versammlungsverantwortlichen bietet es sich an – wie bereits dargelegt –,[767] Veranstalter und Leiter am Gespräch zu beteiligen. In § 3 Abs. 3 Satz 1 VersFG SH ist hingegen die Rede davon, entweder dem Veranstalter oder dem Leiter ein Kooperationsgespräch anzubieten, was die Anwesenheit beider jedoch nicht zwingend ausschließt.

Im Kooperationsgespräch kann nicht nur die Anwesenheit des Leiters während der Versammlung, sondern auch die Personalie an sich zu thematisieren sein. Gemäß Art. 13 Abs. 5 BayVersG kann die zuständige Behörde den Leiter ablehnen, wenn Tatsachen die Annahme rechtfertigen, dass dieser die Friedlichkeit der Versammlung gefährdet. Damit wurde in Bayern ein Recht der Behörde kodifiziert, welches zuvor aus § 15 VersG abgeleitet wurde.[768] In denjenigen Bundesländern, in denen das Versammlungsgesetz fortgilt, entspringt das Recht der Behörde zur Ablehnung des Leiters weiterhin aus § 15 VersG. Mangels speziel-

---

[766] *Welsch/Martić*, KommP BY 2008, 375 (375).
[767] Siehe hierzu unter D.III.3.c)bb)(1).
[768] Bayerischer Landtag-Drucksache 15/10181, S. 20.

ler Regelung folgt selbiges Recht der zuständigen Behörde in Schleswig-Holstein aus § 13 VersFG SH. Möchte die Behörde von ihrem Recht, den Leiter abzulehnen, Gebrauch machen, sollte sie darüber spätestens im Kooperationsgespräch informieren, um dem Veranstalter die Möglichkeit zu geben, den Leiter auszutauschen.

ee) Einsatz von Ordnern

Regelmäßig sollen während einer Versammlung Ordner eingesetzt werden. Auch deren Einsatz sollte zuvor mit der Versammlungsbehörde besprochen werden.[769] Zu erörtern ist dabei die Zahl einzusetzender Ordner sowie gegebenenfalls deren geplante Ablehnung durch die Versammlungsbehörde.

Die Versammlungsgesetze enthalten Normen, die den Einsatz von Ordnern regeln. Gemäß § 18 Abs. 1, § 9 Abs. 1 VersG, Art. 4 Abs. 2 BayVersG bzw. § 6 Abs. 2 VersFG SH kann sich der Leiter einer Versammlung der Hilfe von Ordnern bedienen. Diese müssen volljährig sein, dürfen keine Waffen oder sonstige Gegenstände mit sich führen, die ihrer Art nach geeignet und den Umständen nach dazu bestimmt sind, Personen zu verletzen oder Sachen zu beschädigen. Die eingesetzten Ordner müssen zudem eine weiße Armbinde mit der Aufschrift „Ordner" tragen. Die Anzahl der eingesetzten Ordner muss angemessen sein. Insoweit stimmen die Vorschriften in allen Bundesländern überein. In den Ländern, in denen das Versammlungsgesetz fortgilt, muss es sich gemäß § 18 Abs. 1, § 9 Abs. 1 Satz 1 VersG zudem um ehrenamtliche Ordner handeln.

Im Kooperationsgespräch ist zu thematisieren, wie viele Ordner eingesetzt werden sollen. Sofern der Veranstalter nicht bereits (freiwillig) in der Anmeldung bzw. Anzeige angegeben hat, wie viele Ordner er einsetzen möchte, kann die Behörde ihn im Kooperationsgespräch danach fragen. In Schleswig-Holstein ist die Anzahl der einzusetzenden Ordner gemäß § 11 Abs. 3 Satz 2 VersFG SH mitzuteilen. Das Gesetz schreibt nicht vor, wann diese Mitteilung zu erfolgen hat. Da sich die Verpflichtung in § 11 VersFG SH findet, der mit dem Titel „Anzeige" überschrieben ist, ist davon auszugehen, dass die Mitteilung mit der Anzeige der Versammlung zu erfolgen hat. Entscheidet man sich erst später für den Einsatz von Ordnern, sollte dies der Behörde unverzüglich mitgeteilt werden. Die nötige Anzahl der Ordner hängt von der erwarteten Teilnehmerzahl

---

[769] *Brenneisen/Wilksen*, Versammlungsrecht, S. 434.

und dem erwarteten Versammlungsverlauf im Einzelfall ab. Bei einer Versammlung mit potentiell gewaltbereiten Teilnehmern werden mehr Ordner zum Einsatz kommen müssen als bei einer friedlichen Versammlung. Das Bundesverfassungsgericht hat diesbezüglich entschieden, dass die Versammlungsbehörden bei Großdemonstrationen nicht ohne Rücksicht auf die Möglichkeiten der Veranstalter schematisch eine feste Relation von Ordnern und Versammlungsteilnehmern zugrunde legen dürfen.[770]

Der Veranstalter kann im Kooperationsgespräch zudem darauf hinweisen, dass die geforderte Ordneranzahl für ihn unzumutbar ist. Tut er dies nicht und musste die Behörde dies auch nicht von sich aus erkennen, ist eine behördliche Verfügung, die dem Veranstalter den Einsatz einer für ihn unzumutbaren Anzahl von Ordnern auferlegt, gleichwohl nicht rechtswidrig.[771]

Fraglich ist, ob die Behörde bestimmte Ordner ablehnen kann. Im Versammlungsgesetz findet sich keine dahingehende explizite Regelung. Dementsprechend wird auf die allgemeine Eingriffsbefugnis nach § 15 VersG zurückgegriffen. Das Bundesverfassungsgericht entschied insoweit, dass die Behörde dem Veranstalter die Möglichkeit geben muss, beanstandete Ordner auszutauschen. Sofern die Behörde aufgrund ihrer vorläufigen Einschätzung davon ausgeht, eine Gefahr liege vor, weil einzelne Ordner ihrer Ansicht nach unzuverlässig sind, hat sie diese zu benennen. Dies folgt aus der behördlichen Kooperationspflicht.[772] Ist der Veranstalter bereit, sie auszutauschen, besteht Anlass, die behördliche Gefahrenprognose zu überdenken. In Bayern findet sich eine dahingehende Ermächtigung. Nach Art. 13 Abs. 6 Satz 2 BayVersG kann die Behörde einen Ordner ablehnen, wenn Tatsachen die Annahme rechtfertigen, dass dieser die Friedlichkeit der Versammlung gefährdet. Dem Veranstalter muss es jedoch wiederum möglich sein, die beanstandeten Ordner auszutauschen. In Schleswig-Holstein findet sich keine vergleichbare Regelung, weshalb – wie in den Ländern, in denen das Versammlungsgesetz fortgilt – auf die allgemeine Befugnisnorm (§ 13 VersFG SH) zurückzugreifen ist.

---

[770] BVerfG, Beschluss vom 29.06.2016 – 1 BvR 1791/14, Rn. 3 (juris).
[771] BVerfG, Beschluss vom 29.06.2016 – 1 BvR 1791/14, Rn. 4 (juris).
[772] BVerfG, NJW 2001, 2078 (2079).

ff) Themen im Zuständigkeitsbereich anderer Behörden

Im Kooperationsgespräch dürfte zudem regelmäßig über Einwände zu sprechen sein, die andere Fachbehörden gegen die geplante Versammlung erheben. Wegen der Konzentrationswirkung der Anmeldung / Anzeige einer Versammlung muss sich der Veranstalter nur mit der Versammlungsbehörde auseinander setzen. Sie muss ihm Auskunft über Aspekte geben, die im Zuständigkeitsbereich anderer Behörden liegen, beispielsweise polizeilich geplante Schutz- und Sicherheitsmaßnahmen während der Versammlung.[773]

(1) Polizei – Kooperation während der Versammlung

Der Schwerpunkt versammlungsrechtlicher Kooperation liegt im Vorfeld einer Versammlung,[774] doch auch danach sollte die Zusammenarbeit keineswegs abreißen.[775] Schließlich zielt die gesamte Vorbereitung auf die Ermöglichung der Durchführung der Versammlung. Während es vor der Versammlung, insbesondere auch im Kooperationsgespräch, darum geht, einen möglichst reibungslosen Versammlungsverlauf durch Absprachen und gegebenenfalls behördliche Auflagen vorzubereiten, steht während einer Versammlung die Umsetzung dessen im Mittelpunkt.[776] Die behördliche Zuständigkeit während einer Versammlung fällt der Polizei zu. Deshalb ist es sinnvoll, beim Kooperationsgespräch nicht nur über polizeiliche Aspekte zu sprechen, sondern die Polizei selbst zum Gespräch hinzuzubitten.[777]

Sofern Vertreter der Polizei am Kooperationsgespräch teilnehmen, sollten sie darüber informieren, wie viele Polizeibeamte in die Versammlung entsandt werden sollen, sowie, ob und warum deren Einsatz gegebenenfalls in ziviler Kleidung erfolgt.[778] Den Versammlungsverantwortlichen soll das polizeiliche Einsatzkonzept in Grundzügen transparent gemacht werden, ohne dass taktische

---

[773] *Kniesel*, in: Dietel/Gintzel/Kniesel, VersG, Teil II, § 14, Rn. 105; *Kniesel/Poscher*, in: Lisken/Denninger/Rachor, Handbuch des Polizeirechts, K, Rn. 273.
[774] *Kniesel*, in: Dietel/Gintzel/Kniesel, VersG, Teil II, § 14, Rn. 118; *Scheidler*, Die Polizei 2009, 162 (166).
[775] *Kniesel/Poscher*, in: Lisken/Denninger/Rachor, Handbuch des Polizeirechts, K, Rn. 280.
[776] *Buschmann*, Kooperationspflichten im Versammlungsrecht, S. 45; *Kniesel/Poscher*, in: Lisken/Denninger/Rachor, Handbuch des Polizeirechts, K, Rn. 280; *Scheidler*, Die Polizei 2009, 162 (166).
[777] Siehe dazu Fn. 687.
[778] *Martens*, Die Polizei 2013, 1 (8).

Details im Einzelnen preisgegeben werden.[779] Dazu gehört es auch, eine lageangepasste und flexible Einschreitschwelle festzulegen, sodass anstehende Einsatzmaßnahmen für die Versammlungsteilnehmer in Grundzügen kalkulierbar sind, ohne für die Polizei schematisch oder starr zu sein.[780]
Zudem sollte mit der Polizei abgestimmt werden, wie Kooperation während der Versammlung fortgesetzt werden kann.[781] Zu berücksichtigen ist dabei, dass die äußeren Gegebenheiten während einer Versammlung anders sind als noch in der Vorbereitungsphase. Während man vor einer Versammlung zumindest etwas Zeit hat, auf neue Entwicklungen zu reagieren, müssen Reaktionen während einer Versammlung ad hoc erfolgen. Zudem können Problemstellungen auftreten, die man zuvor nicht bedacht hat. Dementsprechend sollte man sich auch auf unvorhergesehene Situationen vorbereiten. Denkbar wäre der Austausch von Telefonnummern zwischen den Verantwortlichen auf beiden Seiten. Treten unvorhergesehene Situationen auf, könnte man kurz miteinander telefonieren und das weitere Vorgehen absprechen. Denkbar wäre auch, Uhrzeiten festzulegen, zu denen man sich an einem vorher vereinbarten Ort zusammenfindet, um gemeinsam eine aktuelle Lageeinschätzung vorzunehmen. Ständiger Kontakt zum Veranstalter/Leiter ließe sich beispielsweise auch durch einen Verbindungsbeamten halten.[782] Sein Einsatz ist zuvor zu besprechen. Als Vertrauensperson könnte er den einsatzentscheidenden, umfassenden Informationsfluss sichern.[783] Durch ihn kann das Rollenverständnis der Polizei erklärt und sich über beabsichtigte Maßnahmen ausgetauscht werden.[784] Auf Seiten der Versammlung wären dafür Ansprechpartner bereitzustellen.[785]

(2) Weitere Behörden
Regelmäßig fließen auch Aspekte anderer Fachbehörden in die versammlungsbehördliche Gefahrenprognose ein. Diese sollten ebenfalls im Kooperationsge-

---

[779] *Ludwig*, Die Polizei 1987, 290 (294).
[780] *Kloepfer*, in: Isensee/Kirchhof, Handbuch des Staatsrechts, Band VII, § 164, Rn. 41; *Ludwig*, Die Polizei 1987, 290 (295).
[781] Köhler/Dürig-Friedl, Demonstrations- und VersammlungsR, § 14 VersG, Rn. 6.
[782] *Ludwig*, Die Polizei 1987, 290 (294); *Kniesel/Poscher*, in: Lisken/Denninger/Rachor, Handbuch des Polizeirechts, K, Rn. 280; *Schwind/Baumann u.a.*, Ursachen, Prävention und Kontrolle von Gewalt, Band II, S. 663.
[783] *Ludwig*, Die Polizei 1987, 290 (294).
[784] *Schwind/Baumann u.a.*, Ursachen, Prävention und Kontrolle von Gewalt, Band II, S. 663.
[785] *Kniesel/Poscher*, in: Lisken/Denninger/Rachor, Handbuch des Polizeirechts, K, Rn. 280.

spräch erörtert werden. Unter Umständen empfiehlt sich sogar die Teilnahme entsprechender Behördenvertreter. Dies gilt beispielsweise für Vertreter der Straßenverkehrsbehörde. Handelt es sich bei einer geplanten Versammlung um einen Aufzug, der Verkehrsbehinderungen auslösen kann, sollten Vertreter der Straßenverkehrsbehörde mit entsprechendem Kartenmaterial anwesend sein, um mögliche Umleitungsstrecken ins Gespräch zu bringen.[786] Änderungen des Streckenverlaufs sind zu thematisieren, wenn Gewerbetreibende durch versperrte Zugänge und Zufahrten zu ihren Geschäften beeinträchtigt würden,[787] oder wenn es zu einer übermäßigen Verkehrsbeeinträchtigung käme.[788] Dem Veranstalter kann jedoch nicht vollkommene Störungsfreiheit in Bezug auf Dritte abverlangt werden. Denn dadurch würde einseitig zulasten der Versammlung entschieden werden. Außerdem führen Demonstrationen im öffentlichen Raum regelmäßig zu Drittbeeinträchtigungen und leben gerade von ihrer Publikumswirksamkeit[789] und ihrer Wahrnehmung in angeheizten Situationen.[790] Andererseits steht es dem Veranstalter jedoch auch nicht zu, darüber zu entscheiden, inwieweit Dritte Beeinträchtigungen ihrer Rechte, wie Art. 2 Abs. 1 GG oder anderer subjektiv-öffentlicher Rechte, hinzunehmen haben. Dies ist vielmehr im Rahmen praktischer Konkordanz durch die Behörde abzuwägen.[791]

Mit den entsprechenden Fachbehörden ist zudem über das Aufstellen von Toilettenwagen, den Betrieb von Verkaufsständen und Aspekte der Straßenreinigung zu sprechen.[792]

e) Zwischenergebnis

Nicht in allen Ländern ist, wie in Schleswig-Holstein (§ 3 Abs. 3 Satz 1 VersFG SH), vorgeschrieben, dass Zusammenarbeit zwischen den Versammlungsverantwortlichen und der Behörde im Rahmen eines Kooperationsgesprächs erfolgen soll. Gleichwohl wird es in den allermeisten Fällen zu einem Gespräch kommen, sofern Gesprächsbedarf besteht. Das Gespräch bildet das Herzstück der kooperativen Zusammenarbeit zwischen der Behörde und der

---

[786] *Scheidler*, Die Polizei 2009, 162 (165).
[787] *Scheidler*, GewArch 2011, 137 (139).
[788] *Scheu*, Freiheitsperspektiven Drittbetroffener im Versammlungsrecht, S. 204 ff.
[789] *Mikešić*, NVwZ 2004, 788 (789).
[790] *Scheidler*, KommP spezial 2009, 151 (154).
[791] *Scheidler*, DAR 2009, 380 (382).
[792] *Scheidler*, KommP spezial 2009, 151 (154).

Versammlungsleitung. Es bringt alle Beteiligten an einen Tisch und gibt ihnen die Möglichkeit, die geplante Versammlung im Detail zu besprechen. Dabei hat die Behörde Dialogbereitschaft und Ergebnisoffenheit zu signalisieren. Sie muss dem Veranstalter vermitteln, dass sie eine verständnisvolle und tolerante Zusammenarbeit mit ihm anstrebt.[793] Damit dies gelingt, müssen die behördlichen Bemühungen jeweils entsprechende veranstalterseitige Anstrengungen finden.[794] Gemeinsam ist die Gefahrenprognose zu erörtern und zu überdenken, sodass am Ende ein Konsens gefunden werden kann, der einer gerichtlichen Überprüfung nicht mehr bedarf. Die konkrete Besetzung sowie der konkrete Inhalt des Gesprächs sind jeweils einzelfallabhängig. Neben den näher betrachteten Themen werden in der Verwaltungspraxis regelmäßig auch die folgenden Aspekte thematisiert: Anreise der Versammlungsteilnehmer, Anzahl der Redebeiträge, einschlägige Vorstrafen von Rednern oder Organisatoren (z.B. wegen Volksverhetzung, § 130 StGB).[795]

Die vorstehenden Ausführungen dürfen jedoch nicht darüber hinwegtäuschen, dass ein offenes Gespräch den Idealfall darstellt. Es gibt auch Versammlungen, bei denen ein Kooperationsgespräch kein einfacher Verfahrensschritt ist. Die Fronten können verhärtet sein und die Verantwortlichen wenig bis gar nicht gesprächsbereit. Das Gespräch kann sich dann sehr zäh gestalten. Gleichwohl muss die Behörde zu einem solchen einladen und sich gesprächsbereit präsentieren.

5. Zwischenphase bis zum Beginn der Versammlung

Vor der eigentlichen Durchführung einer Versammlung setzt nach dem Kooperationsgespräch/der anderweitigen Erörterung eine Phase ein, in der sich beide Interessenlager auf die Versammlung vorbereiten. Dieser Zeitraum zählt noch zur Vorbereitungsphase, weshalb die versammlungsrechtlichen Verpflichtungen dieser Phase fortwirken.[796]

Wie sich diese Zwischenphase gestaltet, dürfte maßgeblich vom Verlauf des vorherigen Kooperationsprozesses abhängen. Kam es zu keinem Kooperations-

---

[793] *Brenneisen/Wilksen*, Versammlungsrecht, S. 249.
[794] *Kniesel*, in: Dietel/Gintzel/Kniesel, VersG, Teil II, § 14, Rn. 113.
[795] Vgl. VG Leipzig, Beschluss vom 15.08.2013 – 1 L 271/13; VG Aachen, Beschluss vom 04.11.2008 – 6 L 478/08.
[796] Siehe dazu unter B.IV.

gespräch, beispielsweise weil die Versammlungsverantwortlichen nicht gewillt waren, sich mit der Behörde an einen Tisch zu setzen, um die Versammlung zu planen, oder wurde es ergebnislos abgebrochen, kann die Behörde das weitere Vorgehen einzig anhand ihrer Erkenntnisse und der darauf gestützten Gefahrenprognose planen. Sie wird sich in diesem Fall darauf einstellen müssen, dass die Verantwortlichen auch während der Versammlung nicht mit ihr zusammenarbeiten werden. Mehr noch: Sie wird sich unter Umständen auf einen konfrontativen Versammlungsverlauf einstellen müssen. Dementsprechend sind die Einsatzkräfte darauf vorzubereiten, dass sie zur Abwendung konkreter Gefahren für die öffentliche Sicherheit im Extremfall auch hart durchgreifen müssen. Darüber hinaus kann es angezeigt sein, Auflagen zu erlassen (z.B. Verbot Glasflaschen mitzuführen). Ein Versammlungsverbot lässt sich allein aufgrund verweigerter Kooperation regelmäßig nicht rechtfertigen.[797] Auch wenn der Behörde ihr Gegenüber unliebsam ist, muss sie sich insoweit versammlungsfreundlich zeigen, als sie Verfügungen nicht bis zur letzten Minute zurückhalten und dadurch vollendete Tatsachen schaffen darf.[798] Dieser Gedanke hat in Bayern Eingang ins Gesetz gefunden (Art. 15 Abs. 3 BayVersG). Darüber hinaus kann es angezeigt sein, dass die Behörde die Bevölkerung via Zeitung, Funk, Fernsehen oder Internet über die anstehende Versammlung informiert oder sie beispielsweise auffordert, dem Versammlungsort fernzubleiben.[799]

Die Zwischenphase dient auch dann der beiderseitigen Vorbereitung, wenn es zu einem Kooperationsgespräch kam. Auf Seiten der Behörde kann es angezeigt sein, die eigenen Einsatzkräfte dadurch bestmöglich auf die Versammlung vorzubereiten, dass sie für das Demonstrationsanliegen sensibilisiert werden, ihre eigene Position im Geschehen erläutert wird,[800] und dass ihnen die verabredete Einsatztaktik vermittelt wird.[801] Zudem muss sich die Behörde unter Umständen – aufgrund von neu gewonnenen Erkenntnissen aus dem Kooperationsgespräch oder sonst getroffener Absprachen – veranlasst sehen, ihre Gefahrenprognose zu überdenken und anzupassen. Der Polizeieinsatz während der Versammlung ist

---

[797] Siehe dazu unter C.II.
[798] *Ullrich*, Das Demonstrationsrecht, S. 494.
[799] *Ludwig*, Die Polizei 1987, 290 (294 f.); *Ruckriegel*, Die Polizei 1987, 285 (289); *Schwind/Baumann u.a.*, Ursachen, Prävention und Kontrolle von Gewalt, Band II, S. 663 verwenden den Begriff „taktische Öffentlichkeitsarbeit" für Öffentlichkeitsarbeit während der Versammlung.
[800] *Ruckriegel*, Die Polizei 1987, 285 (289).
[801] *Ludwig*, Die Polizei 1987, 290 (295).

daran ausgerichtet vorzubereiten. Korrespondierend dazu sollten sich auch die Versammlungsverantwortlichen an die potentiellen Teilnehmer wenden und diese über getroffene Absprachen informieren. Hat man sich beispielsweise mit der Behörde darauf geeinigt, dass die Demonstrationsroute geändert wird und potentielle Versammlungsteilnehmer über das Internet informiert werden sollen, so ist dem entsprechend nachzukommen. Hat der Veranstalter zugesagt, zu Gewaltfreiheit aufzurufen, hat er sich entsprechend an potentielle Versammlungsteilnehmer zu wenden.

Wurden – gestützt auf § 15 Abs. 1 VersG, Art. 15 Abs. 1 BayVersG, § 13 Abs. 1 VersFG SH – behördliche Auflagen erlassen, kann die Zwischenphase auch dazu dienen, ergangene Auflagen gerichtlich anzugreifen. Regelmäßig wird dafür Eilrechtsschutz zu ergreifen sein. Das Rechtsschutzbedürfnis des Antragstellers kann unter Umständen entfallen, wenn er sich gegen Auflagen wendet, die in derselben Form im Kooperationsgespräch thematisiert wurden und mit denen er sich ausdrücklich einverstanden erklärt hat.[802]

IV. Kooperation während der Versammlung

Mit Beginn der Versammlung beginnt eine neue Phase der Zusammenarbeit,[803] in der sich andere Akteure gegenüberstehen und die von einer gewissen Schnelllebigkeit geprägt ist.

1. Schwierigkeiten der emotionalen Durchführungsphase

Regelmäßig folgt auf die – oftmals noch ruhigere – Planungsphase eine hektische, teilweise auch emotional aufgeladene Durchführungsphase.[804] Unter Umständen können kleinste, oft sogar lapidare Vorkommnisse zur Eskalation führen.[805] Vielfältige Einflüsse können zu einem unerwarteten Geschehensablauf führen und zu spontanem Umdenken zwingen.[806]

---

[802] Vgl. VG Leipzig, Beschluss vom 15.08.2013 – 1 L 271/13, wo die entsprechende Fragestellung aufgeworfen, mangels Entscheidungserheblichkeit jedoch nicht abschließend entschieden wird.
[803] *Kniesel/Poscher*, in: Lisken/Denninger/Rachor, Handbuch des Polizeirechts, K, Rn. 280.
[804] *Hoffmann-Riem*, in: Brandt/Gollwitzer/Henschel, Festschrift für H. Simon, S. 390.
[805] *Kniesel/Poscher*, in: Lisken/Denninger/Rachor, Handbuch des Polizeirechts, K, Rn. 281.
[806] *Buschmann*, Kooperationspflichten im Versammlungsrecht, S. 45; *Hoffmann-Riem*, in: Brandt/Gollwitzer/Henschel, Festschrift für H. Simon, S. 389.

Trotz oder gerade wegen möglicher unerwarteter Entwicklungen waren vorherige Erörterungen und Absprachen notwendig. Denn einerseits kann durch sie die Durchführung einer Versammlung in der vorliegenden Form überhaupt erst ermöglicht werden. Zudem konnte durch die Vorarbeit bestenfalls Vertrauen zwischen den Beteiligten aufgebaut werden, was unerlässlicher Grundstein für kurzfristige Absprachen in Konfliktsituationen sein dürfte.[807] Kennen sich die Beteiligten bereits, weil sie beim Kooperationsgespräch gemeinsam an einem Tisch gesessen und Kontaktdaten ausgetauscht haben, dürften sie sich in der Versammlung schneller wieder- und zusammenfinden.[808] Andererseits war es Teil der Vorarbeit, Absprachen auch dafür zu treffen, wie mit unvorhergesehenen Situationen umgegangen werden soll. Die konkrete Versammlung stellt die Vorbereitung auf ihre Bewährungsprobe. Hier zeigt sich, ob der zwischen den Beteiligten in der Vorbereitung möglicherweise gefundene Konsens viele Aspekte berücksichtigt und aufbauend auf einer soliden Vertrauensbasis in sich aufgenommen hat. Der Konsens kann unter Umständen aber auch labil sein. Grund dafür können vor allem Spannungen zwischen den Beteiligten oder die Vielschichtigkeit der Versammlungsteilnehmer, für die der Konsens keine zufriedenstellende Lösung ist, sein. Um die Versammlung trotzdem so reibungslos wie möglich durchführen zu können, ist es wichtig, dass sich alle Seiten auch während der Versammlung offen präsentieren und getroffene Übereinkünfte konstruktiv fortentwickeln und auf die Versammlung anwenden.[809]

Andererseits kann – wie beschrieben – auch die Vorbereitungsphase bereits emotional aufgeladen und wenig kooperativ verlaufen sein, etwa wenn sich unterschiedliche Interessenlager gegenüber standen, die – jedenfalls auf Seiten der Versammlung – keinen gesteigerten Wert auf Zusammenarbeit legen, was beispielsweise bei rechtsextremen Versammlungen der Fall sein kann. Erfahrungsgemäß kann dann auch die Versammlung emotional und konfrontativ verlaufen, wobei Ausschreitungen nicht selten sein dürften.

---

[807] BVerfGE 69, 315 (355); *Kniesel/Poscher*, in: Lisken/Denninger/Rachor, Handbuch des Polizeirechts, K, Rn. 281.
[808] *Czier/Petersen*, KommP spezial 2011, 184 (186).
[809] *Hoffmann-Riem*, in: Brandt/Gollwitzer/Henschel, Festschrift für H. Simon, S. 389 f.

2. Von Polizei und Versammlungsteilnehmern erwartetes Verhalten

Ziel der Zusammenarbeit während einer Versammlung muss es sein, deren störungsfreien Verlauf zu sichern[810] und behördliches Einschreiten möglichst zu vermeiden, sowie Kollisionen mit Rechtsgütern Dritter zu verhindern.[811] Idealerweise knüpft die Zusammenarbeit während der Versammlung an jene vor der Versammlung an. Auch in der Durchführungsphase dürfte dauerhafter, vertrauensvoller Kontakt zwischen den Beteiligten unabdingbar sein. Allerdings wird während einer Versammlung für ausgedehnte Erörterungen regelmäßig keine Zeit sein. Dafür sind kurzfristige Absprachen umso wichtiger. Denn das Versammlungsgeschehen kann sich mit jeder Minute verändern. Deshalb müssen laufend Informationen ausgetauscht werden.[812] Insgesamt wird man daher davon ausgehen können, dass ausgedehnte Erörterungsverpflichtungen zu Gunsten von Informationsverpflichtungen in den Hintergrund rücken.

Die gesetzlichen Vorgaben in Bezug auf Zusammenarbeit während einer Versammlung sind verschieden. Während man sich in den Bundesländern, in denen das Versammlungsgesetz fortgilt, weiterhin an den Ausführungen des Bundesverfassungsgerichts wird orientieren müssen,[813] sind in Bayern Informations- und Erörterungsverpflichtungen auch während der Versammlung für sämtliche Beteiligte normiert (Art. 14 BayVersG). In Schleswig-Holstein findet sich keine vergleichbare Regelung. Vielmehr dürfte die Behörde mit Blick auf ein grundrechtsfreundliches Verfahren verpflichtet sein, auch während einer Versammlung mit den Verantwortlichen zusammenzuarbeiten. Diese können freiwillig darauf eingehen. In allen Ländern ist der Leiter verpflichtet, während einer Versammlung für Ordnung zu sorgen.

a) Polizei

Für die Einsatzkräfte stellt sich die Durchführungsphase regelmäßig als Gratwanderung zwischen vertrauensvoller Zusammenarbeit und effektiver polizeili-

---

[810] *Scheidler*, Die Polizei 2009, 162 (166).
[811] *Gusy*, JuS 1993, 555 (558).
[812] *Kniesel*, in: Dietel/Gintzel/Kniesel, VersG, Teil II, § 14, Rn. 120.
[813] Zu kooperativem Verhalten gehöre es, dass „*beiderseits Provokationen und Aggressionsanreize unterbleiben, daß die Veranstalter auf die Teilnehmer mit dem Ziel friedlichen Verhaltens und der Isolierung von Gewalttätern einwirken, daß sich die Staatsmacht – gegebenenfalls unter Bildung polizeifreier Räume – besonnen zurückhält und übermäßige Reaktionen vermeidet*", BVerfGE 69, 315 (355).

cher Aufgabenerfüllung dar.[814] Die Polizei sollte ihr Vorgehen grundsätzlich an jenen Absprachen ausrichten, welche die Versammlungsbehörde zuvor mit den Versammlungsverantwortlichen getroffen hat.[815] Ihr Ziel muss es sein, die Veranstaltung zu schützen, wozu es beispielsweise gehören kann, diese möglichst weit von einer Gegendemonstration fernzuhalten.[816] Die Einsatzkräfte nehmen damit eine stabilisierende und konfliktdämpfende Rolle zur Verhinderung von Eskalationen und Gewalttätigkeiten ein.[817] Andererseits darf die Polizei keinen Zweifel daran lassen, dass gegen gewaltbereite Teilnehmer entschlossen und konsequent vorgegangen wird.[818] Dafür müssen die Einsatzkräfte jederzeit in der Lage sein, flexibel auf Entwicklungen und Veränderungen zu reagieren.[819] Deshalb muss sichergestellt sein, dass ihnen jederzeit ein aktuelles polizeiliches Lagebild vorliegt,[820] auf dem die fortwährende Gefahrenprognose fußt.

In erster Linie haben sich die Einsatzkräfte während einer Versammlung bedeckt zu halten, soweit diese zur Selbstorganisation bereit und fähig ist.[821] Damit ist kein Wegschauen, sondern vielmehr lageangepasstes Begleiten der Versammlung gemeint. Dafür kann zu überlegen sein, zivile Polizisten zu entsenden, auf Schutzausrüstung zu verzichten,[822] keine Helme zu tragen und keine Hunde mitzunehmen. Dies kann helfen, den Versammlungsteilnehmern das zweifellos bestehende Subordinationsverhältnis zwischen ihnen und der Behörde nicht noch zusätzlich vor Augen zu führen.[823] Zudem kann einer Entpersönlichung vorgebeugt werden, die entstehen könnte, wenn Beamte als anonyme Vertreter einer staatlichen Institution wahrgenommen werden.[824] Die Einsatzkräfte müssen sich jederzeit ansprechbar und gesprächsbereit, und dabei grundsätzlich höflich präsentieren.[825] Entsprechend ihrer gesetzlichen Pflicht zur Zusammenarbeit müssen sie neue Informationen an den Versammlungsleiter wei-

---

[814] *Zeitler*, Versammlungsrecht, Rn. 133.
[815] *Hoffmann-Riem*, in: Brandt/Gollwitzer/Henschel, Festschrift für H. Simon, S. 398.
[816] *Knape*, Die Polizei 2008, 100 (103).
[817] *Knape/Schönrock*, Die Polizei 2013, 213 (216).
[818] *Ludwig*, Die Polizei 1987, 290 (293).
[819] *Ludwig*, Die Polizei 1987, 290 (297).
[820] *Ludwig*, Die Polizei 1987, 290 (296).
[821] *Gusy*, in: v. Mangoldt/Klein/Starck, GG, Band I, Art. 8, Rn. 78; *Gusy*, JuS 1993, 555 (558).
[822] *Ludwig*, Die Polizei 1987, 290 (296).
[823] *Hoffmann-Riem*, in: Brandt/Gollwitzer/Henschel, Festschrift für H. Simon, S. 390.
[824] *Ruckriegel*, Die Polizei 1987, 285 (289).
[825] *Knape*, Die Polizei 2008, 100 (104); *Ruckriegel*, Die Polizei 1987, 285 (289).

tergeben. Sprache und Kommunikation dürften das vordergründige „Einsatzmittel" der Polizei sein.[826] Als mildestes Mittel ist Kommunikation jeder anderen Art der Konfliktbewältigung vorzuziehen. Kommt es gleichwohl zu Verstößen seitens der Versammlungsteilnehmer wird in der Literatur vorgeschlagen, auf geringfügige Auflagenverstöße beim ersten Mal einzig mit einer Verwarnung zu reagieren, verbunden mit dem Hinweis, dass das hinnehmbare Maß überschritten sei und beim nächsten Verstoß eingeschritten werde.[827] In jedem Fall ist staatlicherseits besonnen vorzugehen,[828] was die Bildung polizeifreier Räume bedeuten kann.[829] Versammlungsfreundlichkeit endet hingegen dort, wo Kooperation unmöglich ist.[830] Kommt es zu fortgesetzten Verstößen, kann polizeiliches Einschreiten unumgänglich sein. Dabei ist sorgfältig zwischen friedlichen und gewaltbereiten Teilnehmern zu differenzieren.[831] Polizeiliche Maßnahmen müssen verhältnismäßig sein und sollten der Versammlung gegenüber transparent gemacht und begründet werden.[832] Finales Einschreiten im Wege der Auflösung einer Versammlung ist nur als ultima ratio zulässig.[833] Dies gilt während einer Versammlung gesteigert, denn anders als ein Verbot vor einer Versammlung ist eine Auflösung unumkehrbar. Gerichtlich kann eine Versammlungsauflösung nur im Rahmen einer Fortsetzungsfeststellungsklage überprüft werden, wodurch die erlittene Grundrechtsbeeinträchtigung nur bedingt kompensiert werden kann. Ebenso ist in die Abwägung einzustellen, dass eine Versammlungsauflösung zusätzliche Ausschreitungen zur Folge haben kann.

b) Versammlungsleiter

Ebenso wie vor einer Versammlung setzt erfolgreiche Zusammenarbeit auch während der Durchführungsphase voraus, dass die Versammlungsverantwortli-

---

[826] *Knape*, Die Polizei 2008, 100 (102); *Knape/Schönrock*, Die Polizei 2013, 213 (215); *Ludwig*, Die Polizei 1987, 290 (292).
[827] *Scheidler*, Die Polizei 2009, 162 (166).
[828] *Ruckriegel*, Die Polizei 1987, 285 (288 f.).
[829] BVerfGE 69, 315 (355).
[830] *Knape*, Die Polizei 1998, 1 (2).
[831] *Ruckriegel*, Die Polizei 1987, 285 (288).
[832] *Knape*, Die Polizei 2008, 100 (103); *Knape/Schönrock*, Die Polizei 2013, 213 (215); Ein mündlich ergangener Verwaltungsakt muss nicht begründet werden, vgl. § 39 Abs. 1 Satz 1 VwVfG, Art. 39 Abs. 1 Satz 1 BayVwVfG, § 109 Abs. 1 Satz 1 LVwG.
[833] § 15 Abs. 3 VersG, Art. 12 Abs. 2 BayVersG, § 13 Abs. 1 und 2 VersFG SH.

chen gewillt sind, mit der Polizei zusammenzuarbeiten. Während der Veranstalter in der Vorbereitungsphase der maßgebliche Verantwortliche war, ist der Leiter nun die sachnähere Person.[834] Der Veranstalter kann während der Versammlung anwesend sein und den Leiter unterstützen.

Auch auf Seiten der Versammlung geht es darum, Vereinbarungen aus dem Kooperationsgespräch einzuhalten.[835] Dies gebiete bereits der Vertrauensschutz.[836] Dazu kann es gehören, einen geänderten Demonstrationsweg einzuschlagen, die Teilnehmer zu Gewaltfreiheit aufzurufen oder Entscheidungen der Polizei schnell an die Anhänger weiterzugeben. Mangels einer bestehenden Pflicht beruht dahingehende Zusammenarbeit auf Seiten der Versammlung auf Freiwilligkeit. Sie ist gleichwohl zu empfehlen. Denn dadurch kann das Selbstbestimmungsrecht der Versammlung abgesichert und staatliches Eingreifen obsolet werden. Der Leiter ist deshalb gehalten, den Dialog zu den Einsatzkräften zu suchen.[837] Er sollte der Polizei mitteilen, wenn sich Versammlungsmodalitäten verändert haben oder dass mit dem Hinzukommen gewaltbereiter Teilnehmer gerechnet wird.[838] Dadurch wird gewährleistet, dass die Einsatzkräfte umfassend informiert sind, was wiederum deren Einschreiten vermeiden kann.

Der Leiter ist zudem verpflichtet, während der Versammlung für Ordnung zu sorgen, vgl. §§ 18 Abs. 1, 8 Satz 2 VersG, Art. 4 Abs. 1 Nr. 2 BayVersG, § 6 Abs. 1 Satz 1 VersFG SH. Kommt er dieser Aufgabe ausreichend nach, dürfte kein Anlass für staatliches Einschreiten bestehen. Erst wenn der Leiter und die Ordner nicht mehr in der Lage sind, die Ordnung der Versammlung zu gewährleisten, darf die Polizei subsidiär eingreifen.[839] Der Leiter kann die Polizei jedoch zur Sicherstellung der Ordnung um Unterstützung bitten.[840] In den Ländern, in denen das Versammlungsgesetz fortgilt, sowie in Bayern kann der Leiter allerdings keine Teilnehmer ausschließen. § 18 VersG verweist für Versammlungen unter freiem Himmel – wegen des an öffentlichen Straßen und Plätzen bestehenden Gemeingebrauchs – nicht auf § 11 Abs. 1 VersG.[841] Art. 11

---

[834] *Peters*, in: Peters/Janz, Handbuch Versammlungsrecht, F, Rn. 33.
[835] *Hettich*, Versammlungsrecht in der Praxis, Rn. 87.
[836] Dietel/Gintzel/Kniesel, VersG (16. Auflage), § 14, Rn. 42.
[837] *Kniesel*, in: Dietel/Gintzel/Kniesel, VersG, Teil II, § 14, Rn. 115.
[838] *Scheidler*, KommP spezial 2009, 151 (155); *Welsch/Martić*, KommP BY 2008, 322 (324).
[839] *Gusy*, in: v. Mangoldt/Klein/Starck, GG, Band I, Art. 8, Rn. 78.
[840] *Kniesel*, in: Dietel/Gintzel/Kniesel, VersG, Teil II, § 8, Rn. 11; *Heinhold*, in: Wächtler/Heinhold/Merk, BayVersG, Art. 10, Rn. 5.
[841] *Wache*, in: Erbs/Kohlhaas, Band IV, VersG, § 18, Rn. 11.

Abs. 1 BayVersG gilt lediglich für Versammlungen in geschlossenen Räumen. Gemäß Art. 15 Abs. 5 BayVersG kann jedoch die zuständige Behörde teilnehmende Personen, die die Ordnung erheblich stören, von der Versammlung ausschließen. Für die Bundesländer, in denen das Versammlungsgesetz fortgilt, ergibt sich dies aus der polizeilichen Zuständigkeit während einer Versammlung gemäß § 15 Abs. 3, Abs. 1 VersG. In Schleswig-Holstein darf die Versammlungsleitung gemäß § 6 Abs. 4 Satz 1 VersFG SH Personen, welche die Ordnung der Versammlung erheblich stören, aus der Versammlung ausschließen. Zudem kann die zuständige Behörde gemäß § 14 Abs. 2 Satz 1 VersFG SH eine Person von der Versammlung ausschließen, wenn diese durch ihr Verhalten in der Versammlung die öffentliche Sicherheit unmittelbar gefährdet, ohne dass die Versammlungsleitung dies unterbindet, oder wenn sie einer Anordnung nach § 6 Abs. 3 VersFG SH zuwiderhandelt. Zumindest insoweit besteht ein Gleichlauf der polizeilichen Befugnisse während der Versammlung in den einzelnen Bundesländern.

V. Nach der Versammlung

Mit Beendigung einer Versammlung enden die beiderseitigen Verpflichtungen zur Zusammenarbeit. Doch auch danach kann Zusammenarbeit noch hilfreich sein. An die Versammlung kann sich eine Phase der Nachbereitung anschließen, die für die konkrete Versammlung freilich keinen Mehrwert mehr hat, jedoch positiv in die Zukunft wirken könnte. Vertrauensbildende Maßnahmen werden deshalb auch im Anschluss an Versammlungen als zweckdienlich erachtet. Begründet wird dies mit dem Umfeld von Großdemonstrationen bzw. kleineren Demonstrationen, die zu politisch motivierter Gewalt neigen, da dabei regelmäßig dieselben Akteure erneut in ähnlichen Konstellationen auftreten werden.[842] Nachbesprechungen unfriedlicher Demonstrationen sollen deshalb – im Sinne von Prävention – der Vorbereitung künftiger, möglichst friedlicherer Versammlungen dienen.[843] Zudem können im Wege gemeinsamer Manöverkritik problematische Situationen sowie Einsätze, die von versammlungsbehördlichen Vorgaben abgewichen sind, nachbesprochen werden, um vergleichbares Verhalten

---

[842] *Schwind/Baumann u.a.*, Ursachen, Prävention und Kontrolle von Gewalt, Band II, S. 1005 f.
[843] *Hueck*, in: Grabenwarter/Hammer/Pelzl/Schulev-Steindl/Wiederin, Allgemeinheit der Grundrechte und Vielfalt der Gesellschaft, S. 200; *Schwind/Baumann u.a.*, Ursachen, Prävention und Kontrolle von Gewalt, Band I, S. 125.

in zukünftigen Versammlungen vermeiden zu können.[844] Dabei soll es nicht darum gehen, die Rechtmäßigkeit polizeilicher Maßnahmen im Einzelnen zu analysieren, sondern vielmehr darum, das Versammlungsgeschehen und mögliche Gewalttätigkeiten, fernab der emotionalen Durchführungsphase, nachträglich zu besprechen.[845] Gewiss sollten dabei auch Entscheidungen hervorgehoben werden, die den friedlichen Ablauf gesichert haben.[846] Kritische Analyse ist umfassend zu betreiben.

Solch eine Nachbesprechung sollte sich nicht im Dialog zwischen Behörde und Versammlungsleitung erschöpfen. Vielmehr sollte auch die Behörde gemeinsam mit der Polizei auswerten, was bei nächster Gelegenheit anders und besser gemacht werden kann.[847] Versammlungsbehördliche Verfügungen sind dementsprechend kritisch mit Blick auf deren Praktikabilität und Effektivität im konkreten Kontext zu evaluieren.

VI. Atypische Versammlungen

Den Versammlungsgesetzen liegt ein Bild zu Grunde, wonach es sich bei Versammlungen um geplante und hierarchisch organisierte Veranstaltungen mit nur einem einzigen Veranstalter und Leiter handelt. Art. 8 GG stellt hingegen auch solche Versammlungsformen unter grundrechtlichen Schutz, die nicht diesem typischen Bild einer Versammlung entsprechen. Der weitergehende Schutz wird atypischen Versammlungsformen dadurch zuteil, dass einzelne Normen der Versammlungsgesetze verfassungskonform ausgelegt und angewendet werden. Dies ist beispielsweise bei Großdemonstrationen nötig, bei denen regelmäßig ein Nebeneinander mehrerer Versammlungen vorliegt oder zumindest mehrere Verantwortliche in Erscheinung treten.[848] Gleichwohl werden Großdemonstrationen regelmäßig angemeldet oder die Behörde erhält anderweitig rechtzeitig Kenntnis von ihnen. Weitere Zusammenarbeit kann sich daran anschließen. Die Anmeldung einer Versammlung stellt dementsprechend den Auftakt und die Ba-

---

[844] *Czier/Petersen*, KommP spezial 2011, 184 (189).
[845] *Schwind/Baumann u.a.*, Ursachen, Prävention und Kontrolle von Gewalt, Band I, S. 125; *Schwind/Baumann u.a.*, Ursachen, Prävention und Kontrolle von Gewalt, Band II, S. 1006.
[846] *Schwind/Baumann u.a.*, Ursachen, Prävention und Kontrolle von Gewalt, Band I, S. 125.
[847] *Czier/Petersen*, KommP spezial 2011, 184 (189).
[848] Zur Notwendigkeit verfassungskonformer Auslegung versammlungsgesetzlicher Regelungen bei Großdemonstrationen: BVerfGE 69, 315 (357 f.).

sis der kooperativen Zusammenarbeit dar.[849] Bei Großdemonstrationen dürften hierfür Ansprechpartner auf Seiten der Versammlung zur Verfügung stehen.

Auch Spontan- und Eilversammlungen entsprechen nicht dem typischen Bild einer Versammlung nach den Versammlungsgesetzen. Denn bei ihnen fehlt es an einer (rechtzeitigen) Anmeldung. Zudem finden sie teilweise ohne Veranstalter statt. Dementsprechend mangelt es an den sonst typischen Anknüpfungspunkten für Kooperation mit der Versammlungsbehörde. Nachfolgend wird betrachtet, ob und wie diese gleichwohl erreicht werden kann.

In diesem Zusammenhang beschäftigt sich die Arbeit zudem mit Tarn- und Ersatzveranstaltungen, sowie Schein- und Mehrfachanmeldungen, die auf Verwirrung der Behörden ausgerichtet sind.

1. Spontan- und Eilversammlungen
a) Definition Spontanversammlung

Bei sogenannten Spontanversammlungen handelt es sich um Versammlungen, bei denen nahezu jede zeitliche Distanz zwischen der Versammlung und ihrem Anliegen fehlt.[850] Sie bilden sich vielmehr augenblicklich aus aktuellem Anlass.[851] Eine Anmeldung wäre nicht realisierbar, schon gar nicht unter Einhaltung der 48 Stunden-Frist, ohne dass die Dringlichkeit des Anlasses aufgegeben würde. Art. 13 Abs. 4 BayVersG definiert eine Spontanversammlung als eine Versammlung, die sich aus einem unmittelbaren Anlass ungeplant und ohne Veranstalter entwickelt. In § 11 Abs. 6 VersFG SH ist vergleichbar die Rede von einer Versammlung, die sich aufgrund eines spontanen Entschlusses augenblicklich bildet. Nach beiden Normen entfällt die Anzeigepflicht für Spontanversammlungen. In den Ländern, in denen das Versammlungsgesetz fortgilt, ergibt sich selbiges für die Anmeldung durch verfassungskonforme Auslegung von § 14 VersG.[852]

Dass eine Anmeldung in gesetzlich vorgeschriebener Form nicht möglich ist, liegt auch daran, dass es Spontanversammlungen regelmäßig an einem Veran-

---

[849] BVerfGE 69, 315 (358 f.); *Kniesel/Poscher*, in: Lisken/Denninger/Rachor, Handbuch des Polizeirechts, K, Rn. 263.
[850] *Kloepfer*, in: Isensee/Kirchhof, Handbuch des Staatsrechts, Band VII, § 164, Rn. 36; *Weber*, KommJur 2010, 410 (412).
[851] BVerfGE 69, 315 (350).
[852] BVerfGE 69, 315 (350 f.).

stalter fehlt.[853] Gemäß Art. 13 Abs. 4 BayVersG ist die Abwesenheit eines Veranstalters sogar wesensnotwendig für das Vorliegen einer Spontanversammlung.

b) Definition Eilversammlung

Im Unterschied dazu sind Eilversammlungen, auch Blitzversammlungen genannt,[854] zwar geplant und nicht veranstalterlos. Allerdings würde das Versammlungsanliegen gefährdet, bestünde man auf die Einhaltung der gesetzlichen Anmeldefrist. Denn auch Eilversammlungen bilden sich spontan aus einem aktuellen Anlass. Die Pflicht zur Anmeldung wird dadurch allerdings nicht suspendiert; vielmehr ist die Versammlung anzumelden, sobald die Möglichkeit dazu besteht, was spätestens mit ihrer Bekanntgabe der Fall sein wird.[855] In Bayern hat dies nun Eingang ins Gesetz gefunden. Art. 13 Abs. 3 BayVersG lautet: *„Entsteht der Anlass für eine geplante Versammlung kurzfristig (Eilversammlung), ist die Versammlung spätestens mit der Bekanntgabe fernmündlich, schriftlich, elektronisch oder zur Niederschrift bei der zuständigen Behörde oder bei der Polizei anzuzeigen."* Ähnlich heißt es in § 11 Abs. 5 VersFG SH: *„Wenn der Zweck der Versammlung durch eine Einhaltung der Frist nach Absatz 1 Satz 1 gefährdet würde (Eilversammlung), ist die Versammlung spätestens mit der Einladung bei der zuständigen Behörde oder bei der Polizei anzuzeigen."* Die Anmeldefrist gilt dementsprechend verkürzt.

c) Kooperation bei Spontan- und Eilversammlungen

Bei Spontan- und Eilversammlungen ist es schon wegen ihrer kurzfristigen Entstehung nahezu unmöglich, vor der Versammlung intensiv in Erörterungen mit der Behörde einzutreten.[856] Gerade bei Spontanversammlungen werden Außenwelt und Behörde unvorbereitet mit der Versammlung konfrontiert.[857] Gleichwohl ist die Behörde in diesen Fällen nicht von ihrer Kooperationspflicht be-

---

[853] *Kniesel/Poscher*, in: Lisken/Denninger/Rachor, Handbuch des Polizeirechts, K, Rn. 229.
[854] *Schwäble*, Das Grundrecht der Versammlungsfreiheit, S. 201.
[855] Entschieden mit Blick auf § 14 VersG: BVerfGE 85, 69 (75); a.A. *Geis*, NVwZ 1992, 1025 (1030), der auch Eilversammlungen als nicht anmeldepflichtig erachtet, sofern die 48 Stunden-Frist nicht eingehalten werden kann.
[856] *Kniesel*, in: Dietel/Gintzel/Kniesel, VersG, Teil II, § 14, Rn. 109 ff.; *Scheidler*, Die Polizei 2009, 162 (165).
[857] *Werner*, Formelle und materielle Versammlungsrechtswidrigkeit, S. 76.

freit, denn eine ordnungsgemäße und rechtzeitige Anmeldung ist keine konstitutive Voraussetzung für Kooperation.[858]

Im Falle von Spontan- und Eilversammlungen sind zunächst sämtliche Möglichkeiten der Kontaktaufnahme auszuschöpfen, bevor behördlicherseits auf ein Gesprächsangebot vor der Versammlung verzichtet werden darf. Zu denken ist dabei beispielsweise – insbesondere bei Eilversammlungen – an telefonische Absprachen, sofern ein Ansprechpartner auf Seiten der Versammlung bekannt ist. Für den Veranstalter – sofern vorhanden – empfiehlt es sich, Kontakt zur Behörde aufzunehmen, damit diese beispielsweise bei verkehrsbeeinträchtigenden Versammlungen noch Umleitungen organisieren kann, und dadurch Gefahrensituationen abgewendet werden können.[859] Auch bei spontanen Versammlungen ist der Veranstalter nicht zur Kooperation verpflichtet.

Der Schwerpunkt der Zusammenarbeit verlagert sich bei spontanen Versammlungen auf die Durchführungsphase.[860] Dasselbe gilt bei sonstigen nicht angemeldeten Versammlungen. Auch bei diesen hat sich die Polizei um Zusammenarbeit während der Versammlung zu bemühen.[861] Die Polizei nimmt insoweit die Rolle der Versammlungsbehörde ein, weil ein Zuwarten auf behördliche Entscheidungen regelmäßig nicht möglich sein wird. Zentrales Anliegen der Polizei sollte es sein, der Versammlung einen angemessenen Versammlungsort zuzuweisen und in enge Abstimmung mit den Teilnehmern zu treten.[862] Dafür ist Kontakt zu ihnen zu suchen, um idealerweise einen Ansprechpartner für die weitere Durchführung zu finden.[863] Die Versammlungsteilnehmer dürfen durch die Polizei allerdings nicht faktisch in eine Leiterrolle gedrängt werden.[864] Mit der Position eines Versammlungsleiters gehen gesetzliche Pflichten einher, zu deren Übernahme sich jeder Einzelne frei entscheiden können muss. Selbst wenn die Behörde schon zuvor von einer Person über eine geplante Versammlung informiert wurde, darf diese nicht automatisch als Veranstalter betrachtet werden.[865] Sowieso sind die Versammlungsverantwortlichen bei kurzfristigen

---

[858] *Peters*, in: Peters/Janz, Handbuch Versammlungsrecht, F, Rn. 36.
[859] *Kniesel/Poscher*, in: Lisken/Denninger/Rachor, Handbuch des Polizeirechts, K, Rn. 276.
[860] *Hellhammer-Hawig*, Neonazistische Versammlungen, S. 175; *Kniesel/Poscher*, in: Lisken/Denninger/Rachor, Handbuch des Polizeirechts, K, Rn. 275 f.
[861] *Kniesel/Poscher*, in: Lisken/Denninger/Rachor, Handbuch des Polizeirechts, K, Rn. 277.
[862] *Czier/Petersen*, KommP spezial 2011, 184 (188).
[863] *Kniesel/Poscher*, in: Lisken/Denninger/Rachor, Handbuch des Polizeirechts, K, Rn. 275.
[864] *Kniesel/Poscher*, in: Lisken/Denninger/Rachor, Handbuch des Polizeirechts, K, Rn. 275.
[865] *Hoffmann-Riem*, in: Merten/Papier, Handbuch der Grundrechte, Band IV, § 106, Rn. 113.

Versammlungen nicht mehr verpflichtet als sie es bei einer typischen Versammlung wären. Die Zusammenarbeit mit der Behörde beruht im Ergebnis auf Freiwilligkeit. Ist ein Leiter vorhanden oder hat sich einer aus der Versammlung heraus gefunden, obliegt es ihm, während der Versammlung für Ordnung zu sorgen[866] und gegebenenfalls darüber hinaus mit der Behörde zusammenzuarbeiten. Unabhängig davon dürften vor allem Spontanversammlungen – gerade wegen ihrer verschwindend geringen Vorlaufzeit – häufig nicht so stark besucht sein, dass sich großversammlungsähnliche Probleme (z.B. umfangreich nötige Straßensperren und Verkehrsumleitungen) stellen. Die Anreise vieler Personen bedarf gewisser Logistik sowie Planung und dürfte schon deshalb mit der Kurzfristigkeit der Vorphase regelmäßig nicht vereinbar sein.

2. Tarnveranstaltungen, Schein- und Mehrfachanmeldungen

Neben möglichen Problemstellungen mit Blick auf Versammlungen ohne Anmeldung[867] können sich unter Umständen auch Probleme bei Anmeldungen ohne Versammlung stellen.[868]

a) Tarnveranstaltungen

aa) Definition

Bei einer Tarnveranstaltung handelt es sich um eine angemeldete Versammlung, die vorgeschoben wird, um die eigentlich geplante Versammlung unter Täuschung der Behörde durchführen zu können. Die Tarnung wird nötig, weil die tatsächlich geplante Versammlung mit hoher Wahrscheinlichkeit die öffentliche Sicherheit gefährden und deshalb verboten werden würde.[869] Es wird mithin über den Inhalt der geplanten Veranstaltung getäuscht.[870] Dies geschieht zumeist unter Angabe eines anderen Themas.[871]

Bei der Bewertung der Ernsthaftigkeit der Anmeldung darf die Behörde nicht vorschnell davon ausgehen, dass eine Tarnveranstaltung vorliegt. Zunächst muss

---

[866] Vgl. § 8 Satz 2 VersG, Art. 4 Abs. 1 BayVersG, § 6 Abs. 1 Satz 1 VersFG SH.
[867] Im folgenden Abschnitt wird aus Gründen der Vereinfachung der Leserlichkeit auf die Nennung der Anzeige einer Versammlung zusätzlich zu einer Anmeldung verzichtet.
[868] *Ebert*, KommunalPraxis MO 2001, 74 (74), der anklingen lässt, dass es sich dabei um Rechtsmissbrauch handeln könnte.
[869] *Kniesel/Poscher*, NJW 2004, 422 (425).
[870] BVerfG, NVwZ-RR 2002, 500 (500).
[871] *Weber*, KommJur 2010, 410 (412).

sie die Angaben des Veranstalters im Rahmen der Anmeldung als wahr hinnehmen. Nur wenn tatsächliche Anhaltspunkte darauf hindeuten, dass der Veranstalter in Wahrheit eine Versammlung mit einem anderen Inhalt plant bzw. eine solche Veranstaltung, die wegen einer unmittelbaren Gefahr für die öffentliche Sicherheit oder Ordnung verboten ist, ersetzen will, darf die Behörde, abweichend von den Angaben des Veranstalters, eine eigene Einschätzung des Versammlungsinhalts vornehmen.[872] Dabei müssen nachvollziehbare Anhaltspunkte für eine Täuschung vorliegen.[873] Die Behörde muss sich zudem mit möglichen Gegenindizien auseinandersetzen. Gerade wegen der Straf- bzw. Bußgeldbewährung in § 25 Nr. 1 VersG, Art. 21 Abs. 1 Nr. 7 BayVersG, § 24 Abs. 1 Nr. 1 VersFG SH (Durchführung einer Versammlung, die wesentlich von den Angaben in der Anmeldung abweicht) dürfe nicht leichtfertig angenommen werden, dass es sich um eine Tarnveranstaltung handele.[874]

bb) Kooperation bei Tarnveranstaltungen

Vertrauensvolle und offene Zusammenarbeit zwischen den Versammlungsverantwortlichen und der Behörde dürfte sich bei derartigen Versammlungen schwierig gestalten, unter Umständen sogar unmöglich sein. Insbesondere ist bereits fraglich, wie kooperativ sich ein Veranstalter mit Blick auf ein Versammlungsthema zeigen wird, zu dem sich letztendlich gar nicht versammelt werden soll. Selbst wenn er sich mit Blick darauf kooperationsbereit gibt, dürfte daraus nichts folgen. Denn veranstalterseitige Verpflichtungen beziehen sich auf die wirklich geplante Versammlung.[875] Dazu kann der Veranstalter keine Angaben machen, ohne die Versammlung zu enttarnen. Sofern die Behörde das wahre Thema der geplanten Versammlung nicht kennt, kann auch sie diesbezüglich keine Zusammenarbeit anbieten.

Kann die Behörde hingegen bereits vor Beginn einer Versammlung hinreichend sicher ermitteln, dass man sich eigentlich zu einem anderen Thema versammeln

---

[872] VG Augsburg, Beschluss vom 28.04.2009 – Au 1 S 09.525, Rn. 24 (juris).
[873] BVerfG, NVwZ-RR 2002, 500 (500).
[874] Für die Rechtslage nach dem Versammlungsgesetz: BVerfG, NJW 2000, 3053 (3055); VGH München, Beschluss vom 03.11.2006 – 24 CS 06.2930; VG Gelsenkirchen, Beschluss vom 05.10.2016 – 14 L 2356/16; VG Gelsenkirchen, Beschluss vom 17.03.2015 – 14 L 474/15; VG Gera, Beschluss vom 16.08.2007 – 1 E 666/07; *Weber*, KommJur 2010, 172 (176); *Weber*, KommJur 2010, 410 (412). Die Aussagen dürften – wegen des Gleichlaufs der bayerischen und schleswig-holsteinischen Regelung – auch auf diese Länder übertragbar sein.
[875] *Kniesel/Poscher*, NJW 2004, 422 (425).

möchte, stellt sich die Frage, ob sie in Bezug auf dieses Thema Zusammenarbeit anbieten muss. Grund für die Tarnung war, dass die eigentlich geplante Versammlung höchstwahrscheinlich verboten werden würde, würde man sie anmelden. Dementsprechend müsste die Behörde im Rahmen der anzubietenden Kooperation darauf hinwirken, dass die Versammlung – etwa durch Änderung von Versammlungsmodalitäten (Wechsel des Themas, Austausch beanstandeter Redner) – so verändert wird, dass sie keine unmittelbare Gefahr (mehr) begründete, wegen derer sie verboten werden müsste. Es ist höchst zweifelhaft, ob der Veranstalter überhaupt bereit wäre, Versammlungsmodalitäten so weitreichend zu ändern, dass von keiner Gefahrenlage mehr auszugehen wäre. Dadurch würde die eigentliche Versammlung komplett verändert, sodass einzig die Anmeldung (irgend-)einer Versammlung als Mantel zurückbliebe, die entscheidenden Modalitäten jedoch weitreichend umgestaltet wären. Jedoch werden es gerade die beanstandeten Umstände sein, die die Versammlung ausmachen. Zudem tangierten derartige Bemühungen der Behörde in erheblichem Maße den Kern des Selbstbestimmungsrechts einer Versammlung. Denn Thema und Redner einer Versammlung betreffen nicht nur ihre Durchführung im Allgemeinen, sondern vielmehr das Anliegen der Versammlung, das gerade nicht Gegenstand kooperativer Erörterungen sein darf.[876] Sowieso wird der Veranstalter das wahre Thema höchstwahrscheinlich so gut verschleiern, dass die Behörde nicht frühzeitig genug Kenntnis davon erlangt, um noch in einen umfassenden Kooperationsprozess eintreten zu können. Selbst wenn die Behörde zu einem Zeitpunkt Kenntnis erlangt, zu dem beispielsweise noch telefonische Absprachen erfolgen könnten, bestünden immer noch erhebliche Zweifel an der Glaubwürdigkeit des Veranstalters, der sich vermutlich nur pro forma auf Veränderungen einlassen würde.

Im Ergebnis wird es deshalb bei Tarnversammlungen – aus den genannten Gründen – regelmäßig nicht zu hinreichender Zusammenarbeit entsprechend des Kooperationsgebots kommen. Zudem wird sich die Tarnabsicht meist erst offenbaren, wenn die getarnte Versammlung beginnt. Dementsprechend wird in der Vorbereitungsphase kein Grund für behördliches Einschreiten ersichtlich sein. Nach Beginn der getarnten Versammlung kann diese gemäß § 15 Abs. 3 VersG, Art. 15 Abs. 4 BayVersG, § 13 Abs. 1 VersFG SH aufgelöst werden, sofern eine unmittelbare Gefahr für die öffentliche Sicherheit oder Ordnung vor-

---

[876] Siehe dazu Fn. 729.

liegt. Dies wird regelmäßig der Fall sein, denn gerade wegen des wahrscheinlichen Bestehens einer Gefahr, die schon ein Verbot gerechtfertigt hätte, wurde eine Tarnveranstaltung angemeldet. Diese Gefahr wird auch während der Versammlung bestehen oder sich sogar konkret realisieren.

Das Institut der Tarnveranstaltung verdeutlicht, dass erfolgreiche Zusammenarbeit wesentlich davon abhängt, dass der Veranstalter bereit ist, der Behörde gegenüber zutreffende Angaben zur geplanten Versammlung zu machen und darüber hinaus willens ist, mit ihr zusammenzuarbeiten.

b) Schein- und Mehrfachanmeldungen
aa) Definition

Im Gegensatz zu Tarnveranstaltungen, bei denen zahlenmäßig nur eine Versammlung angemeldet wird und auch nur eine Versammlung stattfinden soll, erfolgen Schein- und Mehrfachanmeldungen für verschiedene Orte und Zeiten, um die Behörde bis zuletzt im Unklaren darüber zu lassen, welche Versammlung von mehreren angemeldeten tatsächlich stattfinden wird.[877]

Bei Scheinanmeldungen wird man von der Anmeldung mehrerer Versammlungen zur selben oder verschiedenen Zeit an verschiedenen Orten mit verschiedenen Veranstaltern und unterschiedlichen Themen ausgehen müssen.[878] In diesem Fall wird es der Behörde schwerfallen, überhaupt zu erkennen, dass tatsächlich nur eine Versammlung durchgeführt werden soll.

Mehrfachanmeldungen sind hingegen Anmeldungen buchstäblich gleicher Versammlungen zur gleichen Zeit an verschiedenen Orten, bei denen der Behörde von vornherein bewusst sein dürfte, dass nicht alle angemeldeten Versammlungen durchgeführt werden sollen, ohne dass sie jedoch weiß, welche der angemeldeten Versammlung stattfinden wird.

bb) Kooperation bei Schein- und Mehrfachanmeldungen

Schein- und Mehrfachanmeldungen lösen auf Seiten der Behörde einen erheblich größeren Aufwand aus, als es bei Anmeldung nur der durchzuführenden

---

[877] *Kniesel/Poscher*, NJW 2004, 422 (425).
[878] Brenneisen/Wilksen/Staack/Martins, VersFG SH, § 11, Rn. 13 möchten Scheinversammlungen den verfassungsrechtlichen Schutz aus Art. 8 GG absprechen.

Versammlung der Fall wäre.[879] Nur wenn die Behörde weiß, welche Versammlung wann und wie tatsächlich geplant ist, kann sie für deren möglichst reibungslosen Ablauf Sorge tragen.[880] Bei Schein- und Mehrfachanmeldungen wird regelmäßig problematisch sein, dass die Behörde vor Versammlungsbeginn nicht erkennt, welche Versammlung tatsächlich durchgeführt werden soll und welche mithin lediglich zum Schein angemeldet wurden, sofern sie überhaupt Kenntnis davon hat, dass es sich um Schein- und Mehrfachanmeldungen handelt. An dieser Kenntnis kann es insbesondere bei Anmeldungen im örtlichen Zuständigkeitsbereich verschiedener Behörden fehlen. Bei Mehrfachanmeldungen kann zwar schon vor Versammlungsbeginn offensichtlich sein, dass nur eine Versammlung durchgeführt werden soll, doch bleibt meist bis zuletzt offen, welche das ist.

Deshalb muss die Behörde auch bei Schein- und Mehrfachanmeldungen rein praktisch erst einmal so vorgehen wie bei tatsächlich durchzuführenden Versammlungen.[881] Sie muss jeder angemeldeten Versammlung den ihr durch Art. 8 GG vorgesehenen Schutz zuteil werden lassen. Dementsprechend müssen für alle angemeldeten Versammlungen Informationen zusammengetragen, Absprachen getroffen und Gefahrenprognosen erstellt werden. Im Ergebnis wird es der Behörde meist nicht gelingen, ihren Aufgaben bezüglich jeder einzelnen Versammlung im gebotenen Maße nachzukommen. Diesen Engpass nutzt der Veranstalter aus, um die eigentlich geplante Versammlung unter geringerer behördlicher Beachtung durchführen zu können.

Von einem partnerschaftlichen Umgang mit der Behörde kann dabei keine Rede sein. Realistisch betrachtet sind von dem Veranstalter keine hinreichenden Kooperationsbemühungen für alle angemeldeten Versammlungen zu erwarten. Denn auch er wäre damit höchstwahrscheinlich überfordert. Sowieso erscheint es zweifelhaft, ob er überhaupt bereit wäre, sich bezüglich irgendeiner angemeldeten Versammlung kooperativ zu zeigen. Zwar bezieht sich eine etwaige Kooperationsobliegenheit bzw. -empfehlung einzig auf die wirklich geplante Versammlung,[882] doch wird er für diese nicht mehr mit der Behörde zusammenarbeiten, als für die weiteren angemeldeten, um sich nicht zu enttarnen. Insgesamt ist äußerst zweifelhaft, ob der Veranstalter überhaupt willens ist, zu kooperieren.

---

[879] *Lohse/Vahle*, VR 1992, 321 (324).
[880] *Stein*, Versammlungsrecht, S. 158.
[881] *Ullrich*, DVBl 2012, 666 (667).
[882] *Kniesel/Poscher*, NJW 2004, 422 (425).

Die Vornahme von Schein- und Mehrfachanmeldungen deutet darauf hin, dass er kein Interesse daran hat, fair und offen mit der Behörde zusammenzuarbeiten. Letztendlich wird es bei Schein- und Mehrfachanmeldungen zu keiner ernsthaften kooperativen Zusammenarbeit zwischen Behörde und Veranstalter kommen. Unter Umständen zeigt sich überhaupt erst bei Versammlungsbeginn, dass nicht ernst gemeinte Anmeldungen erfolgten. Jedenfalls wird unklar sein, welche Versammlung tatsächlich durchgeführt werden soll. Dementsprechend dürfte sich behördliches Einschreiten gegen einzelne der angemeldeten Versammlungen vor Versammlungsbeginn kaum rechtsfehlerfrei begründen lassen.

Hingegen könnte eine Versammlungsauflösung in Betracht kommen. Eine Auflösung ist nicht schon deshalb gerechtfertigt, weil mehr Versammlungen angemeldet wurden als ernstlich durchgeführt werden. Denn daraus allein folgt keine unmittelbare Gefahr für die öffentliche Sicherheit und Ordnung. Eine unmittelbare Gefahr kann sich jedoch aus der unzureichenden polizeilichen Absicherung der Versammlung ergeben. Resultat zahlreicher Anmeldungen ist, dass Einsatzkräfte zu allen angemeldeten Versammlungsorten entsandt werden müssen. Dementsprechend ist denkbar, dass nicht genügend Beamte für die eigentliche Versammlung zur Verfügung stehen oder die Polizei sonst an der Erfüllung anderer wichtiger Aufgaben gehindert ist, wodurch die Funktionsfähigkeit staatlicher Einrichtungen als Schutzgut der öffentlichen Sicherheit gefährdet sein kann.[883] Zwar kann die Behörde Versammlungsauflösungen grundsätzlich nicht damit rechtfertigen, dass nicht genügend Einsatzkräfte zur Verfügung stehen,[884] doch hat der Veranstalter diesen Engpass bei Schein- und Mehrfachanmeldungen selbst verursacht, weshalb er ihn sich auch entgegenhalten lassen muss.

Im Ergebnis zeigt sich anhand von Schein- und Mehrfachanmeldungen erneut, dass das Gelingen von Kooperation maßgeblich vom Willen des Versammlungsveranstalters abhängt. Kooperation kann nicht gelingen, wenn der Veranstalter nicht bereit ist, offen und ehrlich mit der Behörde zusammenzuarbeiten.

VII. Rechtliche Qualität der Kooperationsvereinbarung

Üblicherweise wird über den Verlauf und die Absprachen eines Kooperationsgesprächs Protokoll geführt werden. Obwohl in einem nichtförmlichen Verwal-

---

[883] *Leist*, Versammlungsrecht und Rechtsextremismus, S. 228 f.; *Lohse/Vahle*, VR 1992, 321 (324).
[884] BVerfG, NJW 2000, 3051 (3053).

tungsverfahren keine Pflicht besteht, erfolgte Erörterungen, sowie deren Ergebnisse niederzuschreiben,[885] dürfte es sich gleichwohl regelmäßig anbieten.[886] Dadurch lassen sich die behördlichen und versammlungsseitigen Anstrengungen belegen, was insbesondere dann relevant werden kann, wenn gegen behördliche Anordnungen gerichtlich vorgegangen werden soll.[887] Dazu, und auch um den Charakter als gegenseitige Verständigung zu unterstreichen, sollte das Protokoll von beiden Seiten unterschrieben werden.[888] Auf Seiten der Behörde wird es als Teil der Kooperationspflicht verstanden, dem Veranstalter ein über das Kooperationsgespräch angefertigtes Protokoll zu überlassen.[889] Zudem soll sie sich an die Ankündigungen daraus halten,[890] solange sich die der Erörterung zu Grunde gelegten Tatsachen nicht geändert haben.[891]

Als bloße Niederschrift kommt dem Protokoll neben der Beweisfunktion allerdings keine Bindungskraft zu. Gleichwohl dürfte regelmäßig auf beiden Seiten ein gewisses Interesse an Rechtssicherheit bestehen.[892] Dementsprechend gilt es zu untersuchen, ob sich kooperative Absprachen durch eine bekannte verwaltungsrechtliche Handlungsform absichern lassen oder ob den Vereinbarungen in sonstiger Form Bindungswirkung zukommt.

1. Verwaltungsakt

Zunächst könnte an den Erlass eines Verwaltungsaktes (§ 35 VwVfG, Art. 35 BayVwVfG, § 106 LVwG) als wichtigste Handlungsform der Verwaltung[893] gedacht werden. Vorliegend kommt insbesondere der Erlass einer Zusicherung[894] sowie der Erlass versammlungsspezifischer Verfügungen in Betracht.

---

[885] Dietel/Gintzel/Kniesel, VersG (16. Auflage), § 14, Rn. 42.
[886] *Miller*, in: Wefelmeier/Miller, NVersG, § 6, Rn. 9; *Peters*, in: Peters/Janz, Handbuch Versammlungsrecht, F, Rn. 40.
[887] *Peters*, in: Peters/Janz, Handbuch Versammlungsrecht, F, Rn. 44.
[888] *Hettich*, Versammlungsrecht in der Praxis, Rn. 88.
[889] VG Weimar, ThürVBl. 2005, 212 (214); Ullrich, NVersG, § 6, Rn. 17.
[890] *Ebert*, ThürVBl. 2007, 25 (26).
[891] Dietel/Gintzel/Kniesel, VersG (16. Auflage), § 14, Rn. 42.
[892] *Gadesmann*, Rechtssicherheit im Versammlungsrecht durch die Anmeldebestätigung?, S. 139 f.
[893] *von Alemann/Scheffczyk*, in: Bader/Ronellenfitsch, VwVfG, § 35, Rn. 2.
[894] Die Einordnung einer Zusicherung als Verwaltungsakt ist nicht unumstritten, entspricht jedoch der herrschenden Ansicht, vgl. *Tiedemann*, in: Bader/Ronellenfitsch, VwVfG, § 38, Rn. 13 m.w.N.

Unter einer Zusicherung versteht man eine von der zuständigen Behörde erteilte Zusage, einen bestimmten Verwaltungsakt später zu erlassen oder zu unterlassen (§ 38 Abs. 1 Satz 1 VwVfG, Art. 38 Abs. 1 Satz 1 BayVwVfG, § 108a Abs. 1 Satz 1 LVwG). Als Ergebnis kooperativer Absprachen wird jedoch regelmäßig nicht der Erlass eines Verwaltungsaktes angestrebt. Dementsprechend käme allenfalls eine negative Zusage dergestalt in Betracht, dass sich die Behörde verpflichtet, kein Versammlungsverbot auszusprechen oder Auflagen zu erlassen. Allerdings wäre dadurch allein die Behörde verpflichtet. Zudem lässt sich der konkrete Hergang einer Versammlung nur in begrenztem Maße prophezeien – sie entwickelt sich vielmehr dynamisch, abhängig von vielfältigen Faktoren. Ändert sich die Sachlage nach Abgabe einer Zusicherung derart, dass die Behörde bei Kenntnis der nachträglich eingetretenen Änderung die Zusicherung nicht abgegeben hätte oder aus rechtlichen Gründen nicht hätte abgeben dürfen, ist sie überdies nicht mehr an die Zusicherung gebunden, vgl. § 38 Abs. 3 VwVfG, Art. 38 Abs. 3 BayVwVfG, § 108a Abs. 3 LVwG. Demgemäß kann es keinesfalls als selbstverständlich betrachtet werden, dass eine Zusicherung in diesem Zusammenhang tatsächlich die angestrebten Folgen zeitigt. Das Rechtsinstitut der Zusicherung muss deshalb als ungeeignet zur Sicherung kooperativer Absprachen ausscheiden. In diesem Zusammenhang ist der Veranstalter zudem ausdrücklich darauf hinzuweisen, dass das Gesprächsprotokoll mit den darin niedergelegten Handlungsabsichten nicht als Zusicherung verstanden werden kann.[895]

Zudem könnte der Erlass versammlungsrechtlicher Verfügungen – Verbot oder Auflagen (§ 15 Abs. 1 VersG, Art. 15 Abs. 1 BayVersG, § 13 Abs. 1 VersFG SH) – erwogen werden. Auch hierdurch kommt es allerdings nur zu einer einseitigen Bindung.[896] Sowieso dürfte der Erlass eines Verbots von vornherein ausscheiden, denn ein Verbot ist nicht das erstrebte Ergebnis kooperativer Absprachen. Doch auch der Erlass von Auflagen scheint nicht passend. Kooperation beschreibt eine partnerschaftliche Handlungsform, in deren Ergebnis der Erlass von Auflagen möglichst vermieden werden soll.[897] Zudem scheint zweifelhaft, ob sämtliche kooperativen Absprachen problemlos durch eine oder mehrere Auflagen ausgedrückt werden können.

---

[895] *Braun/Keller*, in: Dietel/Gintzel/Kniesel, VersG, Teil III, Rn. 224.
[896] *Gadesmann*, Rechtssicherheit im Versammlungsrecht durch die Anmeldebestätigung?, S. 140.
[897] *Buschmann*, Kooperationspflichten im Versammlungsrecht, S. 99.

Dementsprechend dürfte der Erlass eines Verwaltungsaktes zur Sicherung der Kooperationsvereinbarung ausscheiden. Die einseitig bindende Handlungsform der Verwaltung wird dem Miteinander kooperativer Absprachen nicht hinreichend gerecht. Zudem unterstreicht der Erlass eines Verwaltungsakts das Über-/Unterordnungsverhältnis zwischen Behörde und Versammlungsverantwortlichen, wohingegen Kooperation gerade darauf abzielt, dieses nicht in den Vordergrund zu rücken. Insgesamt scheint Kooperation als eher informale Handlungsform nicht so recht zum wesentlich starreren Institut des Verwaltungsakts zu passen.[898] Zur Sicherung der Kooperationsvereinbarung sollte demgemäß besser eine gegenseitige Handlungsform gewählt werden, die das vertrauensvolle Miteinander des gesamten Kooperationsprozesses widerspiegelt.[899]

2. Öffentlich-rechtlicher Vertrag

Als gegenseitiges Instrument des Verwaltungsverfahrensrechts kommt der Abschluss eines öffentlich-rechtlichen Vertrages (§§ 54 ff. VwVfG, Art. 54 ff. BayVwVfG, §§ 121 ff. LVwG) in Betracht.[900] Verträge werden typischerweise von beiden Seiten ausgehandelt, was dem Charakter von Kooperation als Miteinander eher gerecht wird als der (einseitige) Erlass eines Verwaltungsaktes.[901] In einem öffentlich-rechtlichen Vertrag könnte beispielsweise festgeschrieben werden, dass die Behörde vom Erlass bestimmter Auflagen absieht.[902] Zu beachten ist allerdings, dass der Vorrang des Gesetzes möglichen Vertragsinhalten Grenzen setzt. Dementsprechend dürfen die Schutzgüter der öffentlichen Sicherheit und Ordnung nicht zur vertraglichen Disposition gestellt werden.[903] Darüber hinaus dürfen keine Inhalte vereinbart werden, die den Anschein von „Kungelgeschäften" in vertraglicher Form erwecken könnten.[904]

---

[898] *Buschmann*, Kooperationspflichten im Versammlungsrecht, S. 99.
[899] *Gadesmann*, Rechtssicherheit im Versammlungsrecht durch die Anmeldebestätigung?, S. 140.
[900] Zu dieser Möglichkeit *Buschmann*, Kooperationspflichten im Versammlungsrecht, S. 95 ff.; *Dietel/Kniesel*, Die Polizei 1985, 335 (343); *Gadesmann*, Rechtssicherheit im Versammlungsrecht durch die Anmeldebestätigung?, S. 140; *Hoffmann-Riem*, in: Brandt/Gollwitzer/Henschel, Festschrift für H. Simon, S. 395; *Lohse*, Die Polizei 1987, 93 (96).
[901] *Buschmann*, Kooperationspflichten im Versammlungsrecht, S. 96.
[902] *Gadesmann*, Rechtssicherheit im Versammlungsrecht durch die Anmeldebestätigung?, S. 140 f.
[903] *Lohse*, Die Polizei 1987, 93 (96).
[904] *Lohse/Vahle*, VR 1992, 321 (323).

Vertragspartner eines solchen öffentlich-rechtlichen Vertrages wären die Versammlungsbehörde und der Veranstalter der Versammlung. Nur sie würden der vertraglichen Bindung unterliegen, da dem Veranstalter per se keine Vertretungsmacht für die Versammlungsteilnehmer zukommen dürfte.[905] Die Versammlungsteilnehmer wären dementsprechend nicht in die Vertragsbeziehung einbezogen und nicht unmittelbar an getroffene Absprachen gebunden. Bindungswirkung ließe sich für sie gemäß § 58 Abs. 1 VwVfG, Art. 58 Abs. 1 BayVwVfG, § 125 Abs. 1 LVwG herstellen. Danach wird ein öffentlich-rechtlicher Vertrag, der in die Rechte Dritter eingreift, erst wirksam, wenn diese schriftlich zustimmen. Dies scheint für einen Vertrag, der das Ergebnis des kooperativen Miteinanders zwischen Behörde und Veranstalter sichern soll, allerdings nicht umsetzbar oder angemessen. Denn zum einen dürfte es, insbesondere bei großen Versammlungen, praktisch unmöglich sein, sämtliche Teilnehmer zu erreichen und deren schriftliches Einverständnis einzuholen. Zum anderen dürfte es verfassungsrechtlich jedenfalls bedenklich sein, wenn potentielle Teilnehmer, wollen sie vom öffentlich-rechtlichen Vertrag profitieren, offenlegen müssten, dass sie an einer Versammlung teilnehmen möchten. Zudem wird angenommen, dass ein Vertrag zu Lasten Dritter vorliege, wenn man die Versammlungsteilnehmer nicht in den Vertrag einbeziehe. Ein solcher solle auch im öffentlichen Recht unzulässig sein, vgl. § 62 Satz 2 VwVfG, Art. 62 Satz 2 BayVwVfG, § 129 Satz 2 LVwG.[906] Allerdings entspricht es der hierarchischen Struktur einer Versammlung, dass deren Veranstalter und Leiter den äußeren Ablauf bestimmen und kooperative Absprachen mit der Behörde treffen. Ausfluss dessen ist beispielsweise die Ordnungsbefugnis des Leiters während einer Versammlung (§ 8 Satz 2 VersG, Art. 4 Abs. 1 BayVersG, § 6 Satz 1 VersFG SH) und das Recht des Veranstalters, mit der Anmeldung/Anzeige einer Versammlung deren Thema zu bestimmen, vgl. § 14 Abs. 1 VersG, Art. 13 Abs. 1, 2 Satz 1 Nr. 3 BayVersG, § 11 Abs. 1, 2 Satz 1 VersFG SH. Zudem sind es die Versammlungsverantwortlichen, denen es obliegt, ein Kooperationsgespräch mit der Behörde zu führen. Nicht jeder Versammlungsteilnehmer kann an Absprachen mit der Behörde teilhaben. Lenken die Versammlungsverantwortlichen eine Versammlung in andere Bahnen als es einzelnen potentiellen Teilnehmern gefällt, steht es diesen frei, der Versammlung fern zu bleiben. Ange-

---

[905] *Buschmann*, Kooperationspflichten im Versammlungsrecht, S. 96.
[906] *Lohse*, Die Polizei 1987, 93 (96).

sichts der Problematik eines möglichen Vertrages zu Lasten Dritter scheint der Abschluss eines öffentlich-rechtlichen Vertrages nicht der gangbare Weg, kooperative Absprachen in eine verwaltungsrechtliche Handlungsform zu überführen und dadurch zu sichern. Zudem könnte eine formalisierte vertragliche Vereinbarung zu starr sein, um den fließenden Prozess der Kooperation abbilden zu können und bei Veränderungen, gerade während der Versammlung, hinreichend anpassungsfähig zu sein.[907]

Im Ergebnis scheidet auch der Abschluss eines öffentlich-rechtlichen Vertrages aus, wenn es darum geht, kooperative Absprachen sichern zu wollen.

3. Informales Verwaltungshandeln mit faktischer Bindungswirkung

Im Ergebnis bedarf es zur Sicherung der Kooperationsvereinbarung einer Handlungsform, die weder zu einseitig wirkt noch zu starr ist. Die im Verwaltungsverfahrensrecht normierten Handlungsformen scheiden aus den genannten Gründen aus. Vielmehr handelt es sich bei kooperativen Absprachen und deren Ergebnissen um informales Verwaltungshandeln. Dementsprechend sind keine streng formalen Vorgaben einzuhalten, wie dies bei Verwaltungsakten und öffentlich-rechtlichen Verträgen der Fall ist. Allerdings wird durch informales Verwaltungshandeln lediglich eine faktische Bindungswirkung erzeugt. Eine faktische, also rein tatsächliche, Bindung beruht nicht auf konkreten Verhaltensnormen, die bei ihrer Missachtung eine Sanktion nach sich ziehen, beispielsweise Verwaltungszwang bei Nichtbefolgung verwaltungsaktlich auferlegter Pflichten. Die Bindungswirkung ergibt sich vielmehr individuell für beide Seiten auf Grund äußerer Umstände, etwa dem Interesse daran, dass auch die andere Seite Absprachen einhält. Folge dessen dürfte eine Bindungswirkung sein, die über das hinausgeht, was man eigentlich von nicht bindenden Absprachen erwarten dürfte. Denn beide Seiten haben ein gewichtiges Interesse daran, nicht von den Absprachen abzuweichen.[908] Der jeweilige Kooperationspartner wird sich nur solange an die eigenen Zusagen gebunden sehen, solange auch der andere seinen Zusagen nachkommt. Weicht die Versammlung von den veranstalterseitigen Zu-

---

[907] *Buschmann*, Kooperationspflichten im Versammlungsrecht, S. 97; *Gadesmann*, Rechtssicherheit im Versammlungsrecht durch die Anmeldebestätigung?, S. 141 weisen darauf hin, dass die Begründung von Pflichten sowohl Veranstalter als auch potentielle Teilnehmer vor dem Eingehen einer vertraglichen Bindung zurückschrecken lassen könnten.
[908] *Gadesmann*, Rechtssicherheit im Versammlungsrecht durch die Anmeldebestätigung?, S. 142.

sagen ab, kann sich die Gefahrensituation für die Behörde neu darstellen, sodass sie sich unter Umständen entgegen den Kooperationsabsprachen zum Einschreiten verpflichtet sehen muss. Freilich wird dann auch die Versammlung kein Bedürfnis mehr sehen, weiterhin entsprechend der restlichen Absprachen zu handeln, wenn die zuständige Behörde – aus ihrer Sicht vermeintlich anlasslos – Verfügungen ausspricht, deren Unterlassen sie zuvor zugesagt hatte.[909] Ein weiterer Anreiz für das Einhalten der Absprachen kann auch die Ausstrahlungswirkung, die von einem absprachekonformen Verhalten ausgeht, auf die Planung späterer Versammlungen sein.[910] Zudem lassen sich gerade bei Großdemonstrationen nicht alle Konfliktpotentiale restlos ermitteln und erörtern.[911] Die dementsprechend nötige Flexibilität in Bezug auf die Absprachen und ihre Ergebnisse kann mit bindenden Absprachen nicht erreicht werden.

In der Literatur wird auf die Vergleichbarkeit von Kooperations- und Koalitionsvereinbarungen hingewiesen.[912] Dem ist jedenfalls mit Blick auf die Bindungswirkung beider Institute zuzustimmen. Inhaltlich bestehen hingegen gewisse Unterschiede. Koalitionsvereinbarungen kommt keine rechtliche Bindungswirkung zu. Vielmehr sind sie politisch bzw. moralisch verbindlich.[913] Auch wenn dort getroffene Absprachen nicht eingeklagt werden können, sind sie rein tatsächlich höchst relevant und ihre Verletzung keineswegs sanktionslos, insofern die Beendigung der Koalition droht und damit ein Machtverlust einhergehen kann.[914] Parallel dazu kommt auch Kooperationsvereinbarungen „nur" die eben beschriebene faktische Bindungswirkung zu, die in ihrem tatsächlichen Stellenwert jedoch – ähnlich wie bei einem Koalitionsvertrag – darüber hinaus geht. Dementsprechend ist der Kooperationsvereinbarung immanent, dass ihre objektive Bindung als eher gering einzuschätzen ist, die Beteiligten sich allerdings moralisch bedeutend weitgreifender gebunden sehen.

---

[909] *Buschmann*, Kooperationspflichten im Versammlungsrecht, S. 101 f.; *Gadesmann*, Rechtssicherheit im Versammlungsrecht durch die Anmeldebestätigung?, S. 142 f.
[910] *Hoffmann-Riem*, in: Brandt/Gollwitzer/Henschel, Festschrift für H. Simon, S. 395; zur möglichen Berücksichtigung früherer Erfahrungen bei der Bewertung einer Versammlung siehe unter D.II.3.
[911] *Buschmann*, Kooperationspflichten im Versammlungsrecht, S. 102.
[912] *Buschmann*, Kooperationspflichten im Versammlungsrecht, S. 103.
[913] *Herzog*, in: Maunz/Dürig, GG, Band V, Art. 63, Rn. 12.
[914] *Epping*, in: Epping/Hillgruber, GG, Art. 63, Rn. 14 f.; *Herzog*, in: Maunz/Dürig, GG, Band V, Art. 63, Rn. 12 f.

VIII. Ergebnis

Nach der Betrachtung der verschiedenen Kooperationsphasen lässt sich ein Vergleich aus dem Bereich des Sports ziehen. Bildlich gesprochen gestaltet sich Zusammenarbeit im Versammlungsrecht wie ein Pingpong-Spiel. Nachdem von einer Seite der Aufschlag gemacht wurde, wird das Spiel nur fortgesetzt, wenn beide Seiten wechselseitig Einsatz zeigen und den Ball zurückspielen. Nur ein ausgewogenes Hin und Her kann einen langen Spielverlauf bzw. eine friedliche und unbeschränkte Versammlungsdurchführung sichern.

Im Kooperationsverhältnis kommt der Aufschlag regelmäßig vom Veranstalter, der gemäß § 14 VersG, Art. 13 Abs. 1 BayVersG, § 11 Abs. 1 VersFG SH zur Anmeldung bzw. Anzeige einer öffentlichen Versammlung unter freiem Himmel verpflichtet ist. Dadurch wird der Ball zur Behörde gespielt, die nun an der Reihe ist, eine Gefahrenprognose zu erstellen, wofür sie die vom Veranstalter übermittelten Informationen nutzt und sich entsprechend der Amtsermittlungspflicht selbst weitere Informationen zu beschaffen hat. Am Ende stehen eine vorläufige Gefahrenprognose, sowie die behördliche Entscheidung, ob Kooperation nötig ist. Wird dies bejaht, so wird die Behörde regelmäßig zu einem Kooperationsgespräch einladen, wodurch der Ball wieder an den Veranstalter zurückgeht. Nimmt dieser die Einladung an und trifft sich mit der Behörde zum Gespräch, so verwandelt sich das Spiel meist in ein Doppel, insofern der Veranstalter regelmäßig Unterstützung vom Leiter bekommt und die Polizei an die Seite der Versammlungsbehörde tritt. Das Hin und Her setzt sich in der Erörterung der Gefahrenprognose, der Diskussion von Alternativen, der Fragestellung und -beantwortung sowie gegebenenfalls dem Austausch von Versammlungsmodalitäten fort und endet zunächst in einer abschließenden Gefahrenprognose. Unter Umständen sind Auflagen nach § 15 VersG, Art. 15 BayVersG, § 13 VersFG SH zu erlassen und herausgearbeitete Ergebnisse an Versammlungsteilnehmer, Einsatzkräfte und die Öffentlichkeit weiterzugeben. Während der Versammlung wird der zweite Satz gespielt, wobei das Ergebnis des ersten Satzes nun in die Tat umzusetzen ist und kurzfristige Absprachen zu treffen sind, um auf neuerliche Situationen zu reagieren.

Bei der Punktevergabe unterscheidet sich Kooperation im Versammlungsrecht jedoch in gewissem Maße vom Pingpong-Spiel. Lässt die Behörde den Ball fallen, indem sie gar keine oder nicht ausreichend Kooperation anbietet oder die Zusammenarbeit abbricht, so bekommt der Veranstalter quasi einen Punkt, insofern behördliche Verfügungen, die auf unzureichender Kooperation fußen, im Ergebnis rechtswidrig sind. Schlägt der Veranstalter hingegen gar nicht erst auf oder lässt er den Ball fallen, so bedeutet dies nicht automatisch einen Punkt für die Behörde, in dem Sinne, dass sie beschränkende Verfügungen bis hin zum Versammlungsverbot erlassen dürfte. Vielmehr ist im Einzelfall genau zu betrachten, was sich daraus für den behördlichen Kenntnisstand ergibt, der die Basis für ihre weitere Prüfung bildet.

Die obigen Darstellungen der einzelnen Kooperationsphasen beschreiben einen Idealverlauf. Im Einzelfall hängt die Umsetzung oft von der verbleibenden Zeit und weiteren äußeren Umständen ab. Wichtig dabei ist, dass sich beide Seiten flexibel präsentieren, um das gemeinsame Ziel der möglichst reibungslosen Versammlungsdurchführung zu erreichen. Im konkreten Einzelfall ist zu entscheiden, welche Punkte tatsächlich im Gespräch thematisiert werden müssen, wer diesem beiwohnen sollte und wie sich Ergebnisse umsetzen lassen.

Dem Leitbild der Versammlungsgesetze nicht gänzlich entsprechende Versammlungsformen (wie Großdemonstrationen, Spontan- und Eilversammlungen, Tarnveranstaltungen, Schein- und Mehrfachanmeldungen) fordern entsprechend angepasste Verhaltensweisen.

Letztendlich sollten sich Veranstalter und Leiter offen auf das Hin und Her mit der Behörde einlassen und mit dieser zusammenarbeiten. Ihr Einsatz wird mit einer weitgehend selbstbestimmten Versammlungsdurchführung belohnt.

E. Schlussfolgerungen

Basierend auf den Erkenntnissen der bisherigen Untersuchung wird nachfolgend die Frage beantwortet, ob in den Ländern, in denen das Versammlungsgesetz fortgilt, gesetzgeberischer Handlungsbedarf mit Blick auf Kooperation besteht. Anschließend wird eine Normierung für Kooperation vorschlagen, wie sie in diesen Ländern umgesetzt werden, oder sogar zum Anlass einer Reform in den Ländern, die Kooperation bereits normiert haben, genommen werden könnte.

Die Arbeit verfolgt indes nicht den Ansatz, dass Kooperationsvorschriften in allen Ländern zwingend uniform ausgestaltet sein sollten. Einige Stimmen in der Literatur hatten sich für eine Harmonisierung zwischen den einzelnen Bundesländern ausgesprochen.[915] Begründet wird dies mit gravierend voneinander abweichenden Befugnisnormen, die ein hohes Fehlerpotential begründeten, insbesondere wenn Polizeikräfte aus verschiedenen Bundesländern zu einem Einsatz zusammengezogen würden.[916] Zudem liege ein uneinheitliches Sanktionsregelwerk vor, beispielsweise in Bezug auf das Vermummungsverbot, was unter anderem aus rechtsstaatlichen Gründen nicht hingenommen werden könne.[917] Diese Ansicht kann jedoch nicht überzeugen. Sie verkennt, dass es in einem föderalen Staat Ausfluss der Länderkompetenz ist, dass die einzelnen Länder voneinander abweichende, an lokalen Gegebenheiten, ihren eigenen Erfahrungen und Bedürfnissen ausgerichtete Regelungen erlassen. Dabei ist ihr Handlungsspielraum gleichwohl nicht uferlos. Art. 8 GG setzt gesetzgeberischem Handeln äußere Grenzen. Dementsprechend sind die Gesetzgeber nicht vollkommen frei darin, wie sie Regelungen ausgestalten möchten.[918] Letztendlich wird man es in einem föderalen Staat hinnehmen müssen, dass die einzelnen Länder von ihren Befugnissen in unterschiedlicher Weise Gebrauch machen. Die hier vorgeschlagene Normierung versteht sich dementsprechend als Beispiel einer möglichen Ausgestaltung. Sie erhebt keinen Anspruch darauf, die einzig denkbare Normierung zu sein.

---

[915] *Brenneisen/Sievers*, Die Polizei 2009, 71 (76); *Brenneisen/Wilksen/Ruppel/Warnstorff*, Die Polizei 2013, 130 (130); *Gintzel*, Die Polizei 2010, 1 (1); *Schieder*, NVwZ 2013, 1325 (1325 ff.).
[916] *Gintzel*, Die Polizei 2010, 1 (1).
[917] *Schieder*, NVwZ 2013, 1325 (1326 ff.).
[918] *Kempny*, NVwZ 2014, 191 (191 f.).

I. Verfassungsrechtlich determinierte Handlungspflicht

Die vorstehenden Ausführungen haben gezeigt, dass es wünschenswert sein dürfte, Kooperation bzw. Zusammenarbeit zu normieren. Die Rechtslage würde dadurch transparent. Darüber hinaus könnte sogar eine gesetzgeberische Handlungspflicht bestehen. Ein solches Gebot könnte verfassungsrechtlich determiniert sein, es könnte aus Art. 8 GG oder dem Wesentlichkeitsgrundsatz entspringen.

Dem Grundrecht der Versammlungsfreiheit scheint auf den ersten Blick keine Handlungspflicht des Gesetzgebers inhärent zu sein. Der Wortlaut der Grundrechtsgewährleistung (Art. 8 Abs. 1 GG) legt jedenfalls einen solchen Schluss nicht nahe. Etwas anders ergibt sich auch nicht aus dem Schrankenvorbehalt. Art. 8 Abs. 2 GG eröffnet zwar die Möglichkeit, ein Gesetz zur Beschränkung der Versammlungsfreiheit zu erlassen, eine dahingehende Pflicht besteht jedoch – jedenfalls ausweislich des Wortlauts – nicht.

Eine Pflicht des Gesetzgebers könnte sich allerdings im Laufe der Zeit allmählich herausgebildet und verfestigt haben. Eine seit geraumer Zeit bestehende, konkrete einfachgesetzliche Regelung könnte ein Grund dafür sein, auch in Zukunft nicht auf eine diesbezügliche Regelung verzichten zu können. In diesem Sinne entschied das Bundesverfassungsgericht zum Bayerischen Versammlungsgesetz. Als es über dessen Verfassungsmäßigkeit zu befinden hatte, verwies das Gericht darauf, dass es sich sowohl bei der Anmeldepflicht als auch bei darauf bezogenen Mitteilungspflichten um zentrale Vorschriften des Versammlungsgesetzes handele, deren Wegfall einen Verlust an routinemäßiger Vereinfachung und Effizienzsteigerung durch frühzeitige und vollständige Vorabinformation der Behörde bedeuten würde.[919] Obwohl das Gericht scharfe Kritik an der konkreten Ausgestaltung und Reichweite der diesbezüglichen Normen übte, sah es davon ab, die Regelungen außer Kraft zu setzen. Dies begründete das Bundesverfassungsgericht damit, dass das Versammlungswesen ansonsten unzureichend geregelt wäre. Dadurch statuierte es faktisch eine Pflicht für den Gesetzgeber, jedenfalls diese Themenbereiche in einem Versammlungsgesetz zu regeln. Es interpretierte die Reichweite des Gesetzesvorbehalts in Art. 8 Abs. 2 GG, wobei das Gericht streng genommen über dessen Wortlaut hinausgeht. Gleichwohl dürfte dieser Aussagegehalt auch auf weitere versammlungsrechtliche Aspekte übertragbar sein.

---

[919] Siehe dazu unter B.II.3.b)bb) und B.II.3.b)cc).

Für den Themenkomplex Kooperation lässt sich daraus jedoch kein gesetzgeberischer Handlungsauftrag ableiten. Das Versammlungsgesetz enthält seit jeher keine Regelung zur Kooperation im engeren Sinne. Es fehlt dementsprechend bereits an einer Vorschrift, die sich durch jahrzehntelanges Vorhandensein zu einer zentralen Vorschrift hätte entwickeln können, ohne die ein Versammlungsgesetz nicht auskommen kann. Etwas anderes ergibt sich auch nicht aufgrund der seit geraumer Zeit gelebten Praxis versammlungsrechtlicher Kooperation. Deren Qualität als Rechtsgrundlage ist eine andere als die eines geschriebenen Gesetzes. Ihr kann keine vergleichbare Verfestigungswirkung beigemessen werden, die in einer gesetzgeberischen Pflicht zum Erlass einfachgesetzlicher Normen resultierte. Dieses Ergebnis wird auch nicht durch die ersten Regelungen zur Kooperation in einzelnen Bundesländern tangiert. Denn zum einen gelten diese Vorschriften nur territorial und können dementsprechend – insbesondere unter Berücksichtigung der Regelungshoheit der einzelnen Länder – keine Ausstrahlungswirkung auf die anderen Länder in dem Sinne haben, dass von einer Pflicht zum gesetzgeberischen Tätigwerden auszugehen wäre. Zum anderen sind diese Regelungen noch zu jung, als dass man von einer derartigen Verfestigung in der Rechtspraxis sprechen müsste, wie sie das Verfassungsgericht für die Anmelde- und Mitteilungspflichten beschrieben hat. Dieses Ergebnis deckt sich zudem auch mit den verfassungsgerichtlichen Ausführungen im Brokdorf-Beschluss, wonach es dem Gesetzgeber überlassen bleiben müsse, kooperative Obliegenheiten auf der Ebene des einfachen Rechts zu präzisieren.[920] Das Gericht konstatierte gerade keine dahingehende Handlungspflicht des Gesetzgebers.

Die gesetzliche Normierung versammlungsrechtlicher Kooperation könnte hingegen wegen des Wesentlichkeitsgrundsatzes zwingend erforderlich sein. Der Wesentlichkeitsgrundsatz ist Ausprägung des Grundsatzes vom Vorbehalt des Gesetzes. Dem Wesentlichkeitsgrundsatz zufolge muss der Gesetzgeber in grundlegenden normativen Bereichen alle wesentlichen Entscheidungen selbst treffen und darf sie nicht anderen Normgebern überlassen.[921] Eine Angelegenheit wird als wesentlich betrachtet, wenn sie Grundrechtsrelevanz aufweist.[922] Die entsprechend nötige Regelungsdichte steigt mit dem Grad der Wesentlich-

---

[920] BVerfGE 69, 315 (357).
[921] *Grzeszick*, in: Maunz/Dürig, GG, Band III, Art. 20, VI., Rn. 107.
[922] *Grzeszick*, in: Maunz/Dürig, GG, Band III, Art. 20, VI., Rn. 107.

keit.[923] Abgesehen davon, dass der Wesentlichkeitsgrundsatz originär nur im Verhältnis zwischen Legislative und Exekutive zur Anwendung gebracht wird,[924] sich zwar möglicherweise auch auf das Verhältnis zur Judikative[925] und insbesondere zum Bundesverfassungsgericht übertragen ließe, dürfte aus ihm mit Blick auf versammlungsrechtliche Kooperation keine Pflicht zum gesetzgeberischen Handeln folgen. Denn wenn den Versammlungsverantwortlichen Kooperation abverlangt werden soll, stellt dies keinen Eingriff in die Versammlungsfreiheit dar. Es handelt sich dabei vielmehr um eine Ausgestaltung der Grundrechtsausübung. Dementsprechend fehlt es bereits an einem Eingriff in einen grundlegenden normativen Bereich. Der Wesentlichkeitsgrundsatz kommt nicht zum Tragen. Aus ihm folgt mithin keine Pflicht zur Normierung von Kooperation.

Weitere verfassungsrechtliche Gründe, aus denen eine Pflicht der Landesgesetzgeber zum Tätigwerden entspringen könnte, sind nicht ersichtlich. Im Ergebnis besteht für die Länder, in denen das Versammlungsgesetz fortgilt, keine verfassungsrechtliche Pflicht zur Regelung von Kooperation. Allerdings ist Art. 8 GG ein Grundrecht, das zur Freiheitsverwirklichung für möglichst alle Betroffenen auf gesetzgeberische Ausgestaltung insbesondere durch organisations- und verfahrensrechtliche Regelungen angewiesen ist. Der Gesetzgeber ist zum Erlass diesbezüglicher Regelungen berechtigt und – wenn auch nicht verpflichtet, dann doch jedenfalls – aufgefordert.[926] Es wird als seine primäre Aufgabe verstanden, die sich aus der Inanspruchnahme der Versammlungsfreiheit resultierenden (Grundrechts-)Konflikte auszutarieren.[927] Dementsprechend dürfte es für die Länder, auch ohne dahingehende verfassungsrechtliche Pflicht gleichwohl angezeigt und wünschenswert sein, dass sie gesetzgeberisch tätig werden und Regelungen zur Kooperation erlassen.

---

[923] *Grzeszick*, in: Maunz/Dürig, GG, Band III, Art. 20, VI., Rn. 106.
[924] *Herzog*, in: Maunz/Dürig, GG, Band III, Art. 20, VI., Rn. 105.
[925] In diese Richtung auch *Ossenbühl*, in: Isensee/Kirchhof, Handbuch des Staatsrechts, Band V, § 101, Rn. 60 m.w.N.; umfassend zu dieser Frage: *Haltern/Mayer/Möllers*, Die Verwaltung 1997, 51 (51 ff.).
[926] *Hoffmann-Riem*, in: Merten/Papier, Handbuch der Grundrechte, Band IV, § 106, Rn. 88.
[927] *Höfling*, Die Verwaltung 2012, 539 (540).

II. Sonstige Gründe für gesetzgeberisches Handeln

Die Länder, in denen das Versammlungsgesetz fortgilt, sollten auch deshalb gesetzgeberisch tätig werden, um der drohenden Versteinerung des Versammlungsrechts entgegenzuwirken. In jenen Ländern gilt gemäß Art. 125a Abs. 1 Satz 1 GG das Versammlungsgesetz von 1953 fort, das seit seinem Erlass nicht grundlegend überarbeitet wurde. Durch dieses wollte man der „*drohenden Verrohung der politischen Sitten*" entgegentreten und politische Versammlungen mit turbulentem Verlauf, die gar gesprengt werden, reglementieren.[928] Herausgekommen ist ein Gesetz, das ein Versammlungsmodell zu Grunde legt, das eher an kleinere, geordnete, überschaubare und durchweg friedliche Versammlungen erinnert.[929] Dabei ist schon fraglich, ob dieses Modell jemals repräsentativ war, dem aktuellen Bild dürfte es jedenfalls nicht (mehr) entsprechen. Das Versammlungsbild des Versammlungsgesetzes bleibt in den Ländern, die bisher selbst nicht tätig geworden sind, jedoch solange vorherrschend, solange sie keine eigenen Versammlungsgesetze erlassen. Dem Bund wird nur noch zugestanden, kleinere Anpassungen und Aktualisierungen am Versammlungsgesetz vorzunehmen, ohne dass er das Gesetz – bei unterstelltem dahingehenden Handlungswillen – weitreichend ändern oder neu gestalten dürfte.[930] Schon aus diesem Grund empfiehlt sich der Erlass von Landesversammlungsgesetzen. Dabei wäre natürlich nicht auszuschließen, dass die Länder weiter an dem Versammlungsbild festhalten, wie es dem Versammlungsgesetz zu Grunde liegt.[931] Das Versammlungsbild hätte in diesem Fall jedoch Billigung durch denjenigen Gesetzgeber erfahren, dem es seit der Föderalismusreform obliegt, die Thematik zu regeln.

Entscheiden sich die Länder für den Erlass eigener Versammlungsgesetze, sollten darin auch Regelungen zur Zusammenarbeit und Kooperation enthalten sein. Denn zum einen ist davon auszugehen, dass zahlreiche Versammlungen in der Praxis ein Kooperationsbedürfnis auslösen. Regelungen zur Kooperation hätten dementsprechend einen breiten Anwendungsbereich und beträfen nicht lediglich seltene Einzelfälle. Hinzu kommt, dass Kooperation eine Handlungsform beschreibt, die dem Versammlungs- und auch dem sonstigen Verwaltungsrecht

---

[928] BT-Drucksache 01/1102, S. 8.
[929] *Narr*, in: Cobler/Geulen/Narr, Das Demonstrationsrecht, S. 105 ff.
[930] *Seiler*, in: Epping/Hillgruber, GG, Art. 125a, Rn. 4.
[931] So geschehen in Bayern. Das dortige Versammlungsgesetz orientiert sich jedenfalls in der Grundstruktur am Versammlungsgesetz.

weitgehend fremd ist. Kooperation bricht das klassische verwaltungsrechtliche System von Anmeldung – Anhörung – Erlass beschränkender Verfügungen auf. Versammlungsrechtliche Kooperation beinhaltet mehr als ein bloßes Gegeneinander von Behörde und Grundrechtsträgern. Vielmehr ist Kooperation, jedenfalls im Idealfall, auf ein auf Zusammenarbeit und Kommunikation beruhendes Miteinander angelegt.[932] Im Rahmen von Kooperation nähern sich die Beteiligten an, allerdings ohne dass die Letztentscheidungsmacht der Behörde in Frage gestellt würde. Gerade auch wegen dieser Andersartigkeit im Vergleich zu sonst bekannten verwaltungsrechtlichen Handlungsformen sollten Regelungen zur Kooperation erlassen werden.

Darüber hinaus würde eine entsprechende Regelung auch für mehr Rechtssicherheit sorgen. Zwar besteht für die Versammlungsverantwortlichen, auch ohne dahingehende Ausgestaltung, eine Kooperationsempfehlung. An dieser Rechtslage änderte im Ergebnis selbst eine verfassungsgemäße Normierung zur Kooperation nichts. Verfassungsrechtlich zulässig wäre lediglich die Ausgestaltung als Kooperationsobliegenheit, deren Wirkungen sich im Ergebnis nicht grundlegend von einer dahingenden Empfehlung unterscheiden.[933] Durch eine solche Regelung wäre die Rechtslage allerdings transparent niedergeschrieben. Dafür besteht augenscheinlich ein praktisches Bedürfnis, wie gerichtliche Entscheidungen verdeutlichen, die behördliche Verfügungen oder vorinstanzliche Entscheidungen aufheben, in denen Behörden und Gerichte auch dem Veranstalter Pflichten zur Kooperation auferlegen.[934] Mit einer klarstellenden Regelung könnte derartigen Entscheidungen vorgebeugt werden. Eine entsprechende Normierung würde dementsprechend für mehr Rechtssicherheit sorgen.[935] Dies wäre auch gerade deshalb angebracht, da Rechtschutzmöglichkeiten gegen versammlungsbehördliche Verfügungen rein tatsächlich nur eingeschränkt bestehen. Das versammlungsrechtliche Geschehen zeichnet sich durch rasche Erledigung aus. Regelmäßig ist gerichtlicher Rechtsschutz gegen behördliche Verfügungen, jedenfalls im Hauptsacheverfahren, nicht zu erreichen. Feststellende Urteile im Nachhinein können die erlittenen Beschränkungen der Versamm-

---

[932] *Gusy*, in: v. Mangoldt/Klein/Starck, GG, Band I, Art. 8, Rn. 51.
[933] Siehe dazu unter C.II.3.
[934] Vgl. BVerfG, NJW 2001, 2078; VG Würzburg, Beschluss vom 21.07.2006 – W 5 S 06.694.
[935] Vgl. *Hueck*, in: Grabenwarter/Hammer/Pelzl/Schulev-Steindl/Wiederin, Allgemeinheit der Grundrechte und Vielfalt der Gesellschaft, S. 180.

lungsfreiheit nicht vollständig kompensieren. Selbst die Einholung einstweiligen Rechtsschutzes steht unter hohem Zeitdruck. Klare Regelungen könnten dementsprechend dazu beitragen, gerichtliche Auseinandersetzungen obsolet werden zu lassen. Mehr Rechtsklarheit führte entsprechend zu mehr Rechtssicherheit.

Der Vollständigkeit halber sei erwähnt, dass sich in der Literatur auch Stimmen finden, die eine Normierung als überflüssig betrachten.[936] Begründet wird dies u.a. damit, dass zwischen der jetzigen Situation in Bayern und den Bundesländern ohne eigenes Versammlungsgesetz kein Unterschied bestehe, insoweit die Normierung im Bayerischen Versammlungsgesetz sowieso auf die Rechtsprechung des Bundesverfassungsgerichts zurückgeht, der offensichtlich Bindungswirkung beigemessen werde.[937] Dem kann nicht unwidersprochen gefolgt werden. Denn damit resignierte man mit Blick auf die nicht bestehende Bindungskraft der verfassungsgerichtlichen Äußerungen im Brokdorf-Beschluss. Die Vertreter dieser Ansicht verkennen zudem, dass ein qualitativer Unterschied zwischen einem Gesetzesbeschluss, dem die Erörterung einer Thematik in ihrer gesamten Bandbreite vorausgegangen ist, und einer gerichtlichen Entscheidung eines konkreten Einzelfalles, deren Aussagen sich nur in begrenztem Maße auf andere Sachverhalte übertragen lassen, besteht. Auch wenn die inhaltlichen Aussagen der Brokdorf-Entscheidung selbstverständlich zutreffend sein mögen und Leitbildcharakter aufweisen, so beschäftigte sich die Entscheidung mit einem konkreten Fall, der mittlerweile über 30 Jahre zurückliegt. Soll den verfassungsgerichtlichen Ausführungen jedenfalls inhaltlich weiterhin Leitbildcharakter beigemessen werden, müsste die fortbestehende Aktualität der dortigen Aussagen im gesetzgeberischen Diskurs erörtert werden. Dabei wäre es als Ergebnis nicht ausgeschlossen, dass der Gesetzgeber die Leitlinien des Kooperationsmodells nach Brokdorf letzten Endes in Gesetzesform gießt, wie es beispielsweise in Bayern geschehen ist. Würde er sich so entscheiden, hätte er sich im Rahmen des Gesetzgebungsverfahrens allerdings auch mit alternativen oder darüber hinausgehenden Regelungen zu beschäftigen gehabt. Würde sich der Gesetzgeber für eine Übernahme der dem Brokdorf-Beschluss zu Grunde liegenden Leitgedanken entscheiden, demonstrierte er damit, dass er diese – über den entschiedenen konkreten Einzelfall hinaus – in seinen gesetzgeberischen Willen aufgenommen hat. Der bisherigen Untätigkeit des Gesetzgebers kann dieselbe Billi-

---

[936] *Bücken-Thielmeyer*, LKV 2010, 107 (110); *Scheidler*, Die Polizei 2009, 162 (163).
[937] *Scheidler*, Die Polizei 2009, 162 (163).

gung der verfassungsgerichtlichen Ausführungen nicht beigemessen werden. Dafür ist ein Gesetzesbeschluss nötig. Dementsprechend sollte gerade auch der fortwährende Rückgriff auf den Brokdorf-Beschluss[938] zum Anlass genommen werden, gesetzliche Regelungen zur Kooperation zu erlassen. Wie eine solche Norm aussehen könnte, wird nachfolgend vorgeschlagen.

III. Eigener Vorschlag

Die vorzuschlagende Vorschrift soll eine Fortentwicklung der bereits vorhandenen landesrechtlichen Normierungen, unter Berücksichtigung der dazu geäußerten Kritik und der weiteren Erkenntnisse dieser Arbeit, sein. Bevor ein konkreter Vorschlag unterbreitet wird, sollen Art. 14 BayVersG und § 3 Abs. 3 und 4 VersFG SH, die bislang einzig aus einem verfassungsrechtlichen Blickwinkel betrachtet wurden, nun mit Blick auf deren Regelungsgehalt, die Regelungstechnik, sowie deren konkrete Formulierungen kritisch unter die Lupe genommen werden. Dies wird anschließend Ausgangspunkt und Basis für den eigenen Gesetzesvorschlag sein.

1. Inhaltliche Kritik an Art. 14 BayVersG und § 3 Abs. 3 und 4 VersFG SH

Zu beiden Normen lassen sich verschiedentliche Kritikpunkte ins Feld führen. Andererseits sollen auch jene Aspekte hervorgehoben werden, ohne die eine erschöpfende Regelung zur Kooperation nach hiesiger Ansicht nicht auskommen kann.

Art. 14 BayVersG lässt, ausweislich seines Wortlauts, nicht klar erkennen, ob die wechselseitigen Kooperationsverpflichtungen auch während einer Versammlung gelten sollen. In Art. 14 Abs. 1 Satz 1 BayVersG ist lediglich die Rede davon, dem Veranstalter Gelegenheit zur (vorbereitenden) Erörterung der Einzelheiten der Durchführung einer Versammlung zu geben, ohne dass ausdrücklich auch auf das Durchführungsstadium abgestellt würde. Allein ein Rückschluss aus Art. 14 Abs. 2 i.V.m. Art. 15 BayVersG legt nahe, dass der Gesetzgeber auch Kooperation während der Versammlung geregelt wissen wollte. Angesichts dessen, dass versammlungsrechtliche Kooperation nicht nach dem Vorbe-

---

[938] Vgl. BVerfG, NJW 2000, 3053 (3055 f.); BVerfG, NJW 2001, 1407 (1408); BVerfG, NJW 2001, 2072 (2072 ff.); BVerfG, NJW 2001, 2078 (2078 f.); BVerfG, NVwZ 2002, 982 (982).

reitungsstadium abreißen sollte, sollte eine entsprechende Normierung dies ausdrücklich widerspiegeln. Daran anknüpfend, und weil auch der Leiter einer Versammlung im kooperativen Prozess eine zentrale Rolle spielt, sollte auch er – anders als es Art. 14 Abs. 1 BayVersG vorsieht – in die „Pflicht" genommen werden. Dementsprechend wäre analog eine Kooperationsverpflichtung des Leiters während der Versammlung zu formulieren. Eine landesrechtliche Kooperationsregelung sollte zudem eindeutig erkennen lassen, wer zu welchem Zeitpunkt verantwortlich sein soll. Der Gesetzgeber in Schleswig-Holstein wollte es mit § 3 Abs. 3 Satz 1 VersFG SH offensichtlich in das Ermessen der Behörde stellen, zu entscheiden, wem sie ein Gespräch anbietet; zur Auswahl stehen der Veranstalter und der Leiter einer Versammlung. Ein Rangverhältnis zwischen beiden wird nicht deutlich. Denkbar wäre demnach ein Gespräch ganz ohne Veranstalter. Nach der hier vertretenen Ansicht ist es jedoch der Veranstalter, der vor einer Versammlung vornehmlich verpflichtet sein soll. Dem Leiter obliegt anschließend die weitere Zusammenarbeit während der Versammlung. Er kann und sollte freilich auch schon zu den Gesprächen im Vorbereitungsstadium gebeten werden, jedoch nicht anstelle des Veranstalters. Dies sollte in einer entsprechenden Vorschrift deutlich zum Ausdruck kommen.

Die bisherigen Untersuchungen haben gezeigt, dass Kooperationsbedarf nicht nur bei Großdemonstrationen besteht. Dementsprechend ist es zu begrüßen, dass sich der bayerische Gesetzgeber in Art. 14 BayVersG nicht darauf beschränkt hat, Kooperationsverpflichtungen für große Versammlungen zu normieren, sondern vielmehr Verpflichtungen zur Zusammenarbeit für jegliche Versammlungen statuiert hat. Damit geht die Regelung über den Brokdorf-Beschluss hinaus, der das Kooperationsprinzip ausdrücklich auf Großdemonstrationen bezog.[939] Allerdings lag dem Brokdorf-Verfahren tatsächlich eine Großdemonstration zu Grunde. Das Bundesverfassungsgericht musste sich nicht dazu äußern, ob Kooperation auch bei anderen Versammlungen sinnvoll sein könnte. Deshalb sollte aus den dortigen verfassungsgerichtlichen Äußerungen nicht geschlussfolgert werden, dass Kooperation allein bei großen Versammlungen zum Tragen kommen soll. Ebenso sollte auch eine landesrechtliche Regelung Kooperation nicht von der Größe einer Versammlung abhängig machen, sondern vielmehr davon, ob Kooperationsbedarf besteht. Entsprechend sieht § 3 Abs. 3 Satz 1 VersFG SH bereits vor, dass die Behörde ein Kooperationsangebot zu unterbrei-

---

[939] BVerfGE 69, 315 (356 f.).

ten hat, sofern eine Versammlung vorliegt, für die Kooperationsbedarf angenommen wird.

Zudem sollte aus einer landesrechtlichen Kooperationsnorm, jedenfalls unter Zuhilfenahme der Gesetzesbegründung, ersichtlich sein, was Inhalt der Kooperationsobliegenheit sein soll. Der Inhalt sollte jedenfalls bestimmbar sein. Dementsprechend dürfte sich eine Formulierung, wie in § 3 Abs. 4 Satz 2 VersFG SH, wonach Konfliktmanagement Bestandteil der Kooperation ist, nicht empfehlen. Denn was unter dem gänzlich neu eingeführten Begriff Konfliktmanagement zu verstehen ist, wird aus dem Gesetzestext heraus nicht verständlich. Aus den Gesetzgebungsmaterialien ergibt sich, dass damit auf einen Begriff aus dem Koalitionsvertrag zurück gegriffen werden sollte,[940] welcher die Begrifflichkeit jedoch auch nicht näher definiert.[941] An anderer Stelle werden Konflikte zwischen zwei Versammlungen zur gleichen Zeit am gleichen Ort als möglicher Anwendungsfall des Konfliktmanagements beschrieben.[942] Insgesamt bleibt der Begriff jedoch wenig greifbar und birgt die Gefahr, uneinheitlich verstanden zu werden. Solch missverständliche Formulierungen sollten deshalb nicht Eingang ins Gesetz finden.

Skeptisch ist zudem die Formulierung in § 3 Abs. 3 Satz 1 VersFG SH zu betrachten, wonach ein Kooperationsgespräch anzubieten ist. Andere Formen der Zusammenarbeit, etwa der schriftliche Austausch oder telefonische Absprachen, werden dadurch ausgeschlossen. Angesichts der Festlegung auf *ein* Kooperationsgespräch ist zudem fraglich, ob die Behörde bei entsprechend bestehendem Kooperationsbedarf verpflichtet wäre, weitere Gespräche anzubieten oder ob sie überhaupt Spielraum für eine solche Entscheidung hätte. Auch wenn der Austausch im Gespräch regelmäßig das Mittel der Wahl sein dürfte, sollten andere Formen des Austauschs nicht von vornherein ausgeschlossen werden.

---

[940] Änderungsantrag der Fraktionen von SPD / Bündnis 90/Die Grünen und der Abgeordneten des SSW zum Gesetzentwurf der FDP-Fraktion *„Entwurf eines Gesetzes zum Versammlungsrecht in Schleswig-Holstein"* (Drucksache 18/119), Umdruck 18/1269, S. 14.
[941] Unter Punkt „VII.3 Innenpolitik" findet sich lediglich die Aussage „Zentrale Ansätze für den Dialog zwischen Bürgerinnen und Bürgern und Polizei auf den Demonstrationen sind für uns das Konfliktmanagement der Polizei und die Unterstützung einer unabhängigen Demonstrationsbeobachtung.", https://www.schleswig-holstein.de/DE/Landesregierung_documents/ koalitionsvertrag2012_2017.pdf?__blob=publicationFile&v=1 (letzter Abruf: 24.06.2018).
[942] Ausschussprotokoll zur 66. Sitzung des Innen- und Rechtsausschusses in der 18. Wahlperiode vom 21. Mai 2014 (18/66), S. 12.

Schlussendlich dürfte es sich empfehlen, niederzulegen, welche Folgen sich an erfolgte und unterlassene Kooperation knüpfen. Obgleich dies Ausfluss allgemeiner Ermessensregeln ist, könnte eine entsprechende Regelung mehr Transparenz für die Betroffenen schaffen. Andererseits würde der Grad der jeweiligen Verpflichtung dadurch einmal mehr unterstrichen.

2. Gesetzgebungsvorschlag: § 14a VersG – Zusammenarbeit

Basierend auf den Erkenntnissen dieser Arbeit wird nachfolgend ein eigener Gesetzgebungsvorschlag präsentiert, der anschließend wie in einer Parlamentsdrucksache begründet wird. Orientierte man sich an der derzeitigen Nummerierung des Versammlungsgesetzes, wäre ein § 14a einzufügen. Damit drückte man gesetzessystematisch aus, dass sich Zusammenarbeit an die Anmeldung nach § 14 VersG anschließt und ein Maßnahmenbündel im Vorfeld versammlungsbehördlicher Beschränkungen nach § 15 VersG bereithält. § 14a VersG könnte folgendermaßen lauten:

(1) Die zuständige Behörde soll dem Veranstalter Gelegenheit geben, mit ihr die Einzelheiten der Durchführung der Versammlung zu erörtern. Den Veranstalter trifft keine Pflicht zur Mitwirkung. Weitere Personen und Behörden können zur Erörterung hinzugebeten werden.

(2) Zu den Einzelheiten der Durchführung der Versammlung gehören insbesondere die Gefahrenlage für die öffentliche Sicherheit und Ordnung, sonstige Umstände, die für die ordnungsgemäße Durchführung der Versammlung wesentlich sind, sowie geeignete Maßnahmen zur Wahrung der öffentlichen Sicherheit und Ordnung.

(3) Die Absätze 1 und 2 gelten entsprechend für die Zusammenarbeit der Polizei mit dem Versammlungsleiter während der Versammlung.

(4) Die zuständige Behörde soll bei Maßnahmen nach § 15 berücksichtigen, inwieweit die Zusammenarbeit mit dem Veranstalter und dem Leiter ihre Sachverhaltskenntnis beeinflusst hat. Im Rahmen der Ermessensprüfung soll erfolgte Kooperation positiv berücksichtigt werden.

3. Begründung

Das erstmals vom Bundesverfassungsgericht im Brokdorf-Beschluss[943] beschriebene Kooperationsmodell zur vertrauensvollen Zusammenarbeit zwischen Vertretern der Versammlung (insbesondere Veranstalter und Leiter) und den zuständigen Behörden (insbesondere Versammlungsbehörde und Polizei) vor und während einer Versammlung wird durch § 14a in eine gesetzliche Regelung überführt.

Das Kooperationsgebot entspringt behördlicherseits aus Art. 8 GG, der daraus resultierenden Pflicht zur grundrechtsfreundlichen Verfahrensgestaltung sowie dem Übermaßverbot. Auf Seiten der Versammlung ist es ebenfalls Ausprägung von Art. 8 GG sowie des Selbstbestimmungsrechts und der Gemeinschaftsbezogenheit der Grundrechtsausübung.

Vor einer Versammlung dient Zusammenarbeit der Vorbereitung eben jener Versammlung, indem die vorläufige behördliche Gefahrenprognose erörtert, der Austausch einzelner Modalitäten thematisiert und Absprachen für die Durchführungsphase getroffen werden. Während einer Versammlung geht es vornehmlich um die Umsetzung dieser Absprachen und die gemeinsame Handhabung unvorhergesehener Situationen.

a) Absatz 1

Absatz 1 Satz 1 konkretisiert die versammlungsbehördliche Pflicht zur Zusammenarbeit mit dem Veranstalter. Die Behörde hat unter anderem rechtzeitig einen Erörterungstermin anzuberaumen und den Veranstalter zur Zusammenarbeit einzuladen. Entsprechend der Soll-Vorschrift entfällt die Pflicht lediglich im Ausnahmefall, wenn kein Kooperationsbedürfnis angenommen wird. Kooperationsbedarf besteht, wenn über eine Anmeldebestätigung hinaus über den Erlass belastender Verfügungen nachgedacht wird. Ein in dieser Weise erhöhtes Konfliktpotential tritt zumeist bei Großdemonstrationen auf, ist jedoch nicht auf diese beschränkt. Die Erörterung wird regelmäßig in einem persönlichen Gespräch stattfinden. Denkbar sind zudem telefonische Absprachen. Im Einzelfall können mehrere Gespräche nötig werden. Das Kooperationsgespräch ersetzt die Anhörung nach § 28 VwVfG nicht per se.

---

[943] BVerfGE 69, 315.

Satz 2 verdeutlicht, dass den Veranstalter keine Pflicht zur Zusammenarbeit trifft, wie Satz 1 (*„Gelegenheit geben"*) bereits andeutet. Er ist lediglich mit einer Obliegenheit belastet. Der Veranstalter tut jedoch gut daran, vertrauensvoll mit der Behörde zusammenzuarbeiten, beispielsweise durch Annahme der Einladung zum Gespräch, umfangreiche Information der Behörde und Bereitschaft zur Veränderung von Versammlungsmodalitäten. Die abverlangten Obliegenheiten haben allerdings den Charakter von Versammlungen als prinzipiell staatsfreie unreglementierte Beiträge zur politischen Meinungs- und Willensbildung sowie das Selbstbestimmungsrecht der Veranstalter über Art und Inhalt der Versammlung zu beachten.[944]

Satz 3 stellt klar, dass sich die Erörterung nicht in einem Zwiegespräch zwischen Veranstalter und Behörde erschöpfen muss. Weitere Personen und Behörden können beigezogen werden. Die Entscheidung darüber steht im Ermessen der Versammlungsbehörde. Eine Hinzuziehung im Sinne des § 13 Abs. 2 VwVfG liegt nicht vor, die Beiziehung erfolgt vielmehr durch Einladung zum Gespräch. Beispielsweise können Versammlungsleiter, Ordner, Polizei und Vertreter weiterer Fachbehörden, deren Belange durch die Versammlung tangiert werden, mit zum Gespräch geladen werden. Bei Großveranstaltungen kann es sachdienlich sein, Veranstalter paralleler Versammlungen beizuziehen. Ebenso verhält es sich mit Veranstaltern von Gegendemonstrationen. Entsprechend Satz 2 sind die Vertreter einer Versammlung zur Mitwirkung nicht verpflichtet.

b) Absatz 2

Absatz 2 beschreibt den Gegenstand der Erörterung. Die beispielhafte, nicht abschließende Aufzählung konkretisiert die behördliche Pflicht zur Beratung, Auskunft und Information. Anhand des Einzelfalles ist jeweils zu bestimmen, was konkret erörterungsbedürftig ist. Die Behörde hat sich in der Diskussion unvoreingenommen und bereit zur Änderung ihrer Gefahrenprognose zu präsentieren. Ziel der Erörterung ist es, der Versammlungsfreiheit zur größtmöglichen Anwendung zu verhelfen. Dazu hat die Behörde Auskunft über die Rechte und Obliegenheiten des Veranstalters zu erteilen, etwa bezüglich rein versammlungsrechtlicher Fragen, der Benutzung des öffentlichen Straßenraums oder des Einsatzes von Lautsprechern.

---

[944] BVerfGE 69, 315 (356).

Die Gefahrenlage meint die Gefahrenprognose, welche die Behörde anhand der mit der Anmeldung nach § 14 übersandten und der von ihr selbst ermittelten Informationen erstellt hat. Die Gefahrenprognose ist zunächst vorläufig und kann sich durch die Erörterung einzelner Modalitäten und deren Austausch verändern. Sonstige Umstände, die für die ordnungsgemäße Durchführung der Versammlung wesentlich sind, sind beispielsweise die Wahl des Versammlungsortes bzw. der Wegstrecke eines Aufzugs, die voraussichtliche Teilnehmerzahl, der zeitliche Rahmen, die Verwendung von Ordnern, sowie die Entsendung von Einsatzkräften und die geplanten behördlichen Schutz- und Sicherheitsmaßnahmen. Geeignete Maßnahmen zur Wahrung der öffentlichen Sicherheit und Ordnung können Straßensperren und Verkehrsumleitungen, der Austausch einzelner Ordner oder der Einsatz einer größeren Anzahl von Ordnern sowie die Veränderung einzelner Versammlungsmodalitäten sein. Die Behörde hat den Veranstalter dahingehend zu beraten, welche Änderungen der Versammlung zu einer geänderten Gefahrenprognose führen würden.

Die behördliche Aufgabe der Gefahrenabwehr und die Möglichkeit der Anwendung flexibler Einsatzstrategien dürfen durch die Erörterung nicht untergraben werden.

c) Absatz 3

Absatz 3 erklärt die Absätze 1 und 2 entsprechend anwendbar für die Zusammenarbeit während der Versammlung und stellt damit klar, dass das Kooperationsverhältnis nach der vorbereitenden Erörterung nicht endet. Staatlicherseits tritt nun die Polizei auf, die wiederum zur Kooperation verpflichtet ist. Ihr gegenüber steht der Versammlungsleiter, für den auch während der Versammlung lediglich eine Obliegenheit zur Zusammenarbeit besteht. Während der Veranstalter schwerpunktmäßig für die Vorbereitung der Versammlung zuständig ist, ist der Leiter die zentrale Person der Durchführungsphase. Zusammenarbeit während der Versammlung bedeutet, vorherige Absprachen umzusetzen und im Dialog Lösungen für spontan auftretende Probleme zu finden, um einen störungsfreien Verlauf zu gewährleisten. Dies kann wiederum durch persönliche Gespräche oder telefonische Absprachen der Verantwortlichen geschehen. Dem Leiter obliegt es dabei, über Abweichungen vom geplanten Ablauf zu informieren und Beobachtungen mitzuteilen, die für den friedlichen Verlauf wesentlich sind, wie das Hinzukommen gewaltbereiter Teilnehmer. Die Polizei soll den

Leiter über notwendige behördliche Maßnahmen, wie den geplanten Ausschluss einzelner Teilnehmer oder die Verlegung der Demonstrationsroute, informieren. In den Fällen, in denen vor der Versammlung keine Zusammenarbeit möglich war, z.B. bei Spontanversammlungen oder sonst nicht angemeldeten Versammlungen, kommt der Zusammenarbeit in der Durchführungsphase entscheidende Bedeutung zu.

d) Absatz 4

Absatz 4 enthält eine Klarstellung hinsichtlich der Folgen erfolgter und unterlassener Kooperation für die behördliche Prüfung von Maßnahmen nach § 15. Dabei ist zwischen der Ebene der Tatbestandsprüfung und jener der Ermessensprüfung zu unterscheiden.

Ausweislich Satz 1 soll bei der Prüfung der Tatbestandsvoraussetzungen einer Eingriffsnorm im Ergebnis sowohl erfolgte als auch verweigerte Kooperation berücksichtigt werden. Deren Einfluss ist mittelbar. Kooperation an sich ist kein negatives Tatbestandsmerkmal von Eingriffsbefugnissen und wird deshalb bei der Prüfung des Tatbestands nicht als solche berücksichtigt. Vielmehr verändert sich dadurch die Sachverhaltskenntnis der Behörde, die Grundlage der Gefahrenprognose ist, welche letztendlich der behördlichen Entscheidung zu Grunde gelegt wird. Die Amtsermittlungspflicht der Behörde entsprechend § 24 VwVfG wird dadurch nicht berührt.

Auf der Ebene der Ermessensprüfung soll erfolgte Kooperation als solche positiv berücksichtigt werden. Dadurch wird ein Anreiz für den Veranstalter geschaffen, mit der Behörde zusammenzuarbeiten. Da für ihn keine Pflicht besteht, wird andererseits unterlassene Kooperation nicht ebenso berücksichtigt.

Die behördliche Prüfung hat in der beschriebenen Weise sowohl bei Maßnahmen vor als auch während der Versammlung zu erfolgen.

4. Zusätzliche Erläuterungen

Die Formulierung im vorgeschlagenen § 14a Abs. 4 ist bewusst als Soll-Vorschrift gewählt. Dadurch wird nicht verkannt, dass für den Veranstalter keine Pflicht zur Kooperation besteht und sich verweigerte Kooperation nicht per se nachteilig auswirken kann. Dies würde nur geschehen, wenn an verweigerte Kooperation als solche angeknüpft würde. So wird hingegen betrachtet, wie sich die Bereitschaft des Veranstalters im Ergebnis ausgewirkt hat. Damit beschreibt die Norm klarstellend die sowieso erfolgende Prüfung der Behörde, bei der sie den – durch Information des Veranstalters oder selbst – ermittelten Sachverhalt zu Grunde legt. Darüber hinaus wird verweigerte Kooperation im Rahmen der Ermessensprüfung gerade nicht negativ berücksichtigt.

F. Fazit

Als Fazit dieser Arbeit ergeben sich die folgenden zehn Leitgedanken:

1. Aus dem Grundgesetz, insbesondere Art. 8 GG, und den hier betrachteten Landesverfassungen lassen sich keine konkreten inhaltlichen Aussagen zur Kooperationsverpflichtung des Veranstalters ableiten; sie zeigen vielmehr die Grenzen einer möglichen einfachgesetzlichen Verpflichtung der Grundrechtsträger auf. Der Brokdorf-Beschluss des Bundesverfassungsgerichts, der als allgemeingültige Quelle des Kooperationsmodells herangezogen und fortwährend zitiert wird, kann dieser Rolle nicht gerecht werden. Er enthält, speziell im Hinblick auf kooperationsrelevante Aussagen, obiter dicta, sodass ihm keine Bindungswirkung nach § 31 Abs. 1 BVerfGG zukommt.
2. Verfassungsrechtlich ist es nicht zulässig, den Versammlungsverantwortlichen eine Pflicht zur Zusammenarbeit aufzuerlegen. Dies haben die Landesgesetzgeber in Bayern und Schleswig-Holstein beachtet und dementsprechend eine Obliegenheit statuiert (Art. 14 BayVersG, § 3 Abs. 3 und 4 VersFG SH). In den Ländern, in denen das Versammlungsgesetz fortgilt, besteht hingegen eine Kooperationsempfehlung, die zwar unter einer Obliegenheit anzusiedeln ist, deren Wirkungen sich im Ergebnis jedoch nicht grundlegend von denen einer Obliegenheit unterscheiden.
3. Die Folgen veranstalterseitig erfolgter und unterlassener Kooperation sind abgestuft zu beurteilen. Auf der Ebene der Tatbestandsprüfung einer behördlichen Eingriffsbefugnis führt erfolgte und verweigerte Kooperation zu einer veränderten Sachverhaltskenntnis bei der Behörde, die Einfluss auf die Gefahrenprognose hat, welche letztendlich der behördlichen Entscheidung zu Grunde gelegt wird. Ein unmittelbarer Einfluss erfolgter und unterlassener Kooperation als solcher kann auf dieser Ebene nicht angenommen werden. Im Rahmen der Ermessensprüfung soll erfolgte Kooperation an sich positiv berücksichtigt werden. Mangels Kooperationspflicht des Veranstalters kann dies nicht auch für verweigerte Kooperation gelten.

4. Der Veranstalter hat einen einklagbaren Anspruch auf Einhaltung der behördlichen Kooperationspflichten. Die Schnelllebigkeit des Versammlungsgeschehens wird der gerichtlichen Durchsetzung jedoch regelmäßig entgegenstehen. Der Veranstalter ist deshalb darauf angewiesen, dass die Behörde legal handelt. Seine Position wird durch die behördliche Bindung an Gesetz und Recht nach Art. 20 Abs. 3 GG und ihre Grundrechtsbindung nach Art. 1 Abs. 3 GG abgesichert.
5. Die Anmeldung bzw. Anzeige einer Versammlung gemäß § 14 VersG, Art. 13 BayVersG, § 11 VersFG SH ist kooperationsbegründender Akt, sie bildet den Ausgangspunkt und die Basis der weiteren Zusammenarbeit. Der Veranstalter fungiert dabei als erster Informationslieferant für die Behörde. Er hat den Gegenstand der Versammlung oder des Aufzuges (Thema, Ort, Zeit und Wegstrecke, sowie grob den geplanten Ablauf) anzugeben, den Leiter zu benennen und die Verwendung von Ordnern zu beantragen. Auf der Grundlage dieser Informationen, zusammen mit den weiteren selbst ermittelten Informationen kann die Behörde prüfen, ob eine Gefahr für die öffentliche Sicherheit oder Ordnung vorliegt.
6. Das Kooperationsgespräch bildet den Mittelpunkt der kooperativen Zusammenarbeit zwischen Behörde und Veranstalter. Im Gespräch soll die behördliche Gefahrenprognose erläutert und zur Diskussion gestellt werden. Dem Veranstalter soll die Möglichkeit gegeben werden, Gefahrenpotentiale auszuräumen. Im Dialog soll ein Kompromiss gefunden werden, mit dem beide Seiten leben können und der Grundlage für eine möglichst ungestörte Durchführung der Versammlung sein soll. Dafür sollen sich die Gesprächspartner respektvoll, partnerschaftlich und offen begegnen, ohne das Selbstbestimmungsrecht der Versammlung oder die Letztentscheidungsbefugnis der Behörde in Frage zu stellen.
7. Während der Versammlung wird der zuvor gefundene Kompromiss auf seine Bewährungsprobe gestellt. In dieser schnelllebigen Phase stehen sich der Versammlungsleiter und die Polizei gegenüber. Sie sollen getroffene Absprachen umsetzen und kurzfristig auf veränderte Gegebenheiten reagieren. Dafür ist ein fortgesetzter Kontakt unerlässlich.
8. Der als Ergebnis der Versammlungsvorbereitung gefundenen Kooperationsvereinbarung kommt faktische Bindungswirkung zu. Beiderseits besteht ein erhebliches Interesse daran, nicht von den Vereinbarungen ab-

zuweichen, damit die Versammlung wie geplant durchgeführt werden kann. Deshalb dürfte der lediglich faktischen Bindungswirkung im Ergebnis tatsächlich eine stärkere Bindungswirkung zukommen.

9. In Sachen Kooperation besteht gesetzgeberischer Handlungsbedarf. Schon aus Gründen der Rechtssicherheit und –klarheit sollten die zuständigen Landesgesetzgeber handeln.

10. Entsprechend der derzeitigen Nummerierung im Versammlungsgesetz könnte folgender § 14a eingefügt werden:

(1) Die zuständige Behörde soll dem Veranstalter Gelegenheit geben, mit ihr die Einzelheiten der Durchführung der Versammlung zu erörtern. Der Veranstalter ist zur Mitwirkung nicht verpflichtet. Weitere Personen und Behörden können zur Erörterung hinzugebeten werden.

(2) Zu den Einzelheiten der Durchführung der Versammlung gehören insbesondere die Gefahrenlage für die öffentliche Sicherheit und Ordnung, sonstige Umstände, die für die ordnungsgemäße Durchführung der Versammlung wesentlich sind, sowie geeignete Maßnahmen zur Wahrung der öffentlichen Sicherheit und Ordnung.

(3) Die Absätze 1 und 2 gelten entsprechend für die Zusammenarbeit der Polizei mit dem Versammlungsleiter während der Versammlung.

(4) Die zuständige Behörde soll bei Maßnahmen nach § 15 berücksichtigen, inwieweit die Zusammenarbeit mit dem Veranstalter und dem Leiter ihre Sachverhaltskenntnis beeinflusst hat. Im Rahmen der Ermessensprüfung soll erfolgte Kooperation positiv berücksichtigt werden.

Aus unserem Verlagsprogramm:

Julien Mahieu
OTT-Kommunikationsdienste im Kontext der Telekommunikationsregulierung
am Beispiel von WhatsApp, Skype und Gmail, unter Berücksichtigung der aktuellen Entwicklung des Europäischen Rechtsrahmens für die elektronische Kommunikation
Hamburg 2019 / 478 Seiten / ISBN 978-3-339-10828-9

Thomas Fuchs
Carsharing im öffentlichen Verkehrsraum
Hamburg 2019 / 198 Seiten / ISBN 978-3-339-10784-8

Habibullah Qureischie
Post-Universaldienst im digitalen Zeitalter?
Zur Zukunft des Rechts postalischer Versorgungsgewährleistung
Hamburg 2018 / 292 Seiten / ISBN 978-3-8300-9937-6

Manuel Wenzl
Dauerversammlungen – Eine verfassungs- und verwaltungsrechtliche Würdigung
Hamburg 2018 / 274 Seiten / ISBN 978-3-8300-9920-8

Tobias Kleinschmidt
Nachfolge und Haftung des Fiskus beim gesetzlichen Erbrecht des Staates
Hamburg 2018 / 228 Seiten / ISBN 978-3-8300-9763-1

Johannes Heil
Aktuelle Probleme des Waffengesetzes
Verfassungs-, verwaltungs- und waffenrechtliche Fragestellungen unter besonderer Berücksichtigung der Gesetzesreform vom 25. Juli 2009
Hamburg 2018 / 216 Seiten / ISBN 978-3-8300-9695-5

Jochen Schöfthaler
Rechtliche Rahmenbedingungen des Breitbandausbaus
Hamburg 2018 / 398 Seiten / ISBN 978-3-339-10208-9

Kathrin Griesewelle
Mittelstandsförderung im Vergaberecht
Hamburg 2018 / 262 Seiten / ISBN 978-3-339-10068-9

Soeren Held
Art. 140 GG i.V.m. Art. 136 I WRV als Gesetzesvorbehalt der Religionsfreiheit
Eine Analyse unter besonderer Berücksichtigung der Entstehungsgeschichte
Hamburg 2017 / 234 Seiten / ISBN 978-3-8300-9751-8